El Acantilado, 491
ARTHUR SCHOPENHAUER

LUIS FERNANDO MORENO CLAROS

ARTHUR SCHOPENHAUER

UNA BIOGRAFÍA

BARCELONA 2024 ACANTILADO

Publicado por
ACANTILADO
Quaderns Crema, S. A.

Muntaner, 462 - 08006 Barcelona
Tel. 934 144 906
correo@acantilado.es
www.acantilado.es

En la cubierta, *Arthur Schopenhauer*, de Wilhelm Busch

ISBN: 978-84-19958-31-0
DEPÓSITO LEGAL: B. 18 755-2024

AIGUADEVIDRE *Gráfica*
QUADERNS CREMA *Composición*
ROMANYÀ-VALLS *Impresión y encuadernación*

PRIMERA EDICIÓN *noviembre de 2024*

CONTENIDO

III. SCHOPENHAUER ESTUDIANTE

IV. SCHOPENHAUER ERRANTE

V. EL SOLITARIO DE FRÁNCFORT

W.B.

PRÓLOGO

Entonces, ¿quién soy yo de verdad? Pues ese que ha escrito *El mundo como voluntad y representación* y que ha dado tal solución al gran problema de la existencia que deja obsoletas las precedentes y que, en cualquier caso, mantendrá bien ocupados a los pensadores de los siglos venideros.

ARTHUR SCHOPENHAUER,
sobre sí mismo
(«Eis heautón», § 8)

El genio desconocido no existe ni ha existido nunca [...] quienes realmente son geniales acaban disfrutando siempre de una amplia recepción entre sus contemporáneos. Es natural: si hay en el mundo un bien escaso, ése es el raro don de los genios.

JAVIER GOMÁ LANZÓN,
Todo a mil

El filósofo alemán Arthur Schopenhauer (1788-1860) es —quizá junto con Friedrich Nietzsche—uno de los pensadores más leídos y celebrados por quienes poco o nada tienen que ver con la filosofía como profesión. Hasta hace sólo escasas décadas, fue un autor incluso despreciado en ambientes académicos por los profesionales de esta disciplina, pues lo consideraban más cercano a la literatura y a la simple especulación metafísica diletante que a la filosofía de carácter técnico y actual: postkantiana, postmoderna, positivista y lógica, wittgensteiniana o heideggeriana. Y es que su lenguaje filosófico se prestaba con deficiencia a las especulaciones crípticas que tanto caracterizan a dichos profesionales. En España, al contrario que en Francia, Alemania y Europa Central, se lo tuvo durante demasiado tiempo por filósofo popular y secundario, entre otras cosas debido a la supuesta facilidad de comprensión de su pensamiento, una suposición, huelga decirlo, que sólo podía provenir de su absoluto desconocimiento. Esto explica que entre los profesionales de la filosofía académica se lo haya despachado de un plumazo con apenas dos palabras cauterizadoras: «pesimista» e «idealista», por ejemplo; además de añadirle la nefanda etiqueta de «misógino», cuando no «antifeminista». Tales son los tópicos esgrimidos por quienes lo conocen de oídas o por la lectura de alguno de sus ensayos más divulgados, en particular, aquellos que versan sobre los dolores del mundo, la muerte y las mujeres.

En las universidades españolas era infrecuente estudiar el pensamiento de Schopenhauer o, si acaso, se lo tenía en cuenta sólo de manera muy superficial. Tampoco las versiones fragmentarias de sus obras, las traducciones deficientes de sus escritos, contribuyeron a que se conocieran sus ideas como es debido. En la actualidad el panorama es distinto, y la visión que solía tenerse de su filosofía se ha transformado radicalmente al desligarse del tópico y el desconocimiento.

Desde hace algunos años los profesores universitarios españoles se ocupan cada vez más de explicar a Schopenhauer, y hasta en los institutos de secundaria se comenta algún libro suyo. Las traducciones de sus obras al castellano y demás lenguas de España son abundantes y rigurosas. En apenas una década, entre los años 2002 y 2009, han visto la luz nada menos que tres versiones nuevas y completas en castellano de *El mundo como voluntad y representación*, así como dos nuevas traducciones de *Parerga y paralipómena*, a lo que hay que añadir multitud de cuidadas ediciones de opúsculos y tratados sueltos, cartas y fragmentos extraídos del legado póstumo de Schopenhauer.

De manera que Schopenhauer, en la actualidad, es de los más famosos entre los denominados «clásicos de la filosofía», al menos en lo que se refiere a la preferencia del público no especializado ni académico; filósofos tan importantes como Spinoza, Hume, Descartes, Kant o Platón y Aristóteles no gozan hoy de semejante aceptación popular.

Existe una tendencia contemporánea en el ámbito ensayístico e intelectual norteamericano y europeo que sin duda ha contribuido a la popularidad de Schopenhauer: la divulgación de las teorías filosóficas clásicas y las vidas de los filósofos mediante libros fáciles en los que de manera somera—y a menudo harto tópica—se narran las gracias y las ocurrencias de cada pensador como si de un ferial de bichos raros se tratara. Ello se debe en parte a un desinterés generalizado del público lector por el pensamiento profundo que exige paciencia y dedicación; pero a la vez responde a la exigencia de este mismo público de que se le explique con claridad y de una vez por todas qué dijeron en definitiva los grandes pensadores de los problemas que les ocuparon y que en última instancia nos atañen a todos. Desde esta perspectiva, Schopenhauer es y continuará siendo popular, puesto que su vida se presta a la glosa de multitud de anécdotas que ilustran su extravagancia personal, y su filosofía puede ser explicada con cierta sencillez.

Simplificando hasta rozar lo absurdo, puede afirmarse de una persona que, en virtud de su originalidad, «se la ve toda entera en cada gesto que hace», y lo mismo puede aplicarse a la filosofía de Schopenhauer, ya que es fácilmente proclive a reducciones explicativas; por ejemplo, a definirla entera con una sola sentencia tan certera como ésta: «*Alles Leben ist Leiden*», 'la vida es sufrimiento'.

Lo fundamental ahora no estriba en discutir si con esta única afirmación resumimos de verdad la filosofía de este pensador. Más bien debemos preguntarnos si podemos comprender semejante aserto en su justa medida sólo con leerlo; es dudoso que así sea. Quien desee hacerlo tendrá que familiarizarse con los principales escritos de Schopenhauer para contextualizar y entender la mencionada proposición con sus implicaciones y entresijos. Por lo demás, este filósofo no es precisamente de los que suelen aburrir a sus lectores, pues en sus obras caben tanto profundas especulaciones metafísicas como multitud de ideas ocurrentes y sentencias chocantes. Leerlo a fondo no es ninguna tortura. Conviene adentrarse en los vastos paisajes que traza en lugar de quedarse sólo en las lindes del conocimiento de las anécdotas y las breves sentencias que de él puedan destacar las simplificaciones filosóficas. Los libros del subgénero que mencionábamos anuncian, como si fueran meras señales de proximidad, el país más extenso y misterioso de los grandes filósofos. Sirven para despertar interés y expectativas, son como campos base en los que los montañeros que quieran alcanzar las altas cumbres no deben acomodarse y permanecer largo tiempo. De ahí que siempre sea más saludable leer a los grandes filósofos en sus textos originales que consolarse con explicaciones ajenas. Y Schopenhauer es un autor que, como decimos, se lee con placer—y tal afirmación raya ya el tópico—; quizá sea de los filósofos que menos explicaciones ajenas requieren; él mismo se jactaba de ser muy claro y de que su filosofía habla por sí sola, prescindiendo de glosas ajenas.

Si por algo destacan los libros del «sabio de Fráncfort» —así lo conocían cuando alcanzó la fama—es por la claridad y la elegancia de su estilo. «Quien piensa bien escribe bien», sentenció; y no dudaba en ofrecerse como el mejor y más explícito ejemplo de su aserto. Consideraba, además, que el estilo es inseparable de la personalidad de quien lo ostenta. Y que el poder de la suya se revelaba con suma pureza en cada línea que había escrito. Su obra fue para él como un órgano más de su cuerpo, inseparable de su ser, pues pensaba que en ella plasmaba para la posteridad «lo mejor de sí mismo», esa parte suya intelectual e imperecedera.

Nietzsche observó con acierto y originalidad que la filosofía de Schopenhauer, la totalidad de su poderoso y bien trabado sistema metafísico, era ni más ni menos que una magnificación de la persona de su autor, es decir: «un Schopenhauer en grande».[1] Tamaña afirmación apela a la experiencia personal de Nietzsche. Recordemos que su amor confeso por la filosofía nació en gran medida de la admiración que sentía por la personalidad de los filósofos antiguos. El portentoso carácter de los primeros pensadores de Grecia, cuyos textos comenzó a estudiar como filólogo, impactó en él; más que las teorías de los primeros pensadores, fueron los hombres que las preconizaron, sus férreas personalidades, los que ganaron para siempre su interés. Con apenas veinticinco años cumplidos, el futuro autor de *Así habló Zaratustra* impartía sus lecciones sobre historia del pensamiento en la Universidad de Basilea eludiendo entrar en «una relación completa de todas las posibles tesis que se atribuyen a cada filósofo, como acostumbra a hacerse en los manuales»—según sus propias palabras—; y ello porque, en su opinión, el procedimiento contrario conducía a una sola cosa segura: «Al oscurecimiento de lo personal». Y añadía: «He aquí la razón por la que tales exposiciones resultan tan aburridas; y es que lo único que puede interesarnos de sistemas que ya fueron refutados es, precisamente, lo personal».[2] Con semejante proceder, Nietzsche confiaba en que sus alumnos com-

[1] Véase F. Nietzsche, *Sämtliche Werke. Kritische Studienausgabe*, a cargo de G. Colli y M. Montinari, Múnich, Walter de Gruyter, 1980, vol. 8 (Fragmentos póstumos 1875-1879), p. 413.

[2] Véase F. Nietzsche, *La filosofía en la época trágica de los griegos*, trad., pról. y notas Luis Fernando Moreno Claros, Madrid, Valdemar, 1999, p. 31.

prendieran en primer lugar la pasta de la que estaban hechos los grandes hombres, la descomunal talla de los grandes pensadores, cuyas vidas podían ser consideradas ejemplares, antes incluso de que llegaran a comprender sus ideas. Lou Andreas-Salomé, comentarista e intérprete femenina de la filosofía de Nietzsche, se servirá de esta misma fórmula docente e interpretativa al escribir su libro *Nietzsche en sus obras* (1894), en el que explicaba la evolución intelectual del filósofo de Naumburg y sus ideas principales como inseparables de las fluctuaciones de su carácter y de su persona en general.[1]

El recuerdo de Nietzsche nos sirve para apuntar que también Schopenhauer concedía suma importancia a la personalidad; su discípulo favorito, Julius Frauenstädt, recogió un comentario del filósofo al respecto: «La mayoría de los libros caen en el olvido porque una impresión duradera sólo la dejan aquellos en los que su autor se halla encarnado por completo en ellos. Esto es lo que sucede en todas las grandes obras: a su través es posible encontrarse con el autor. En *mis* obras estoy yo entero».[2] Tal vez se encuentre en este comentario la razón más convincente de por qué Schopenhauer nunca quiso que alguno de sus discípulos escribiera su biografía; precisamente, porque creía que su obra proporcionaba un retrato fidedigno y suficiente de él, retrato que decía lo que debía saber el público, al menos todo cuanto el filósofo deseaba que se supiera; por ejemplo, que el autor de aquellas obras tan importantes y tan leídas a finales del siglo XIX era sencillamente un hombre honesto, amante de la verdad, cuya misión fue luchar durante toda su vida por sacar a la luz «la solución del enigma de la existencia», ¡casi nada! Siendo esto así, cualquier otra característica o vicisitud suya le pa-

[1] Véase L. Andreas-Salomé, *Friedrich Nietzsche en sus obras*, trad. e introd. Luis Fernando Moreno Claros, pról. E. Pfeiffer, Barcelona, Minúscula, 2005.

[2] Citado en E. Griesebach, *Schopenhauer. Geschichte seines Lebens*, Berlín, Ernst Hoffman, 1897, p. 267.

recía secundaria y carente de importancia. En una reflexión consignada en el segundo volumen de *Parerga y paralipómena*, Schopenhauer afirmó que cuantos se ocupan de conocer la vida de un filósofo, en vez de estudiar su pensamiento, se asemejan a aquellas personas que, en lugar de admirar un cuadro, examinan el marco y se interesan por el gusto de su talla o la calidad de su dorado.[1] En esta estela antibiográfica se circunscribe la célebre anécdota referida a Martin Heidegger, el «filósofo del ser», quien al comenzar un seminario sobre Aristóteles solventó la biografía del estagirita limitándose a comentar: «Nació, trabajó y murió». Posturas extremas ambas que contrastan con la de Diógenes Laercio, quien sentó un precedente elocuente e irrevocable en la historia de la filosofía con su obra *Vidas, opiniones y sentencias de los filósofos más ilustres*, al narrar los hechos conocidos—o meramente supuestos—de la biografía de los grandes pensadores antiguos a la par que sus ideas filosóficas, entendiendo que vivir y filosofar constituyen un engarce indivisible. Laercio suponía—tal como Nietzsche varios siglos después—que el conocimiento de la personalidad de quien filosofa, junto con los avatares de su vida, aportan claves y referencias para mejor entender su pensamiento.

El autor de la presente biografía se siente más en consonancia con Laercio y Nietzsche que con Schopenhauer y Heidegger. Las biografías de los filósofos interesan, y mucho; resulta paradójico que esta afirmación sea tan obvia en el caso de Heidegger (sin ir más lejos, su adhesión al nacionalsocia-

[1] Véase P II, cap. III, «Pensamientos sobre el intelecto en general y todas sus relaciones», § 59, p. 90. Todas las citas de las obras de Schopenhauer, salvo indicación expresa, corresponden a la edición de *Sämtliche Werke* a cargo de Arthur Hübscher, cuyos volúmenes se especifican en la «Bibliografía». En el caso de las dos obras principales de Schopenhauer, indicamos su sigla (MRW o PP) seguida del volumen y la página de la edición de *Sämtliche Werke* o, a veces, si la cita es fácil de localizar, sólo del parágrafo o capítulo.

lismo o su mezquindad personal no deberían pasar desapercibidas para los estudiosos de su obra), pero también en el de Schopenhauer. El gran filósofo pesimista era un hombre vanidoso en extremo, cascarrabias de carácter terco y obstinado, negativo y furibundo... Qué duda cabe de que parte de su talante personal impregnó su sistema metafísico, al igual que sus reglas de filosofía práctica o «arte de saber vivir». Por eso, acercarse a la vida de Schopenhauer, a los vestigios que nos quedan de ella, aportará a los lectores versados en sus obras la bisagra que les faltaba para ligar vida y filosofía; de este modo, también les será más fácil diferenciar lo humano que caduca de la obra sobrehumana que perdura para siempre. En cambio, para cuantos aún ignoren las claves del pensamiento de este voluntarioso y arrogante filósofo—genio indiscutible del pensamiento—, es lógico suponer que la historia de los avatares de su vida les despierte la curiosidad necesaria para adentrarse en los arriesgados meandros de su obra. Tal es el propósito principal que anima la composición de la presente biografía de Arthur Schopenhauer, en la que también tocaremos puntos clave de su obra, aunque de manera somera e indicativa, lejos de pretender un estudio exhaustivo.

Schopenhauer alcanzó inmensa fama como filósofo antes y después de su muerte. Ideó un sistema filosófico que ocupa un lugar único en la historia del pensamiento occidental debido a su peculiar carácter. Deudor de la tradición filosófica anterior y fiel a ella sólo en parte, dicho sistema supone una ruptura decisiva a partir de la cual nada será igual que antes. Desde Platón, las concepciones filosóficas predominantes en Occidente sostienen que el universo está regido por una razón universal y que es un cosmos ordenado; Schopenhauer trastocó esta tesis al sostener que la sinrazón, lo inconsciente, lo caótico e indeterminado imperan en el universo, que éste poco tiene de cosmos ordenado y mucho de pandemonio; es decir, de totalidad cuya esencia sería la de un ser demoníaco, absurdo e ilimitado, egoísta, cruel y exento de conocimiento. El filósofo pesimista sostendrá que la razón no se prodiga en el universo, reina en cada uno de nosotros en distintas proporciones, mas no en el ámbito general de la existencia; es sólo un instrumento práctico individual al que debemos acudir si queremos comprender qué mundo habitamos.

Antes de Schopenhauer la razón parecía guiar el universo desde la infinitud del ser y el devenir; éste tenía incluso unos fines que parecían razonables y la vida entera se sometía a razones; después de él y de su desmoche de la razón sólo queda el absurdo: la existencia carece de sentido, se reduce a impulso ciego, a egoísmo inconmensurable, a caducidad sin remedio.

Schopenhauer fue contemporáneo de Hegel, Fichte y Schelling, los adalides del «idealismo alemán», el movimiento filosófico triunfante en Alemania durante la mayor parte del siglo XIX; pero rechazó con vehemencia cualquier asociación de su pensamiento con las ideas de estos autores, de los que siempre procuró distanciarse. Aunque debutó como filósofo en 1819—fecha de la publicación de la primera versión de su obra capital—, en pleno apogeo del idealismo alemán, su pensamiento sólo comenzó a gozar de aceptación en Alemania tres décadas más tarde, precisamente a raíz del declive del idealismo o, mejor dicho, del hegelianismo en cuanto que filosofía universitaria por excelencia y casi hasta doctrina oficial del Estado prusiano. El mencionado declive coincidió con el fracaso de la Revolución de 1848 en Alemania y en Francia, hecho que provocó una oleada de desilusión en los ambientes progresistas e intelectuales y que propició el triunfo del fatalismo y el pesimismo. He aquí también otra razón para no asociar a Schopenhauer con la tríada filosófica mencionada: él fue un contemporáneo de esos tres filósofos, pero su sistema llegó con retraso y saltó a la fama mientras se sepultaba a los anteriores.

Esta tardía influencia de la filosofía de Schopenhauer es

la causa de que en las historias del pensamiento su nombre se incluya junto al de los pensadores postidealistas, críticos con el hegelianismo. Se lo asocia a Kierkegaard y Nietzsche, que tuvieron en común con él la originalidad y la independencia. Lo mismo que a éstos, se lo considera un *Einzelgänger*, un «solitario», un autor que en el camino de la filosofía llega a solas hasta un punto aún no hollado por sus predecesores, y desde el que tiene que trazar su propia senda para conquistar parcelas de seguridad dentro del intrincado laberinto del pensamiento.

Su filosofía, aunque muy personal, es ecléctica, pues debe mucho a los grandes autores de la Antigüedad clásica, desde los presocráticos y Platón hasta Cicerón, Séneca y Epicteto, filósofos a quienes Schopenhauer leyó con fruición en las lenguas clásicas originales. Es deudor, además, de los representantes de la filosofía moderna, Descartes y Spinoza; e, igualmente, debe mucho al empirismo inglés, a los materialistas y sensualistas franceses y a la Ilustración europea en general. A estas influencias hay que añadir otras nunca incorporadas hasta entonces a la filosofía occidental, como el espíritu de los libros védicos y el budismo. El misterioso *Oupnek'hat* o *Upanishad*, en la traducción latina de Anquetil Duperron, fue un libro clave para la evolución espiritual de Schopenhauer; empezó a conocerse en Europa a raíz del éxito de sus obras, y más aún en cuanto se difundió la devoción personal que le profesaba: «Ha sido el consuelo de mi vida y será el de mi muerte», manifestó en *Parerga y paralipómena*.[1]

Teoría del conocimiento (gnoseología), metafísica y teoría de la Naturaleza, estética, ética, psicología y, en general, sabiduría vital del más alto rango componen la sustanciosa obra de Schopenhauer, acaso una de las más sugerentes y redondas que cabe encontrar en la historia del pensamiento. Y, como cualquier clásico, sigue siendo actual. A pesar de que

[1] PP II, cap. XVI, § 184, p. 422.

su sistema metafísico pertenece a un pasado filosófico hoy supuestamente superado y su pensamiento se ancle en el prolífico siglo XIX, bien podemos leer sus obras como si fueran novelas metafísicas de las que siempre cabe extraer algo para el presente. Un pequeño ejemplo: el furor que hoy causan las neurociencias, el novedoso e incipiente estudio del cerebro, tiene un claro predecesor en Schopenhauer. Éste formuló un aserto que habrá dejado perplejos a los neurobiólogos: sostuvo que el mundo de la representación—de lo que conocemos y percibimos—se halla en nuestros cerebros, es literalmente «un fenómeno cerebral».[1] Aparte de esto, que es anecdótico, Schopenhauer se erigió en abanderado teórico de la caridad y la solidaridad con todos los seres que sufren en el mundo; sentó las bases filosóficas de una ética tan lógica que su aplicación generalizada garantizaría la larga vida de nuestro planeta y de la humanidad entera durante milenios. Sólo por esto último ya merecería ser recordado en la actualidad. En suma, su obra ha pasado a la historia de las ideas como hito fundamental de nuestra cultura, de ahí la oportunidad y vigencia de conocer su biografía. Lo que Schopenhauer no reveló sobre sí mismo en sus obras podemos hoy contarlo sus biógrafos. Desde la distancia del tiempo imaginamos a aquel hombre singular y estrambótico con sus peculiaridades, rememoramos sus logros y tratamos de presentar al hombre de carne y hueso que fue aquel Arthur Schopenhauer, genio filosófico doliente y finalmente reconocido.

[1] PP II, § 29.

Para vivir a solas: ha de tener o mucho de Dios o todo de bestia.

BALTASAR GRACIÁN,
Oráculo manual y arte de prudencia, § 133

Para vivir solo hay que ser un animal o un dios, dice Aristóteles. Falta el tercer caso: hay que ser ambos... *filósofo.*

FRIEDRICH NIETZSCHE,
Crepúsculo de los ídolos, Sentencias, § 3

I
LOS ANTEPASADOS

LA CIUDAD DE DÁNZIG Y LOS ANTEPASADOS DE ARTHUR

Arthur Schopenhauer nació en la antigua «ciudad libre» de Dánzig (hoy, Gdańsk, en Polonia) el 22 de febrero de 1788. Fue el primogénito del acaudalado comerciante Heinrich Floris Schopenhauer (1747-1805)—de ascendencia patricia—y de su esposa, Johanna Henriette, nacida Trosiener (1766-1838); ambos eran oriundos de aquella singular ciudad portuaria.

Dánzig había disfrutado de los privilegios de las «ciudades libres» del Báltico durante casi cuatrocientos años y gozaba de la protección de los reyes de Polonia contra los invasores extranjeros. Pero en la época del nacimiento de Arthur, la ciudad sufría las estrecheces de un bloqueo comercial impuesto por la poderosa Prusia, ansiosa de anexionársela. Tal había sido la consecuencia del denominado «primer reparto de Polonia» en 1772 entre Prusia, Rusia y Austria, pero también de la debilidad política del último soberano polaco, Estanislao II Poniatowski.

El bloqueo imponía altas tasas a las mercancías, sobre todo a las especias y el tabaco, y casi impedía la libre circulación de personas incluso en los alrededores de Dánzig, que estaban plagados de garitas de guardia y controles de aduanas. La situación perjudicaba especialmente a la gran burguesía de la ciudad, dueña de sólidas firmas comerciales, como, por ejemplo, los Schopenhauer. Los miembros de esta vieja familia eran de recia tradición republicana y célebres por su abierto rechazo a los prusianos. Prusia estaba gobernada en aquella época por el sucesor de Federico II el Grande (1712-

1786): su sobrino Federico Guillermo II (1744-1797), rey de Prusia y elector de Brandeburgo. La enervante circunstancia afectaba asimismo a los comerciantes más modestos, como los Trosiener, familia no tan celosa de la independencia de Dánzig al mostrarse inclinada a contemporizar con Prusia. Consideraban que debían salvar sus negocios aliándose con el futuro vencedor en vez de luchar contra él en una batalla que creían perdida de antemano. La caída en las redes de Prusia de la «ciudad libre de Dánzig» significaría perder la independencia política, administrativa y comercial de un Estado de pleno derecho, pero también la renuncia a un modo de vida basado en unos principios que distaban mucho de ser evidentes entre las fronteras del mastodóntico e inmovilista «Sacro Imperio Romano-Germánico de la Nación Alemana», del que Dánzig se mantenía excluida.

Los ciudadanos del Sacro Imperio desconocían en su mayoría las libertades de las que gozaban las personas empadronadas en Dánzig, ya que su imperio estaba integrado por multitud de pequeñas y grandes cortes, todas ellas regidas por príncipes, electores y monarcas absolutos. Las fronteras de la ciudad hanseática habían coincidido con las de la antigua Pomerania y, como decíamos, la situaban justo al borde del imperio. A raíz de las conquistas militares orquestadas por Federico II el Grande, Prusia se había extendido como un magma volcánico en torno a Dánzig, aislándola entre la Prusia Oriental y la Occidental, de modo que entraba en la lógica de la gran potencia fagocitar aquella próspera ciudad independiente. Dánzig tenía su propio parlamento, acuñaba una moneda propia, mantenía un ejército, tenía embajadores y, sobre todo, se ubicaba junto al mar Báltico. Desde su privilegiado balcón marítimo, se abría al mundo entero, más allá de los límites de Centroeuropa. Los barcos de sus astilleros surcaban los siete mares, desde Rusia y las Indias hasta Portugal y América. Francia, Inglaterra y los Países Bajos eran las principales potencias europeas con las que Dánzig comerciaba; la refinada cultura francesa y la envidiable libertad política de los británicos impregnaban el rico y culto ambiente burgués de la ciudad, en la que también reinaba la tolerancia religiosa. La confesión mayoritaria era la luterana, en convivencia con católicos, menonitas (o anabaptistas) y judíos. Aunque el idioma oficial de Dánzig era el alemán, se hablaba polaco, francés, inglés, neerlandés, y también se oían las lenguas escandinavas y eslavas. Burgueses, comerciantes, marinos, pescadores, campesinos y artesanos componían una ciudadanía variopinta entre la que a menudo podían verse «figuras veterotestamentarias de largas y proféticas barbas», en palabras de Johanna Schopenhauer:[1] judíos, desde pobres moradores del gueto hasta acaudalados «comerciantes israelitas» procedentes de Varsovia o de Rusia, otra potencia imperial con la que Dánzig mantenía excelentes relaciones diplomáticas y comerciales. El volumen de visitantes llegados a la ciudad desde las zonas más remotas crecía mucho en la época de las ferias y mercados anuales, que gozaban de fama internacional. Semejante ambiente de libertad y tolerancia corría el máximo peligro bajo dominio prusiano: Prusia sustentaba su Estado sobre las bases del militarismo y el poder absoluto, y no toleraba disidencias ni réplicas a las normas estatales.

Los ciudadanos acomodados de Dánzig y, en general, los burgueses y artesanos establecidos allí desde generaciones descendían directamente de colonos germanos que, llegados de Pomerania durante la Baja Edad Media, se asentaron en la zona de la desembocadura del Vístula. De ahí que la lengua dominante en la ciudad fuera el alemán—como ya hemos señalado—, que provenía directamente del antiguo *Hochdeutsch* ('alto alemán') que hablaban los mencionados colo-

[1] Véase Johanna Schopenhauer, *Jugenderinnerungen* (JE), en: *Ihr glücklichen Augen* (que contiene, además de los «Recuerdos de juventud», «Diarios» y «Cartas»), Berlín, Verlag der Nation, 2.ª ed., 1979, pp. 69 y ss.

nos; éstos terminaron por imponerse a los eslavos, los habitantes oriundos de la zona. Las gentes del pueblo llano de Dánzig, así como los campesinos y los sirvientes procedentes de las pequeñas aldeas de los alrededores, eran en su mayoría de origen eslavo y hablaban polaco. Las clases pudientes aprendían a medias esta lengua de los sirvientes y amas de cría; tal fue el caso de la madre de Arthur, que la hablaba de pequeña pero la olvidó posteriormente. Johanna no se la transmitió a su hijo, y éste, aunque llegó a ser un buen políglota, nunca se interesó por aprenderla; tampoco sintió ninguna inclinación por Polonia ni por la cultura eslava, tan aplastada por el dominio del mundo cultural germano.

En realidad, Arthur Schopenhauer nunca destacó por su amor a una patria concreta, ni tampoco por hacer gala de ningún tipo de nacionalismo. Oriundo de una ciudad tan independiente como Dánzig, arrojó de sí cualquier sentimiento de pertenencia a un lugar concreto, máxime cuando tuvo que abandonar aquella «república de libertad» con cinco años, demasiado pronto para ser consciente de lo que perdía: una patria.

Adelantándonos a los acontecimientos, hemos de decir que al abandonar Dánzig en 1793, cuando finalmente Prusia se anexiona la ciudad, la familia Schopenhauer se trasladó a Hamburgo. Así que Arthur podría haberse sentido cuando menos alemán de adopción, pero no fue así. Si por algo destacó en sus emociones patriotas y nacionales fue justo por su abierta animadversión hacia lo germánico y alemán, sus sentimientos eran muy contrarios a los que estuvieron tan en boga durante buena parte de la época que le tocó vivir, en una Europa inmersa en oleadas de nacionalismos a ultranza.

A Schopenhauer le resultaba más atractiva la idea de considerarse de origen extranjero y no alemán. Le habría gustado nacer en Inglaterra y ser inglés, lo cual estuvo a punto de suceder, como veremos; mas, a falta de Inglaterra como lugar de nacimiento, se consolaba recordando que la cuna de su familia—al menos de parte de ella—había que situarla en los Países Bajos. Sobre todo, ¡nada de Alemania! El odio hacia tal procedencia era superlativo. En un esbozo de testamento fechado en 1830—encontrado entre el abundante legado manuscrito que Schopenhauer dejó al morir—apareció esta contundente advertencia rubricada por el filósofo: «Por si acaeciera la circunstancia de mi muerte, hago constar aquí mi confesión de que desprecio a la nación alemana a causa de su inmensa necedad, y que me avergüenzo de pertenecer a ella».[1] Y en otro lugar sentenció con ironía: «La *madre patria alemana* no ha educado en mí a ningún *patriota*».[2]

Un rechazo por lo alemán y lo germánico de tono parecido al de Schopenhauer lo acusaría también Friedrich Nietzsche, su futuro admirador y gran crítico de su filosofía. El autor de *Así habló Zaratustra* aseguraba tenazmente que descendía de una estirpe de «nobles polacos» y que nada tenía que ver con los alemanes.[3] Nietzsche se imaginó su ascendencia y la idealizó; Schopenhauer también idealizó la suya, aunque con cierta parte de verdad.

En una carta de 1857 dirigida a Frederik Willen van Eeden, uno de sus admiradores holandeses, Schopenhauer afirmaba así, con sumo orgullo, el acreditado origen holandés de su familia:

Soy de origen holandés, como prueba mi nombre, puesto que en alemán nunca es lícito que aparezca una *p* sola entre dos únicas vocales. Mi abuelo todavía nació en los Países Bajos, aunque se vino muy joven a Dánzig, donde se casó con la hija del señor Soermans, residente holandés en la entonces aún «ciudad libre».

[1] Véase *Der Handschriftliche Nachlass* (HN), vol. 4, § 1, p. 19; *Cogitata* I, febrero de 1830.

[2] HN 4, § 105, p. 287, *Spicilegia*, año 1843.

[3] Véase F. Nietzsche, *Ecce homo*, «Por qué soy tan sabio», 3: «Yo soy un noble polaco *pur sang* (purasangre), en el que no se ha mezclado ni una sola gota de sangre mala, y ni mucho menos alemana» (traducción propia).

Todavía poseo el busto de este Soermans, esculpido en mármol de manera admirable. Mi padre, Heinrich Floris, hasta hablaba muy bien el holandés, pero yo no lo hablo en absoluto. Que yo sepa, en Alemania no vive nadie con mi apellido; pero es muy probable que en los Países Bajos sí se encuentre alguien que lo lleve, algo que podrá comprobarse en los listines de direcciones postales.[1]

El filósofo proseguía la misiva recordando su ocasional estancia de niñez en los Países Bajos, durante el gran viaje europeo que realizó en 1803 en compañía de sus padres; cuánto le gustaron Ámsterdam y las demás ciudades que visitó. En la localidad de Gorcum—decía—su padre lo había llevado a una iglesia gótica en la que le mostró retratos de antepasados suyos, varios Soermans, algunos de los cuales habían sido predicadores evangélicos en dicho templo.[2] Con-

[1] Carta de Schopenhauer a Frederik Willen van Eeden, Fráncfort del Meno, 4 de marzo de 1857. En *Arthur Schopenhauer, Gesammelte Briefe* (GB), ed. Arthur Hübscher, Bouvier, Bonn, 2.ª ed., 1987, p. 410. (Citamos también las cartas por su versión castellana cuando estén traducidas: *Correspondencia escogida* [CE], Barcelona, Acantilado, 2022, p. 721).

[2] El joven Schopenhauer llevó un diario durante su periplo europeo que fue editado a su muerte bajo el título de *Reisetagebücher* ('Diarios de viaje'). Este diario se recoge en el volumen que comprende los diarios del viaje a Carlsbad y los que Schopenhauer escribió durante el gran viaje por Europa que iniciaría tres años después, esto es, *Journal einer Reise: von Hamburg nach Carlsbad, und von dort nach Prag; Rückreise nach Hamburg. Anno 1800* ('Diario de viaje desde Hamburgo a Carlsbad y de allí a Praga; regreso a Hamburgo, en 1800'); así como los *Reisetagebücher aus den Jahren 1803-1804* ('Diarios de viaje de los años 1803 y 1804'). Charlotte von Gwinner, nieta del primer biógrafo de Schopenhauer, Wilhelm von Gwinner, los editó por primera vez en Leipzig, en 1922 y 1923. Ludger Lüdtkehaus preparó la edición actual, en un solo volumen, publicada por la editorial Haffamns—consignada en el apartado «Bibliografía»—y según la cual citamos (RT). Véase asimismo la traducción en español: A. Schopenhauer, *Diarios de viaje*, trad., introd. y notas Luis Fernando Moreno Claros, Madrid, Trotta, 2012 (DV). En referencia a la ciudad de Gorkum o Gorcum, Arthur anotó en su diario: «Jueves, 17 de noviembre. Esta mañana muy temprano aún pude dar un *paseo* por la ciudad de *Gorkum*: no

cluía la carta congratulándose de que, finalmente, sus libros hubieran hallado eco en los Países Bajos, lugar que también había albergado a otros dos filósofos a los que él consideraba sus «antepasados espirituales»: Descartes y Spinoza. La mención de ambos adalides del pensamiento racionalista nada tenía de ociosa; con la referencia a este parentesco del espíritu, Schopenhauer expresaba, además de su propia valía intelectual, su pertenencia con pleno derecho a una «patria» que él ubicaba más allá de cualquier otra. Era una patria libre, igual que aquel Ámsterdam del siglo XVII que acogió a Descartes y a Spinoza, aunque inmaterial y etérea. En ella no existía censura ni límite espiritual, por eso albergaba a los ingenios más conspicuos de todas las naciones, a los cerebros más lúcidos e independientes de todos los tiempos; la formaban miembros que eran *ciudadanos del mundo* y cuyos países de origen carecían de importancia, puesto que sus méritos pertenecían al patrimonio de la humanidad y no a un punto concreto e insignificante del globo terráqueo.[1] Se-

es tan pequeña, pero está muy mal construida. Una gran rareza para mí fue la vieja iglesia gótica, en la que fue predicador mi tatarabuelo por parte de madre. Partimos a las nueve. El camino era tan malo que a los caballos les costaba mucho esfuerzo sacar el coche del barro. De ahí que sólo hiciésemos una parada, tuvimos que pasar cuatro veces sobre el agua; llegamos a *Breda* ya por la tarde». RT 89; DV 102.

[1] Julius Frauenstädt dejó este testimonio al respecto: «[Schopenhauer y yo] hablábamos sobre el escrito de Ch. H. Weisse *En qué sentido la filosofía alemana tiene hoy que volver a orientarse en Kant* (Leipzig, Dyk'sche Buchhandlung, 1847). Schopenhauer dijo: "Weisse opina que nosotros podríamos, tal como los franceses con su Descartes, exhibir a nuestro Kant como filósofo nacional al cual ligaríamos, además, una filosofía nacional de la que pudiéramos vanagloriarnos. ¡Como si la filosofía—añadió—fuera asunto de una nación! Descartes, Kant y todos esos espíritus pertenecen al género humano y es completamente indiferente si vivieron en Francia o en Alemania. ¿Qué tiene que ver la filosofía con la nacionalidad? Que la verdad se descubra en esta o en aquella mancha del globo terráqueo carece de importancia"». Véase E. O. Lindner y J. Frauenstädt, *Arthur Schopenhauer. Von Ihm. Ueber Ihn. Ein Wort der Vertheidigung* [de E. O. Lind-

mejante «ningún lugar» sería la única patria que realmente reconocería Schopenhauer; otras patrias, circunscritas a un Estado y un territorio concretos, carecieron de interés e importancia para él. Antes de despedirse de su corresponsal, el remitente terminaba la misiva mencionando que acababa de cumplir sesenta y nueve años, y que él era el último vástago de una estirpe que se extinguiría con su muerte.

Investigaciones posteriores al fallecimiento de Schopenhauer, emprendidas por sus biógrafos y simpatizantes, demostraron que su conocimiento de las verdaderas raíces de sus antepasados era impreciso. Cierto que corría sangre holandesa por sus venas, pero ello se debía a la inclusión en la familia Schopenhauer de la abuela paterna, la bisabuela de Arthur, una Soermans—familia que en efecto provenía de los Países Bajos—, y no del mencionado abuelo paterno, quien en realidad habría sido un bisabuelo. Por lo demás, existieron otros antecesores mucho más alemanes que holandeses.

El primer biógrafo de Schopenhauer, el reverenciado Wilhelm von Gwinner,[1] fue el primero que publicó datos fide-

ner]; *Memorabilien, Briefe und Nachlaßstücke* [de J. Frauenstädt], Berlín, 1863 (LF), p. 177. Véase asimismo *Conversaciones con Arthur Schopenhauer*, trad., introd. y notas Luis Fernando Moreno Claros, Barcelona, Acantilado, 2016, p. 141. (cit. *Conversaciones*).

[1] El jurista y filósofo Wilhelm Gwinner (1827-1919)—ascendido a la nobleza en 1908, lo que le permitió añadir el *von* a su apellido—conoció a Schopenhauer en 1854, y en los cuatro últimos años de vida del filósofo trabó con él una intensa amistad. A pesar de ello, Gwinner no compartió las ideas del gran pesimista y trató con distancia la doctrina schopenhaueriana. En 1862 publicó *Arthur Schopenhauer, aus persönlichem Umgang dargestellt* ('Schopenhauer presentado desde el trato personal'), Leipzig, F. A. Brockhaus—reed. con el mismo título: Fráncfort del Meno, Waldemar Kramer, 1987—. En 1878, Gwinner amplió considerablemente la obra y la tituló *Schopenhauers Leben. Von Wilhelm Gwinner. Zweite, umgearbeitete und vielfach vermehrte Auflage*, Leipzig, F. A. Brockhaus. Más tarde, en 1910, apareció la tercera edición de la obra, «ordenada de nuevo y mejorada», también en la editorial F. A. Brockhaus. Citamos por esta última edición (GW). La mencionada biografía de Gwinner suscitó envidias, po-

dignos acerca de los ancestros de su biografiado en su célebre *Schopenhauers Leben* ('Vida de Schopenhauer')—obra que sometió a varias revisiones y de la que hubo varias ediciones—. Según afirma Gwinner en la tercera edición de la mencionada biografía (edición definitiva), un tal Richard Schopenhauer—misterioso «pariente» de Arthur y «dueño de una fábrica de Dánzig»—elaboró el árbol genealógico familiar y puso a su disposición el resultado de sus investigaciones, que se remontaban hasta el siglo XV. Sin embargo, los datos que aportó Gwinner son hoy poco fiables y hasta adolecen de algunos errores. Investigadores posteriores fatigaron actas y legajos para indagar los orígenes de Schopenhauer y, poco a poco, han completado un árbol genealógico familiar que, de manera sorprendente extiende sus ramificaciones hasta el presente siglo XXI. En la actualidad perviven familias que llevan el apellido Schoppenhauer o Schopenhauer y que en su mayoría residen en ciudades aledañas a la actual Gdansk,[1] aunque también hay Schopenhauers en Australia; en los Países Bajos, en cambio, parece ser un apellido ya infrecuente. Sea como fuere, y procedan de donde procedan estas familias, lo único seguro es que ninguno de sus miembros cuenta entre sus ancestros con un tatarabuelo que haya sido hijo de Arthur Schopenhauer o de su her-

---

lémicas y enemistades, sobre todo en lo que respecta a Julius Frauenstädt (curador de la obra de Schopenhauer) y su círculo de amigos. Éstos acusaron a Gwinner de haberse apropiado de documentos íntimos de Schopenhauer que luego no habría devuelto y hasta de haber hecho desaparecer, por ejemplo, un supuesto «diario íntimo», hoy idealizado y mitificado como una «gran pérdida». De la primera versión de la biografía de Gwinner existe traducción en español: G. W. Gwinner, *Schopenhauer presentado desde el trato personal*, pról. trad. y notas Luis Fernando Moreno Claros, Madrid, Hermida, 2017.

[1] El árbol genealógico completo de los Schopenhauer hasta la actualidad puede consultarse en internet: *Schoppenhauers Stammbaum*. Asimismo: http://schoppenhauer-web.de/ (Schop-p-enhauer Chronik Anno 1427).

mana Adele, pues los dos murieron sin descendencia. A los Schopenhauer actuales esto les trae sin cuidado, pues dada la gloria y buena salud intelectual de la que disfruta el filósofo en toda Europa se sienten orgullosos de lucir su apellido, aunque no lleven su sangre.

Retornamos a Gwinner para referir que justo al comienzo de su biografía de Schopenhauer se ocupa de refutar la «prueba» filológica con la que el filósofo argumentaba a su corresponsal holandés la improbable filiación germana de su celebrado apellido, aquella grafía que, según juicio propio, era «ilícita» en alemán. El biógrafo la rechaza tajantemente aseverando que el nombre demuestra justo lo contrario: un indudable origen germánico, máxime cuando en actas y demás documentos antiguos solía escribirse indistintamente «Schoppenhauer», «Schopenhauer» o «Schopnauer».

Gwinner aduce que, precisamente en el alemán originario de los primeros colonos germanos establecidos en la región del Vístula, *Schopen* designaba tanto un 'almacén' o 'cobertizo' como un 'recipiente' o 'cazo de madera', generalmente utilizado para medir cantidades de líquido; y *hauer* provenía de *hauen*, y se refería a la 'persona que ejecutaba una tarea, rematándola hasta el final'; o también 'al que terminaba y acababa algún objeto'. Remitía, además, al segador (*Heuer*) y al trabajo de segar y apilar el heno. A tenor de los significados filológicos, Gwinner concluye que tal apellido pudieron llevarlo en sus orígenes tanto artesanos como arrendatarios de tierras (véase GW I).

«*Schope* = Cazo de madera para servir cerveza». Esta definición se lee en la cabecera del registro genealógico de los Schopenhauer que un investigador moderno, Hans Georg Siegler, reproduce en su libro *Der heimatlose Arthur Schopenhauer* ('El apátrida Arthur Schopenhauer').[1] *Ein Schop-*

[1] H. G. Siegler, *Der heimatlose Arthur Schopenhauer. Jugendjahre zwischen Danzig, Hamburg, Weimar*, Düsseldorf, Droste, 1994. Una reproduc-

pen designaba en alto alemán o alemán clásico una medida de capacidad equivalente a un cuarto de litro; también, una jarra de cerveza de esta medida o incluso de medio litro. A tenor de este último significado se comprenderán los chistes cerveceros a los que tan fácilmente se presta el apellido del filósofo en alemán. De ahí que la señora Luzia Franz, que era niña cuando el viejo Arthur Schopenhauer vivía en Fráncfort—donde se lo tenía por un extravagante—, cuente en sus breves apuntes de recuerdos que sus hermanos, también niños, se referían a Schopenhauer con mofa tachándolo de «borracho», pues suponían que con ese nombre debía «trincar de lo lindo».[1]

Otro ingenioso ejemplo del etílico sentido al que se presta el nombre del filósofo lo refiere Katia Mann—esposa del gran Thomas Mann—en sus *Memorias no escritas*. Recordando a su padre, un empedernido wagneriano, cuenta que, hallándose éste en un restaurante y ante la objeción de un comensal que había menospreciado a su ídolo, lo acometió un ataque de ira y le arrojó una jarra de cerveza a la cabeza. Desde entonces el iracundo señor recibió el apodo de «el Schoppenhauer», algo así como *el arrojajarros*.[2]

En suma, el apellido Schoppenhauer o Schopenhauer en modo alguno constituye una *rara avis* en Alemania, sino todo lo contrario. Aun así, Schopenhauer no andaba desencaminado cuando se refería a la posible ascendencia holandesa de su apellido, pues se sabe que colonos procedentes de

---

ción fotográfica del árbol genealógico aparece en las pp. 278-279.

[1] La señora Lucia Franz era la hija del casero de Schopenhauer en Fráncfort del Meno, en la Schöne Aussicht, n.º 16. Dejó unos apuntes de recuerdos en los que rememoraba al filósofo, a quien conoció siendo niña. Véase *Erinnerungen an das Schopenhauerhaus Schöne Aussicht n.º 16 in Frankfurt am Main*, epíl. Fried Lübbecke, Fráncfort del Meno, 1959. Trad. castellana en *Conversaciones*, *op. cit.*, pp. 326-345.

[2] Katia Mann, *Meine ungeschriebenen Memoiren*, Fráncfort del Meno, Fischer, 6.ª ed., 2002, p. 14.

los Países Bajos poblaron regiones relativamente cercanas a Dánzig desde el siglo XIII; ha quedado constancia de que se establecieron en las regiones cercanas al mar Báltico, en las tierras bajas del delta de los ríos Vístula y Nogat, y en la región comprendida entre Dánzig y Elbing (hoy Elblag). En el siglo XVI aún llegaron allí más colonos de confesión menonita (o anabaptistas). Todos ellos habían ido asentándose en las mencionadas regiones, de paisaje muy similar al holandés, por el predominio de las llanuras pantanosas. Con el paso del tiempo los colonos las desecaron, transformándolas en prósperos valles. Los menonitas en concreto, que eran campesinos, artesanos y hasta predicadores, se afianzaron en lugares llamados Fürstenau y Petershagen (hoy son las localidades polacas de Pęciszewko y Barnimie), prósperas aldeas en las que quedaron testimonios de la rama de los Schopenhauer de los que descendería el filósofo.

En el Archivo General y la Biblioteca Municipal de Dánzig se conservan documentos en los que aparece el apellido Schopenhauer en numerosas ocasiones. La mención más antigua se consigna en un acta fechada en 1427, en referencia a un tal «Erasmus Schoppenhauer, ciudadano de 37 años», portavoz de un gremio de orfebres. Se ignoran más datos sobre él.

Salomon Schopenhauer, nacido en 1550, fue el antepasado más antiguo de Arthur Schopenhauer del que se guarda memoria; al parecer, era un terrateniente que ostentó cargos principales entre sus conciudadanos, lo que permite suponer su origen patricio. Sus descendientes, su primogénito Simon y el hijo de éste, Johann I (nacido en 1630), residentes ambos en el pueblo de Petershagen, contrajeron matrimonios ventajosos; gracias a ello fueron enriqueciendo paulatinamente a la familia, que terminó elevándose desde la aristocracia rural a la comercial.

El biznieto de Salomon, Johann II Schopenhauer (1670-1728), bisabuelo paterno de Arthur Schopenhauer, fue quien sentó las bases para acumular la enorme riqueza de la que llegaría a gozar la familia; con ello contribuyó sin saberlo a que un siglo después un biznieto suyo, consagrado a la filosofía y al saber, pudiera mantenerse de rentas durante toda su vida. Johann II se trasladó a Dánzig, y allí se empadronó en 1695. Como durante varios años postpuso la decisión de contraer matrimonio, tuvo que pagar un impuesto anual de cuarenta florines por cada año que continuaba soltero, tal como ordenaban las leyes de la ciudad; así siguió haciéndolo hasta 1706, año en que, contando treinta y seis años, desposó al fin a Maria Lessing, hija de un acaudalado comerciante de la ciudad. Junto con su hermano Simon, Johann II arrendó la hacienda de Stutthof, propiedad de la ciudad de Dánzig, situada a corta distancia de ésta, en la lengua de tierra que se adentra en el mar Báltico. A Stutthof pertenecía una casona señorial, extensas fincas de pastos, tierras de labranza y bosques, así como varias granjas con graneros y establos. Los hermanos Schopenhauer contaban también allí con destilerías de aguardiente y cerveza; además, criaban caballos y abastecían de carne de ganado vacuno a la ciudad. En la hacienda vivían varios siervos con sus familias, obligados hacia sus señores en virtud de antiguas leyes feudales; y también los campesinos de los alrededores pertenecían de alguna u otra forma al próspero dominio.

De los tiempos de Johann II y Stutthof data una anécdota que los Schopenhauer sucesivos gustaban de referir. Al parecer, el hecho aconteció realmente, pues un testigo de la historia, un antiguo sirviente de Johann II que llegó a vivir cien años, se la narraba a quien quisiera oírla; y este anciano se la transmitió a Johanna Schopenhauer, la madre del filósofo, quien la incluyó en sus *Memorias de juventud*.

El zar Pedro I de Rusia, el Grande, acababa de visitar Dánzig y, de regreso a su patria, se detuvo a pernoctar en Stutthof. Lo acompañaba su esposa Catalina. Ambos cónyuges recorrieron las habitaciones de la casa señorial buscando aquella en la que les apeteciera dormir; finalmente, se encapricharon de una estancia pequeña que les pareció la más bonita, pero por desgracia carecía de estufa o chimenea y era muy fría. Aun así, los soberanos insistieron en pasar allí la noche. Ante semejante contratiempo, a Johann II Schopenhauer no se le ocurrió otra cosa para caldearla que derramar varios barriles de aguardiente en el suelo de la habitación, que estaba enlosada con «baldosas de Holanda y no tenía tapizado en las paredes»—según cuenta Johanna—, y a continuación le prendió fuego al licor. Al zar le encantó la extravagante idea y disfrutó mucho contemplando con qué presteza se inflamaba aquel mar de aguardiente (que ardía de verdad), mientras los demás espectadores tomaban medidas para que el fuego no saliese de la estancia. «En cuanto se hubo consumido todo el aguardiente, el soberano y su esposa se retiraron a descansar a la pequeña habitación, en la que reinaba un calor sofocante y rebosaba de humo y vapores».[1] Al día siguiente, el zar y la zarina, que habían dormido muy bien y se habían levantado «sin migrañas», se despidieron del dueño de la casa con grandes elogios a su hospitalidad.

El célebre Pedro I tampoco se quedaba corto en sus excentricidades—la más natural de ellas, por cierto, eran sus dos metros de estatura—. Johanna dejó constancia de una anécdota protagonizada por él en la iglesia de Dánzig, con ocasión de un solemne acto religioso, poco antes del episodio de Stutthof. El zar tenía frío al comenzar la ceremonia en el amplio templo y como, por respeto al lugar en el que estaba, se había quitado el gorro y tampoco usaba las pelucas de la época, no vaciló en arrebatarle la suya al alcalde de la ciudad, que estaba sentado delante de él; al punto se cubrió con ella la cabeza dejando estupefacto al honorable ciudadano, que tuvo que permanecer con su lustrosa calva al descubierto. Al terminar la ceremonia, el monarca le tendió la peluca al alcalde agradeciéndole solemnemente el préstamo.[2]

[1] JE 259-260. [2] JE 260.

Johann II Schopenhauer y su esposa Maria tuvieron tres hijos; dos de ellos murieron jóvenes, así que el único heredero del matrimonio fue Andreas Schopenhauer (1720-1793), futuro abuelo paterno de Arthur. Siendo muy joven, entró como aprendiz en las oficinas de su abuelo Lessing, experto comerciante que lo instruyó en el oficio. Más tarde recorrió Europa durante varios meses, un viaje que era de rigor en la época para cuantos deseaban consagrarse a los grandes negocios internacionales como el mejor método para afianzar y poner punto final a su aprendizaje. De nuevo en Dánzig, el afortunado joven se casó a los veinticinco años con Anna Renata Soermans (1726-1804), la única heredera de un rico inmigrante holandés asentado asimismo en Dánzig: Hendrik Soermans (1700-1775), diplomático y también fundador de una empresa de exportaciones. Arthur se equivocaba al afirmar que su abuelo paterno «todavía» había nacido en los Países Bajos, esa referencia debe atribuirse al padre de su abuela Anna Renata, o sea, a un bisabuelo Soermans, como ya apuntamos.

A partir del mencionado enlace, la firma Soermans se transformó en Soermans & Schopenhauer, y llegaría a convertirse en una de las empresas de importación y exportación más prometedoras de Dánzig. Con sólo treinta años, Andreas asumió la dirección de una firma tan poderosa que lo mismo enviaba barcos cargados de diversas mercancías (tabaco, especias, telas, licores o maderas) desde la India a Suramérica como desde San Petersburgo a Burdeos. Pero, además de comerciante, Andreas se hizo banquero e inició por su cuenta una serie de operaciones especulativas—no siempre limpias—que, aunque le reportaron algunas multas de la Cámara de Comercio de Dánzig, también le rindieron cuantiosas ganancias. Llegó a ostentar tanto poder económico sobre el senado de la ciudad, dependiente de sus préstamos, que acabó ganándose el apodo de «el Fugger de Dánzig».

Andreas Schopenhauer disfrutaba de una lujosa residencia en la ciudad, así como de varias propiedades rústicas en sus inmediaciones; entre ellas sobresalía una hermosa quinta de recreo en Ohra—una aldea cercana—, que albergaba una granja y una casona señorial alzada en medio de un extenso y frondoso parque inglés. A este parque se podía llegar desde las afueras de Dánzig a través de una larga alameda privada, que Andreas había abierto al público a fin de que todos los ciudadanos pudieran acceder a aquel apacible y hermoso lugar en fechas señaladas y determinados días de la semana. La alameda, llamada «de los Schopenhauer», permaneció intacta hasta el año 1850, cuando la talaron a causa del tendido de la vía férrea.

De una visita a la mencionada propiedad dejó constancia en su diario un privilegiado viajero: el matemático suizo Johannes Bernouilli (1744-1782), entonces procedente de Berlín. Según su relato, Andreas Schopenhauer era un hombre refinado y culto, un mecenas acaudalado que sabía disfrutar tanto de los placeres de la vida como de los del arte. El noble señor poseía, además de una biblioteca bien surtida, una admirable pinacoteca que contaba con algo más de doscientas obras entre las que se encontraban cuadros de todos los géneros: retratos, bodegones y paisajes. En palabras de Bernouilli:

En la quinta del señor Schopenhauer [en Ohra] vi cantidad de cuadros [...] los retratos de algunos reformadores pintados por los mejores maestros de su tiempo, un retrato de la escuela de Rembrandt, etcétera. El señor Schopenhauer me mostró también los cuadros que posee en su hermosa casa de la ciudad. Son multitud y se hallan repartidos tanto por vestíbulos y salones como por las paredes de las escaleras y las habitaciones. En sus adquisiciones se deja guiar por cierto sentimiento particular, y debo confesar que su gusto podría satisfacer también el de los más expertos entendidos. Tiene algunos cuadros muy notables de antiguos maestros alemanes, sobre todo un dibujo a pluma original de Alberto Durero, elaborado con tal maestría que podría pasar por un grabado, pero no lo es; data del año 1505 y representa la Pasión de Cristo. La colección de pintura que el señor Schopenhauer tenía en la ciudad contaba ya entonces con más de doscientos cuadros y él continuaba viajando aquí y allá a fin de aumentarla. Recibió muchos cuadros como regalo de parte del célebre banquero berlinés Gostkowsky, ahora fallecido; y otros los compró en los Países Bajos. Me he referido a su pequeña colección en Ohra, pero me dijo que poseía también otra colección en otra propiedad en la que tiene su alfarería.[1]

A esta quinta de Ohra se retiraría el anciano Andreas durante los últimos años de su vida, y ahí falleció a los setenta y tres años.

Del matrimonio con Anna Renata habían nacido nada menos que quince hijos, cuatro murieron al nacer o nacieron ya muertos, por lo que no se les inscribió en el libro de bautismo de la iglesia de Santa María, en Dánzig; de los once restantes sólo se tienen datos fidedignos de seis, tres varones y tres mujeres; así que es de suponer que cinco hijos no vivieron mucho. En tiempos del nacimiento de Arthur sólo quedaban ya cinco sobrevivientes de tan cuantiosa prole: cuatro varones y una hija. De la prestigiosa empresa comercial de los Schopenhauer se harían cargo dos de estos cuatro hijos varones: Heinrich Floris Schopenhauer, el de mayor edad (aunque el segundo de todos los vástagos de Andreas), futuro padre de Arthur, y Johann Friedrich, un año menor que él, que permanecería soltero y moriría varios años antes que su hermano mayor. Ambos herederos rebautizaron la empresa paterna «Hermanos Schopenhauer». De los dos hijos restan-

[1] Citado por E. Griesebach en *Schopenhauer. Geschichte seines Lebens*, Berlín, Ernst Hofmann, 1897, pp. 2-3. Véase también H. G. Siegler, *Der heimatlose Arthur Schopenhauer...*, *op. cit.*, p. 13.

tes, Michael Andreas y Karl Gottfried, diez y once años menores que los anteriores, se sabe que tuvieron serios problemas psicológicos en su época adulta; Karl Gottfried se hallaba «completamente incapacitado para trabajar»[1] y Michael Andreas «murió medio idiota».[2] La única hermana que sobrevivió a tanto fallecido, Maria Renata—cuatro años mayor que Heinrich Floris—, se casó con un comerciante de Dánzig en 1779 y continuó viviendo en esta ciudad hasta su fallecimiento.

El germen de la enfermedad mental que sufrieron los hermanos varones provenía probablemente de su madre, Anna Renata Soermans; al parecer, ésta se volvió intratable tras la muerte de su marido y murió enferma mental, sometida a tutela e incapacitada jurídicamente. Usufructuaria de Ohra, vivió allí hasta el fin de sus días, pero dejó que la propiedad se arruinara y, durante los últimos años de vida, dependió para subsistir de la caridad de Heinrich Floris; murió justo un año antes de que éste falleciera. Parte de esta lacra genética habría pasado al carácter de Heinrich Floris, que era colérico y melancólico; y hasta al mismo Arthur, quien también era consciente de la herencia anímica de su padre.

Esta rama de la familia Schopenhauer, proveniente de Heinrich Floris, se extinguió con el filósofo y con su hermana Adele;[3] con Arthur desaparecieron asimismo los restos de la fortuna amasada por su progenitor.

1 Véase A. Hübscher, *Arthur Schopenhauer. Leben und Werk in Texten und Bilder*, Fráncfort del Meno, Insel, 1989, p. 11.

2 Véase *id.* y la carta de Johanna Schopenhauer a su hijo Arthur fechada en Weimar, el 29 de junio de 1817, en *Die Schopenhauers. Der Familien-Briefwechsel von Adele, Arthur, Heinrich Floris und Johanna Schopenhauer*, Zúrich, Haffmanns, 1991 (cit. *Die Schopenhauers*), p. 262.

3 Gwinner menciona en su biografía a este Richard Schopenhauer al que ya nos hemos referido, supuesto descendiente de la familia del filósofo, pero no aclara en qué grado ni de qué rama proviene. Una pista al respecto podría proporcionarla una carta de Johanna a Arthur, fechada en Bonn

Heinrich Floris Schopenhauer, como privilegiado y digno heredero del Fugger de Dánzig, también salió a ver mundo en su juventud; así lo exigían las costumbres pedagógicas de la época, al menos las habituales entre las familias adineradas de la burguesía, los grandes empresarios y los banqueros. El joven pasó varios años en Inglaterra y Francia. Finalmente, en Burdeos, trabajó durante varios meses en una respetada firma cuyo director, al que veneró y al que recordaría durante toda su vida, le enseñó el entramado y las estratagemas de los grandes negocios. Al parecer, cuando Heinrich Floris se las veía con problemas serios, lo mismo en su vida privada que en las transacciones comerciales, solía recordar a aquel antiguo jefe y pensar en cómo habría actuado él. «Así lo habría hecho el señor Bethmann»,[1] sentenciaba para acallar cualquier objeción; sin embargo, su carácter era voluntarioso, férreo, y lo suficientemente independiente como para tomar sus propias decisiones; gracias a ello logró proteger y acrecentar la fortuna familiar de la que se haría cargo al regresar a Dánzig. Primero dirigió la empresa junto con su hermano Johann Friedrich—como ya dijimos—y a la muerte de éste se convirtió en su único responsable, con sucursales en Hamburgo y Dánzig.

---

el 6 de febrero de 1832, en la que le asegura a su hijo que no conoce a un tal Eduard Schopenhauer por el cual Arthur debió de haberle preguntado: «De un pariente llamado Eduard Schopenhauer no sé nada, y tampoco acierto a comprender de dónde proviene si es que no es un holandés. Tuvo que ser un bastardo de tu tío Johann, quien murió hacia el año 94 o 95, y no reconocido por él, desde luego. Johann tenía en casa una criada, con la que vivía; aunque de hijos nunca oí decir nada» (*Die Schopenhauers*, *op. cit.*, p. 333). Tal vez este supuesto pariente tuviera que ver con el Richard Schopenhauer de Gwinner, heredero, pues, de una rama bastarda. Lo cierto es que ni Johanna ni Arthur sabían mucho de sus supuestos parientes de Dánzig.

[1] El dato lo aporta E. Grisebach, *Schopenhauer...*, *op. cit.*, p. 4.

De su larga estancia en el extranjero, Heinrich Floris regresó con los modales desenvueltos y el aplomo de un hombre de mundo, una exquisita cortesía en el trato personal y los gustos privados de un verdadero *gentleman* al que las costumbres inglesas le resultaban más atractivas que las francesas y alemanas. Era una persona curiosa, dotada de la necesaria sensibilidad para gozar del arte y la literatura, de ahí que poseyera también una brillante cultura; hablaba perfectamente el neerlandés, el inglés y el francés y simpatizaba de manera activa con los avances de la Ilustración. Estaba muy familiarizado con las obras de los empiristas ingleses—Locke, Hume, Berkeley—y veneraba a Voltaire y Rousseau. Pero también pensaba que había que tener los pies en la tierra, por lo que leía a diario prensa inglesa y francesa, costumbre que mantuvo durante toda su vida. Su pasión por el diario británico *The Times*—recién fundado en 1785—se la transmitiría también a su hijo Arthur, quien hasta el final de sus días conservó la costumbre de leerlo siempre que podía. El aprecio del filósofo por el periódico londinense fue tal que lo denominaba «pozo de la verdad» y «la más fiable ventana desde la que observar el curso del mundo»;[1] aunque también lo leía en recuerdo de su querido padre.

A pesar de que Heinrich Floris era poco agraciado de rostro, llamaban la atención la elegancia y dignidad de su porte, su figura de complexión fuerte y su elevada estatura. En 1773, habiéndose detenido el joven comerciante unos días en Berlín durante su viaje de regreso a Dánzig, e invitado a una recepción cortesana en Potsdam, su distinguida apariencia impresionó tanto al rey Federico II de Prusia que quiso conocerlo personalmente. Sabido es que el monarca sentía

[1] Schopenhauer en conversación con Georg Römer. Véase A. Schopenhauer, *Gespräche*, ed. A. Hübscher, Frommann, Stuttgart-Bad Cannstadt, 1971 (en adelante G), p. 71. (El volumen contiene una recopilación de recuerdos de conocidos de Schopenhauer, acompañados de anécdotas y comentarios misceláneos). Véase *Conversaciones*, *op. cit.*, p. 115.

debilidad por los tipos masculinos apuestos. Nos cuenta maliciosamente Voltaire en sus *Memorias* que a menudo el rey de Prusia mantenía coloquios afectivos privados con algún que otro de sus oficiales o demás subordinados.[1] Pero es de suponer que, en el caso de Heinrich Floris, al soberano lo guiaba la mera curiosidad de saber quién sería aquel desconocido que se mostraba con tanta distinción.

Federico el Grande citó al de Dánzig para el día siguiente, a las seis de la mañana en su gabinete de trabajo. Mantuvieron una entrevista de dos horas, durante la cual el rey de Prusia se interesó por las inquietudes del comerciante y, con admirable conocimiento, conversó con él sobre las circunstancias financieras y comerciales de los países en los que Heinrich Floris había residido o había visitado ocasionalmente. La conversación—que se desarrollaba en francés—terminó por tornarse distendida y animada, y el soberano le aconsejó que se instalase en alguna ciudad de Prusia, ofreciéndole atractivas condiciones y privilegios. Mas cuando afloró el tema de las relaciones entre Prusia y Dánzig, así como la amenaza que la gran potencia suponía para la libertad de la ciudad portuaria, y cuando el rey, acercándose a una mesa llena a rebosar de mapas y pergaminos, exclamó sonriente e irónico: «*Voilà les calamitées de la ville de Dansic!*», Heinrich Floris—si hemos de creer a Johanna, que es quien lo relata en sus memorias—«sintió que se rom-

[1] Véase lo que dice Voltaire: «Cuando Su Majestad estaba vestido y calzado, el estoico concedía unos momentos a la secta de Epicuro: mandaba llamar a dos o tres favoritos, bien lugartenientes de su regimiento, bien pajes, bien heiducos o jóvenes cadetes. Tomaban café. Al que le arrojaba el pañuelo se quedaba a solas con él medio cuarto de hora. Las cosas no llegaban hasta sus últimas consecuencias, habida cuenta de que el príncipe, cuando su padre vivía, había sido muy maltratado en sus amores de paso, y no mejor curado. No podía interpretar el primer papel; había de contentarse con los secundarios», «Memorias para servir a la vida de Voltaire escritas por él mismo», trad. Agustín Izquierdo, en *Voltaire*, estudio introductorio M. Domínguez, pról. F. Savater, Madrid, Gredos, 2010, pp. 832-833.

pía el hechizo que por unos momentos estaba ejerciendo sobre él la amabilidad del soberano, y en ese instante tuvo claro que se desentendería de cualquier tipo de colaboración con el monarca».[1]

Casi al final de su vida, también Arthur Schopenhauer rememoró la entrevista de su progenitor con el rey de Prusia aportando su propia versión de la anécdota. En conversación con el compositor Robert von Hornstein—admirador tardío del filósofo—, el gran pesimista le relató el célebre encuentro de esta manera:

> [Mi padre] se hallaba un día en el patio del palacio de Berlín, asistiendo a un desfile. Al «viejo Fritz» le llamó la atención el extranjero; se acercó a él y le preguntó de dónde era. «De Dánzig, Majestad, soy comerciante». Hablar con un ciudadano de Dánzig era algo que le interesaba al rey, y enseguida quiso que mi padre fuera a verlo personalmente. «¿Tiene su señoría Spaniol?».[2] «Claro que sí, Majestad». «Tráigame mañana una muestra».
>
> El viejo Schopenhauer fue a palacio a una hora determinada. Como consideró improcedente ofrecerle al rey la caja para que se sirviera de ella una pizca, vertió todo el Spaniol sobre la mesa para que lo probara. «Su Spaniol es bueno». Y le hizo un gran pedido. Su discreto comportamiento y sus explicaciones sobre Dánzig le ganaron el favor del rey. Volvieron a encontrarse en varias ocasiones.[3]

Sea como fuere, Federico el Grande concluyó la entrevista prometiéndole a Heinrich Floris la concesión de una cédula real que lo exoneraba de pagar las elevadas tasas en el caso de que quisiera establecer su empresa en cualquier ciudad del reino de Prusia, protegía sus barcos bajo el pabellón prusiano y le garantizaba toda clase de facilidades. Se le

1 JE 203.
2 Una clase de rapé de excelente calidad.
3 *Conversaciones*, *op. cit.*, pp. 224 y ss.

hizo entrega del prometido documento al día siguiente de la entrevista, el 9 de mayo de 1773.[1] Heinrich Floris aceptó el regalo, pero rechazó servirse de las ventajas que le proporcionaba, puesto que, aunque respetaba al gran rey prusiano, su honestidad personal le impedía venderse a un soberano, fuera cual fuese, y más aún si lo sabía ansioso de apoderarse de Dánzig.

También el mencionado Estanislao Augusto Poniatowski, rey de Polonia, le había concedido el título de consejero áulico, pero el comerciante no lo usó jamás debido a su innata modestia y a que se sentía orgulloso de pertenecer al estamento de los ciudadanos libres, no al de los nobles y cortesanos. *Point de bonheur sans liberté*, 'No hay felicidad sin libertad', tal era el lema que aparecía inscrito bajo el escudo de armas de la familia Schopenhauer. Heinrich Floris se mantuvo fiel a esa máxima.

Desde el punto de vista político, Heinrich Floris era todo un personaje en la pequeña República de Dánzig. Su proverbial republicanismo le granjeaba las simpatías de sus conciudadanos, y la estima que su postura despertaba en ellos sólo era comparable a la que suscitaba su merecida fama de profesional honesto.

Durante el inicio del bloqueo militar de Dánzig por parte de Prusia en 1783, aquel republicano empedernido protagonizó una anécdota que fue muy celebrada en la ciudad. El viejo Andreas Schopenhauer tuvo que permitir el acuartelamiento del general prusiano Von Raumer[2] en su quinta rural de Ohra. La finca disponía de varios establos con hermosos caballos, que llenaban de orgullo a Heinrich Floris, alojado entonces en su mansión de la ciudad a fin de no coincidir con

[1] El texto completo de la cédula real aparece en GW 6-7. También la fotografía del documento y resumen en A. Hübscher, *Arthur Schopenhauer..., op. cit.*, p. 18.

[2] El teniente general Karl Albrecht Friedrich von Raumer (1729-1806) comandó en 1793 la anexión definitiva de Dánzig por parte de Prusia.

el prusiano. El general, agradecido por la acogida que se le brindaba, quiso agradar al anciano Schopenhauer y mandó decir a su hijo Heinrich Floris que podía adquirir libremente todo el forraje que quisiera para sus apreciados animales, algo que, dada la carestía que sufría la ciudad, sólo le estaba reservado al ejército invasor. El republicano comerciante envió una nota de contestación al general rogándole le excusara de aceptar su oferta, ya que sus establos estaban aún abastecidos de forraje, pero que, si se le terminaba, mandaría sacrificar la cuadra entera.[1]

Así era el indomeñable talante de Heinrich Floris, al menos en su juventud. Veremos cómo con la llegada de la vejez y, sobre todo, a raíz de su matrimonio con Johanna, afloraron en él otros rasgos de carácter menos heroicos.

Cabe mencionar aquí que Arthur Schopenhauer siempre reverenció y admiró a su progenitor. En el legado manuscrito que dejó al morir se hallaron al menos tres borradores de una extensa dedicatoria a su padre pensada para ser incluida al comienzo de una anhelada segunda edición de *El mundo como voluntad y representación*. Corría el año 1828 y el filósofo creía que dicha segunda edición aparecería muy pronto; pero iba a tardar dieciséis años más en ver la luz.[2] Suelen esgrimirse dichos borradores como prueba de cariño filial. Fue gracias al tesón de su padre y a su honradez y buena fortuna como comerciante que su primogénito pudo dedicarse a la filosofía con absoluta independencia. He aquí el texto de la mencionada dedicatoria en su última versión:

[1] La anécdota se encuentra en todas las biografías de Schopenhauer. La fuente original es Johanna Schopenhauer. Véase JE 174.

[2] Dos borradores están fechados en 1828 y 1829 respectivamente; el tercero, en 1833. Véase para los primeros HN 3, *Foliant* II, p. 379, y *Adversaria*, 1829, p. 538. Para el tercero, HN 4, I, *Pandectae* II, p. 161.

Dedicatoria. (Sencilla y breve)
Piis patris manibus

Que yo haya podido vivir para la verdad sin convertirme en su mártir te lo debo a ti; que me fuera lícito seguir mi impulso innato de aprender, pensar e investigar sin tener que vivir en la miseria, mendigar o humillarme, e incluso sin haber caído en la tentación de rebajar la filosofía para convertirla en instrumento de intenciones ajenas y modelar mis doctrinas según éstas, o tener que venderme a gentes de mala ralea, a los curas y tartufos, como instrumento de sus mezquinos planes; que yo no necesitase competir en lucha desigual con lo mediocre y rastrero (*médiocre et rampant*), sino que durante toda mi vida llevara la cabeza bien alta y me fuera lícito seguir el consejo de [tu admirado] Voltaire: «Sólo vivimos dos días y no merece la pena pasarlos arrastrándose delante de canallas miserables» [*nous n'avons que deux jours à vivre; il ne vaut pas la peine de les passer à ramper sous les coquins méprisables*]; [...] que pudiera levantarme cada día y exclamar: «¡El día es mío!»; que la enorme falta de interés de mis contemporáneos respecto de mis aspiraciones no lograse apartarme de la consumación de mi obra, sino que fuera capaz de dedicarle mi vida entera; todo esto, tanto y tan grande, te lo debo a ti, a ti sólo y a nadie más en el mundo que a ti, mi padre inolvidable; y ahora, a diario te doy las gracias por todo aquello que procuraste.

Nam Caesar nullus nobis haec otia fecit ('Pues ningún emperador nos ha concedido el descanso').[1] Por eso ocupaste tú ese honorable puesto del mecenazgo: todos a cuantos mis cosas procuren alegría o instrucción deberán saber que éstas no hubieran existido sin tu concurso tanto como sin el mío, y tu nombre continuará perpetuándose mientras el mío se perpetúe; pues esto es lo menos que puedo hacer para corresponderte por tus grandísimas y bienaventuradas acciones.[2]

[1] «*Nam Caesar nullus nobis haec otia fecit*», cita Schopenhauer en los tres borradores de la dedicatoria al padre, así como anteriormente lo citó en su *curriculum vitae*. Véase A. Schopenhauer, CE 332 y GB 648. La cita latina procede de Giordano Bruno, *De inmenso et innumerabilli*, Libro VIII, epílogo.

[2] HN 4, I *Pandectae* II, p. 161.

Cabe observar que, aunque la dedicatoria haya que interpretarla como manifiesta expresión cariñosa hacia el progenitor, puede entendérsela también como una declaración de independencia de Schopenhauer, el producto del orgullo herido de un hombre que durante toda su vida habría de creerse genial e incomprendido. Con esta muestra de agradecimiento público al padre, fallecido hacía muchos años, el hijo del comerciante le hacía un corte de mangas a su época, al país ingrato que era Alemania y a sus plúmbeas instituciones estatales, a las que si debía algo tan sólo eran pesares. Podemos adelantar aquí que quien rubricaba estas palabras de agradecimiento al progenitor se consideraba un gran filósofo en su fuero interno, pero lo cierto es que a pesar de su grandeza—o precisamente por eso—los demás le consideraron un cero a la izquierda durante gran parte de su vida; el mundillo intelectual y el filosófico de su época no dio noticia de él y lo ninguneó, y ello a pesar de sus libros y de su sabiduría. Nadie le ayudó a ser lo que era, recordaba el filósofo, sólo el trabajo duro y el esfuerzo solitarios, junto al apoyo de aquel hombre de mundo que había sido su padre, de profesión tan distinta a la suya. Lo cierto es que Heinrich Floris luchó con tesón durante toda su vida por mantener la fortuna familiar y agrandarla, y gracias a ello su hijo no vivió en la indigencia y pudo dedicarse a la filosofía de manera libre y desinteresada. Pero también es cierto que nunca vio con agrado que su único heredero varón quisiera abandonar la empresa familiar para consagrarse a los estudios. Trataremos más adelante de las desventuras de Arthur por la negativa del padre a dejarse convencer para que le permitiera llevar una vida dedicada al estudio y la erudición; por lo demás, si Schopenhauer llegó a ser filósofo se debió, antes que a la intercesión de su progenitor, a su oportuno deceso. De todos modos, el agradecimiento de Schopenhauer a Heinrich Floris no discurre por los cauces de la comprensión o la incomprensión de este último hacia su querencia.

Los tres borradores de la mencionada dedicatoria al padre expresan lo mismo con mínimas variaciones, y reiteran una idea querida de Schopenhauer y ya expresada por él en su extenso *curriculum vitae* de 1819, un texto fundamental para conocer a grandes rasgos el relato de sus años de formación.[1] He aquí un fragmento del mismo:

Mi excelentísimo padre era un rico comerciante y, además, consejero áulico de la corte polaca; sin embargo, nunca permitió que se lo tratase con ese título. Era un hombre severo y riguroso, de una integridad y rectitud ejemplares y de una lealtad absoluta; de ahí que sobresaliese en los negocios con inestimable talento. Casi no puedo expresar con palabras lo mucho que le debo; y, si bien el camino que él había decidido abrirme en la vida—a sus ojos, indudablemente, el más conveniente de todos—no era el que más se avenía a mi espíritu, incluso así, sólo a mi progenitor he de agradecerle que desde mi más temprana edad se me iniciase en los más útiles conocimientos, y también que, después, no me faltasen la libertad, el ocio y todos los medios necesarios para la consecución de la única actividad para la que yo me sabía destinado: la del estudio y la ciencia. En definitiva, más tarde, a una edad más avanzada, me beneficié, sin que tuviera que poner nada de mi parte, de lo que sólo muy pocos de mi condición y capacidades pueden disfrutar, esto es, del tiempo libre y de una existencia despreocupada, ventajas que me permitieron consagrarme exclusivamente durante una serie de años a estudios que, financieramente hablando, eran absolutamente improductivos, así como a realizar investigaciones y meditaciones de la más diversa índole; finalmente, pude incluso poner por escrito aquello que investigué y medité sin que se me distrajera o molestara en lo más mínimo. Todo esto he de agradecérselo únicamente a aquel hombre: *Nam Caesar nullus nobis haec*

[1] *Vitae Curriculum Arthurii Schopenhaueri, Phil. Doct.* (original en latín). Wilhelm Gwinner lo tradujo al alemán e incluyó esa versión en su *Schopenhauers Leben*, G 157-166. También en GB 47-55 se halla el original en latín, y en pp. 648-656, la versión en alemán. CE 333-348 (cit. 333-334).

otia fecit.[1] Por eso, mientras viva, tendré presente en mi corazón los méritos inexpresables y los favores de aquel padre ejemplar y mantendré incólume su recuerdo.

Fue únicamente aquel «padre ejemplar» quien terminó financiando su vocación de estudioso, venía a decir Schopenhauer en el mencionado escrito curricular—bastante intimidatorio por su arrogancia, por cierto—, puesto que ningún «emperador» y tampoco el Estado le depararon protección o mecenazgo.

Si a alguien tiene que agradecer algo este hombre orgulloso es al padre, cuyo afecto, primero, y cuya riqueza, después, facilitaron la mejor y más adecuada instrucción del hijo y, años más tarde, su sueño de libertad profesional. La misma idea aparece de nuevo en un cuaderno de Schopenhauer supuestamente destinado a anotaciones de carácter más íntimo y que comprende desde la década de 1820 hasta la última época de su vida; dicho cuaderno, conservado sólo parcialmente, llevaba el título de «Eis heautón» ('Para sí mismo'), en remembranza de las célebres *Meditaciones* del emperador estoico Marco Aurelio, cuyo epígrafe original era el *Tà eis heautón* griego.[2]

Gracias a la fortuna acumulada por el padre—confesaba Schopenhauer en 1822—pudo él legar al mundo «lo mejor de sí mismo», esto es: su propio «intelecto», el cual pertenecía «a la Humanidad», era patrimonio de todos los hombres. Y gracias también—aseguraba—a que desde su mayoría de edad se había preocupado por conservar la fortuna hereda-

[1] Véase nota 1 de la p. 45.

[2] Véase «Eis heautón» en HN 4, II, 106-129. El filósofo italiano Franco Volpi fijó definitivamente el texto de este supuesto «Eis heautón» en su edición italiana: Arthur Schopenhauer, *L'Arte di conoscere se stessi ovvero Eis heautón*, Milán, Adelphi, 2003. Existe traducción en español: *El arte de conocerse a sí mismo*, ed., introd. y notas F. Volpi, trad. F. Morales, Madrid, Alianza, 2007.

da del padre pudo disfrutar de tiempo suficiente para consagrarse por entero a su obra; de manera que el ocio que le había deparado su afortunada cuna acabó emparejándose con la necesaria libertad para pensar sin limitaciones. Dicha libertad él supo emplearla, antes que en pródigas banalidades, en aumentar el caudal de lo que consideraba «su mayor tesoro», a saber: la «riqueza interior»,[1] en otras palabras, el «ser» y no el «tener».

Semejante experiencia personal con la fortuna paterna heredada explicaría la visión pragmática y sustancialmente luterano-burguesa de la riqueza material en general y de su uso que Schopenhauer divulgaría años más tarde en *Parerga y paralipómena*; concretamente, en el celebrado ensayo incluido en el volumen I titulado «Aforismos sobre el arte de saber vivir». En él afirma: «*Disponer de una fortuna* debe considerarse un muro defensivo contra todos los males y desgracias, antes que una licencia o hasta una obligación de procurarse los placeres del mundo».[2] Holgada fortuna económica equivale a libertad, mientras que estrechura pecuniaria e indigencia conllevan sumisión. El arrogante vástago del acaudalado comerciante que fue Heinrich Floris hacía gala de agradecer al padre lo que le había procurado. Por otra parte, invocar al progenitor muerto dignificaba la soledad de Schopenhauer y tornaba más *hamletiano* y abismal su distanciamiento del mundo. A ninguna otra persona viva tenía algo que agradecer el filósofo Arthur Schopenhauer, ni siquiera a su madre, la singular Johanna Trosiener. Sin embargo, veremos que tales aseveraciones quedaban a cierta distancia de la verdad.

[1] HN 4, II, 107.

[2] El ensayo titulado «Aphorismen zur Lebensweisheit» (literalmente, «Aforismos sobre la sabiduría de la vida»), incluido en el primer volumen de *Parerga*, suele publicarse como libro independiente. Para las citas en castellano de este texto véase A. Schopenhauer, *Aforismos sobre el arte de saber vivir*, trad., pról. y notas Luis Fernando Moreno Claros, Madrid, Valdemar, 2.ª ed., 2000. Cita en p. 82.

La patriótica respuesta con la que Heinrich Floris rechazó la oferta del general prusiano—que sacrificaría sus hermosos caballos antes que alimentarlos con el forraje que le ofrecía el enemigo—corrió de boca en boca por todo Dánzig, y también llegó a oídos de una joven de dieciocho años que recientemente había sufrido un desengaño amoroso. Se llamaba Johanna Henriette y era la hija mayor de Christian Heinrich Trosiener (1730-1797) y de Elisabeth Lehmann (1745-1818); ambos cónyuges pertenecían a familias burguesas acomodadas y arraigadas en Dánzig desde hacía varias generaciones.

Christian Heinrich era comerciante. Había viajado mucho en su juventud, sobre todo a Varsovia, San Petersburgo y Moscú; pero también residió durante varios meses en Lyon. Hablaba con soltura el ruso y el francés, y era un hombre liberal y tolerante que descreía de supersticiones y prejuicios. Con absoluta confianza en los avances científicos, permitió contra viento y marea que se inoculara a su hija Johanna el germen de la viruela, enfermedad que había atacado a la niña; era un método recién descubierto para combatir el terrible mal, pero que, al estar en ciernes en aquella época y apenas corroborado por su escasa aplicación, suscitaba el pavor general. La confianza tuvo su recompensa y Johanna sanó de aquel mal.

Como profesional del comercio, Christian Heinrich se especializó en transacciones mercantiles exclusivamente con Rusia. Como ciudadano responsable, también participaba en política. Aunque no pertenecía al estamento patricio de la ciudad, era miembro del Senado; había sido elegido por votación popular como representante del denominado «tercer estado»—el de los pequeños y medianos comerciantes y los gremios—, y con el cargo de senador ejercería la oposición frente al partido de los patricios, procurando adquirir ventajas y derechos para sus representados. Al contrario que Heinrich Floris Schopenhauer, quien pertenecía al partido del primer estamento y hacía gala de un inquebrantable patriotismo defendiendo a ultranza la independencia de Dánzig, Christian Heinrich, que también era republicano, parecía tener sus dudas al respecto. Sostenía que la anexión de la «ciudad libre» por Prusia acaso fuera más ventajosa que perjudicial, precisamente para el grupo de los pequeños y medianos comerciantes que él representaba.[1] Ello no le creaba conflictos con sus ideas republicanas de base, pues visto lo irremediable de la situación internacional se imponía el pragmatismo. Suponía que sería mucho mejor la anexión definitiva de la ciudad por aquel Estado poderoso y la consiguiente apertura de las vías comerciales normales, que el drástico bloqueo de las mercancías por parte de los aduaneros reales prusianos en las mismas puertas de Dánzig.

En sus cariñosos recuerdos de juventud, Johanna Schopenhauer sólo insinúa este lado algo más oscuro del padre, sin entrar en detalles. Lo describe como un hombre bueno, cordial y de trato agradable, aunque de carácter irascible, pues a menudo se enfadaba terriblemente; entonces lo acometían furibundos y repentinos ataques de cólera, y su voz de trueno hacía temblar toda la casa. Su esposa Elisabeth—la madre de Johanna—, quince años menor que él, era de naturaleza tierna y tranquila, y no perdía la compostura mientras el marido tronaba; con delicadeza y bondad, esperaba pacientemente hasta que su esposo se calmara; la calma acontecía tan de súbito como la irrupción de los ataques. Christian Heinrich estaba imponente vestido de senador: con su negra toga y su barroca peluca *allongue*, larga y rizada. La madre era coqueta y la entretenían en especial la costura y la confección de adornos para los sombreros y los

[1] Véase R. Safranski, *Schopenhauer y los años salvajes de la filosofía*, trad. J. Planells Puchades, Madrid, Alianza, 1991, pp. 21-22.

vestidos. Ni llamativamente ricos ni singularmente cultos, los padres de Johanna eran ciudadanos de clase media-alta, liberales y prácticos, y esto marcaría el carácter y la actitud vital de ella.

La familia Trosiener—el matrimonio y tres hijas más, menores que Johanna—, junto con la servidumbre—un criado, cocinera y doncella—, ocupaba una preciosa casa barroca en una de las calles principales de Dánzig, la Heiligengeistgasse. El edificio era conocido como «la casa de la tortuga» porque la figura de una tortuga de mar, metálica y de considerable tamaño, coronaba el artístico frontispicio y ejercía de veleta.[1] Las amplias aletas del animal, así como el cuello y la cabeza, unidos parcialmente a la abombada concha, se movían y resonaban al colarse el viento por las rendijas que quedaban en los puntos de unión con la concha; el movimiento y el ruido se incrementaban o disminuían según la fuerza del viento dando la sensación de que la tortuga movía las aletas surcando el cielo. A Johanna le gustaba en su niñez ensimismarse en la escucha de semejante sonido antes de conciliar el sueño. Bajo el auspicio de aquella extraña veleta nació ella el 9 de julio de 1766.

Johanna Trosiener fue una niña alegre y juguetona y, en su mocedad, una chica despierta, curiosa y culta. Sus progenitores se encargaron de proporcionarle una educación abierta y menos limitada que la considerada suficiente para las niñas y señoritas de aquel tiempo. El contable de la empresa paterna enseñó a Johanna las primeras letras y a escribir algunas palabras en alemán, antes incluso de que la inscribie-

[1] La casa natal de Johanna fue destruida en la Segunda Guerra Mundial. Actualmente ha sido reconstruida y ostenta de nuevo la célebre veleta en el frontispicio; la calle en la que se ubica es la misma del Espíritu Santo, pero en polaco: *Ulica swietego ducha*. Carola Stern, en su estupenda biografía de Johanna Schopenhauer (*Alles was ich in der Welt verlange. Das Leben der Johanna Schopenhauer*, Colonia, Kiepenheuer & Witsch, 2003), describe detalladamente la tortuga; véase p. 37.

ran como alumna en la escuela primaria. La niñera Kasche le enseñó la lengua polaca; fue expreso deseo de Christian Heinrich que su hijita aprendiera una lengua más difícil que su alemán materno a fin de adiestrar su mente para que más adelante pudiese aprender más lenguas con menor esfuerzo. Bien sabía él que cuantas más lenguas se dominasen en la infancia, más fácil resultaría luego dominarlas.

Daba la casualidad de que la «casa de la tortuga» estaba adosada a la capilla inglesa de Dánzig. En la ciudad residía una nutrida colonia de ingleses y en aquella capilla celebraban sus oficios religiosos. El predicador al cargo era el reverendo doctor Richard Jameson, quien mantenía una estrecha relación con sus vecinos, los Trosiener. Este clérigo escocés, soltero, cultivado y tolerante, se encariñó con la niña y se erigió en su verdadero mentor intelectual; su influencia fue omnipresente durante los años de niñez y adolescencia de Johanna, aunque no cesó cuando la joven contrajo matrimonio, pues también entonces siguió frecuentándola como amigo. Con el doctor Jameson, Johanna aprendió inglés mientras asistía a la escuela elemental; con su ayuda, asimismo, algo más tarde pudo leer en lengua original a Shakespeare y Milton, y hasta al irlandés Laurence Sterne. Por las obras de este último autor, Johanna concibió una pasión que años más tarde transmitiría a su hijo Arthur, gran admirador a su vez de la novela cumbre de Sterne: *Vida y opiniones del caballero Tristram Sandy*,[1] así como de su *Viaje sentimental*.

Aunque el eclesiástico solía hablarle de religión a su discípula, más que de alentar la devoción de su pequeña amiga, se preocupó por avivar su interés por las ciencias empíricas, con especial insistencia en las ciencias naturales y la as-

[1] «Schopenhauer consideraba el *Tristram Sandy*, el *Wilhelm Meister*, el *Quijote* y la *Nueva Eloísa*, de Rousseau, "las cuatro novelas más grandes del mundo"», conversación con Julius Fraunstädt, véase G 119, y *Conversaciones*, *op. cit.*, p. 151.

tronomía; pero tampoco se olvidaba de enseñarle geografía e historia del arte. El doctor Jameson le abrió los ojos para que supiera mirar y comprender el mundo que la rodeaba; solía llevarla de la mano a recorrer Dánzig explicándole todo cuanto veían: los tipos curiosos que pululaban por el puerto, los barcos que atracaban portando las más diversas mercancías, los aduaneros prusianos que imponían su ley, etcétera, a la par que prodigaba claras observaciones sobre la artística arquitectura de los edificios y los monumentos de la ciudad.

Desde los seis años, Johanna contó además con el apoyo pedagógico de un preceptor privado, un joven aspirante a predicador, el teólogo Kutschel. De menor calado intelectual que el doctor Jameson, el candidato la inició en la gramática alemana, leía con ella poemas alemanes—en los que censuraba los pasajes que no creía conveniente que leyera su pupila, lo que picaba la curiosidad de ésta aún más—y estudiaban también algo de francés y conocimientos generales de geografía e historia.

Con respecto a la Historia—con mayúscula—, Johanna fue muy sensible desde niña. Apenas contaba siete años cumplidos cuando Prusia impuso el bloqueo comercial a Dánzig. En sus memorias describe la mañana en que la ciudad despertó cercada por los prusianos. Recuerda cómo a su alrededor sus familiares estaban contritos y cariacontecidos—nadie le hacía caso, ni los padres, ni sus maestros—, y que en la calle todo eran lamentaciones y juramentos. La niña, atemorizada, preguntó a Katsche, la criada polaca, qué sucedía. Ésta respondió: «Ha ocurrido una desgracia, y una muy grande, pero vosotros los niños no entendéis nada de eso: esta noche ha venido el prusiano». Y seguidamente se marchó dejando a la niña en suspenso. «¿El prusiano?—inquirió Johanna—. Si me hubiera dicho que había venido el lobo, el tigre o el oso habría podido hacerme una idea de a qué se refería, pero ¡el prusiano! De manera que esas palabras incomprensibles aumentaron mi miedo».[1] El bloqueo comercial a Dánzig por parte de Prusia había comenzado.

Los ciudadanos de Dánzig vieron su próspera localidad cercada por aduanas, como ya hemos comentado; desde entonces, el odio a los prusianos fue afianzándose y acrecentándose en la ciudad. Johanna, en conversaciones con sus familiares y maestros, oyó hablar de cómo el cartaginés Amílcar Barca hizo jurar a su hijo Aníbal que odiaría a los romanos mientras viviera; lo mismo se juró ella con respecto a los prusianos, de ahí que no asimilara que su propio padre adoptara una postura ambigua en relación con la futura anexión, aunque sólo fuera con el propósito de superar las pérdidas que el bloqueo ocasionaba a los comerciantes más modestos. En conversaciones con Jameson y Kutschel, la joven aprendió el significado de términos como *libertad* e *independencia*. Oyó hablar perpleja del linchamiento de un alguacil de aduanas por parte del populacho de Dánzig, que lo había sorprendido en la ciudad anunciando una nueva orden vejatoria para los ciudadanos; también, de las humillaciones que sufrían los viajeros que querían entrar en la ciudad y de los propios ciudadanos que ni siquiera podían acudir a sus quintas de recreo de las afueras sin que sus carruajes y pertenencias sufrieran registros por parte de los aduaneros prusianos. A diario había disturbios en la ciudad a causa de estos motivos, aunque poco a poco los de Dánzig tuvieron que aprender a contemporizar con los prusianos. Pero con estas circunstancias el germen del amor a la libertad se había inoculado en Johanna.

La niña tenía sólo diez años cuando le llegaron las primeras noticias de la guerra de la independencia de los Estados Unidos (1775-1783). Junto con Kutschel y Jameson, siguió exultante la lucha de los revolucionarios independentistas norteamericanos contra el dominio de los poderosos británicos; soñaba con los nuevos héroes de la libertad: George

[1] JE 83-84.

Washington o el general Lafayette. Y, al mismo tiempo que vivía los acontecimientos históricos contemporáneos, descubrió amplias similitudes de su tiempo presente con el pasado legendario de la Roma clásica, plagada de tiranos y héroes republicanos. Kutschel también le había enseñado algo de historia de Grecia y Roma, y rudimentos de latín. Llevada de su afán de saber y de conocer el pasado, la joven Johanna indagó por su cuenta en la biblioteca de su padre y se empapó de historia clásica: el mundo de griegos y romanos la aguardaba, aunque a la mitología ateniense—la imaginación—prefirió la claridad meridiana y práctica de los romanos—la razón—. Refiere en sus recuerdos de juventud que dio con una traducción alemana de la voluminosa *Historia de Roma* del francés Charles Rollin, en dieciséis tomos. Johanna «la devoró entera» mientras crecía su admiración por los nobles héroes políticos que en ella se describían como tales. Cicerón, Marco Bruto o Lucio Cincinato fueron nombres que aprendió a respetar desde la niñez y cuyo ejemplo alimentó por siempre un orgullo republicano que años más tarde la empujaría a saludar con gran exaltación la Revolución francesa.

Al cabo de siete años de lecciones particulares con Kutschel, cuando Johanna apenas contaba catorce, el teólogo se enamoró de su pupila y protagonizó una anécdota que enojó a la jovencita. Un buen día, durante la hora de clase y siguiendo un impulso repentino, el preceptor estrechó entre sus brazos a la perpleja Johanna diciéndole: «¡Usted será pronto mi querida y pequeña mujercita!».[1] Ésta se deshizo del abrazo y fue corriendo a contárselo a su madre, que mantuvo una charla muy seria con el frustrado seductor. No lo despidieron ni se le dijo nada del asunto a Christian Heinrich, pero a partir de entonces la madre estuvo presente en todas las clases hasta que, al poco tiempo, los Trosiener prescindieron de

[1] JE 129.

sus servicios cuando consideraron que se había completado la educación de Johanna en materia de religión, la única asignatura que le impartía ya por aquel entonces a su alumna el piadoso e impulsivo pastor de almas.

Aparte de la pasión política del republicanismo—que marcaría a Johanna cuando menos durante toda su juventud—, otra pasión, firme y duradera de por vida, se despertó en ella en su más tierna niñez: el gusto por las bellas artes y, en concreto, su intensa afición por la pintura. Cuando apenas contaba cinco años, la pequeña tuvo ocasión de conocer en persona a uno de los más celebrados artistas de su tiempo: Daniel Nikolaus Chodowiecki (1726-1801), famoso pintor y dibujante, celebrado ilustrador de las obras de Lessing, Goethe, Schiller, Basedow y Lavater. El artista era oriundo de Dánzig, aunque residía en Berlín, ciudad en la que llegaría a ser presidente de la Academia de Bellas Artes; casualmente, la madre y las hermanas de Chodowiecki dirigían el parvulario de niñas al que asistía Johanna, y allí se presentó una mañana el gran artista en persona. Había ido a pasar unos días en la ciudad con el propósito de visitar a su anciana madre y a sus hermanas, después de casi treinta años de ausencia.[1] La maestra—una de las hermanas del viajero—repartió golosinas entre sus alumnas para que se portaran bien durante un ratito y se quedasen quietas en sus pupitres; mientras las niñas guardaban silencio inmóviles, el artista había dispuesto sus útiles de pintura sobre una pequeña mesita; las observaba de vez en cuando y, sin decir nada, trajinaba misteriosamente con sus lápices. La inquieta Johanna refiere en

[1] Chodowiecki recopiló los dibujos de esta visita a casa de su madre y sus hermanas en su *Viaje de Berlín a Dánzig en 1773*. También escribió un diario que cuenta los pormenores del periplo. Una edición en alemán asequible y cuidada de los dibujos y el diario es D. Chodowiecki, *Die Reise von Berlin nach Dánzig* (en dos tomos; uno de ellos contiene las reproducciones de los dibujos y el otro, el texto del diario), ed. K. K. Polheim y H. Rothe, Berlín, Nicolai, 1994.

sus recuerdos juveniles que, animada por la curiosidad, se escurrió sin hacer ruido por debajo de las sillas del aula hasta situarse justo detrás de Chodowiecki y que éste, divertido por el atrevimiento, le permitió observarlo mientras dibujaba una perspectiva del aula y a todas las niñas sentadas en sus asientos. Para Johanna aquella visión fue algo parecido a una «epifanía»:

En esto, vi aparecer ante mis ojos sobre aquella pequeña hojita de papel a la clase entera; ¡nunca hubiera imaginado que algo así fuera posible! Se me cortó el aliento; pensé con alegría que quizá también yo podía hacer algo parecido. A partir de aquel instante todos mis deseos y aspiraciones se encaminaron a dibujar y pintar. Quien quisiera darme una alegría tenía que regalarme papel y lápices; una cajita de pinturas de Núremberg me elevó a las cimas más altas del embeleso.

Finalmente, el artista tomó otra hoja de papel, me situó delante de él, dibujó sin que yo pudiera ver lo que hacía y luego... ¡me tendió el dibujo para que se lo diera a mi madre junto con un saludo suyo! Mi personita entera, desde la cabecita con su tocado a los pies, estaba allí retratada a escala reducida. Poco faltó para que me echara a llorar de felicidad, apenas pude esperar a que llegase la hora de que Agathe fuera a buscarme.

En aquel momento se despertó por primera vez en mi alma infantil, todavía sin desarrollar, la profunda inclinación hacia las artes plásticas que me ha acompañado durante toda mi larga vida, que tanto consuelo y tantas alegrías me ha deparado, y que sólo desaparecerá cuando ésta se extinga.[1]

[1] Véase JE 56-57. Entre los numerosos dibujos de Chodowiecki que ilustran los recuerdos de su viaje a Dánzig—recogidos en la obra que hemos citado anteriormente—no se encuentra el de los niños en la escuela de sus hermanas, aunque sí hay una reproducción de la habitación en la que las dos mujeres impartían las clases, y en la que pueden verse las sillitas de los párvulos, pero vacías. A este respecto, escribe asimismo Johanna: «El aula de la escuela la eternizó el artista en uno de sus grabados, según he oído contar; con todo, esta lámina debe de contarse entre las más raras de entre las suyas, puesto que jamás he llegado a verla» (JE 57).

Desde aquel día todo el afán de la pequeña se centró en pintar. Incluso el precioso retrato que le hiciera el artista fue víctima de aquella pasión:

Mi madre guardó aquel retrato entre sus tesoros más apreciados, puesto que el apellido Chodowiecki ya era famoso entonces. Por desgracia, fui yo misma quien más adelante estropeó el dibujo a causa de un desatinado intento de iluminarlo con las pinturas de aquella cajita de colores que me regalaron.[1]

Su desatado amor por la pintura le deparó a Johanna la primera crisis emocional de su infancia y el primer enfrentamiento serio con sus padres. Cuando contaba diez años, superó unas graves fiebres de tipo nervioso; durante la convalecencia, aparte de devorar los dibujos de Chodowiecki para el álbum ilustrado *Fragmentos de fisionomía*, de Lavater, Johanna recibió como regalo del doctor Jameson un grabado en color que representaba a santa Cecilia; el hermoso dibujo lo firmaba la pintora alemana Angelika Kauffmann (1741-1807), por aquel entonces afincada en Londres. Tras un desafortunado primer matrimonio con un estafador, la artista dejaría Inglaterra para trasladarse a Roma, donde se casaría con el pintor Antonio Zucchi. En la Ciudad Eterna trabó amistad con Goethe en 1787. La despierta e inteligente mujer («acaso la mujer más cultivada de Europa», la denominaría Herder) y sus obras pictóricas entusiasmarían al autor de *Las penas del joven Werther*. Angelika Kauffmann pintó cuadros inspirados en la *Ifigenia* y el *Egmont*, de Goethe, y hasta un retrato de éste, un cuadro muy hermoso que, por suerte o por desgracia, tenía escaso parecido con el modelo original, puesto que lo idealizaba («Es un tipo bien hermoso, desde luego, pero ni rastro de mí», sentenciaría Goethe). Avalada por su maestría artística y por el círculo de amigos

[1] JE 57.

y conocidos del gran Goethe, admirada tanto en Italia como más adelante en Weimar, la celebridad de Angelika Kauffmann crecería lo indecible por toda Europa.

La niña Johanna vivió como una segunda gran revelación el conocimiento de que hubiera mujeres que se consagrasen por entero a la pintura como profesión, tal y como era el caso de aquella Kauffmann. De inmediato también ella quiso ser pintora. Rogó a su padre que le asignara un profesor de dibujo y pintura, pero como en Dánzig no vivía nadie célebre que pudiera enseñarle como era debido, le suplicó que, aprovechando uno de sus viajes comerciales a Leipzig, le dejara acompañarlo y desde allí la enviara a Berlín a estudiar el bello arte bajo el auspicio del mismísimo Chodowiecki. Christian Heinrich reaccionó con enojo ante el inesperado deseo de su hija; por lo visto, el padre montó en cólera y se enfureció de un modo que jamás había presenciado Johanna; y aunque su esposa hizo lo posible por aplacarlo, tampoco ésta secundó el antojo de su hija; regañándola a su modo, le hizo comprender que era imposible que una señorita destinada a ser esposa, madre y ama de casa pudiera caer tan bajo como para dedicarse a algo que era poco menos que un trabajo artesanal, y casi equiparable al de las artistas de teatro. Sólo el doctor Jameson pudo consolar a Johanna en su aflicción convenciéndola de que no podía empeñarse en algo que era tan difícil de aceptar para su familia. «La manera en que se acogió este deseo mío fue la primera experiencia verdaderamente penosa de mi vida», anotaba Johanna en sus recuerdos.[1]

La niña continuó pintando, pero como entretenimiento (y continuaría haciéndolo con fervor de diletante a lo largo de su vida). Durante su niñez y adolescencia asistió también a las obligadas clases de francés, urbanidad y buenos modales; y al cumplir catorce años, recibió permiso para asistir a los bailes de sociedad, la fórmula más directa de que los padres

[1] JE 57.

presentasen a sus hijas casaderas en los círculos donde pudieran encontrar un marido adecuado. De este modo transcurrió la primera parte de la vida de la dotada Johanna hasta el día en que el acaudalado comerciante Heinrich Floris Schopenhauer, el envidiable soltero de oro de Dánzig, la pidió en matrimonio; a partir de entonces todo cambió.

Desde la primera vez que el señor Schopenhauer vio a la joven Johanna Trosiener quedó prendado de su belleza. Entonces comenzó a frecuentar al señor Lehmann, cuñado del senador Trosiener, y fue a través de éste que declaró sus intenciones de pedirla en matrimonio. La joven contaba entonces diecinueve años recién cumplidos, mientras que el pretendiente pasaba ya de treinta y ocho.

Según cuenta Johanna en sus memorias, la referida anécdota que ilustraba el patriotismo de Heinrich Floris la «alegró mucho», dado su republicanismo de corazón; «e incluso aquella manera de comportarse me pareció digna de un noble romano de la Antigüedad», añade.[1] Y afirma también que, por aquel entonces, sólo conocía al protagonista del suceso «de oídas». La proverbial honestidad del comerciante Schopenhauer y, naturalmente, su cuantiosa fortuna lo hacían muy atractivo para las hijas casaderas de buena familia. El soltero poseía, además, una elegante figura y siempre iba muy atildado; todo ello disimulaba un tanto la fealdad de sus ojos algo saltones que, a juzgar por algún retrato que de él se conserva, daban a su redondeado rostro cierto aire de batracio.

Johanna no pareció quedar muy sorprendida cuando, sin apenas conocerla, Heinrich Floris la pidió en matrimonio, al fin y al cabo, ese modo de proceder era habitual en aquellos tiempos «todavía ayunos de romanticismo»[2]—como ella misma refiere—, pero acaso también porque su gran amor propio le permitía considerarse más que digna de la estima del hombre más acaudalado de Dánzig.

[1] JE 174. [2] JE 176.

Sin respetar el habitual plazo de tres días para meditar su respuesta, la joven Trosiener aceptó de inmediato la petición de su pretendiente. Ni la diferencia de edad fue un obstáculo para el «sí quiero»—matrimonios parecidos eran frecuentes en aquellos tiempos; el de los propios padres de Johanna, por ejemplo—, ni tampoco la evidencia de que apenas conociera personalmente a Heinrich Floris. Según rememoró Johanna en sus *Recuerdos*, ni la riqueza del pretendiente ni la imposición paterna influyeron de manera determinante en su consentimiento:

> Sin que mi decimonoveno año hubiera llegado todavía a su término, mediante ese enlace se me abría una perspectiva de futuro tan vasta y espléndida como jamás habría esperado; ahora bien, confío en que se me crea que a esa edad tan temprana esto no determinó mi decisión, e incluso que apenas pensé en ello.
>
> Creía que mi vida había concluido, una quimera a la que a tan tierna edad solemos entregarnos de grado y con ligereza tras la primera experiencia dolorosa. Mis padres y todos mis parientes tenían mi enlace con un hombre tan importante como Heinrich Floris lo era en nuestra ciudad por un acontecimiento sumamente afortunado, pero ni mi padre ni mi madre consideraron lícito influir en mi decisión, y ello a pesar de que el comportamiento del señor Schopenhauer para conmigo era tan evidente que no les sorprendió en absoluto su propuesta de matrimonio.[1]

Es destacable la misteriosa afirmación: «Creía que mi vida había concluido...»; semejante «quimera» la había provocado un frustrado primer amor. Por lo poco que sabemos al respecto, antes de conocer a Heinrich Floris, Johanna se había prendado de un joven de su edad con el que coincidía en las lecciones de baile; ambos se juraron amor eterno, pero una considerable diferencia social impedía pensar en la posibilidad de contraer matrimonio. Las

[1] JE 177.

respectivas familias terminaron por imponerse a los enamorados y abortaron la relación. Johanna pasó de puntillas sobre aquel episodio en sus memorias; tan sólo en un capítulo titulado «Gozo del baile» anotó que, a pesar de sus alegrías juveniles, también ella—lo mismo que cualquier muchacha campesina o noble—había tenido ocasión de derramar muchas lágrimas a la «tierna edad en la que el corazón comienza a despertar». Entonces experimentó «lo doloroso del choque de los sueños con la fría realidad, cargada de miserias y preocupaciones». Y añadía un grito lleno de patetismo: «¡Ay, ojalá se hubiera extinguido mi vida con el final de aquel primer amor!».[1]

Gertrud Dworetzki, biógrafa de Johanna nacida también en Dánzig, sostiene que la joven, acostumbrada a obedecer a sus padres desde la infancia, jamás se habría atrevido a desobedecerles en este asunto del matrimonio. Tanto el padre como la madre comprendieron enseguida las ventajas que aportaba una boda con Heinrich Floris; así que, aunque no la obligasen explícitamente a rechazar la propuesta, ella se habría visto obligada en su fuero interno a no desilusionar las expectativas de sus progenitores. Esto contradice obviamente la afirmación de la propia Johanna, pero resulta plausible, dado el estado de indiferencia en el que la despechada joven decía encontrarse por aquellas fechas.

Aquel enlace, acaso por encubierta obligación, dejó sus secuelas psicológicas en Johanna. Andando el tiempo, varias décadas después, aquella muchacha obediente se convirtió en una de las escritoras más célebres del período histórico alemán denominado *Biedermeier*. Protegida y elogiada por el mismísimo Johann Wolfgang von Goethe, ofició de autora de *best sellers* con sus novelas de amores desgraciados, de trama enrevesada y algo soporíferas para el gusto actual. Primero por simple afición y más tarde para complementar

[1] JE 171.

sus exiguas rentas, Johanna publicó novelas, relatos breves y también libros de viajes que alcanzaron tiradas considerables, al menos en su época de mayor esplendor, coincidiendo con la de su madurez. La mencionada Dworetzki,[1] lo mismo que Rüdiger Safranski y, más recientemente, Carola Stern, han llamado la atención sobre cómo afloró la frustración vital de Johanna en los personajes femeninos protagonistas de sus novelas: las Gabriele, Anna o Sidonia, heroínas de sus sentimentales relatos, padecen el destino de las mujeres que han sacrificado sus jóvenes vidas por enlaces con maridos a los que no amaban. De manera reiterada, las protagonistas de las obras de Johanna se vieron inducidas por sus padres—pintados con negros colores y rasgos de la mayor severidad—a aceptar matrimonios que las elevaban en categoría social, pero que las condenaban a la frustración sexual y a la soledad, a las nostalgias desenfrenadas o el desamor. Sea como fuere, Johanna nunca se engañó en lo esencial: «Ni fingí un amor ardiente, ni tampoco mi marido aspiraba a que yo se lo demostrara», confesó.[2]

UN MATRIMONIO BIEN AVENIDO

El noviazgo entre Heinrich Floris y Johanna duró apenas un mes. Johanna confesó años más tarde que de ninguna manera se sintió «inmensamente feliz» durante este período; lo contrario de lo que, según ella, solía acontecerles a las demás novias. Heinrich Floris, en cambio, sí aparece en los recuerdos de su esposa como un novio feliz y solícito. Aparte de los costosos regalos con que la obsequiaba, también se ocupaba

[1] Véase G. Dworetzki, *Johanna Schopenhauer. Ein Charakterbild aus Goethes Zeiten*, Düsseldorf, Droste, 1987, pp. 94 y ss.; y las biografías ya citadas de Rüdiger Safranski y Carola Stern.

[2] JE 177.

de enviarle un magnífico ramo de flores cada mañana. Era entonces costumbre que los prometidos mandasen ramos de flores a sus prometidas sólo los días de fiesta; para justificar esta excepción a la costumbre, Heinrich Floris le aseguraba a Johanna que desde que se habían prometido «en su calendario sólo había domingos».[1]

La boda fue todo un acontecimiento. El pueblo llano, los burgueses y la nobleza recibieron a la novia con expectación, el gentío abarrotaba la calle y hasta las ventanas de las casas vecinas a la de los padres de Johanna se alquilaron para poder verla mientras ascendía al coche que la llevaría a la iglesia; era el 16 de mayo de 1784. La ceremonia se ofició en una pequeña iglesia situada a las afueras de la ciudad y a medio camino de las numerosas quintas de recreo de los alrededores. Johanna lució un sencillo vestido de muselina blanca y una corona de flores de mirto.[2] Nada más terminar la ceremonia los recién desposados se trasladaron a la quinta de los Schopenhauer en Oliva. De inmediato la joven señora del próspero comerciante comenzó a gozar de una vida llena de comodidades al lado de un marido al que respetaba y también admiraba, pero al que no amaba; en ella no hubo el menor asomo de romanticismo, pero tampoco de hipocresía.

Durante la primavera y el verano, el matrimonio residía en la mencionada quinta de recreo, ubicada en un bello paraje, entre el bosque y el mar (hoy queda dentro de la ciudad de Gdańsk propiamente dicha); se hallaban rodeados de casas solariegas pertenecientes asimismo a acaudaladas familias burguesas o nobles. Durante los meses de invierno residían en la mansión de la ciudad, emplazada en la mencionada calle del Espíritu Santo, la misma en la que se alzaba la casa de los Trosiener. Así que Johanna continuaba manteniendo una buena relación con sus padres y con su querido doctor

[1] JE 178. [2] JE 180-181.

Jameson. La futura escritora nunca mencionó en sus recuerdos de juventud a sus hermanas; nada sabemos de cómo fue la relación con ellas, quizá le fueran bastante indiferentes.

El refinado gusto inglés reinaba por doquier en las mansiones de la familia Schopenhauer. Los excelentes muebles de la mejor calidad, los atentos y fieles criados, la bien surtida biblioteca y las célebres colecciones de cuadros del suegro y del esposo hacían las delicias de Johanna, inclinada al arte y el buen gusto desde su niñez. Como selecta ama de casa y anfitriona consciente de su deber social y representativo, la señora Schopenhauer recibía en su casa de Dánzig a algunos de los personajes de actualidad que llegaban a la ciudad, a los cuales Heinrich Floris solía cursar atenta invitación. De este modo tuvo ocasión de conocer al famoso aeronauta galo François Blanchard (1753-1809), en boca de todo el mundo aquel año de 1785, pues en el mes de enero había cruzado el canal de la Mancha en globo acompañado del médico estadounidense John Jeffries (1744-1819). Era la primera vez que se llevaba a cabo tamaña hazaña: volaron sin incidentes desde Dover hasta Calais.

> La mayor alegría de mi vida hubiera sido acompañar a Blanchard en una de sus ascensiones al cielo; pero en ello no había ni que pensar. La primera alusión al respecto que me permití expresar fue tomada por todos cuantos me rodeaban—aunque esta vez con mayor razón que antaño—con tan sonoro clamor de rechazo que me recordó vivamente a aquel tiempo en que quise ser alumna de Chodowiecki.[1]

Los Schopenhauer recibieron también al abate Vogler, gran intérprete de órgano y compositor, futuro maestro de Carl Maria von Weber y Giacomo Meyerbeer. Sin embargo, más que a personalidades célebres, era más frecuente que el

[1] JE 197.

acaudalado matrimonio recibiera en casa a ricos comerciantes de paso por Dánzig hacia Rusia, que aprovechaban para tratar de negocios con Heinrich Floris. Johanna hubiera preferido relacionarse con celebridades de las artes y las letras, tal como haría unos años más adelante, primero en Hamburgo y luego en Weimar; los personajes con los que ella anhelaba trabar amistad, un Schiller o un Goethe, por ejemplo—autores a los que ya por entonces comenzaba a leer y admirar—, no frecuentaban la capital del Vístula.

En definitiva, Johanna se comportaba como la perfecta anfitriona de un gran señor burgués: cordial, refinada y locuaz, sabía cuál era su sitio y, a pesar del soberano aburrimiento que la abatía durante las largas y frías veladas de invierno, en las que sólo la visitaba el doctor Jameson—su confidente y hasta su pañuelo de lágrimas—, procuraba no disgustar a su marido con frecuentes visitas fuera de casa o con inocuos galanteos con caballeros de su misma edad, pertenecientes al círculo de sus conocidos. Hay que tener en cuenta la diferencia de edad entre los esposos, Johanna era apenas una veinteañera y su marido, un cuarentón.

Al parecer el esposo era muy consciente de los «peligros» que entrañaba semejante diferencia de edad, de ahí que Johanna procurase no inquietarlo en este aspecto: «Mi marido era incapaz de amargarme la vida con manifestaciones directas de celos; lo poco que conseguiría con ello de una persona como yo fue teniéndolo cada vez más claro cuanto más me conocía. Pero no me ocultaba su satisfacción por mi comportamiento».[1]

Ejemplos de modales afectivos contrarios al suyo los conocía Johanna por las novelas francesas que leían tanto ella como Heinrich Floris, pero también por boca de su esposo cuando rememoraba sus experiencias en Burdeos, ciudad en la que residió varios meses y donde tuvo noticia de numero-

[1] JE 189.

sos ejemplos de la «vanidad del bello sexo», como él decía, sexo al que en general tenía en escasa estima. Heinrich Floris esgrimía sus inmorales ejemplos ante su esposa para justificar su temor de que ella pudiera perder algún día la cabeza por algún pretendiente más joven, ocioso y donjuanesco, tal y como, según el esposo, sucedía tan a menudo entre las francesas. De manera que Johanna hacía lo posible por comportarse como mandaba lo establecido para no incomodar a Heinrich Floris ni parecerse a una de esas «adúlteras» que, extraídas de modelos tan reales, plagarían el imaginario literario del siglo XIX.

En parangón con Heinrich Floris, también su hijo Arthur sostendría años más tarde en sus obras filosóficas opiniones muy negativas y tópicas sobre las mujeres.[1] Éste es un capítulo aparte al que nos referiremos más adelante. Tan sólo apuntamos aquí que sus pensamientos sobre el matrimonio, asunto acerca del que esboza toda una teoría antropológica, se sustentan en gran parte en la referencia directa y el ejemplo de sus progenitores, y Johanna es la que sale peor parada de los dos. Quizá Arthur la tuvo muy presente al anotar reflexiones como ésta:

> Cuando un hombre ha cumplido cuarenta años sin asumir la carga de una esposa y unos hijos y decide casarse, para mí esto es como si alguien hubiera recorrido a pie las tres cuartas partes de un trayecto, y luego estuviera dispuesto a pagar el billete completo con el fin de cubrir en coche la parte restante.

Contraer matrimonio es un «negocio» que jamás es rentable para el hombre, sólo para la mujer: «Las mujeres siem-

[1] A propósito de las opiniones de Schopenhauer sobre las mujeres, véase MVR II, cap. 44, «Metafísica del amor sexual»; PP II, cap. XXVII, «Sobre las mujeres». Así como el volumen *El arte de tratar con las mujeres*, ed. F. Volpi, trad. F. Morales, Madrid, Alianza, 2008 (que recopila una buena parte de los comentarios de Schopenhauer sobre el sexo femenino).

pre creen en el fondo que la misión del hombre es ganar dinero, mientras que la suya es gastarlo; gastarlo en vida del esposo si ello fuera posible; pero al menos tras su muerte, en caso contrario».[1]

Johanna Schopenhauer, sin duda un personaje de lo más relevante en la vida de su primogénito, ha suscitado reacciones diversas entre los biógrafos del filósofo; en general, abundan menos las opiniones ecuánimes que las muy positivas o las muy negativas. Mientras que los primeros biógrafos, como Gwinner y Grisebach, se muestran más moderados en su retrato, Arthur Hübscher—meritorio investigador de la obra de Schopenhauer en el siglo XX—le dispensó una abierta animadversión. Parece creer al pie de la letra las particulares manifestaciones del filósofo pesimista sobre las mujeres, así como los calificativos denigrantes vertidos por Schopenhauer sobre los actos y la manera de ser de su madre; ésta es la razón de que Hübscher, antes que ningún otro biógrafo, haya contribuido a fomentar una idea harto despectiva de la personalidad de Johanna, a la que juzga desde un punto de vista tan conservador, subjetivo y decimonónico como el del mismísimo Schopenhauer. Cierto es que la describe como «inteligente y afable, dotada de un inusual espíritu vivaz y polifacético; perfecta para la alegre vida de sociedad», pero añade: «A pesar de sus méritos, fue siempre superficial, presumida, pagada de sí misma, y constantemente se mostraba ávida de goces y gastos». En suma: «Una mujer que ni como esposa ni como madre se adecuaba a los patrones de medida de su esposo, que poseía un severo sentimiento de la responsabilidad y gran solemnidad moral».[2] La esposa de Hübscher, Angelika, se en-

[1] Véase *El arte de tratar con las mujeres*, *op. cit.*, pp. 50 y 86.

[2] Véase A. Hübscher, «Ein Lebensbild», en A. Schopenhauer, *Sämtliche Werke*, ed. A. Hübscher según la primera edición de J. Frauenstädt, F. H. Brockhaus, 4.ª ed. rev. A. Hübscher, 7 vols., Mannheim, 1988 (en adelante SW); vol. I, p. 33.

cargó de difundir estas mismas ideas después de la muerte de su marido.

Walter Schneider retrata asimismo a Johanna como a una especie de madame Bovary ávida de emociones e incapaz de plegarse a los gustos del marido, que debía mimarla constantemente a fin de librarla del aburrimiento.[1] En cambio, los biógrafos más actuales, Rüdiger Safranski y Carola Stern, la consideran una mujer ingeniosa y creativa, desposada sin amor con un hombre rico para zafarse de la tiranía familiar y porque en aquella época el matrimonio constituía el destino natural de las hijas de las mejores familias, a menos que quisieran languidecer para siempre como solteronas. El biógrafo más reciente de Schopenhauer, el filósofo alemán Robert Zimmer, sostiene que Johanna se casó con Heinrich Floris porque le pareció lo más razonable; habría sido un matrimonio calculado y abrazado por la joven con el propósito de dar rienda suelta a sus ansias de conocimientos e ilustración.[2] En efecto, sabemos que Johanna estaba dotada para la cultura tanto como para las relaciones sociales, de manera que con la ayuda de un marido acaudalado la joven se propuso acceder a un nuevo mundo lleno de placeres culturales y estéticos. Johanna sabía idiomas—el inglés, por ejemplo, una rareza en la época para que lo dominara una señorita alemana—, y ello le había abierto el espíritu a la literatura, pero después debía abrírsele el mundo. Para tal apertura necesitaba aquel matrimonio tan bien avenido. Mas sus anhelos a este respecto sólo serían colmados parcialmente en vida del esposo.

En cualquier caso, cabe pensar que Johanna fue una mujer que, al contraer matrimonio, aceptó sus deberes de

[1] W. Schneider, *Schopenhauer. Eine Biographie*, Hanau Werner Dausien; Viena, Berman-Fischer, 1937.

[2] Véase R. Zimmer, *Arthur Schopenhauer. Ein philosophischer Weltbürger*, Múnich, dtv, 2010, pp. 18 y ss.

esposa; parece que su intención jamás fue extorsionar o amargar a su marido, y su comportamiento para con él se adaptaba al patrón de conducta ideal que debía seguir la esposa perfecta de la época. Muy al contrario, sería Heinrich Floris quien al cabo de los años acusó desagradables alteraciones de carácter que dificultaron y entorpecieron la vida de los suyos, y Johanna tuvo que cargar con este inconveniente. Las mencionadas alteraciones psicológicas del esposo, que terminaron desembocando en un verdadero trastorno mental, provenían, como ya mencionamos, de su madre, Anna Renata Soermans, y es muy probable que tuvieran una enorme influencia en su trágica e inesperada muerte.

En el segundo tomo de *El mundo como voluntad y representación* (conocido también como *Complementos*),[1] Schopenhauer dedicó un breve capítulo al esbozo de una teoría de la herencia según la cual los hijos heredan determinadas «características espirituales» directamente del padre y otras, bien distintas de las anteriores, de la madre. Las cualidades heredadas del padre pertenecen a un tipo más primario, es decir, son aquellas que tienen que ver directamente con «lo

[1] Para las citas de *El mundo como voluntad y representación* (MVR I) y *Complementos al mundo como voluntad y representación* (MVR II) nos remitimos en principio a la mencionada edición de *Sämtliche Werke* establecida por Arthur Hübscher (véase el título de cada volumen en el apartado «Bibliografía»). El lector hispanohablante podrá hallar sin dificultad las referencias de la edición alemana en cualquiera de las traducciones más recientes de MVR con las que contamos en castellano, debidas a Pilar López de Santa María (Trotta), Roberto Rodríguez Aramayo (FCE) y Rafael-José Díaz Fernández y M.ª Montserrat Armas Concepción (Gredos); las tres versiones son fiables y superan la traducción más longeva y más citada en español de Ovejero y Maury (véase la «Bibliografía»); además, las tres mencionadas son traducciones directas de la edición de Hübscher y consignan al margen la paginación original de dicha edición. Las traducciones de fragmentos de obras de Schopenhauer, salvo indicación expresa, son del autor de esta biografía. Para el capítulo mencionado sobre la herencia, véase MVR II, cap. 43, «Herencia de las cualidades», pp. 591 y ss.

más radical en el ser humano», con *la voluntad* (*der Wille*); por cierto que éste es un concepto clave para Schopenhauer, que él determina y define a su modo y que, como se verá más adelante, constituye el fundamento de toda su filosofía. Dichas cualidades remiten a la esencia íntima de la persona, igual que a la del ser en general. Denominadas de otro modo más llano, se trata de las cualidades del «corazón», las pasiones y los sentimientos; tienen que ver con el modo de ser vehemente o mesurado, impaciente o tranquilo, con la irascibilidad o con la bondad. También, con la intensidad de las inclinaciones de una persona (hacia el vicio o la virtud) y con el grado de su índole moral: la avaricia o la prodigalidad, la sinceridad o la falsedad, el orgullo, el valor o la cobardía, la manera de ser pacífica o pendenciera, etcétera. Todo ello lo heredarían los hijos e hijas de su progenitor.[1]

De la madre, en cambio, no se heredan cualidades afectivas y morales—las cualidades primarias—, sino el «carácter intelectual». Schopenhauer sostenía que el intelecto (*der Intellekt*) no es lo primario en el ser humano, sino algo secundario, posterior y, hasta cierto punto, dependiente de aquello otro que es primario y que él denominó, como decíamos, «la voluntad». Como la madre, en cuanto hembra receptora, es en este sentido la «secundaria» con respecto del varón, ella será también la portadora de las cualidades intelectuales—de segundo grado—que transmite a los hijos. Según Schopenhauer, los hijos e hijas heredan de su madre «la inteligencia, su grado, su naturaleza y su dirección»; y, junto con la inteligencia, también la sensibilidad artística y el ingenio.

A tenor de lo expuesto, se dará el caso de que hijos de padres muy vehementes y voluntariosos carezcan de sensibilidad para las bellas artes—la pintura, la música o la literatura—si es que sus madres son nulidades intelectuales. O, a la

[1] MVR II 593.

inversa, habrá vástagos de madres artistas dotados de talento artístico pero que, debido a una indolencia de la voluntad heredada del padre, sean incapaces de realizar algo de provecho en el campo intelectual. Y, naturalmente, también habrá artistas geniales que sean hijos de padres probos y excelentes trabajadores—aunque autoritarios—y de madres inteligentes y sensibles. Por otra parte—en opinión de Schopenhauer—suele ser frecuente que de un padre genial en el terreno de las artes no nazcan hijos con sus mismos dones y talentos, puesto que del padre nunca se heredan las cualidades intelectuales por inteligente que sea, sino de la madre: tal habría sido, por ejemplo, el triste caso del único y malogrado vástago del genial Goethe.[1]

«¿Cómo comprobar la certeza de semejante teoría?», se pregunta Schopenhauer. Pues muy sencillo: bastará con que cada cual se observe a sí mismo y a continuación reflexione sobre las cualidades y el carácter de sus progenitores. Tras este ejercicio, que piense también en otras personas que conoce y observe qué es lo que tienen de su padre y de su madre.[2] De modo que se trata de una teoría cuya verdad sólo se comprueba con ejemplos extraídos de la experiencia. Schopenhauer dedica el resto del capítulo a avalar la veracidad de su tesis con ejemplos de personajes que le son cercanos

[1] August von Goethe (1789-1830) vivió a la sombra de su padre; dado a la bebida e infeliz en su matrimonio, murió prematuramente en Italia, donde también recibió sepultura; es sorprendente que en su tumba no inscribieran su nombre, sino sólo el epitafio: «Aquí yace el hijo de Goethe». Por lo demás, fue precisamente el gran Goethe quien compuso una copla que bien podría haber inspirado lejanamente las reflexiones genéticas de Schopenhauer, a su vez gran lector y admirador de las obras del autor de *Fausto*: «*Vom Vater hab' ich die Statur,* | *Des Lebens ernstes Führen,* | *Vom Mütterchen die Frohnatur* | *Und Lust zu fabulieren*» ('De mi padre tengo la estatura | y el conducirme en la vida con gravedad. | De mi madrecita, el ánimo risueño y el gusto de fabular'), en J. W. von Goethe, *Werke*, Hamburger Ausgabe, t. 1, *Gedichte und Epen* I, p. 320.

[2] MVR II 592-593.

merced a sus lecturas—cercanos en la ficción y no en la vida real, claro—. Se remite al ejemplo de insignes personalidades históricas, como Alejandro Magno, Marco Aurelio, Enrique VIII, Napoleón o Goethe. Casi de manera infalible—sostiene Schopenhauer—el conocimiento de algún rasgo de la índole moral del progenitor, así como de algún otro de la inteligencia de la madre de los mencionados personajes, posibilita su reconocimiento en el carácter del hijo, con lo cual se ratifica la teoría. Aun así, sospechamos que aunque los múltiples ejemplos extraídos de la vida y de la historia avalen la teoría de la herencia propuesta por Schopenhauer—simplificadora a más no poder en su aparente obviedad—, la fuente «científica» original de la que el filósofo habría extraído sus intuiciones genéticas brotaba de su propia persona; esta misma fuente tan íntima alimentó e inspiró otras tantas ideas que sostienen el edificio entero de su filosofía, la cual es esencialmente personal y subjetiva.

Arthur sostenía que su inteligencia la había heredado de su madre. En el fondo consideraba que Johanna tenía otra clase de inteligencia que Heinrich Floris; tal vez era esa «inteligencia de las mujeres» que, como admitía Henry James, «empieza donde termina la de los hombres».[1] De ella le venía además el amor por las artes y la sensibilidad necesaria para comprenderlas e interpretarlas. La despabilada Johanna, como ya señalamos, pintó por afición durante toda su vida, y andando el tiempo se consagró a la creación literaria. Esta inteligencia *poiética*, «creadora», es la que recibiría en herencia su primogénito en tanto que, desde muy joven, sintió mucho interés por el mundo de los libros y el pensamiento, un mundo que, en principio, le abrió Johanna, al transmitirle su propio gusto por la lectura y las

[1] Tal era una de las tesis fundamentales del gran escritor neoyorquino; y así lo confirman muchos de los personajes femeninos de sus estupendos relatos y novelas.

artes plásticas. Ésta es una idea algo idealizada. Como se verá, Johanna buscaba brillar con sus aficiones y conocimientos artísticos, ¿no habría mucho de oportunismo en su supuesta sensibilidad y afición al arte? Aunque también el hijo deseaba destacar a toda costa, sobre todo en el ámbito intelectual.

Cabe preguntarse la razón de que Schopenhauer, en lugar de convertirse en pintor o autor de obras de ficción, como podían haberlo determinado las prendas maternas, se hiciera filósofo. Es posible que en ello tuviera que ver la otra influencia, la paterna. Según manifestación propia, habría heredado de Heinrich Floris las cualidades que compensan o incluso se contraponen a las características intelectuales recibidas de la madre; por ejemplo, la vehemencia de carácter o la rectitud moral, cualidades que lo habrían inclinado hacia la filosofía (al fin y al cabo, un saber que se ocupa de la búsqueda y desvelamiento o de la verdad, para lo cual necesita «héroes» y no caracteres pusilánimes), y dentro de la filosofía, Schopenhauer se inclinó hacia la metafísica (un saber que quiere saberlo «todo» hasta las últimas consecuencias), y asimismo hacia la «crítica» y la ética. Aplicándose a la filosofía y la metafísica pretendía dominar el saber sobre el mundo, en cambio, ser novelista requería una blandura especial de la que él carecía; la filosofía exigía el arrojo y la pasión necesarias para desentrañar las verdades absolutas sobre el mundo real y la existencia en general, era una forma absoluta de dominio absoluto desde la más omnímoda intelectualidad. ¿Y de dónde provenía su interés por la ética?

Mientras que la índole moral de Johanna dejaba mucho que desear a ojos de su hijo Arthur, el talante de Heinrich Floris fue siempre digno de sus mayores homenajes. Sabemos por el propio Schopenhauer que el gran comerciante que fue su padre poseía un orgullo inquebrantable, lo mismo que una gran fuerza de voluntad; además, que hacía gala «de una integridad y rectitud ejemplares y de una lealtad absoluta; de ahí que sobresaliese en los negocios con inestimable talento».[1]

Es natural que tales dotes paternas, transmitidas al hijo, no lo inclinaran hacia la frivolidad o la ligereza que conlleva la simple y deleitosa complacencia en el arte, al mero diletantismo o incluso al simple placer de escribir novelas románticas, y sí más bien que dicho carácter heredado lo empujara a la severidad intelectual y al rigor moralista, ornatos y cualidades intrínsecas de todo filósofo que se precie. En suma, la seriedad, gravedad y solemnidad de su padre, acompañadas de la probidad que lo caracterizaba, habrían determinado a su modo la inteligencia y la sensibilidad (cualidades maternas) de Arthur hacia una actividad intelectual seria y provechosa. Pero ¿lo era la filosofía? Según Schopenhauer, sí, puesto que la reflexión sobre el mundo y la vida en general, asunto recurrente del que se ocupa dicha disciplina, es de utilidad incuestionable e imprescindible ni más ni menos que para la totalidad del género humano. He aquí, pues, una irreprochable confluencia de los caracteres materno y paterno en el vástago filósofo. Con él no cuadraba lo siguiente: «Quien haya tenido a una tonta por madre, o a un dormilón por padre, jamás podrá escribir una *Ilíada*».[2]

Heinrich Floris poseía también otros rasgos de carácter harto relevantes, aunque menos loables que los anteriores. Su primogénito lo definía como «*ein gestrenger heftiger Mann*»; lo que puede traducirse por 'un hombre severo y riguroso', pero también por 'estricto y colérico' o 'violento' sin más.[3] Este carácter colérico, unido a una acusada tendencia a la melancolía y a los pensamientos sombríos, influi-

[1] «Curriculum vitae», CE 333; GB 648.

[2] Véase *El arte de tratar con las mujeres*, *op. cit.*, p. 55.

[3] «Curriculum vitae», CE 332-349. Todas las citas del *curriculum* son de esta versión.

ría en el hijo, como se verá más adelante; también Arthur poseía un temperamento colérico y es posible que su pesimismo filosófico no fuera sólo teórico e inducido por una negra metafísica, sino consecuencia de un temperamento en exceso melancólico, cuando no colérico y desazonado, heredado del padre. Como es sabido, según el dicho popular: «Cólera y melancolía impiden disfrutar de la vida en paz y armonía».

Volviendo a la personal visión que Schopenhauer tenía de sus progenitores—el padre práctico y probo, la madre gastosa y frívola—consignamos un ejemplo significativo que también ilustra la enorme diferencia de carácter existente entre ambos. La anécdota se la transmitió el filósofo cuando era ya casi un anciano al ya mencionado compositor Robert von Hornstein:

> Que yo toque la flauta he de agradecérselo a mi padre, el prosaico comerciante de Dánzig; opinaba que debía aprender a tocarla, pues quién sabe si no me resultaría útil en el futuro. Mi poética madre, en cambio, el bello espíritu de Weimar, se oponía a mi deseo: «Algún día tendrás tanto dinero que podrás permitirte que toquen la flauta para ti».[1]

Al parecer, la «inteligencia» de Johanna y su «sensibilidad para las artes», tan elogiadas por su hijo, nunca chocaron con su pasión por el lujo y el dispendio que también le atribuía.

EL PRIMOGÉNITO

«Por poco no nací inglés, pues casi a las puertas de mi alumbramiento mi madre abandonó Inglaterra, donde entonces

[1] Schopenhauer en conversación con Robert von Hornstein, G 224. Véase, además, *Conversaciones*, *op. cit.*, p. 224.

se hallaba, y regresó a su patria», escribió Arthur Schopenhauer en su *curriculum vitae*.[1] Es de nuevo el fervoroso interlocutor Von Hornstein quien nos ha transmitido otra declaración del filósofo a propósito de su anhelada procedencia británica: «No nací en Inglaterra, pero allí fui engendrado»;[2] un hecho este último que, como se verá, respondía más a una ilusión del filósofo que a la realidad.

Johanna languidecía en la finca de Oliva después de dos años de aquel matrimonio sin altibajos ni profusión de pasiones, cuando su marido le comunicó que emprenderían un largo viaje que los llevaría a Londres atravesando media Europa. Por aquel entonces, el futuro de Dánzig se preveía incierto, pues Federico Guillermo II de Prusia (sobrino del gran Federico) mostraba abiertas intenciones de apoderarse de la ciudad de manera definitiva. Frente a esta posibilidad, Heinrich Floris tenía decidido abandonar la ciudad en cuanto dejase de ser independiente y, entre otros planes, barajaba el de establecer su negocio en Inglaterra y residir en Londres con Johanna para siempre. De ahí que deseara viajar a la metrópoli para explorar el terreno y comprobar si era factible establecer sus negocios en la *City* sin que ello le ocasionara demasiadas pérdidas. La noticia de semejante viaje conmocionó gratamente a Johanna, como atestiguan sus memorias: «¡Yo iba a viajar, iba a viajar! ¡Ver Inglaterra! ¡Y también muchas más ciudades y países durante el largo camino a Calais! ¡Me mareaba de alegría! Creí estar soñando cuando mi marido me abrió la perspectiva de aquella dicha inimaginable».[3] En absoluto le molestó—confiesa—que el viaje tuviera como propósito allanar el terreno para una futura emigración y, con ella, la renuncia a la patria y a todo aquello que le era tan querido: «¡Mientras somos jóvenes nos parece tan lejano el futuro!». Johanna contaba apenas vein-

1 «Curriculum vitae», CE 333.

2 G 215.

3 JE 204.

tidós años y la avidez de ver mundo le hacía olvidar todo lo demás, tal y como algunas décadas más tarde habría de sucederle a su hijo Arthur.

Los Schopenhauer partieron de viaje en el mes de junio de 1787, justo la madrugada de la noche de San Juan, algo que a Johanna le pareció de un enorme «atractivo poético», tal y como reseñó en sus memorias. Iban en un cómodo carruaje y atravesarían cientos de kilómetros por Europa antes de arribar a Inglaterra. Primero se detuvieron en Berlín y en Potsdam, donde les impresionó especialmente el palacio de Sanssouci y la habitación en la que había muerto Federico el Grande. Más tarde, ya en Hannover, visitaron a una autoridad médica: Johann Georg Ritter von Zimmermann—médico de cámara y escritor—con el propósito de consultarle sobre la sordera que comenzaba a afectar a Heinrich Floris. El galeno le recomendó al comerciante que se sometiera a una temporada de cura en el balneario de Pyrmont, uno de los establecimientos de baños más célebres de Alemania por aquel entonces.

En Pyrmont, donde tuvo ocasión de conocer a buena parte de la selecta sociedad que allí se alojaba, Johanna satisfizo en parte su «ansia de codearse con personalidades del mundo literario» trabando amistad con el escritor Justus Möser (1720-1794), con quien solía pasear del brazo—y hasta de la mano—por los parques del balneario. Möser era un hombre cuya altura superaba con mucho la de ella, que era de pequeña estatura, así que se veía obligada casi a colgarse literalmente de su acompañante. Aunque Johanna era sociable, no quiso que la presentasen en los círculos de la nobleza, que también los había en el balneario. Se negó rotundamente a conocer a la duquesa de Brunswick al enterarse de que el protocolo de presentación le exigía besarle la mano. En sus memorias recordó el caso aduciendo que ella, una mujer nacida libre, que no se sentía súbdita de ningún príncipe, no tenía por qué besarle la mano a otra mujer que no era ni su madre ni su abuela; así que no quiso someterse a lo que consideraba una humillación a su condición republicana.[1]

En París—donde ella y su marido residieron cuatro semanas—, los proclamados principios republicanos de la señora Schopenhauer se relajaron tanto que no le impidieron acudir a Versalles y asistir al desfile de toda la familia real vestida de gala en el día del cumpleaños del rey. Luis XVI y María Antonieta, así como el Delfín y su hermana, la duquesa de Angulema, cautivaron la atenta mirada de la futura escritora, lo mismo que la del inmenso gentío allí congregado. Apenas faltaba un año para que estallara la sangrienta Revolución francesa y Johanna, que rememoró los recuerdos de aquel día casi cincuenta años más tarde en sus memorias, adornó con presagios sombríos sus impresiones de aquel encuentro. Pero peor que dichos presagios fue que ella misma estuvo a punto de morir asfixiada por la presión de la muchedumbre que se agolpaba para ver mejor a la comitiva real: un miembro de la guardia de corps la rescató a tiempo y la salvó dándole aire con su chacó, y no sólo a ella, porque debió de ser en París cuando Johanna supo que estaba embarazada.

Entre algunos comentaristas de Schopenhauer suele divulgarse la idea de que Heinrich Floris sabía antes de emprender el viaje a Inglaterra que su esposa esperaba un heredero, y que precisamente ésta fue la causa que lo empujó a iniciarlo, pues quería a cualquier precio que su primogénito naciese en suelo británico. Las manifestaciones que la propia Johanna vertió en sus memorias anulan esta tesis. Ella debía de hallarse en el primer mes de embarazo cuando iniciaron el viaje, pero lo ignoraba, tal como aseguró en sus recuerdos: «Yo había emprendido el viaje en un estado del que no era consciente cuando salí de Dánzig y en el que ninguna mujer debe viajar a no ser que se vea obligada a ello por absoluta necesidad».[2]

[1] JE 217. [2] JE 241.

Lo que resulta más creíble es suponer que, hallándose de viaje al conocer la noticia, Heinrich Floris se alegrase muchísimo, pues ardía en deseos de tener un heredero; y es muy posible que en vez de regresar a Dánzig—que parecía ser lo más sensato dado el estado de su esposa—determinara incluso con mayor firmeza continuar hasta Londres para aguardar allí el alumbramiento. Había buenas razones de tipo práctico para optar por este plan; Johanna dejó constancia de ellas en sus memorias. La principal era que si el hijo nacía en suelo británico—o incluso en un barco inglés—, en virtud de las leyes que regían en aquel «país de la libertad», el pequeño (al padre nunca le cupo ninguna duda de que sería un varón) adquiriría de inmediato la nacionalidad inglesa y entonces «sería reconocido en todos los sentidos como un verdadero hijo de Albión, con todos los impagables derechos que ello suponía». Por otra parte, Heinrich Floris sostenía que nacer inglés favorecería mucho los futuros negocios comerciales de su heredero, al que, por supuesto, veía destinado a seguir la trayectoria profesional de la familia.

Así las cosas, aunque Johanna hubiera preferido regresar a Dánzig para entregarse a los cuidados que le prodigarían su madre y sus hermanas, se avino a estas razones y, una vez en Londres, e instalada en casa de una obsequiosa familia que le brindó toda clase de comodidades, se resignó a esperar allí el parto. Su carácter abierto y su alegría innata le depararon enseguida la simpatía de cuantos la rodeaban y trabó muchas amistades, por lo que acabó sintiéndose muy a gusto en Inglaterra.

El mes de noviembre del año 1787, melancólico y hasta tétrico en la gran metrópoli londinense, no afectó a Johanna, que cosechaba un éxito tras otro entre sus nuevos conocidos, aunque sí afectó a su esposo. De pronto, Heinrich Floris se sintió invadido por oscuros presagios. Johanna anotó en sus recuerdos que cuanto más feliz se sentía ella con la idea de continuar en Londres, más quería su marido regresar a Dánzig. Se habían invertido los papeles. «La gran simpatía de la que yo gozaba en todas partes despertaba en él temores que parecían tener que ver con mi permanencia en Londres», escribió Johanna; y también: «Mi marido se hundió en la misma ansiedad de la que yo había conseguido librarme».[1] Rüdiger Safranski observa que hay que leer estos comentarios entre líneas: «Sencillamente, el marido se vio atacado de ansiedad por otros motivos ajenos al futuro alumbramiento y más personales, es decir, por celos».[2] Sea como fuere, finalmente, y después de un arduo tira y afloja matrimonial que tuvo que ser zanjado por el consejo clínico de un médico, Heinrich Floris ordenó el retorno al continente. En definitiva, los «temores» del vacilante progenitor fueron la causa determinante de que el futuro filósofo Arthur Schopenhauer se viera privado de nacer en Londres y, con ello, de la anhelada ciudadanía británica; éste fue un fracaso que se añadiría a otras tantas espinas clavadas en el corazón del gran pesimista, a quien de buen grado le hubiera gustado pavonearse de «ser inglés» de verdad y no sólo en su imaginación.

Es plausible pensar que Arthur se enteraría andando el tiempo de aquellos avatares que impidieron su nacimiento en Inglaterra, así como de los temores y la angustia patológica de su padre. Años después, siendo ya un hombre maduro, dejó una anotación en su «Eis heautón»—que podría datar de 1833—referida a los miedos paternos, similares a los que también a él lo acometían y que había recibido de Heinrich Floris como una pesada carga genética. El párrafo es jugoso, pues revela rasgos de carácter del filósofo pesimista que no son precisamente dignos de admiración:

[1] JE 241.

[2] R. Safranski, *Schopenhauer y los años salvajes de la filosofía*, *op. cit.*, p. 30.

La naturaleza ha hecho lo suyo para aislar mi corazón proveyéndolo de irritabilidad, impetuosidad, ira y orgullo en tal grado que lo hacen casi del todo incompatible con la llamada *mens aequa* [mente firme, sobria] del filósofo. Heredé de mi padre un temor, un miedo del que siempre he abominado y contra el que constantemente he procurado luchar empleando toda mi fuerza de voluntad. Se trata de una angustia que me asalta con extrema violencia por cualquier motivo insignificante y hace que me represente con viveza desgracias que están muy lejos de suceder o que son en realidad imposibles. Una terrible fantasía potencia esta capacidad mía a veces hasta lo increíble. Siendo yo un niño de seis años, al regresar mis padres de un paseo vespertino, me encontraron sumido en la más completa desesperación por creer yo que me habían abandonado para siempre. Cuando yo era un jovencito, me atormentaban enfermedades y disputas imaginarias. Estudiando en Berlín, hubo un tiempo durante el que me creí tísico. Al estallar la guerra de 1813 me consumía el temor de que me obligaran a servir como soldado. De Nápoles me alejó el miedo a la viruela; de Berlín, el cólera. En Verona me asaltó la idea fija de haber aspirado rapé envenenado. Cuando en 1833 estaba a punto de abandonar Mannheim, me asaltó sin causa alguna un sentimiento indescriptible de angustia. Durante años me persiguió el temor a un proceso criminal a causa del *affaire* berlinés, a la pérdida de mi fortuna y a la impugnación de la parte de la herencia paterna que me correspondía a mí en favor de mi madre. Si por la noche oía ruidos, enseguida saltaba de la cama y corría a coger el puñal y las pistolas, que siempre tenía cargadas. Incluso cuando no hay nada especial que me preocupe, me embarga siempre una persistente inquietud interior que me induce a ver peligros y a imaginarlos allí donde no los hay. Agranda infinitamente la más pequeña contrariedad y dificulta mucho mi trato con los demás.[1]

Comenzaba el mes de diciembre cuando el matrimonio Schopenhauer abandonó Londres; el viaje de regreso a Dán-

[1] Véase «Eis heautón», en HN 4, II, 120-121. También citado en *El arte de conocerse a sí mismo*, *op. cit.*, pp. 82-83.

zig fue penoso. En la ciudad portuaria de Dover se inició de forma ridícula: Heinrich Floris, velando en todo momento por la salud de su esposa, distribuyó propinas entre los marineros para que trajesen de otro barco una especie de camilla o sillón acondicionado al efecto, e izasen a Johanna a bordo del paquebote que los llevaría a Calais, a fin de que no tuviera que esforzarse en subir al barco de la manera que era habitual para los demás pasajeros (por una larga pasarela o por una escala). Dudando de que el invento soportara el peso de la preciosa carga, el comerciante ordenó que primero lo izasen a él para comprobar la resistencia de las cuerdas. Los marineros reían alborozados mientras el marido y luego su esposa ascendían al barco casi literalmente flotando por los aires: Johanna recuerda el episodio en sus memorias como digno de una escena del mejor caricaturista inglés de la época.

Una vez en el continente, y después de varios días de sufrir incomodidades, Johanna y Heinrich Floris tuvieron ocasión de repetirse en varias ocasiones—a menudo, entre llantos y risas de desesperación—el volteriano *Ah quel chien de pays!*[1]—'¡Pero qué país más perro!'—. Alemania, y concretamente el reino de Westfalia, les parecía de verdad el país del señor Barón de Thunder-Ten-Tronck al que Voltaire se refiere con tanta ironía en su *Cándido*. Para los Schopenhauer, «el mejor de los mundos posibles» que tanto elogiaba el filósofo optimista Pangloss, ideado por el gran Voltaire, se hallaba infestado de carreteras infames, lúgubres y rancias posadas plagadas de chinches, lacónicos campesinos y siniestros herreros estafadores; además, batido sin cesar por el viento, aterido de frío, cubierto de lluvia, barro y una per-

[1] Véase JE, el capítulo «Por las carreteras rurales alemanas», pp. 245-251. En la actualidad, el escritor polaco Antoni Libera (1949) ha sabido usar con acierto este episodio de la vida de Johanna Schopenhauer en su entretenida e ingeniosa novela *Madame* (Cracovia, 1998). Existe traducción en español: A. Libera, *Madame*, trad. K. Olszewska Sonnenberg y S. Trigán, Barcelona, Tusquets, 2002.

petua oscuridad que reinaba por doquier. Alemania les pareció inhóspita, rancia y salvaje después de su estancia en la civilizada Inglaterra.

Los Schopenhauer llegaron por fin a Dánzig el 31 de diciembre, la última noche del año 1787. Apenas dos meses después, el 22 de febrero de 1788, Johanna dio a luz y Heinrich Floris vio por primera vez a su indispensable y anhelado heredero. El niño nació en la mansión que los Schopenhauer ocupaban en el centro de la ciudad, en la calle del Espíritu Santo número 114, cerca de la casa natal de Johanna; la vivienda, de cuatro plantas y de estilo barroco, pertenecía a Heinrich Floris, quien la había comprado en 1784, un año antes de sus esponsales.[1] El padre eligió para su hijo el nombre de Arthur porque pensaba que era un nombre internacional, se escribía y se pronunciaba prácticamente igual en todas las lenguas cultas;[2] apelativo rotundo y sonoro, como no podía ser otro para un niño destinado a dirigir negocios comerciales de exportación e importación en el mundo entero. Lo bautizaron en la iglesia de Santa María, situada en el centro de Dánzig, el 3 de marzo de 1788.

Es de lamentar que no haya quedado testimonio escrito fidedigno de las constelaciones astrológicas coincidentes en

[1] Hans Georg Siegler sostiene que Heinrich Floris compró esa hermosa casa con vistas a conquistar a su futura esposa. Cuando los Schopenhauer abandonaron Dánzig, la vendió. El nuevo propietario la modernizó sustituyendo los adornos barrocos de la fachada por elementos clásicos más adecuados al gusto de la época. Hacia el cambio del siglo, el piso inferior de la vivienda se transformó en una zapatería. En 1938, a raíz del ciento cincuenta aniversario del nacimiento de Arthur Schopenhauer, el Ayuntamiento de la ciudad de Dánzig, que había comprado la casa, ordenó su restauración según su forma original. En 1945, poco antes de que terminara la guerra, casi todo el casco antiguo de la ciudad de Dánzig fue destruido por el Ejército Rojo y la casa quedó completamente arrasada. Posteriormente la reconstruyeron gracias a los planos que se conservaron de la vez anterior; en la actualidad puede visitarse.

[2] JE 253.

el momento del nacimiento del retoño de Heinrich Floris y Johanna, tal y como sí sucede, por ejemplo, en el caso de Goethe, que las describió al comienzo de su autobiografía *Poesía y verdad*, aunque quizá con el único propósito de parodiar la costumbre que imperaba en las biografías del Renacimiento.[1]

Un singular filósofo estadounidense actual, Richard Tarnas, ha investigado el caso de Schopenhauer y concluye que nació bajo los auspicios de la confluencia astrológica del sol con Saturno, de manera que lo encuadra dentro de los caracteres determinados por el poder de este planeta: el temperamento saturniano.[2] Tarnas sostiene la tesis de que el carácter astral del futuro filósofo lo condenaba a llevar una vida dura desde el punto de vista del trabajo y de las relaciones humanas; también, que lo abocaba al pesimismo, la ira y la melancolía. Es verdad que andando el tiempo Schopenhauer se convirtió en uno de esos personajes puntillosos y huraños a quienes se mira con antipatía y recelo en todas partes; quizá esto no le afectara en absoluto en lo personal, puesto que él mismo se tenía por un gran despreciador del género humano; mas lo paradójico es que se pasaría media vida refunfuñando por la incomprensión humana de la que era objeto y que lo condenaba al anonimato, algo humillante para la otra faz de su carácter; pues si, por una parte, Schopenhauer era un saturniano inclinado a la melancolía, por otra, era también tiránico, dominante y manifestador, y quería imponerse a los demás con su sabiduría.

Saturno dota a sus hijos con cualidades idóneas para consagrarse al pensamiento y las ciencias, pero al mismo tiempo los condena al ostracismo, cuando no a la envidia y la animadversión de sus contemporáneos; algunos de estos vás-

[1] Véase J. W. von Goethe, *Poesía y verdad*, inicio del libro I.

[2] Véase R. Tarnas, *Cosmos y psique*, trad. M. A. Galmarini, Gerona, Atalanta, 2008, pp. 190 y ss., y 204 y ss.

tagos obtienen su recompensa al suscitar la admiración de las generaciones futuras, si es que han sido capaces de crear obras geniales, y no todos son capaces de ello. En el caso de Schopenhauer, que sí tenía genio filosófico, sólo comenzó a disfrutar de la fama y el favor del público que tanto había anhelado desde su juventud con sesenta años cumplidos, lo cual veremos más adelante. ¿De verdad dictaron su destino las estrellas? La teoría astrológica de Tarnas es sólo anecdótica y orientativa. Una vez conocida la trayectoria vital de Schopenhauer y sus rasgos de carácter, la tesis de Tarnas ayuda a redondear las ideas más tópicas sobre la personalidad del filósofo, pero poco más. Parece más acertado suponer que si alguna determinación existía en el destino del niño Arthur se debía principalmente a su nacimiento en casa de Heinrich Floris y Johanna; era de lo más lógico conjeturar que el primogénito del probo y acaudalado comerciante estuviera destinado a seguir los pasos de su padre y a ejercer su misma profesión. Cómo se truncó dicho destino natural, contrariando el propósito paterno, fue fruto de un dilatado proceso urdido por el tiempo al hilo de un cúmulo de circunstancias vitales y personales, tan impredecibles como particulares y azarosas.

II

NIÑEZ Y ADOLESCENCIA

EL PEQUEÑO ARTHUR

«Como cualquier joven madre, también yo jugué con mi nuevo muñeco, convencida de que en este mundo de Dios no había un niño más hermoso, bueno y listo que el mío; y tanto de día como de noche no pensaba más que en mi pequeño Arthur»,[1] escribió Johanna en sus *Recuerdos*. Algunos biógrafos han comentado que el embarazo no fue una circunstancia bienvenida para ella y que Arthur fue un hijo «no deseado», puesto que su nacimiento la privaba de la ya menguada libertad de la que gozaba como mujer casada.[2] Se trata de una simple especulación biográfica, puesto que no han quedado testimonios concretos al respecto ni de la propia Johanna ni de otras personas. La joven se había casado como era lo habitual y según las convenciones sociales de la época, y entonces los hijos eran algo con lo que se contaba en el matrimonio, se quisiera o no. Tampoco el propio Arthur Schopenhauer acusaría a su madre de no haberlo querido de niño. En caso contrario, el rencoroso filósofo no se hubiera privado de decirlo, máxime cuando a lo largo de su vida reprochó a su madre otras «injusticias» y otros muchos «defectos» de los que, según él, ella tanto adolecía.

Lo que sí sabemos a ciencia cierta es que el pequeño Arthur disfrutó de una infancia aparentemente feliz, arrullado por los mimos y los cuidados que solían proteger el creci-

[1] JE 253.

[2] Véase W. Schneider, *Schopenhauer. Eine Biographie*, Hanau, Werner Dausien; Viena, Bermann-Fischer, 1937, p. 26. Safranski es de la misma opinión, véase *Schopenhauer y los años salvajes de la filosofía,* Madrid, Alianza, 1991, p. 31.

miento de los niños de las familias ricas. El primogénito de Heinrich Floris pasó los primeros años de su vida, con más frecuencia que en la propia ciudad de Dánzig, entre las dos espléndidas fincas de las que disfrutaban las respectivas familias de sus progenitores: las ya mencionadas heredades de Oliva y Stutthof. El «dominio» o hacienda de Stutthof había dejado de pertenecer en arriendo a los Schopenhauer y en la época del nacimiento de Arthur era el padre de Johanna su arrendatario: éste había cancelado sus negocios y ocupaciones políticas en la ciudad y se había retirado al campo a fin de vivir tranquilo su vejez.[1] Con frecuencia Johanna y Arthur se trasladaban a Stutthof para pasar una temporada con los abuelos maternos. Entre la servidumbre de la finca se hallaba aquel anciano sirviente centenario que solía relatar a quien quisiera oírlo la anécdota de Pedro el Grande, la zarina y el ron del viejo Johann II Schopenhauer. El anciano había perdido completamente la noción del tiempo, de tal manera que cuando veía a Arthur creía estar todavía ante el pequeño Andreas, hijo de su antiguo señor pero abuelo de Arthur, a quien él llevó en brazos de niño. Así que siempre llamaba al nieto por el nombre de Andreas.

En aquellos verdaderos paraísos campestres, límpidos y exclusivos espacios de prosperidad y armonía, Arthur tuvo ocasión de trabar un conocimiento directo con la vida rural en todo su esplendor, tanto con las criadas y los mozos del servicio y demás gentes del pueblo—que le hacían carantoñas mientras le hablaban en polaco y alemán—como con las

[1] Con el tiempo, tanto los Schopenhauer como los Trosiener se deshicieron de sus propiedades, que pasaron a manos de personas extrañas a la familia. Finalmente, el destino de ambas fincas en el siglo XX fue de lo más negro: Oliva terminó convertida en reformatorio para jóvenes bajo el régimen comunista polaco, mientras que el nombre de Stutthof ha pasado a la historia como el de un abominable campo de concentración nazi, fundado en 1939 y en el que perecieron más de ochenta y cinco mil víctimas.

formas más amables de la Naturaleza: las flores, las hortalizas y los animales domésticos.

Una anécdota de infancia, referida por Schopenhauer a Gwinner, describe al pequeño como un ingenuo niñito que curioseaba y correteaba por todas partes y al que, habiéndosele caído uno de sus zapatos en el interior de un gran recipiente de leche, sólo se le ocurrió llamar con consternación al zapato para «pedirle de la manera más educada posible que hiciera el favor de volver a salir a la superficie».[1]

Johanna solía atender ella misma a su hijo y estar siempre a su lado, pero acusaba el peso de la soledad que la rodeaba, sobre todo cuando también el doctor Jameson, ya un anciano, dejó Dánzig y regresó a Inglaterra. La joven madre leía todo lo que podía, se entretenía con labores y pinturas y recibía a las visitas prescritas por Heinrich Floris; visitas a menudo tediosas, pero a las que se desvivía por agradar, tal y como hiciera antes del viaje a Inglaterra.

Siempre afecta a su republicanismo, lo mismo que Heinrich Floris y muchos ciudadanos cansados de la opresión de los poderosos, también Johanna se alegró al recibir noticias del estallido de la Revolución francesa; los sucesivos comunicados sobre los drásticos cambios y avatares en Francia introdujeron algo de novedad y emoción en su vida, por lo general demasiado monótona. Las primeras noticias que llegaban algo tergiversadas, y en las que se omitían los primeros sucesos horripilantes que desencadenó el bárbaro acontecimiento, embargaron su corazón de sincera alegría al pensar que a partir de entonces sería posible una República Universal sustentada sobre los ideales de «Libertad, igualdad y fraternidad». Tanto ella como su esposo pensaban que el ajusticiamiento de «uno o dos miserables ahítos de dinero y que explotaban a los pobres» bien valía el precio de la libertad definitiva.[2] Años después, Johanna se horrorizaría de su en-

[1] GW 13. [2] JE 264.

tusiasmo inicial por lo que más tarde se reveló como una indiscriminada orgía de sangre en la que los buenos principios teóricos quedaron brutalmente anegados por los crímenes reales. Por el contrario, su hijo Arthur jamás abrigaría condescendencia alguna hacia los movimientos de masas, por muy buenas intenciones que parecieran proclamar sus adalides; sostenía que era muy difícil que la masa o el «pueblo» («la canalla soberana», como él lo denominaba) tuviera razón o fuera tan inteligente como para razonar bien y tenerla. Generalmente siempre había alguien más despabilado que pensaba por la masa, dirigiéndola desde las sombras hacia fines nefandos; por lo demás, suponía que cuando el populacho se movilizaba, sólo lo alentaba el afán inconfeso de jaleo, disturbios y pillaje.

La vida de los Schopenhauer habría continuado pacíficamente su curso de no haber intervenido en él un acontecimiento político que afectó de lleno a la ciudad de Dánzig y que trastocaría el destino de la pequeña familia, a la par que el de media Europa: la segunda partición de Polonia entre Prusia y Rusia. Catalina la Grande de Rusia y Federico Guillermo II de Prusia firmaron el tratado de anexión el 23 de enero de 1793; en virtud de ello, Polonia quedó repartida entre las dos potencias; la ciudad de Dánzig dejó definitivamente de ser una «ciudad libre», como hasta entonces lo había sido, a pesar de los bloqueos comerciales; al tocarle a Prusia en el reparto, cayó sin remedio bajo su dominio.

Para Heinrich Floris aquella injusticia política supuso un duro golpe personal y de inmediato decidió abandonar su patria antes que permanecer en ella sometido a la soberanía de Federico Guillermo II. La decisión la tomó por puro patriotismo y por fidelidad a su principio de independencia republicana, ya que, como hemos visto, él precisamente no hubiera tenido problemas con la nueva autoridad; la patente comercial que le concediera el anterior rey de Prusia, Federico el Grande, sin duda habría sido respetada por las nuevas autoridades, así que hubiera podido continuar con sus negocios bajo la autoridad prusiana como si nada anormal sucediese. Es verdad que el nuevo gobernador de Dánzig era el mismo general prusiano al que Heinrich Floris había desairado en su juventud con la anécdota del forraje y los caballos, y era posible que albergara algún deseo de venganza, pero la cédula real no tendría más remedio que aplacarlo.

Lo cierto es que en marzo de 1793, sólo veinticuatro horas antes de que las tropas prusianas se acuartelaran definitivamente en la ciudad, Heinrich Floris, Johanna y Arthur formaron parte del éxodo de más de cuarenta mil expatriados que se desplazaron hacia la ciudad hanseática de Hamburgo a través de Pomerania—que entonces pertenecía a Suecia—con el propósito de hallar allí acogida. Atrás quedaban los demás miembros de las familias Schopenhauer y Trosiener. Se sabía, asimismo, que el padre de Johanna había sido uno de los más ardientes defensores de la anexión, rubricada finalmente también por el senado de Dánzig ese mismo mes de marzo de 1793.

Las pérdidas pecuniarias que Heinrich Floris sufrió con el traslado de su negocio fuera de Dánzig fueron cuantiosas; sólo el impuesto de emigración ascendió a la centésima parte de su fortuna. Finalmente, como la mayor parte de los emigrados, la familia Schopenhauer terminó estableciéndose en Hamburgo, en aquella época uno de los primeros puertos comerciales de Europa. Heinrich Floris había desestimado hacía tiempo los planes de establecerse en Inglaterra por considerarlos demasiado costosos y complicados, de ahí que no aprovechara la oportunidad que le brindaba el azar para emigrar a la isla; su nuevo asentamiento era mucho más idóneo y estratégico para reanudar sus negocios, enfocados principalmente hacia el comercio con empresas británicas, francesas y rusas. Hamburgo disfrutaba del estatus de las «ciudades libres» hanseáticas, como antaño Dánzig; sus ciento treinta mil ciudadanos gozaban de libertades que les permitían vivir y expresarse como desearan y, sobre todo, favorecían sus transacciones económicas. La gran burguesía de Hamburgo y su aristocracia se caracterizaban por su tolerancia y por sus ideas liberales; saludaron la Revolución francesa con alegría, pero también dieron generoso cobijo a los nobles que huían de Francia durante la época del Terror. Embajadas y diplomáticos se establecían en la ciudad, cuya neutralidad la convirtió en uno de los enclaves más privilegiados de la Europa en guerra de aquellos tiempos. De manera que Heinrich Floris se encontraba allí en su elemento: libertad para comerciar, ausencia de vasallajes y costumbres inglesas que predominaran sobre las alemanas, pues todo «lo inglés» estaba de moda entre las clases acomodadas hamburguesas.

Arthur contaba cinco años cuando salió de Dánzig. He aquí la lacónica mención del acontecimiento en su *curriculum vitae*: «Es así como desde la más tierna infancia, a los cinco años, me quedé sin patria, y desde entonces no he tenido ninguna».[1] Pasaría en Hamburgo catorce años más.

NUEVA VIDA EN HAMBURGO

De los primeros días en Hamburgo data otra de las escasas anécdotas infantiles del pequeño Arthur de la que ha quedado constancia, y que pareció haberle afectado especialmente, puesto que la recordaría muchos años después como un hecho traumático. Es posible que esté vinculada al sentimiento de soledad y temor del niño, acobardado ante la vida en una nueva ciudad tan grande y completamente extraña, alejado de los criados que lo mimaban en las fincas de sus abuelos y de los paraísos rurales a los que tan acostumbrado estaba en Dánzig. Un día en que Heinrich Floris y Johanna volvían de dar un paseo hallaron a su pequeño Arthur sumido en la

1 «Curriculum vitae», CE 334.

más completa desesperación y acometido de un llanto inconsolable, y es que se había imaginado que lo habían abandonado para siempre.[1]

Poco tiempo después de su llegada a Hamburgo, Heinrich Floris rehízo su empresa; la muerte de su padre, en ese mismo año de 1793, le proporcionó algunos ingresos extraordinarios en concepto de herencia. Con el aumento de su capital, Heinrich Floris pudo establecerse como le correspondía, y la firma comercial Schopenhauer volvió a disponer de almacenes propios, repletos de las más variadas mercancías: café, especias y licores, principalmente; y contó asimismo con poder suficiente como para fletar barcos con los que reanudar el comercio internacional.

Durante los primeros tres años en Hamburgo, la familia Schopenhauer habitó en una vivienda modesta (Altstädter Neuer Weg, n.º 76), pero en cuanto los negocios volvieron a florecer, Heinrich Floris compró una ostentosa casa burguesa, casi un palacio, situada en una calle de moda entre los patricios y la gran burguesía, la Neuer Wandrahm; en el número 92 de esta verdadera «zona residencial» estableció Heinrich Floris su cuartel general. La mansión disponía de un local para las oficinas de la empresa, así como de diversos sótanos, bodegas y un almacén de mercancías aledaño de varios pisos y al que podía llegarse en barca desde el río Elba por uno de los numerosos canales que discurrían por la ciudad y que granjearon a Hamburgo el exagerado nombre de «la Venecia del norte», apelativo que, por cierto, comparte con Ámsterdam, Estocolmo o San Petersburgo.

Al igual que para los negocios, la nueva casa servía a la perfección para cumplir con las obligaciones sociales de rigor; es decir, con las visitas y las recepciones y hasta comidas y cenas para numerosos comensales. Como era habitual en las residencias patricias, los Schopenhauer disponían de

[1] Véase *supra*, p. 83, la cita del «Eis heautón», en HN 4, II, 121.

una gran sala y un comedor de gala, de un salón de música, un salón de fumar, una biblioteca y hasta de una galería de pintura y escultura. La mansión contaba, además, con diez habitaciones, la mayor parte destinada a invitados, así como con cuatro gabinetes y diversas cámaras más pequeñas para albergar a la servidumbre.[1]

Heinrich Floris y Johanna fueron admitidos de inmediato en los círculos de la mejor sociedad de Hamburgo. Se recibía al matrimonio en las casas de potentados y banqueros, como los Sieveking, Jenisch, Goddefroy o Westphalen; en las vistosas reuniones y los sonoros acontecimientos sociales tuvieron ocasión de relacionarse también con célebres personalidades del momento, entre las que despuntaban políticos y diplomáticos, militares, artistas e intelectuales, algunos de ellos emigrados de Francia a causa de la Revolución y otros establecidos allí como en una Meca cultural.

Johanna brilló de nuevo en su mejor ambiente. Al contrario que Heinrich Floris, más atento a sus negocios, su esposa recibía visitas en su casa y constantemente asistía a recepciones en las casas de los demás; trabó muchas nuevas amistades gracias a su carácter abierto y su viveza, y por fin pudo satisfacer en mayor medida que en Dánzig su inveterado deseo de conocer y relacionarse con personas importantes.

Por medio de unos apuntes de Johanna que tenían que servirle para escribir la segunda parte de sus *Recuerdos de juventud* (parte que ni siquiera pudo iniciar debido a su fallecimiento) conocemos los nombres de algunas de las celebridades con las que se relacionó en sus reuniones de Hambur-

[1] Una idea muy clara de cómo debía de ser una casa semejante la proporciona la novela de Thomas Mann *Los Buddenbrook*; la familia del acaudalado comerciante Thomas Buddenbrook reside durante generaciones en una mansión patricia con salones, oficina, bodegas y almacenes. Situada en la hanseática ciudad de Lübeck, poco diferían las costumbres comerciales y la arquitectura de semejantes mansiones de las típicas de Hamburgo y Dánzig.

go. Así, por ejemplo, madame Schopenhauer trabó amistad con el famoso poeta Klopstock, cuyas obras había admirado desde niña, sobre todo su *Mesías*. Conoció al científico Reimarus y a su familia; a la actriz francesa madame Chevallier, a la que recibía a menudo en su casa; al almirante Horatio Nelson—el futuro héroe de Trafalgar—y a su amante, lady Hamilton; al mariscal prusiano Friedrich Adolf, conde de Kalckreuth; a la escritora francesa Anne Luise Germaine de Stäel-Holstein (conocida como Madame de Stäel), hija del celebérrimo banquero suizo Necker, enemiga de Napoleón y futura autora de la famosa obra *Alemania*, y, además, se hizo amiga del eximio pintor Johann Heinrich Wilhelm Tischbein, inmortal ya en aquella época por su impresionante cuadro *Retrato de Goethe en la campiña romana* (1787), y cuya amistad le sería de gran utilidad algunos años más tarde.

A estas alturas de su matrimonio, Johanna no había dejado de lado sus escarceos pictóricos de talentosa diletante, sino todo lo contrario, se había entregado a ellos con pasión; gracias a Tischbein, prosiguió con sus clases de pintura en Hamburgo, a raíz de las cuales trabó conocimiento con el ambiente artístico de la ciudad. Asistía con asiduidad a cuantas exposiciones de pintura se inauguraban, y hasta adquiría algún cuadro para su pinacoteca particular. Johanna estaba en su elemento y es de sospechar que con tanta relación social se ocupara poco de Arthur, y quizá menos aún de su marido.

La educación del pequeño Schopenhauer quedó en manos del bienintencionado progenitor, quien anhelaba para su hijo un futuro de «hábil comerciante», así como que se convirtiera en «un hombre de mundo y de costumbres refinadas».[1] Arthur debía ser de mayor un hombre enérgico, con amplitud de miras, y acreditar una esmerada educación. Por esta razón, no había tiempo que perder y el niño tenía que em-

[1] «Curriculum vitae», CE 335; GB 649.

pezar cuanto antes a formarse. Lo más pronto posible debía adquirir las destrezas que lo capacitaran para desenvolverse con éxito en un mundo que se iría tornando más ilimitado: cuanto más supiera él, más abarcaría su acción. El padre quería para su hijo una formación exquisita pero también práctica, y lo primero que pedía es que estuviera exenta de prejuicios y mojigatería; tenía que ser una educación liberal e ilustrada y alejarse lo más posible de fantasías ultraterrenas. Heinrich Floris exigía que Arthur aprendiera a enfrentarse a la vida con realismo y que supiera verla tal cual es; de ahí que, en lo concerniente a la religión y «demás quimeras», la educación de Arthur se viera reducida a aprender lo que fuera aconsejable en materia de moralidad y buenas costumbres, pero poco más. «Mi hijo debe leer en el libro del mundo», reiteraba Heinrich Floris.[1] ¿Y qué mejor para poner en práctica este principio que el conocimiento de otras tierras, costumbres distintas y nuevas lenguas?

EN EL HAVRE

En 1797, Johanna dio a luz por segunda vez. El 12 de junio nació una niña a la que llamaron Louise Adelaida Lavinia, conocida durante toda su vida simplemente como Adele. Arthur recordará el natalicio de su única hermana aún en su vejez, tal y como le refirió cincuenta y dos años más tarde a Sibylle Mertens-Schaafhausen en una carta:

> El año de nacimiento de mi hermana es 1797, en junio o julio; no sé la fecha exacta, aunque guardo un recuerdo muy vivo de cuando el *accoucheur* ['comadrón'], en mi presencia, tuvo que despertar a mi padre poniéndole vapores debajo de la nariz, y de cuando yo recibí como regalo un gran mazapán que, según me aseguraban, me había

[1] GW 14.

traído mi nueva hermanita. Muy poco después partí de viaje con mi padre a Francia para pasar allí dos años. ¡Qué tiempos![1]

Aprovechando que su esposa necesitaba tranquilidad para reponerse del parto y debía consagrarse a los cuidados que requería la recién nacida, Heinrich Floris emprendió otro viaje a Inglaterra, de nuevo a través de Francia. Esta vez se llevó a Arthur con él. Padre e hijo visitaron juntos París y, desde allí, Heinrich Floris acompañó a su pequeño a El Havre, donde debía hospedarse en casa de un acaudalado comerciante que mantenía una sólida relación comercial con la firma Schopenhauer: André Charles Grégoire de Blésimaire. El objetivo era que el niño conviviera con la familia francesa una larga temporada para que aprendiera a hablar perfectamente el francés, idioma indispensable en aquella época para ser bien recibido en la sociedad de cualquier nación civilizada y lengua predominante en las relaciones comerciales internacionales. Arthur permanecería casi dos años en El Havre. «En aquella ciudad acogedora situada en la desembocadura del Sena transcurrió la etapa más dichosa de mi niñez»,[2] anotó expresamente en su *curriculum*. Sin duda, Arthur se sintió muy bien acogido en la familia del comerciante francés: «Este hombre bondadoso y amable se ocupó de mí como si fuera su segundo hijo», recordaría asimismo años más tarde. Con los Blésimaire disfrutó de otro orden de vida distinto del que reinaba en su casa de Hamburgo, en la que, según la mayor parte de los biógrafos, era habitual la controversia entre la severidad de Heinrich Floris y las ansias de libertad de Johanna, quien solía ocuparse más de cultivar sus amistades sociales que de los asuntos cotidianos concernientes

[1] Carta de Arthur Schopenhauer a Sibylle Mertens-Schaafhausen fechada en Fráncfort del Meno el 9 de septiembre de 1849. En GB 237; CE 567-568.

[2] Para esta cita y las siguientes, «Curriculum vitae», CE 335; GB 649.

al bienestar de su hijo. Lo que sin duda más contribuyó a la alegría de Arthur en El Havre fue su amistad con el hijo mayor de su anfitrión, Anthime Grégoire, de su misma edad, y quien de inmediato se convirtió en su mejor amigo.

Ambos muchachos recibían juntos clases de preceptores privados:

Ellos nos iniciaron en todas las materias y disciplinas adecuadas a nuestra edad. Junto al idioma francés, aprendí además otras muchas cosas, incluso algunas nociones de latín, aunque sólo con el propósito de conocerlo un poco para que si en el futuro me tropezaba con alguna palabra en esta lengua no me fuese extraña del todo.

Por lo demás, Heinrich Floris impuso a Arthur la tarea de que todas las cartas que les remitiera a él y a Johanna fueran escritas en francés a fin de que de esta manera pudiera controlar él mismo los avances de su hijo; por su parte, también el comerciante le respondería únicamente en el idioma de Voltaire. Estas cartas se han perdido prácticamente todas; tan sólo se conservan tres breves misivas de Heinrich Floris a Arthur, fechadas en febrero y agosto de 1799, y otra carta algo más extensa de Johanna, que data de abril del mismo año.

Vale la pena reproducir parte de la carta de Johanna:

Mi buen y querido Arthur:

Tu padre ha recibido la última carta que has mandado, y a los dos nos alegra lo bien escrita que está, pese a algunos errorcillos, pero ni siquiera Roma se hizo en un día. Confío en que poco a poco irás corrigiéndolos y me darás una gran alegría. Ahora procura aprovechar bien el tiempo, pues, como te recordaba en mi última carta, tu estancia en Francia toca a su fin. Tu padre te autoriza a comprar la flauta de marfil por un luis de oro; espero que aprecies lo bueno que es contigo. A cambio, te pide que aprendas como es debido las tablas de multiplicar en francés. Es lo menos que puedes hacer para mostrarle que cumples sus deseos de muy buena gana. En cuanto a mí, hoy estoy muy afligida, mi querido Arthur, porque últimamente están falleciendo muchos conocidos en Hamburgo. Este invierno he perdido a muchísimas personas, la última de ellas mi buena amiga mademoiselle Petersen; seguro que la conocías, puesto que sus padres viven casi enfrente. Hace apenas ocho días que estuvo en casa, tan contenta y animada, pero el miércoles contrajo la escarlatina y esta mañana ha fallecido. También a ti, mi Arthur, he de comunicarte una pérdida que sin duda te afligirá. Tu buen amigo Gottfried[1] volvió a enfermar y tuvo que guardar cama catorce días. Creen que jugando o peleándose con otros muchachos recibió un mal golpe, porque apenas volvió a recobrar la conciencia, y ni siquiera pudo decir nada. En fin, desde hace ocho días también él es más feliz que todos nosotros, pues falleció. La carta que le escribiste, mi querido muchacho, llegó dos días después de su muerte. Lamento que hayas perdido a tu mejor compañero de juegos, pero incluso a tu edad, mi querido Arthur, es bueno ir acostumbrándose a la idea de que podemos perder con suma facilidad lo que más queremos y también de que la duración de nuestra propia vida es harto incierta [...] En casa gozamos todos de buena salud. Tu hermanita es tan vivaracha como un pececillo. Que te vaya bien, mi querido Arthur. Cuida tu salud, que quiero volver a verte feliz.

J. SCHOPENHAUER[2]

Las buenas noticias primero: Heinrich Floris autorizaba a Arthur a comprarse la flauta de marfil, cuyo precio era de un luis de oro. Sin duda, una gran alegría para Arthur, cuya afi-

[1] Se trata de Gottfried Jänisch (1786-1799), hijo de una familia patricia hamburguesa, muy amigo de Arthur. Véase más adelante, en el apartado «Adiós a Berlín, saludos a Fráncfort», el papel que desempeñará el recuerdo de este amigo fallecido en un momento concreto de la vida de Schopenhauer.

[2] Carta de Johanna a Arthur, Hamburgo, 8 de abril de 1799. *Die Schopenhauers*, *op. cit.*, pp. 49-50. CE 23-24.

ción a la música—mantenida de por vida—es probable que despertara o se agudizara en El Havre, quizá por influencia de la familia Blésimaire, que, como la mayoría de las familias acomodadas de la época, profesaría este arte con delectación. La proverbial pasión musical del futuro filósofo sembraría la simiente de la posición privilegiada que la música habría de ocupar en el conjunto de su metafísica, destacando sobre las demás artes; esta prioridad de la música en el pensamiento de Schopenhauer lo convertiría en el preferido de músicos y compositores; Richard Wagner, por ejemplo, fue uno de sus más apasionados divulgadores, o Gustav Mahler, por citar otro de los inmortales.

Heinrich Floris era severo y estricto, como sabemos, pero también sabía mostrarse condescendiente con su hijo, sobre todo cuando juzgaba útil el aprendizaje musical (si hemos de fiarnos de la manifestación de Schopenhauer a Von Hornstein citada anteriormente), un aprendizaje que exigía dedicación, constancia y disciplina, ejercicios muy recomendables para templar el carácter de un hombre que en el futuro debería demostrar tenacidad y, gracias a ella, resultados satisfactorios en cualquier empresa que emprendiera.

Johanna proseguía a continuación con el ruego de que Arthur cumpliera los deseos del padre y aprendiera las tablas de multiplicar en francés, algo que aquél le había pedido en una de sus cartas. Con ello debía corresponder el hijo a la condescendencia del padre. Después, las malas noticias: primero, la aflicción de la madre por la pérdida de tanto conocido y de su amiga, y, a continuación, la noticia de la muerte del camarada de juegos de Arthur. Finalmente, la lección moral: aprende qué fácil es perder lo que se estima, que parece más bien una consideración puramente retórica. De este tenor serán las cartas de Johanna a su hijo en ocasiones posteriores: más bien frías, saturadas y plagadas de advertencias e instrucciones bastante convencionales y tópicas que pretendían influir en el comportamiento exterior de Arthur; poco o nada preguntará Johanna sobre los sentimientos de su hijo, sus estados de ánimo o sus condiciones de vida.

En el verano de 1799 el jovencito Schopenhauer tuvo que abandonar a su familia adoptiva francesa. Desde los Países Bajos, donde lo habían dejado amigos de los Blésimaire, regresó en barco a Hamburgo. Hizo el viaje solo, sin compañía alguna de persona mayor que velara por él, lo cual lo llenó de orgullo, sobre todo porque la travesía por mar no estaba exenta de peligro en una época en que media Europa se alzaba en armas—Gran Bretaña y una poderosa coalición de potencias estaba en guerra contra la Francia revolucionaria—y el mar del Norte hervía de buques de guerra e incluso de piratas. En su última carta antes del arriesgado viaje, Heinrich Floris le decía: «Quizá haya sido una suerte que no te hayas embarcado en el *Bárbara*, en cualquier caso, aunque todavía no tenemos noticias al respecto, deseamos que regreses muy pronto».[1] ¿Era un barco del que se temía que le hubiera ocurrido una desgracia y en el que su hijo estuvo a punto de embarcar?

Cuando Arthur llegó finalmente sano y salvo a Hamburgo, Heinrich Floris tuvo la satisfacción de oírle *parler* en francés con tal desenvoltura que casi parecía haber olvidado su alemán materno. El objetivo de la estancia en Francia había sido alcanzado, pues el pequeño Arthur volvía convertido en un jovencito *demimondain*.

Una vez concluido aquel extenso período de ausencia y de aprendizaje elemental, Heinrich Floris consideró que había llegado el momento de que su hijo, de once años, comenzara a prepararse en serio para la profesión que habría de abrazar en el futuro. A finales de ese mismo verano de 1799, Arthur ingresó en el Instituto Runge, una prestigiosa escuela privada hamburguesa, especializada en educar a futuros co-

[1] Heinrich Floris a Arthur, Hamburgo, 2 de agosto de 1799 (el original, en francés). *Die Schopenhauers*, *op. cit.*, pp. 50-51. CE 24-25.

merciantes, y a la que asistían los retoños de toda la elite empresarial de la ciudad.

PRIMEROS PASOS EN EL ARTE DE SABER VIVIR

Johann Heinrich Christian Runge (1768-1811), teólogo, filósofo y pedagogo, fue un buen maestro al que Schopenhauer recordaría con aprecio: «Bajo la dirección de este hombre excelente, así como de los demás profesores, adquirí los conocimientos imprescindibles para un futuro comerciante, y también los refinados modales que corresponden a los miembros de las clases cultivadas y elevadas».[1]

Los alumnos del Instituto Runge se consagraban con intensidad al cálculo matemático, la gramática alemana y el estudio de lenguas modernas (inglés y francés), pues debían aprender a operar con las diferentes clases de moneda y a redactar pulcras cartas comerciales en los idiomas más hablados de Europa. También aprendían historia y geografía, acompañadas de nociones de topografía y economía.

En la renombrada institución tenía asimismo cierto peso la enseñanza religiosa, que se impartía durante cuatro horas a la semana, aunque sin que los profesores pusieran énfasis alguno en destacar los dogmas puramente teológicos, ya que sus alumnos no estaban en ningún seminario ni iban a ordenarse sacerdotes: su destino sería convertirse en decorosos hombres de mundo. El espíritu religioso que transmitían en el Instituto Runge se hallaba impregnado de las ideas del denominado «pietismo tardío», alejado ya de la severidad espiritual del «pietismo» propiamente dicho, al haber sido modificado y un tanto dulcificado por la influencia de la Ilustración. En este ambiente, la ortodoxia religiosa ocupaba un segundo plano; el sentimiento religioso se conside-

[1] «Curriculum vitae», CE 335-336; GB 649.

raba algo puramente íntimo e intransferible, pues a Dios lo buscaba cada cual en su interior. Por eso, más que reflexionar sobre los atributos de la divinidad, interesaba el análisis psicológico y moral del comportamiento de los seres humanos, cuya bondad o maldad se mostraba a través de sus obras, en el grado de limpieza de su conciencia y en el de la pureza de su corazón. Las vidas de los santos y de los hombres preclaros eran más importantes como ejemplos a imitar que las teorías religiosas o las admoniciones puramente retóricas. Así pues, la parte práctica de la religión, la concerniente al arte de saber vivir desde la ejemplaridad y, sobre todo, al arte de vivir con la conciencia limpia, era la que principalmente trataba de inculcarse en las mentes de los alumnos: el profesor analizaba en sus clases conceptos tales como los de vanidad, mentira, orgullo, honestidad o probidad; se discutía sobre ellos y se exponían ejemplos prácticos de comportamientos extraídos de situaciones reales: ¿eran imitables o censurables? En definitiva, se fomentaba en los jóvenes alumnos los buenos sentimientos, las buenas obras, el autodominio y la templanza, así como la capacidad personal de distinguir entre el bien y el mal, entre lo permitido y lo prohibido, o se les enseñaba a ver y juzgar lo que era conveniente o inconveniente; todo ello con vistas a la adquisición y posterior exhibición de una intachable conducta personal.

La influencia espiritual que recibió el joven Schopenhauer en el Instituto Runge puede compararse con la que unos sesenta años antes, entre 1732 y 1740, recibiera también el joven Immanuel Kant en el instituto de secundaria de Königsberg en el que estudió, el Fridericianum. También el autor de la *Crítica de la razón pura* (1781)respiró un ambiente impregnado de la espiritualidad y las normas prácticas del pietismo durante los años de su primera educación. Kant recibió dicha influencia a través de su maestro Franz Albert Schulz, quien provenía de la escuela wolffiana de Halle, la cuna alemana del movimiento pietista. El propio Runge había sido alumno de maestros formados en la mencionada escuela halleana, concretamente, de August Hermann Niemeyer, de ahí que sea probable que también aquél impartiera a sus alumnos ideas prácticas muy próximas a las que Kant difundiera apenas unos años antes por toda la Europa culta en su extraordinaria *Crítica de la razón práctica* (1788), obra que convertía la fidelidad al «deber» en la piedra angular del edificio de la ética. Lo más probable es que en aquella época el nombre de Kant todavía no le dijera nada especial a Arthur, aunque ya estuviera recibiendo de manera indirecta la esencia de sus ideas morales.

Aparte de estas ideas indirectamente kantianas que con seguridad influyeron en el primer contacto de Arthur con el arte de saber vivir—o *Lebensweisheit* en alemán (literalmente, 'sabiduría de la vida')—, durante la época de sus cuatro años de permanencia en el Instituto Runge, recibió otra influencia moral, más sencilla de asimilar y acaso más adecuada a su edad. Como apoyo a las enseñanzas de Runge en la escuela, en casa, Arthur trabó un primer contacto con la obra de un autor al que, con el tiempo, y hasta el final de sus días, llegaría a apreciar de manera especial: Matthias Claudius. De semejante aprecio da cuenta el significativo hecho de que, prácticamente desde el comienzo de su vida creativa, Schopenhauer tuviera bien visible en su cuarto de trabajo, junto a un retrato de Kant y una estatua de Buda, también una lámina con el retrato de Claudius.

Nacido en 1740 en la pequeña aldea de Reinfeld, en las cercanías de Lübeck, y fallecido en 1815, en Hamburgo, Matthias Claudius fue uno de esos autores inclasificables que en lugar de escribir novelas se dedicaron al periodismo; destacó como excelente articulista y publicista, además de ser un notable poeta. Ha dejado huella en la historia de la literatura gracias a varios textos breves en prosa y a una colección de poemas muy asequibles para todos los públicos (entre ellos, varias canciones a las que pusieron música Schubert o Wolf y una de las canciones populares alemanas más queridas: *Abendlied*, «Der Mond ist aufgegangen…», etcétera). En un principio trabajó como colaborador en varios periódicos y revistas de la época, y, a partir de 1771, se erigió en redactor jefe del *Wandsbecker Boten*, publicado en una pequeña localidad cercana a Hamburgo; allí tenía Claudius su *ómphalos* particular, desde el que se relacionaba por correo con intelectuales ilustrados de la talla de Herder o Hamman, quienes le brindaron su amistad.[1]

Los tomos que reunían las colaboraciones misceláneas para el *Wandswecker Boten* recogían poemas, relatos breves y anécdotas curiosas o edificantes, parodias cómicas, reseñas de libros e historietas parecidas a las típicas de calendario a las que tan aficionados eran los lectores burgueses y hasta las clases populares de la época. Estas pequeñas piezas, llenas de ingenio y colorido, firmadas con el pseudónimo periodístico Asmus (un guiño por parte de Claudius a Erasmo de Róterdam), mostraban ante todo el ingenio crítico de su autor; un ingenio exento de maldad, pero con el que fustigaba las costumbres de su tiempo, contraponiéndolas al sentido común y a las delicias de la vida sencilla. Claudius era un moralista que profesaba un cristianismo puro—tildado de «superficial e ingenuo» por sus enemigos—, de acuerdo con el cual se esforzaba por difundir la sustancia de las enseñanzas de Cristo expresadas en los preceptos morales de

[1] El gran Goethe, sin embargo, sentía aversión por Claudius porque éste había osado reseñar *Las penas del joven Werther* de manera un tanto cómica, añadiendo además tras la reseña un epigrama jocoso titulado «Fritze» (diminutivo de Friedrich, como «Franzen», de Franz). Los versos son los siguientes: «*Nun mag ich auch nicht länger leben, | Verhaßt ist mir des Tages Licht; | Denn sie hat Franzen Kuchen gegeben, | Mir aber nicht*» ('Ahora ya no quiero seguir viviendo, | odio la luz del día, | pues a Franzen le dio pastel | y a mí no'). En *Es gibt was Besseres in der Welt. Ein Matthias Claudius Buch*, Múnich, dtv, 1989, p. 52.

todos conocidos. Eludía la retórica superflua de la doctrina del catecismo oficial, los sermones admonitorios y las discusiones teológicas; en este sentido, era otro digno representante del «pietismo ilustrado» al defender que las sencillas creencias profesadas por los primeros cristianos no estaban reñidas con las nuevas ideas ilustradas que propugnaban la libertad de culto y la búsqueda de «la Verdad» en el interior del individuo, el cual debía liberarse de las pesadas cadenas de la tradición.

En 1799 vio la luz un folleto de Claudius titulado *Carta a mi hijo Johannes*, un texto en prosa, muy breve (sólo dieciséis páginas), editado por el célebre librero hamburgués Friedrich Christoph Perthes, yerno de Claudius. Consistía en una epístola con una serie de consejos de sabiduría vital destinados a los jóvenes, en la más pura tradición de las reglas de conducta pietistas. Heinrich Floris regaló el librito a su hijo y Arthur lo conservó hasta el final de su vida: después de su muerte se encontró el ejemplar entre los libros de su biblioteca.[1]

En este escrito, Claudius explicaba por qué en este mundo es necesario comportarse con decoro: «El ser humano no está aquí en su casa; por eso no puede andar de un lado para otro vestido de cualquier manera, con una levita vieja»; de ahí que sus consejos fueran una especie de «traje del alma» para que ésta pudiera presentarse con decoro y comportarse como es debido. Entre todos los consejos que propone Claudius, el joven Arthur subrayó con lápiz dos de ellos: «Ten a bien abstenerte de hacer el mal» y «Ten siem-

[1] Schopenhauer dejó al morir una biblioteca privada de unos 3000 volúmenes. El tomo 5 del legado manuscrito, *Randschriften zu Bücher* ('Anotaciones marginales en libros'), recoge datos relacionados con gran parte de ellos. Schopenhauer poseía la obra completa del *Wandswecker Boten* y, aparte, el mencionado folleto: *An meinen Sohn Johannes* (Hamburgo, Perthes, 1799). En la portadilla, aparece el nombre «Arthur Schopenhauer» trazado por la pluma de Heinrich Floris. Véase HN 5, 403-404.

pre algo bueno en el pensamiento». Son máximas fáciles de retener. Junto a las subrayadas había otros tantos lemas que seguramente tampoco le pasaron desapercibidos a Arthur, por ejemplo: «Que no dependa tu corazón de ninguna cosa pasajera»—algo parecido le había recomendado Johanna en su carta a El Havre—. Schopenhauer demostraría observar en el futuro otras máximas de este estilo, muy apropiadas a su carácter, también dictadas por Claudius: «Quiere sólo una cosa, pero quiérela con toda tu pasión». «No adules a nadie y no te dejes adular». «No dependas nunca de ningún poderoso». Y he aquí otra regla a la que al joven le costaría atenerse, como veremos: «No enseñes a otros hasta que tú mismo no hayas sido enseñado». Y esta enigmática aseveración filosófica: «Lo que está en el cerebro está en el cerebro; la existencia es la primera de todas las cualidades». (¿No hay algún eco de semejante aserto en la filosofía posterior de Schopenhauer?). Finalmente, Claudius proponía una consigna que era muy necesario recordar a la mayoría de los varones de aquel tiempo: «No hagas sufrir a ninguna muchacha, y piensa que también tu madre fue una muchacha».[1] En suma, la *Carta a mi hijo Johannes*, de Claudius, fue probablemente el primer «libro» de sabiduría práctica y moral que admiró Schopenhauer.

En la época de su lectura de Claudius, Arthur aún no descreía de la religión, cuyas enseñanzas básicas eran pura sabiduría vital sazonada de amor al prójimo. El muchacho asistía a las lecciones de Runge con deleite y también cumplía con sus obligaciones religiosas como era debido,[2] por ejemplo, asistiendo a misa en la iglesia de San Nicolás, como anotó en su diario un compañero de clase de Schopenhauer: Lorenz

[1] Véase para todas las citas: *An meinen Sohn Johannes*, en *Es gibt was Besseres in der Welt...*, *op. cit.*, pp. 119-123.

[2] Véase A. Hübscher, *Denker gegen den Strom*, Bonn, Bouvier, 1988, pp. 13 y ss.

Meyer. Años después, Arthur terminaría por despreciar los rituales religiosos de cualquier confesión—él era luterano por nacimiento—, pero nunca denostó las ideas fundamentales de la moral religiosa que se desprendía de las enseñanzas de Jesucristo, a las que incluso llegaría a magnificar en su propia filosofía, esencialmente atea; siempre tuvo clara la diferencia entre la moral y la religión.

Sólo una circunstancia disgustaba a Arthur en el Instituto Runge: «Desgraciadamente, al latín sólo se le destinaba una hora a la semana, de modo que lo aprendíamos superficialmente».[1] Es decir, se consideraba materia secundaria y prescindible precisamente aquella que en la época se tenía en toda Europa por la asignatura más importante y básica en la educación de cualquier joven que deseara cursar una carrera universitaria, fuera ésta de corte humanístico o científico. Sin un dominio excelente del latín (hablado y escrito) en el siglo XIX—y principalmente en Alemania, donde se mantuvo la costumbre hasta finales del siglo XX—era imposible matricularse en ninguna universidad. Esta deficiencia era algo que molestaba al joven Arthur sencillamente porque comenzaba a sentirse muy atraído por los estudios, que se le daban muy bien, a la par que un tanto insatisfecho con la perspectiva de hacerse comerciante en el futuro. De ahí que echara en falta una mayor preparación en la lengua de los grandes clásicos latinos; descuidarla en la niñez significaba que no podría ingresar en un instituto de educación secundaria—paso primero que tenían que dar los jóvenes en su camino directo hacia la universidad—. En los institutos de secundaria la lengua latina era asimismo enseñanza primordial, el típico «hueso duro de roer».

[1] «Curriculum vitae», CE 336; GB 649.

La formación de un futuro comerciante era una tarea ardua y tediosa, por lo que a la mayoría de los jóvenes destinados a ejercer esa profesión les horrorizaba la vía del aprendizaje. Tras los estudios más o menos llevaderos en el Instituto Runge, el aspirante debía pasar siete años trabajando como aprendiz en una contaduría y luego tres años más como «dependiente»; durante el primer período no percibía ningún salario y tenía que alojarse día y noche en casa del patrón, que lo mantenía siempre a su servicio y en estricto régimen de internado, con lo que el muchacho apenas disponía de tiempo libre. Los jóvenes aprendices denominaban estos arduos años «ir a galeras».[1] Arthur no estaba dispuesto a sacrificar su juventud a semejante régimen de vida, sobre todo una vez que era consciente de que anhelaba un futuro bien distinto: quería consagrarse a «la sabiduría». «Sin embargo, como ya desde antes de que concluyese esta etapa sentía yo una fuerte inclinación por la carrera de erudito, rogué a mi padre que no me obligase a ser comerciante y me permitiera obedecer el dictado de mi voluntad».[2] Heinrich Floris se opuso al deseo de su primogénito, pues pensaba—no sin razón—que llevar una vida de erudito era condenarse a «pasar hambre» para el resto de su vida. Aun así, consciente de cómo podía afectar eso a Arthur, permitió que su hijo recibiera clases particulares de flauta, a fin de que se distrajera un tanto de la aridez de los estudios de comercio. La música, «un amor a primera vista»,[3] continuaba siendo la pasión del muchacho desde que comprara su flauta de marfil en El Havre.

[1] R. Safranski, *Schopenhauer y los años salvajes de la filosofía*, *op. cit.*, p. 58.

[2] «Curriculum vitae», CE 336; GB 649.

[3] Véase W. Schneider, *Schopenhauer. Eine Biographie*, *op. cit.*, p. 39.

En el verano del año 1800, Arthur volvió a viajar. Esta vez sería por un período de tres meses—desde el 16 de julio hasta el 17 de octubre—, en compañía de sus padres y suponemos que sin la pequeña Adele. El objetivo era pasar una temporada de descanso en el célebre balneario bohemio de Carlsbad, y aprovechar la estancia para que Heinrich Floris prosiguiera con la cura de su sordera, cada vez más acusada. Arthur contaba entonces doce años.

Al parecer, fue durante estos meses de estío cuando Arthur advirtió los primeros síntomas de rebeldía frente al porvenir que le reservaba su progenitor. Aun así, nada parecido a quejas sobre el futuro prometido se ha conservado en las anotaciones del breve diario que elaboró durante el mencionado viaje a Carlsbad[1] y que permite seguir el periplo de la familia con cierta seguridad. Éste es el primer texto escrito de Schopenhauer del que se tiene constancia.

Primero se dirigieron al sur a través del reino de Hannover, en la Baja Sajonia, el electorado de Hesse y Cassel y la región de Turingia, hasta Carlsbad, en Bohemia, adonde llegaron el 5 de agosto. Luego se detuvieron cinco días en Praga con intención de proseguir viaje hasta Viena, pero un salvoconducto que no llegaba les impidió visitar la gran capital austriaca. Entonces decidieron continuar hacia el norte, a Dresde, para más adelante terminar visitando Berlín y Potsdam. Luego, en dirección suroeste, pasaron por Wörtliz y Dessau hasta Leipzig; desde allí, hacia el noroeste, llegaron a Brunswick, y el 17 de octubre estaban de vuelta en Hamburgo.

Un periplo de tal envergadura, en ese año de 1800, recién estrenado el siglo XIX, era algo poco común y sólo podían permitírselo familias con gran poder económico. Carrua-

[1] Este diario se recoge en RT, que comprende los diarios del viaje a Carlsbad y los que Schopenhauer escribió durante el gran viaje por Europa que iniciaría tres años más tarde; véase al respecto *supra*, p. 26, n. 2.

je propio, criados, postillones, postas, albergues, todo ello requería un desembolso que pocas personas podían permitirse por placer. No obstante, la nobleza y los burgueses acaudalados comenzaban por aquel entonces a viajar por el mero gusto de conocer mundo, o para desplazarse a los establecimientos balnearios que se habían puesto de moda entre las clases adineradas.

Los viajeros de los siglos XVIII y XIX solían llevar consigo material de escritorio, lo que se llamaba «recado de escribir» o «escribanía»; esto es, una tabla lisa en la que se colocaba el papel, con hueco para un tintero, además de plumas y la arenilla para secar lo escrito. Era obligado que el viajero culto tomara notas de lo que iba viendo, así como de sus experiencias de viaje. Es muy probable que tanto Heinrich Floris como Johanna animasen a Arthur a hacerlo o que, como ejercicio de escritura y de observación de la realidad, se lo exigieran a modo de deberes extraescolares veraniegos. Es casi seguro también que Johanna tomase sus propias notas, puesto que unas décadas más tarde ella misma publicaría libros de viaje basados en sus periplos europeos. Sea como fuere, lo cierto es que Arthur se aplicó en el ejercicio. Es fácil suponer que, en las horas previas al descanso, tras la cena, los Schopenhauer comentaran lo que habían visto durante la jornada y que Arthur revisara sus notas tomadas a vuelapluma durante el trayecto o que se las mostrara a sus padres para que se las corrigieran.

El niño anotaba lo que le llamaba la atención dentro del programa de visitas dictado por los progenitores, a los que, dada su relevancia social, se les abrían todas las puertas de museos, palacios, parques y jardines, así como de las pinacotecas o las residencias privadas de relevancia. Allá por donde iban visitaban lo más notable y digno de verse. Heinrich Floris conocía personas influyentes en las ciudades importantes, o portaba cartas de recomendación para aquellas con las que aún no había tenido trato, las cuales se encargaban de acompañarlos y de amenizarles la estancia allá a donde llegaban.

Alemania, como el resto de Centroeuropa, se repartía en reinos y cortes, así que los viajeros habían de atravesar múltiples barreras fronterizas con sus correspondientes aduanas y salvoconductos, y hasta tenían que usar diferentes tipos de moneda, con el consiguiente engorro (o estafa) en el cambio. Por lo demás, los caminos eran seguros, no había asaltantes ni robos, tal y como solía ocurrir un siglo antes, cuando la gente tenía que viajar en caravanas y con escoltas armados. En 1800 la ambición de Napoleón todavía no suponía una amenaza tan evidente para Europa como habría de serlo apenas una década más tarde, por eso los únicos contratiempos que los Schopenhauer padecieron durante este primer viaje de tres meses sólo tuvieron que ver con el mal tiempo y el deplorable estado de los caminos por los que transitaban, cuando no con la manifiesta incomodidad de alguno de los alojamientos en los que pernoctaban.

En este viaje a Carlsbad, Arthur contempló lugares que años más tarde serían una importante referencia en su vida. Visitó Gotinga, en cuya universidad se matricularía como estudiante de Medicina; Weimar, la pequeña corte en la que se instalaría Johanna tan sólo seis años más tarde, al enviudar, y Dresde, la «Florencia del Elba», adonde Arthur se trasladaría en 1814 para residir durante cuatro años más. En esta ciudad, por cierto, habría de concebir su obra filosófica principal: *El mundo como voluntad y representación*. Los Schopenhauer también contemplarían Berlín y sus hermosos alrededores, jalonados de lagos y parques. Años más tarde, Arthur residiría durante varios años en la metrópoli prusiana, y allí tendría pretensiones de impartir clases de filosofía en la universidad y ¡hasta de casarse!

En su relato, narrado con seguridad y fluidez, el pequeño Arthur se esmeró en mencionar con detalle los monumentos y demás atracciones dignas de admiración de los lugares visitados. Las impresiones allí vertidas no destacan por su ingenio u originalidad. Las excesivas muestras de admiración con que se expresa el niño poco diferirían de las que oiría proclamar a sus padres y a los amigos y conocidos ocasionales que encontraron en los lugares en los que se detenían. Arthur daba cuenta de visitas a «castillos impresionantes», «hermosos y cuidados jardines», «valiosas colecciones de cuadros»; todo le parecía «muy digno de verse», «soberbio», «extraordinario», «suntuoso», etcétera. Consignaba también sus juicios sobre la comodidad o incomodidad de los diversos alojamientos donde pernoctaban—las numerosas posadas que jalonaban los caminos—, o las inclemencias atmosféricas y las peripecias del viaje, tales como las carreteras embarradas, las inoportunas quebraduras de los ejes del coche o las aburridas esperas en las postas mientras traían los caballos de refresco o se reparaba el carruaje.

Al tratarse de un viaje de placer, de un «veraneo» familiar, los Schopenhauer podían permitirse gran dispendio y visitaron todo lo digno de verse en las ciudades por las que pasaron. En todas partes los recibía la mejor sociedad, que les abría las puertas de palacios y jardines señalados; era una época en la que no existían las aglomeraciones de turistas y muchos propietarios de alto rango privados permitían la entrada a sus posesiones a los extranjeros y visitantes de su misma categoría social. Vieron también galerías de pintura públicas y privadas y visitaron museos que albergaban colecciones etnográficas y de ciencias naturales. Por ejemplo, en Gotinga, Arthur pudo admirar diversas armas y utensilios aborígenes que el famoso capitán Cook había traído de las islas de los Mares del Sur; también, más armas y utensilios de calmucos y tártaros junto a salas en las que se exponían varios animales disecados, entre ellos, serpientes y cocodrilos. En Cassel, se pasearon por espléndidos jardines y visitaron más museos con cuadros y esculturas, monedas y trabajos en ámbar y marfil. En la pequeña Weimar, los recibió el famoso escritor y editor Friedrich Justin Bertuch, que les mostró el palacio del Gran Duque y la Academia de Pintura, que interesó especialmente a Johanna. Además, dando un paseo por el gran parque ducal, se encontraron nada menos que con el célebre poeta Friedrich Schiller en persona.

La estancia en el balneario de Carlsbad transcurrió sin incidentes especiales. Arthur anotó descripciones del lugar, rodeado de hermosos bosques; consignaba los nombres de los diferentes pozos de aguas termales y dejaba constancia de lo poco gratas que le parecían las comidas, así como de que la pequeña ciudad vivía enteramente de los veraneantes—«allí no había hoteles, pues todas las casas particulares acogían huéspedes»—. Finalmente, se demoraba narrando algunos hechos que dieron pie a la legendaria historia del lugar.

Después de Carlsbad, los Schopenhauer visitaron Praga; a Arthur le recordó vagamente a París por sus bonitas avenidas y la cantidad de carruajes que las recorrían. Enseguida quisieron ir a Viena, pero un salvoconducto que no llegó les hizo esperar en vano; así que desde Praga se volvieron a Dresde, donde permanecieron varios días visitando palacios residenciales, galerías de arte y museos. Un día, en la llamada «Cámara verde», admirando un tesoro tras otro, el niño anotó exhausto: «Al final, uno ve tantos tesoros que no puede acordarse ni siquiera de la vigésima parte de ellos, y cuando sale de allí se sorprende de que ni las calles ni las casas sean de oro».[1] A cambio, en la pinacoteca de Dresde, Arthur pudo admirar *La noche*, de Correggio, y una espléndida *Madonna*, de Rafael. Con el tiempo, esta pinacoteca habría de ser para él de suma utilidad para sus observaciones estéticas; y Dresde, la ciudad que lo acogería durante su período más creativo, los años del nacimiento de su obra fundamental, entre 1814 y 1818.

Vista Dresde, los Schopenhauer se trasladaron a Berlín y,

[1] Martes 9 de septiembre de 1800. RT 28-29; DV 48.

desde allí, a Potsdam. Aquí, en las explanadas aledañas al palacio real, el pequeño Arthur y sus padres asistieron a unas maniobras militares. Admiraron a los soberanos de Prusia, el rey Federico Guillermo II y la «bellísima» reina Luisa, y participaron del alboroto general cuando el caballo del monarca tropezó en un hoyo y arrojó al suelo a su majestuoso jinete sin que sufriera ningún daño grave. Arthur disfrutó viendo cargar a los húsares en un asalto simulado, entre el clamor y el estrépito de sables y las descargas de mosquete de la infantería.

En Berlín, los viajeros asistieron al teatro cada tarde: sobre todo vieron dramas de Schiller e Iffland en las interpretaciones de este último, que era uno de los más celebrados actores de la época. El biógrafo Hans Georg Siegler sostiene que durante esta estancia en la capital prusiana los esposos Schopenhauer—sin su hijo Arthur—habrían sido recibidos en el círculo de la intelectual judía Rahel Varnhagen, la *salonière* de moda en la época. Como algunos años más tarde sucedería en Weimar, en el salón de la propia Johanna, también la Varnhagen tenía costumbre de admitir en sus reuniones a muchos de los viajeros distinguidos que se hallaban de paso en Berlín; y los Schopenhauer lo eran. Si realmente hubo tal encuentro no ha quedado constancia de él.

La visita a los magníficos jardines de Wörtliz—planeados y acondicionados a imitación de los exuberantes y asilvestrados paraísos naturales inspirados en las teorías de Rousseau—y, finalmente, la ciudad de Leipzig, cerraron un periplo viajero durante el cual Arthur seguramente se sintió plenamente feliz al saberse alejado de las tareas cotidianas y de la presumible angustia que le provocaría pensar en su futuro. Si durante aquel viaje el niño reflexionó sobre lo que le aguardaba al regresar a Hamburgo o sobre la existencia en general es algo que ignoramos, puesto que nada de eso se refleja en las anotaciones que dejó. Las esmeradas notas del pequeño viajero servirán muy bien para que un lector actual obtenga una clara idea panorámica de lo que podía verse en la Europa de la época cuando se viajaba por placer, pero poco le aportarán si espera encontrar prematuros atisbos de las ideas más señeras del genio filosófico de Schopenhauer.

Aun así, Ludger Lüdtkehaus ha llamado la atención sobre el apunte inicial del diario de viaje a Carlsbad, a todas luces interesante, que dice así:

> *Miércoles, 16 de julio* [...] mientras llegaba la balsa trabamos conversación con una pobre ciega, incapaz de distinguir entre el día y la noche. Como le preguntamos por la causa de su ceguera, nos contó que, recién nacida, la llevaron en brazos durante cerca de media hora para bautizarla, cogió frío y se le helaron los ojos. Pero, aunque está totalmente ciega, conoce los caminos y es capaz de procurarse por sí misma cualquier cosa que necesite. Sentí lástima de la pobre mujer, pero admiré la flemática tranquilidad con la que soportaba su ceguera. ¡Bien caro hubo de pagar el placer de ser cristiana![1]

Lüdtkehaus supone que en este fragmento, escrito con la espontaneidad y la buena disposición que inspiran todos los comienzos, es posible observar ciertos rasgos que anticipan la filosofía posterior de Schopenhauer: en primer lugar, la relación entre la ceguera—una terrible desgracia—y la flemática tranquilidad con que la buena mujer la soporta; después, el reconocimiento por parte de Arthur del dolor del otro (en este caso, de la mujer) y la piedad por quien lo padece, y, por último, la irónica y maliciosa exclamación en la que advertimos ya el enorme desprecio que Schopenhauer sentía hacia las formas externas de la religión, en este caso de la religión católica, tan abocada a la hipocresía. Pero aún hay más. Ti-

[1] RT 9; DV 31.

rando de la madeja, hasta podemos extraer del fragmento la imagen simbólica de un intelecto ayuno de la luz que lo define como tal; la voluntad es su guía y ésta, a despecho de la oscuridad, sabe íntimamente lo que quiere (a pesar de tener que arreglárselas sin la luz de la razón): la mujer es capaz de procurarse ella misma lo que necesita sin verlo, algo que el futuro filósofo pesimista proclamará como característica de la *voluntad*, la cual guía a los seres hacia sus destinos de manera instintiva. Ahora bien, extraer todo esto de este simple comentario es suponer demasiado y divagar *a posteriori*. Cierto es que para Schopenhauer conceptos como los de «luz» e «intelecto», «ceguera» y «voluntad» serán básicos en el futuro, pero al redactar la anotación, meramente azarosa, no se los imaginaba como elementos filosóficos.

Una hipótesis plausible que explica esta sugerente entrada inicial del diario nos conduce a Johanna; es probable que, en su afán de instruir a su hijo sobre lo que merecía la pena anotarse en un diario de viaje, observara que la desgracia de la pobre mujer y su valentía serían un digno recuerdo para la bitácora del pequeño viajero. En cuanto a la burla anticatólica, comentarios jocosos acerca de la religión romana eran frecuentes entre luteranos y, por supuesto, entre personas cultas y liberales como los Schopenhauer. Arthur quizá sólo transcribió lo que había escuchado de sus padres.

«MONSIEUR LE NÉGOCIANT»

Transcurridas las vacaciones estivales, la imperante realidad de Hamburgo devolvió a Arthur a sus monótonas tareas invernales en el Instituto Runge. Hasta la primavera de 1803, en que volvería a viajar por Europa en compañía de sus padres, la vida cotidiana del adolescente puede deducirse a grandes rasgos de algunas alusiones que han quedado en las escasas cartas de Anthime de Blésimaire que se han conservado,[1] pues las que Arthur le escribió a él se perdieron. El amigo francés se refería a diversiones de Arthur tales como patinaje sobre hielo y clases de baile, esparcimientos a los que el joven Schopenhauer parecía entregarse con agrado, lo mismo que los demás vástagos de su clase social, vacilantes entre los juegos de la niñez y el aprendizaje de los modelos sociales que habrían de imitar apenas pasada la adolescencia. Anthime le dice jocoso: «Al parecer, eres el Westries de Hamburgo bailando»,[2] en alusión al nombre de un gran bailarín de la época. Se congratula, además, de que Arthur hubiera adelgazado algo, pues la barriga que ostentaba cuando estuvo en El Havre le impediría ahora mostrar una graciosa figura al bailar. También Anthime le pregunta con picardía si ya ha bailado con alguna dama o sólo con niñas de su edad. Y se despide con un cariñoso: «¡Adiós, galán encantador!». Pero aparte de esto, Anthime le confiesa su admiración por que haya comenzado a estudiar matemáticas «en serio». Un año más tarde, el chico francés bromea con su amigo alemán dirigiéndose a él con sorna como *monsieur le négociant*, tocando donde más le dolía a Arthur, pues es de imaginar que éste ya habría confiado a su amigo galo en

[1] Las cartas de Anthime Grégoire a Arthur se publicaron en el volumen XIV (el primero de los tres volúmenes dedicados a la correspondencia) de la monumental edición de obras completas a cargo de Paul Deussen, *Arthur Schopenhauers sämtliche Werke*, en dieciséis volúmenes (Múnich, Piper, 1911-1942; los volúmenes VII, VIII y XII no se llegaron a publicar). Los volúmenes XIV, XV y XVI contienen toda la correspondencia completa de Schopenhauer, incluyendo, además de las suyas, las cartas de sus corresponsales; estas últimas faltan en GB. Una edición más asequible en la que también se incluyen algunas cartas de Anthime es la antología epistolar elaborada por Angelika Hübscher: *Arthur Schopenhauer. Ein Lebensbild in Briefen*, Fráncfort del Meno, Insel, 1987. En CE se recogen algunas cartas entre Schopenhauer y Anthime de la época de madurez de ambos amigos: pp. 467-476, 503-505 y 544-445.

[2] Anthime a Arthur, El Havre, 14 de febrero de 1800. *Ein Lebensbild in Briefen*, *op. cit.*, p 102.

múltiples ocasiones sus quejas por la dureza del aprendizaje de semejante profesión.

Arthur tenía otros amigos, todos ellos eran vástagos de potentados hamburgueses: junto al malogrado Jenisch y el ya mencionado Lorenz Meyer, se relacionaba también con Charles Godeffroy, que rivalizaba con el anterior por la amistad de Arthur, a quien ambos consideraban mejor dotado intelectualmente, aunque solían tomarle el pelo por su baja estatura. Schopenhauer era más bien bajo y de complexión fuerte, aunque con tendencia a engordar. De ambos amigos, que llegarían a ser importantes hombres de negocios en el futuro, se conservan algunas cartas a Arthur, que datan de su posterior viaje por Europa, pero no se ha conservado ninguna de la etapa anterior al mencionado viaje, obviamente porque se veían constantemente o casi a diario en Hamburgo. Fueron amistades bastante ingenuas y superficiales que no dejarían huella en el futuro filósofo.

Otros buenos amigos del Schopenhauer adolescente parecían serlo ya los libros, igual que lo serían a lo largo de toda su vida. «Sin libros en el mundo, haría ya tiempo que estaría absolutamente desesperado», le escribiría el filósofo a su amigo Osann en 1822.[1] Su afición a la lectura comenzó a edad temprana. Recién llegados a Hamburgo, Heinrich Floris suscribió a su hijo a una publicación juvenil periódica, la *Nueva galería ilustrada*, revista miscelánea y con grabados e ilustraciones, que trataba de «curiosidades relacionadas con el reino de la Naturaleza, el arte, las costumbres y la vida en general».[2] Esta publicación despertó en Arthur el interés por otros libros, al principio por aquellos que con-

[1] Carta de Schopenhauer a Friedrich Gotthilf Osann, Berlín, 22 de abril de 1822. GB 84.

[2] *Neuen Bilder-Gallerie für junge Söhne und Töchter zur angenehmen und nützlichen Selbstbeschäftigung aus dem Reiche der Natur, Kunst, Sitten und des allgemeinen Lebens*, Berlin bei Wilhelm Oehmigke dem jüngerem, 1796. La periodicidad era de un tomo anual.

taban con numerosas ilustraciones y después, por los que carecían de ellas y requerían una lectura más concentrada; los libros que le gustaban eran del tipo de los que recogían historias variadas, sucesos maravillosos, aventuras o incluso parábolas morales tan del gusto de aquellos tiempos, a la manera del ya mencionado *Wandsbecker Boten*, al que estaba abonado Heinrich Floris. Es de imaginar que Arthur exploraría la bien surtida biblioteca paterna en busca de libros curiosos y que fuera entre sus anaqueles donde poco a poco trabara conocimiento con obras de su interés. Parece que, aparte de los libros que le recomendaron leer en el Instituto Runge, en un principio el muchacho se sintió más atraído por la lírica en general que por las obras en prosa. Johanna, en una carta a su hijo de fecha un tanto posterior a la época a la que nos referimos, le reprochaba a Arthur que con quince años cumplidos hubiera leído y estudiado a los mejores poetas alemanes, franceses y, en parte, también a los ingleses pero que, aun así, no hubiera leído «ningún libro en prosa fuera de tus horas escolares, salvo alguna novela, ni obras de historia o cualquiera de los textos que deberías haber leído para destacar ante el señor Runge».[1] De este testimonio se desprende que al joven Arthur le atraían más las ilusiones fantásticas y quiméricas que la realidad de lo acontecido; quizá en este incipiente desprecio por la historia en favor de la poesía y la fantasía se encuentre el germen de una actitud que muchos años después concretaría y demostraría desde un punto de vista metafísico y teórico en las páginas de su obra principal. El Schopenhauer adulto daría por cierta y establecida la mayor idoneidad de la poesía para conocer la esencia de la humanidad que la historia, disciplina esta última que en el fondo «sólo mues-

[1] Carta de Johanna a Arthur, Glasgow, 4 de agosto de 1803. *Die Schopenhauers*, *op. cit.*, p. 58. CE 34.

tra lo mismo cada vez, pero de otra manera».[1] En lugar de los hechos históricos, al adolescente Schopenhauer le deleitaban las historietas curiosas y los ejemplos morales individuales; parecía atraerle más la esfera del deber ser, mayormente la teoría y la abstracción, que los avatares históricos del pasado: de ahí que eligiera como disciplina la filosofía, cuyo punto de vista suele basarse en la eternidad, y no la historia, que pretende conocer hechos individuales y concretos. Poco parecen haberle interesado al adolescente los relatos de batallas legendarias, ni siquiera las gestas heroicas de la Antigüedad.

Por lo demás, es posible que, con trece o catorce años, Arthur conociera ya las obras del autor favorito de su padre, Voltaire, y que hubiera disfrutado de sus incisivos *Cuentos*, tan apropiados para muchachos despiertos.

El biógrafo Siegler sostiene que Arthur leía en su adolescencia obras de escritores afines a la Revolución francesa, a los que tan aficionado era Heinrich Floris, y también que muy pronto se interesó por cierta literatura «galante» celebrada en una época en la que se proclamaban tantas libertades. Quizá Arthur leyese *La nueva Eloísa*, de Rousseau, en busca de descripciones amorosas ideales, pero también libros de carácter más explícito y licencioso que Heinrich Floris ocultaba en cierta cómoda cerrada con llave; el adolescente se las habría ingeniado para burlársela al padre y, a escondidas, devorar los tesoros ocultos, el más codiciado de los cuales era *Les amours du Chevalier de Faublas* (1787), un éxito de ventas erótico de la época, debido a la hábil pluma de Jean-Baptiste Louvet de Couvray, un autor de moda que había participado activamente en la Revolución.[2]

[1] Véase MVR I, § 51 y MVR II, cap. 38.

[2] Véase al respecto H. G. Siegler, *Der heimatlose Arthur Schopenhauer. Jugendjahre zwischen Dánzig, Hamburg, Weimar,* Düsseldorf, Droste, 1994, pp. 140 y ss.

Dos años llevaba Arthur inscrito en el Instituto Runge cuando la animadversión que había empezado a sentir hacia ese aprendizaje tan parcial y enfocado al comercio aumentó en tal grado que le obligó a rebelarse con contundencia contra su proyectado destino. El muchacho recurrió incluso al propio Runge en busca de apoyo a fin de que intercediera por él ante Heinrich Floris. El excelente pedagogo habló con el gran comerciante y le aseguró que su hijo poseía sobrada inteligencia y gusto por el conocimiento como para que se le permitiera encauzar su vida hacia estudios superiores; era casi un deber paterno otorgarle esta libertad al hijo, máxime cuando el muchacho estaba convencido de que su vida sólo tendría sentido si transcurría por el camino de la ciencia y la erudición, mientras que rechazaba con aplomo cuanto tuviera que ver con la profesión de comerciante.

Heinrich Floris tuvo que claudicar frente a las pruebas de Runge tanto como ante la vehemencia de Arthur para describir su aversión hacia un futuro que lo atormentaba. Pero, como buen patricio que era, reconoció que de ningún modo estaba dispuesto a que su primogénito fuera un futuro académico «muerto de hambre», esto es: un astroso ratón de biblioteca engalanado con un inútil título de doctor en alguna materia estrambótica, un catedrático chiflado o un médico pobre (entonces era normal que la mayoría de ellos lo fuera). Así que, acudiendo a sus influyentes amistades, el orgulloso señor tanteó la posibilidad de asegurar el futuro de Arthur de tal manera que, aun sin privarlo de que pudiera dedicarse cómodamente al estudio, no tuviera necesidad de sufrir apuros económicos ni estrecheces. Ni corto ni perezoso, Heinrich Floris intentó comprar para Arthur una canonjía a perpetuidad. Estaba dispuesto, en efecto, a que su hijo se hiciera «canónigo de Hamburgo»[1] antes que verlo padecer privaciones; semejante propósito era ciertamente descabellado, a

[1] «Curriculum vitae», CE 336; GB 649.

la luz de sus convicciones volterianas. Ahora bien, la suma que Heinrich Floris tenía que desembolsar para asegurarle a Arthur la obtención de semejante cargo, de tanto provecho y tanta ociosidad, resultó ser tan desmesurada que tuvo que olvidarse de semejante idea.

Después de este fracaso y dado que de ninguna manera quería imponerle su voluntad al muchacho, a Heinrich Floris se le ocurrió ejercer sobre Arthur un amable chantaje. En el verano de 1803, el acaudalado comerciante tenía la intención de emprender un viaje por Europa en compañía de su esposa. Planeaban un largo periplo de algo más de año y medio de duración, con estancia en Inglaterra incluida, una vez que hubieran visitado los Países Bajos y Francia. El regreso a Hamburgo pensaban hacerlo por Suiza y Austria, para subir finalmente hasta Dánzig. Heinrich Floris le propuso a su hijo el siguiente pacto: que eligiera entre acompañarlos en el gran viaje—durante el cual también tendría ocasión de volver a El Havre y visitar a su amigo Anthime—o quedarse en Hamburgo e ingresar de inmediato en un instituto de enseñanza secundaria a fin de prepararse a conciencia para su posterior ingreso en la universidad. Si elegía el viaje, tendría que renunciar para siempre a la carrera de erudito y dedicarse ya sin titubeos de ninguna clase al comercio. La treta del padre surtió el efecto deseado: Arthur eligió vender su futuro a cuenta del tentador viaje, así que le prometió a Heinrich Floris que, una vez de vuelta en Hamburgo, se consagraría al comercio sin vacilación.

EL GRAN «TOUR» EUROPEO DE 1803 Y 1804

Arthur acababa de entrar en su decimoquinto año de vida cuando, en la primavera de 1803, partió de Hamburgo junto con sus padres en dirección a los Países Bajos. Era el inicio del gran *tour* europeo que habría de durar casi dos años, hasta comienzos de 1805. La pequeña Adele se quedaba en Hamburgo a cargo de una familia amiga.

Después de surcar en barco el Elba hasta Haarburg, los Schopenhauer se acomodaron en un coche de dos plazas en el que iban «bastante estrechos»—el muchacho, sentado entre los dos adultos—, acompañados por un sirviente francés[1] en el pescante. Así lo dejó consignado Arthur en una de las primeras anotaciones del diario[2] que, como en la anterior visita a Carlsbad, su padre y su madre le habían pedido que llevase durante este nuevo viaje; lo consideraban un excelente ejercicio para un chico que estaría más de un año sin asistir a la escuela; además, un futuro comerciante tenía que aprender a escribir cartas en las que se expresase con concisión y claridad, tal y como debía hacerlo en el diario, con precisión, sobriedad y elegancia.

La intelectual Johanna, por su parte, manteniendo la arraigada costumbre de los escasos «turistas» de entonces—para quienes el viaje era una experiencia rara e irrepetible en sus vidas—, también llevaba su propia bitácora de ruta con la intención de compartir más tarde los detalles de sus experiencias viajeras con sus amigos hamburgueses que se habían quedado en casa. La señora Schopenhauer escribía su diario con esmerada y concisa pulcritud y, años después de aquel viaje, en su primera época de escritora, hasta se animaría a publicarlo.[3]

[1] Este «sirviente francés» era Johannes Duguet, que permaneció al servicio de Johanna hasta sus años de Weimar; se casó con la sirvienta Sophie, igualmente francesa y asimismo al servicio de los Schopenhauer, primero en Hamburgo y luego en Weimar.

[2] Véase RT 47 (martes 3 de mayo de 1803); DV 65.

[3] Concretamente en 1814, diez años después del viaje, con el título: *Erinnerungen von einer Reise in den Jahren 1803, 1804 und 1805* ('Recuerdos de un viaje durante los años 1803, 1804 y 1805'). Con posterioridad aparecieron en tomos sueltos distintas partes de este mismo viaje. Algunas versiones relativamente recientes son: *Reise nach England*, Rütten & Loening, Berlín, 1982; *Reise durch England und Schottland*, Fráncfort del

Es casi seguro que madre e hijo comentarían los acontecimientos cotidianos, aunque cada cual los consignara luego por separado; también cabe la posibilidad de que Johanna guiara y supervisara las anotaciones del muchacho, dada la similitud existente entre algunos pasajes de los diarios de Arthur y los suyos.

Durante el año y medio que duró el periplo que comprende este «segundo diario de viaje» (así se lo conoce entre los estudiosos de Schopenhauer para distinguirlo del «primer diario», del viaje a Carlsbad), los Schopenhauer recorrieron los países más desarrollados de Europa. Desde el norte de Alemania atravesaron los Países Bajos, con estancias en Ámsterdam, La Haya, Amberes y Gante. En Calais se embarcaron hacia Inglaterra. En Londres permanecieron desde el 25 de mayo hasta el 5 de noviembre, seis meses de los que Arthur pasó casi tres como interno en un pensionado de Wimbledon,[1] en las cercanías de Londres, a fin de perfeccionar su inglés, lo que consiguió sin mucho esfuerzo; aunque la vida en el internado le resultó sumamente desagradable. Mientras tanto, Heinrich Floris y Johanna recorrieron Escocia.

La familia volvió a reunirse en Londres para regresar al continente al finalizar el otoño. Continuaron el viaje por Breda y Bruselas hasta París, ciudad a la que llegaron el 27 de noviembre con intención de permanecer allí durante dos meses. El 27 de enero de 1804 dejaron París y, por la región del Loira, partieron hacia Burdeos. Allí se detuvieron durante casi seis semanas, en el transcurso de las cuales Heinrich Floris cayó enfermo. En marzo, ya repuesto el padre, abandonaron Burdeos y prosiguieron viaje hacia las regiones del

---

Meno, Wolfgang Krüger, s.f.; *Promenaden unter südlicher Sonne. Die Reise durch Frankreich, 1804*, ed. G. Haubinger. Viena, Promedia, 1993.

[1] La Eagle House, pensionado masculino dirigido por el reverendo Lancaster.

sur de Francia y las ciudades de Montpellier y Marsella, en las que se detuvieron varios días. Después pasarían por Lyon para llegar a Ginebra el 11 de mayo. Desde allí emprenderían una larga excursión a Chamonix y los alpinos alrededores del impresionante Mont Blanc. Prosiguieron viaje por Lausana, Berna, Lucerna—con la excursión al monte Pilatus (o Pilato)—; luego llegaron a Zúrich y, ya de nuevo en Alemania, pasaron por Schaffhausen y alcanzaron Múnich a mediados de junio. Poco después entrarían en Austria por Braunau para permanecer en Viena durante cuatro semanas. Desde allí, camino de Silesia, atravesaron las regiones de Bohemia y Moravia. Finalmente, por Breslau y Dresde, alcanzarían Berlín el 25 de agosto de 1804.

Arthur llenó tres cumplidos cuadernos con sus notas de viaje, cuadernos que han llegado íntegros hasta nosotros. Escribía casi todos los días, pero cuando las estancias en un determinado lugar eran más largas, solía resumirlas bajo una única fecha y en una sola entrada, generalmente de gran extensión, de ahí que el lector actual de estos testimonios encuentre lagunas entre las fechas. El diario concluye al llegar a Berlín, el 25 de agosto de 1804. Sabemos por otros testimonios que los Schopenhauer prosiguieron viaje hasta Dánzig, puesto que de esta parte final del trayecto no ha quedado constancia escrita. Es de suponer que Arthur no continuó con su diario, acaso los padres liberaron a su hijo de la tarea o simplemente el chico se cansó. Con lo cuidadoso que Schopenhauer era con sus manuscritos, si hubiera existido algún otro cuaderno relacionado con este viaje parece lógico suponer que también hubiese aparecido entre los papeles que dejó al morir.

Los Schopenhauer visitaron las ciudades y demás lugares de interés con la misma prodigalidad y detalle demostrados en el anterior viaje a Carlsbad. No se privaron de ningún placer social ni tampoco de aprovechar los estímulos culturales que se les brindaban, comportándose como verdaderos turistas ilustrados. Se interesaban por todo cuanto de curioso y característico se les ofrecía; lo mismo les atraían las galerías de pintura y las grandes bibliotecas que los inventos técnicos y los adelantos en el mundo del comercio y la industria. Acerca de este último campo, cabe decir que Johanna Schopenhauer pasa por ser una de las primeras viajeras europeas que presenció el nacimiento de la denominada «revolución industrial» inglesa y que supo transmitir después a sus compatriotas del continente lo que había visto en Gran Bretaña.[1] Se la comparó ya en su tiempo a la escritora y viajera lady Wortlay Montagu, en el sentido de que, a semejanza de ésta, que tuvo el raro privilegio para una mujer de visitar un harén turco y describirlo para el público europeo, también Johanna plasmó en sus diarios y posteriores publicaciones la vida hogareña de las mujeres inglesas, de la que ningún varón extranjero podría haber dado noticia.[2]

Para el joven Arthur, aquel largo viaje europeo supuso la adquisición de una experiencia vital imborrable y enriquecedora. Tuvo ocasión de admirar obras de arte y monumentos; trabó conocimiento con amigos de la familia que disfrutaban de una acomodada posición social; junto a sus padres visitó cortes y palacios, teatros y óperas en Ámsterdam, Londres, Burdeos, París o Viena; se acostumbró al sonido de varios idiomas y a pasar del alemán al francés y al inglés como algo natural. Admiró los paisajes más bellos de Europa; divisó el Mont Blanc y subió al Pilatus suizo y otras montañas. Pero, además, pudo constatar personalmente, en contraposición a la belleza y el esplendor, la barbarie y la miseria humanas, al contemplar los estragos y secuelas de la Revolución francesa

[1] Véase G. Dworetzki, *Johanna Schopenhauer. Ein Charakterbild aus Goethes Zeiten*, Droste, Düsseldorf, 1987, p. 123.

[2] La comparación se debe al traductor Johann Diedirich Gries en una carta, datada el 22 de diciembre de 1820, al pedagogo Heinrich Abeken. Citado por Konrad Paul en Johanna Schopenhauer, *Reise nach England*, Berlín, Rütten & Loening, 1982. «Epílogo», p. 323.

o al descubrir a las pobres gentes vestidas con harapos que, de cuando en cuando, se arremolinaban en torno al coche para vender míseras mercancías o pedir limosna.

Tal como sucede con los diarios del viaje a Carlsbad—aunque entonces Schopenhauer era un niño—, estos otros dietarios tampoco contienen reflexiones íntimas del viajero o pensamientos que trasciendan lo meramente visto. Abundan las relaciones de hechos y faltan descripciones de estados anímicos interiores. Arthur se limitaba a registrar los acontecimientos y las visitas, y cuando a veces consignaba también juicios o expresaba algún sentimiento, se mantenían dentro de los límites de lo convencional. Quizá la constante vigilancia de la madre sobre lo escrito impedía que el hijo se explayara sobre sus propias sensaciones y pensamientos, o tal vez el muchacho aún no había madurado lo suficiente como para plasmar en el papel criterios más personales y se ceñía simplemente y por comodidad a consignar lo que ya comentaba a cualquier hora y sin tapujos ante los mayores. Aun así, las anotaciones dan buena cuenta del periplo de la familia, a la par que de la amplitud del horizonte cultural, geográfico y humano que se le brindó al futuro filósofo a una edad en la que resultaba singular y extraordinario poseer semejante bagaje de experiencia personal. Arthur fue consciente a lo largo de su vida de la enorme ventaja de todo aquello, de ahí la gran importancia pedagógica que daría posteriormente a su precoz periplo europeo. De este modo se refirió al viaje en su *curriculum vitae*:

> Es evidente que, en cierto sentido, este largo viaje consumió inútilmente dos años de la adolescencia que suelen dedicarse al aprendizaje de lenguas y disciplinas clásicas. Sin embargo, aún hoy me pregunto si el fruto de aquel viaje no fue tan provechoso como para compensar e incluso superar las ventajas a las que supuestamente renuncié. Pues, justamente en los años de la pubertad—cuando el alma humana está más abierta a toda clase de impresiones, y an-

hela con la más intensa curiosidad adquirir nuevos conocimientos y comprenderlo todo—, no se abrumó a mi espíritu con palabras vacuas ni exposiciones de cosas de las que aún no podía tener una noción clara y concreta, a diferencia de lo que suele ocurrir, echando a perder la perspicacia espontánea del entendimiento. Por el contrario, el viaje nutrió e instruyó mi espíritu mediante la percepción directa de las cosas, enseñándome qué y cómo son en vez de obligándome a adoptar ideas manidas sobre su naturaleza y sus transformaciones. Me enorgullece especialmente que este proceso de formación me entrenara muy pronto a no contentarme con los nombres de las cosas, a preferir siempre la observación y el examen de éstas y su conocimiento intuitivo, lo cual me protegió en los años venideros del peligro de confundir las palabras y las cosas. Así pues, no me arrepiento en absoluto de haber hecho ese viaje.[1]

Schopenhauer se jactaría siempre de ser un «filósofo de la experiencia», heredero de Francis Bacon y el empirismo inglés; de ahí que en sus recuerdos considerase este primer contacto directo con la vida pura una especie de fármaco purgante que lo curó de una vez por todas de las borracheras conceptuales. Desde esta perspectiva, también su filosofía habrá de basarse en la experiencia más inmediata de todas: la experiencia de sí mismo, de su cuerpo y su persona entera en contacto con las cosas y los hechos del mundo. El futuro pesimista siempre despreciaría al gremio de los «profesores de filosofía», a los que reprochaba haber aprendido sus ideas—cuando las tenían—en los libros de los demás en vez de extraerlas de su propia experiencia.[2]

Catorce años después de aquella reflexión sobre lo ventajoso del viaje de juventud para la salud de su intelecto, en

[1] «Curriculum vitae», CE 337-338; GB 650.

[2] Las obras de Schopenhauer están plagadas de improperios contra los profesionales de la filosofía, pero *Parerga y paralipómena* I contiene un escrito emblemático: el «panfleto de batalla» titulado «Sobre la filosofía universitaria»; Schopenhauer condensó aquí el grueso de sus críticas al gremio filosófico.

1832, Schopenhauer anotó en su cuaderno manuscrito titulado «Libro del cólera» la siguiente reflexión:

> A los diecisiete años, sin ninguna educación escolar, me conmocionaron *las miserias de la vida* tanto como a Buda en su juventud el descubrimiento de la enfermedad, el dolor, la vejez y la muerte. La verdad que el mundo gritaba de manera tan audible y clara superó pronto los dogmas judíos que me impregnaban, y mi conclusión fue que este mundo no podía ser la creación de un ser lleno de bondad, sino, más bien, la de un demonio que se deleita con la visión del dolor de las criaturas a las que ha abocado a la existencia: esto era lo que demostraban los hechos, de modo que la idea de que ello es así acabó por imponerse.[1]

Estudiosos de Schopenhauer como Ludger Lütkehaus suponen que con semejante reflexión el filósofo ampliaba con largueza la importancia del papel que aquel periplo adolescente había desempeñado en su vida, hasta el punto de sostener que fue la experiencia acumulada durante aquel viaje la que condicionó su visión metafísica y moral del mundo y de la existencia en general. Es exagerado afirmarlo, máxime cuando Arthur especifica en su breve fragmento la referencia directa a su «decimoséptimo año»; por aquel entonces el viaje ya pertenecía al pasado, mientras que en esta época el muchacho se hallaba sometido a presiones de las que trataremos más adelante. Tampoco es posible inducir de las anotaciones del diario hasta qué punto le influyó humana y moralmente lo que vio. Es cierto que encontramos una serie de apuntes que dan cuenta de experiencias desagradables, las cuales, sin duda, debieron de conmocionar al muchacho de modo muy distinto a como lo hacían las más gozosas, pero carecemos de glosas morales que las acompañen. Si este cúmulo de experiencias conformó la visión del mundo de Ar-

1 «Cholerabuch», en HN 4, 1, 96.

thur o no, es algo que pertenece al ámbito de la especulación. Lo cierto es que el adolescente vio mundo, y que lo encontró en su estado puro, con sus proporciones de sufrimiento, placeres y dichas. Ahora bien, para avalar las tesis de quienes afirman que Arthur tropezó con las miserias de la vida lo mismo que, según la leyenda, le sucedió a Buda en su primera salida de palacio, el diario de este segundo viaje proporciona un material de escasa importancia. Si contamos las entradas del diario en las que Arthur comenta situaciones que podían haberle inspirado cavilaciones acerca de la negrura del mundo o sobre las miserias de la vida, la cantidad que obtenemos es mínima.

El miércoles 8 de junio de 1803, en Londres, el muchacho asistió al «triste espectáculo» del ajusticiamiento de tres reos.[1] «Siempre será la más indignante de las visiones ver cómo se mata a seres humanos de forma violenta», anotó. Le impresionó ver cómo el verdugo ponía la soga al cuello a los condenados: «Sentí un escalofrío, pues vi cómo les ponían la soga al cuello, éste fue el momento más terrible: sus almas parecían estar ya en el otro mundo, era como si ya no advirtieran nada de cuanto les rodeaba». Observó cómo los tres reos, acompañados por un sacerdote que les impartía un último consuelo, dedicaban los postreros instantes de su vida a rogar por sus almas. Cuando cayó la trampilla del cadalso y los nudos corredizos les partieron el cuello, uno de los condenados «que durante todo el tiempo había estado moviendo las manos arriba y abajo en actitud suplicante, hizo ese mismo movimiento un par de veces más recién caído».

Es curioso que a la visión del macabro espectáculo matinal le siguiera la tarde de ese mismo día la asistencia a otra representación, aunque esta vez muy distinta: Arthur disfrutó del placer de contemplar la actuación de un famoso ventrílocuo, imitador de todo tipo de sonidos y voces, un mimo

[1] Miércoles 8 de junio de 1803, RT 64; DV 79-80.

excepcional que dejó al muchacho «vivamente admirado». ¿Comparó Schopenhauer ambos espectáculos, acaecidos en tan corto espacio de tiempo? Si así lo hizo, es probable que le viniese a la mente el célebre tópico de los moralistas barrocos: «El mundo es un teatro»; un espectáculo reiterativo y sin fin en el inmenso y variado escenario del mundo: muerte y vida, dolor y lágrimas, risas y farsa, todo cabe en el mismo retablo; aunque cambien los decorados y las tramas, la tragedia que se representa es siempre la misma: el triunfo de la muerte sobre la vanidad, y a veces se presenta la risa para sobreponerse a lo irremediable.

Si ahondamos en lo que podría haber influido en su visión pesimista de la vida, consignaremos que, pocos días después, durante una visita a la abadía de Westminster,[1] Arthur dejó constancia escrita de su meditación sobre la banalidad de todas las cosas, las solemnes y las jocosas, desvanecidas ante la severa constancia de la muerte. Que la fama y los hechos de los hombres son efímeros frente a la eternidad lo constató el joven ante las tumbas de Milton, Garrick, Haendel y Shakespeare, cuando, con melancólica delectación, leyó los versos inscritos bajo el busto de John Gay, el jocoso autor de la célebre *Ópera del mendigo*: «*Life is a jest, and all things show it: | I thought so once, and now I know it*» ('La vida es una broma, como veremos en todas las cosas: | así lo creí un día y ahora lo sé'). Arthur contempló también las tumbas de los monarcas ingleses, así como multitud de objetos vinculados a la gloria y el poder, como cetros, coronas y hermosas armas. Su meditación concluía observando que sólo la verdadera esencia y la valía de los seres permanece incluso cuando éstos han muerto—«pues es lo único que se llevan consigo»—, mientras que lo accesorio carece de significado frente a la muerte: es el tono que adopta la meditación clásica y barroca sobre la *vanitas*.

[1] Jueves 14 de junio de 1803. RT 69-70; DV 84.

Después de observar los despojos de los grandes de antaño, el muchacho meditador también tuvo ocasión de ver en carne y hueso a los grandes del presente. Durante una visita al palacio de Windsor, los Schopenhauer se encontraron al rey, la reina y las princesas de Inglaterra paseando «confiadamente entre sus súbditos», tal y como solían hacer cada domingo cuando no se lo impedía la lluvia: «El rey es un anciano muy apuesto. La reina es feísima y sin ninguna gracia. Las princesas no son bonitas y todas empiezan a envejecer»,[1] anotó Arthur, poco sorprendido. Meses después, en noviembre y de nuevo en el continente, en el parisino teatro *des Français*, durante una representación de un drama de Kotzebue, el futuro filósofo vio a Napoleón en persona, el verdadero señor de Europa en aquellos años. Tan sólo anotó que el emperador se hallaba a solas en su palco luciendo «un sencillo uniforme francés».[2] En Austria, casi al final de viaje, Arthur pudo contemplar a los soberanos del reino, el emperador Francisco I y su segunda esposa, María Teresa; ambos iban vestidos de manera modesta y conducían un cupé descapotable por las calles de Viena, como si fueran ciudadanos normales: «Él es un hombre enjuto cuyo rostro, de extraordinaria necedad, parece más bien el de un sastre que el de un emperador. Ella no es bonita, pero parece inteligente».[3]

Quizá el escenario que más se prestó a las cavilaciones del joven Schopenhauer sobre la miseria humana fuera el de los astilleros y el arsenal de la ciudad de Tolón, que visitó junto a sus padres un día de abril del año 1804. Sólo gracias a un permiso especial pudo la familia de Heinrich Floris entrar en las inmensas instalaciones del arsenal, ya que Francia estaba entonces en guerra con media Europa y alguien podría haber acusado al ocioso turista proveniente de Ham-

1 Domingo 26 de junio de 1803. RT 75; DV 90.

2 Lunes 28 de noviembre de 1803. RT 92; DV 104.

3 RT 219; DV 215.

burgo—ciudad codiciada por Napoleón—de ser un espía camuflado a sueldo de Prusia.

En el complejo portuario tolonés formado por el arsenal y los astilleros penaban miles de galeotes y presos de diversa condición condenados a trabajos forzados, con los que se toparon los Schopenhauer durante su visita. De inmediato llamó la atención de la pulcra familia la vida de estos desgraciados, y tanto Johanna como Arthur dejaron sendas anotaciones en sus respectivos diarios comentando la experiencia. La extensa anotación de Arthur sobre los «esclavos de las galeras» (*Galeeren-Sklaven*), como él los denomina literalmente, ha sido citada de manera recurrente como testimonio de su sensibilidad hacia el dolor y la miseria esencial de la condición humana, identificados metafóricamente con las penalidades y el destino de aquellos seres miserables y encadenados. He aquí la descripción de la situación de los galeotes anotada por Schopenhauer:

> Los trabajos más duros del arsenal se dejan para los galeotes; verlos suscita una fuerte impresión en el extraño que los observa. Están divididos en tres clases: a la primera pertenecen los que sólo están aquí por delitos leves y por poco tiempo, desertores, soldados insubordinados, etcétera; éstos sólo llevan un grillete de hierro en el pie y pueden moverse con libertad de acá para allá, es decir, dentro del arsenal, pues a ningún *forçat* se le permite ir a la ciudad. A la segunda clase pertenecen los que han cometido delitos más graves; trabajan de dos en dos amarrados por los pies con pesadas cadenas. Los de la tercera clase, aquellos que han cometido los peores crímenes, están encadenados al banco de la galera, que nunca abandonan; éstos se ocupan con trabajos que pueden despachar sentados. El destino de tales desgraciados lo considero mucho más aterrador que las condenas a muerte. Las galeras, que he visto por fuera, parecen ser el lugar más sucio y repugnante que pueda imaginarse. Estas galeras son viejos barcos condenados que no salen más al mar. El lecho de los *forçats* es también el banco al que están encadenados. Su alimento, sólo pan y agua; no comprendo cómo,

sin una alimentación más potente y consumidos por las penalidades, siguen aún con vida con ese trabajo tan severo; pues durante su esclavitud se los trata como a bestias de carga. Es horroroso pensar que la vida de estos miserables «esclavos de las galeras», lo cual ya dice todo, carece por completo de cualquier tipo de dicha, y para aquellos cuyos sufrimientos, aun después de veinticinco años, siguen sin tener un final, de cualquier esperanza. ¡Qué horrible imaginar la sensación de uno de estos desdichados mientras se lo encadena al banco de la oscura galera del que nada más que la muerte lo separará! Muchos ven incrementado su sufrimiento a causa de la inseparable compañía que está amarrada a su misma cadena. Y cuando al fin llega el momento que el condenado deseó suspirando con desesperación día a día desde hace diez o doce o, lo que sucede raramente, veinte años largos como una eternidad, el final de la esclavitud, ¿qué será de él? Regresará a un mundo para el que está muerto desde hace diez años y las posibilidades que hubiera podido tener entonces se habrán desvanecido: nadie quiere contratar a quien ha estado en galeras, y diez años de castigo no habrán servido para limpiarlo de un delito que cometió en un instante. Se verá obligado a delinquir por segunda vez y terminará en el patíbulo. Me horrorizó oír que aquí hay seis mil galeotes. Los rostros de estos hombres proporcionan abundante materia para consideraciones fisonómicas.[1]

Décadas más tarde, en sus *Parerga y paralipómena*, Schopenhauer se refirió a la vida humana como a una situación de encadenamiento forzoso en la «colonia penitenciaria del mundo, *a penal colony*, el *ergasterion* de los filósofos antiguos».[2]

1 Domingo, entrada genérica del 8 de abril de 1804. RT 144-145; DV 149-150.

2 Véase PP II, cap. XII, «Anotaciones sobre la doctrina de los dolores del mundo», SW VI, 321. Algunos intérpretes de Kafka han visto también una influencia directa del citado capítulo de la obra de Schopenhauer en su célebre relato *En la colonia penitenciaria*; dicha narración suele interpretarse a menudo como una metáfora premonitoria de los campos de con-

También la despierta Johanna comentó profusamente aquella visita en su diario de viaje. Por algunos fragmentos del capítulo dedicado al arsenal de Tolón, extraídos de su libro *Viaje a través de Francia en 1804*—publicado en 1812—, podemos hacernos una idea del cariz de sus propios pensamientos el día de la visita. Johanna observó que nada más traspasar las puertas que conducían al complejo del arsenal, «a esta morada en la que se trabaja sin descanso, que alberga un profundo sufrimiento y crímenes sin cuento», los visitantes pensaron en la descripción de las puertas del Infierno de Dante, «ya que, también aquí, los miles de personas que las traspasan tienen que dejar fuera y para siempre cualquier esperanza».[1] Johanna describió a los condenados con tanta o más intensidad que Arthur, llamando la atención sobre el horrible trato que recibían cual bestias de carga; pero también describe la ferocidad, la insolencia y la bravuconería de los más peligrosos, que cantaban canciones obscenas y se vanagloriaban de sus crímenes sin cesar, que maltrataban a sus compañeros de penurias y que habían caído en la más profunda brutalidad y abyección. Para la señora Schopenhauer, los condenados más feroces eran «seres echados completamente a perder cuyo destino es no salir jamás vivos de los astilleros»; y si lograsen escapar—anotaba con horror—, ¡pobres habitantes de Tolón! Sin duda, los antiguos galeotes se cebarían en ellos sin piedad. Johanna parecía no abandonar cierto realismo sanchopancesco al contemplar las miserias de los galeotes; por mucho que sufrieran, en modo alguno se dejaría ella llevar por sus lamentos hasta el punto de

---

centración y exterminio del siglo XX, e incluso como un símil horrendo del sometimiento del ser humano a la tecnología mortífera que invade el mundo actual. Sobre esto, véase Franz Kafka, *En la colonia penitenciaria*, epíl. y trad. Luis Fernando Moreno Claros, Barcelona, Acantilado, 2019, especialmente las pp. 110-126 del «Epílogo».

[1] Véase *Promenaden unter südlicher Sonne. Die Reise durch Frankreich, 1804*, *op. cit.*, p. 193.

pensar, como Don Quijote en el famoso episodio de los convictos a galeras, que liberándolos de sus tormentos habrían de pagárselo al mundo con bondades. Con todo, se mostró sobrecogida frente a la visión de semejante destino y de tal mundo de iniquidad; igual que Arthur, también Johanna escribió un pasaje sobre el horror que imaginaba que reinaba en el interior de aquellas galeras carcomidas y amarradas perpetuamente al muelle que servían de cobijo a los peores galeotes, un verdadero infierno en la tierra que los Schopenhauer no llegaron a visitar, y ello a pesar del deseo de hacerlo que sí osaron expresar «tímidamente» los bienintencionados turistas; mas su acompañante y guía les aseguró que semejante visita a las infaustas galeras les proporcionaría «una visión tan terrible que jamás serían capaces de borrarla de sus mentes»; asimismo, les dijo que «respirar aunque sólo fueran unos segundos en el apestoso ambiente interior de aquellos barcos les resultaría del todo imposible», ya que el hedor y el aire viciado que allí reinaban eran insoportables para cuantos venían de fuera e incluso para cuantos por su oficio se veían obligados a entrar para tratar con los condenados.[1]

Se ha afirmado que Johanna se sirvió de las anotaciones del diario de Arthur para escribir sus libros de viaje, sin ir más lejos, pasajes como el de los galeotes. Ello es seguramente incierto y, en todo caso, muy discutible. Más verosímil parece la suposición de que fuese precisamente Johanna quien supervisara las entradas de Arthur; bien pudo haber sido el muchacho quien hubiera tomado las anotaciones relativas a la visita del arsenal bajo el auspicio de su madre; al fin y al cabo, tanto Johanna como su marido comentaban con su hijo lo que veían, y este último era demasiado joven o quizá también demasiado formal como para expresar observaciones muy diferentes a las de sus progenitores. La similitud existente entre los recuerdos de Johanna y las notas del diario de

[1] *Ibid.*, p. 197.

Arthur remiten más a conversaciones e impresiones del trío familiar que a una supuesta precoz originalidad intelectual de Arthur, que suponemos fiel a Johanna y Heinrich Floris en lo relativo a impresiones estéticas y reflexiones morales.

Las experiencias de la miseria humana que Arthur reunió en su viaje europeo no concluyeron con la visita al arsenal. Por cualquier rincón de aquella Francia posterior a la Revolución de 1789 podían observarse bandas de menesterosos que, a veces, mendigaban en silencio y con gestos de humildad, pero que también en ocasiones llegaron a cercar el coche de los viajeros exigiendo su caridad con muy malos modales. Ello era una consecuencia viviente de las penalidades sufridas por el pueblo francés después de la Revolución. Otros recuerdos más estáticos del horror revolucionario podían reconocerlos los viajeros en las huellas todavía indelebles de la devastación que asoló a Francia entera: iglesias saqueadas y monasterios destruidos, casas quemadas y abandonadas junto a campos de labor yermos o asilvestrados. También pudieron escuchar los relatos de los testigos o encontrarse con el silencio de una gran mayoría de personas que se afanaba por olvidar e intentaba rehacer su vida. Algo de esto se observa en el comentario de Arthur sobre su visita a Lyon, ciudad en la que los Schopenhauer se hospedaron durante ocho días. La capital del Ródano, que no secundó de buen grado la Revolución, se alzó en armas contra la Convención, haciendo caso omiso de su sanguinario comisario Chalier, al que ajusticiaron. La Convención proscribió Lyon, asedió y asaltó la ciudad, que quedó a merced de los saqueadores y criminales. Luego, el cruel Fouché en persona se encargó de la despiadada represión de sus habitantes. Por orden suya miles de ciudadanos fueron fusilados o masacrados a cañonazos. Además, ordenó destruir la ciudad hasta que no quedase piedra sobre piedra: tal fue la «depuración» a la que la sometieron los súbditos de la Revolución. Por cierto que, una vez caído en desgracia

Fouché, Napoleón mandaría «reconstruir Lyon» como desagravio, pero cuando llegaron los Schopenhauer aún prevalecían las ruinas. Arthur constató en su diario que aquella «espléndida ciudad» había sido el escenario «de crueldades inauditas», acaecidas tan sólo una década antes de su viaje. «Aquí no hay casi ninguna familia en la que no hayan muerto varios de sus miembros en el patíbulo o, por lo general, el cabeza de familia». Pero añadía que, a pesar de las calamidades acaecidas, los ciudadanos de Lyon parecían haber olvidado a los muertos y ahora se paseaban tranquilamente, como si nada hubiera acontecido, por las plazas que un día estuvieron teñidas de sangre; Arthur se preguntaba consternado si los acosaría la imagen sangrante de sus parientes, y terminaba su reflexión acudiendo con resignación volteriana al saludable poder que ejerce el paso del tiempo para borrar del alma las impresiones más vivas y más atroces.[1] Meses más tarde, en la ciudad suiza de Berna, el muchacho se asombró asimismo de algunos cambios introducidos por la Revolución francesa, que había puesto fin a los privilegios de las clases aristocráticas de la ciudad, democratizándolo todo a costa de demoler los pilares de los altos estamentos sociales. Esta situación no era del agrado de Arthur, orgulloso de pertenecer a la clase adinerada y culta. Y ello, a despecho del republicanismo confeso de Heinrich Floris y Johanna, convicción que suponemos debía de ser de índole más teórica que práctica.

LA HIPOCRESÍA DE LA RELIGIÓN Y EL PLACER DE LAS ALTURAS

El joven Schopenhauer tuvo otras experiencias importantes durante su gran viaje europeo, aparte de las relacionadas

[1] Miércoles 2 de mayo de 1804. RT 151; DV 154-155.

con el sufrimiento de los galeotes o los crímenes en nombre de la diosa Libertad. De algunas anotaciones de su diario se desprende la desconfianza que ya le provocaban las formas externas de la religión, contrarias a lo que debía ser el verdadero sentimiento religioso, un sentimiento íntimo de entrega y pacífico recogimiento.

Casi al comienzo del viaje, en Ámsterdam, Arthur visitó la enorme y magnífica sinagoga de los judíos portugueses. Lo que más llamó su atención fue la ausencia absoluta de respeto y recogimiento durante la celebración del culto: «En toda la comunidad no existía ni el más mínimo atisbo de piedad. Mientras el *rabino*, con la cabeza muy erguida y abriendo una bocaza descomunal, salmodiaba una letanía que parecía eterna, todos los fieles hablaban como si estuvieran en la bolsa de grano». Por ello, la ceremonia le pareció una pantomima absurda donde los actores adoptaban poses ridículas:

> En cuanto terminaba el sacerdote, los demás cantaban a continuación los mismos versos de sus libros hebreos y terminaban con la misma salmodia. Dos muchachitos que estaban junto a mí por poco me hicieron perder la *compostura*, ya que por dos veces me dieron un susto cuando parecieron abalanzarse sobre mí con las cabezas alzadas y las bocas desencajadas por el cántico. Yo creo que por cantar así tienen los judíos esos morros tan grandes.[1]

Algo distinto sintió días después al entrar en la catedral católica de Gante y coincidir su visita con la celebración de la misa mayor; Arthur se sintió fascinado por la actitud piadosa con la que los fieles seguían la ceremonia: de rodillas y en silencio, escuchaban el solemne canto del sacerdote. Asimismo, comparó dicha actitud con la que él conocía bien de las ceremonias luteranas, en las que tampoco reinaba ningún tipo de sosiego:

[1] Viernes 13 de mayo de 1803. RT 53; DV 70.

No se puede negar que las iglesias católicas tienen algo solemne, venerable, que invita a la devoción y que se echa de menos en nuestras iglesias protestantes, en las que los chillones cánticos de la multitud nos provocan dolor de oídos y las bocazas abiertas de los individuos berreantes nos obligan a reír a menudo.[1]

Durante su estancia en Inglaterra, Arthur permaneció interno tres meses en un pensionado de Wimbledon a fin de aprender inglés, mientras Heinrich Floris y Johanna emprendían un viaje por Escocia. En una de sus cartas el hijo se quejaba a sus padres de la «infame mojigatería inglesa»[2] en materia de religión. El muchacho aún no descreía del valor de la religión en sí misma, pero sí de las formas ridículas o absurdamente rígidas con las que toda clase de clérigos se empeñan en administrarla; sus reparos contra esas formas externas, casi todas forzadas, los había aprendido perfectamente tanto en las obras de Voltaire como en las de Claudius.[3]

[1] Sábado 21 de mayo de 1803. RT 57; DV 74.

[2] La carta original de Arthur no se ha conservado, pero sí la respuesta de la madre; véase la carta de Johanna a Arthur fechada en Glasgow el 4 de agosto de 1803. *Die Schopenhauers*, *op. cit.*, p. 57. CE 31-36.

[3] Muchos años después de su estancia en aquel pensionado inglés, en su obra *Parerga y paralipómana*, Schopenhauer llamaría de nuevo la atención sobre la mojigatería e hipocresía de los ingleses en materia de religión: «Pero si quieres ver con tus propios ojos y en tu proximidad lo que logra una temprana inyección de fe, fíjate en los ingleses. Fíjate en esa nación favorecida por la naturaleza, y más dotada de entendimiento, espíritu, discernimiento y carácter que el resto, fíjate en ella desprestigiada, más aún, despreciable entre todas las demás, por su estúpida superstición eclesiástica, la cual, entre sus otras capacidades, aparece como una idea fija, como una monomanía. Esto se lo tienen que agradecer a que la educación está en manos del clero, que cuida de inculcarles en la infancia todos los artículos de fe, de tal manera que se llega a una especie de parálisis cerebral, que se manifiesta durante el resto de su vida en aquella imbécil mojigatería, debido a la cual hasta gente ingeniosa y con sentido común se degrada a sí misma dejándonos estupefactos». (PP II, cap. XV, «Sobre la religión», § 174; SW VI, 346-347; trad. J. R. Hernández Arias, pp. 830-831; trad. P. López de Santa María, p. 342).

Además de la mencionada «mojigatería» (*bigotterie*) que Arthur tanto detestaba, tampoco se sintió a gusto durante su pupilaje inglés por otras razones. Johanna le escribió a su hijo recomendándole que no se quejara de su suerte, pues si para relajarse del estudio podía dibujar, leer, tocar la flauta y ejercitarse en el arte de la esgrima, ello no era poco; estas actividades constituían una estupenda distracción que contribuiría a hacerle más agradable su estancia en Wimbledom; ella, por el contrario—observaba la madre—, había vivido durante muchos años sin ningún tipo de distracciones, y nunca se sintió mal por ello.[1] Johanna aconsejaba a su hijo que hiciera lo posible por tener amigos y que no considerara a todo el mundo indigno de codearse con él. Pero con respecto a la mencionada queja sobre el ambiente de extremada e infame hipocresía que lo rodeaba, la madre sólo le respondió aduciendo que expresiones demasiado coloquiales o adjetivos como aquel «infame» que con tanto gusto él parecía utilizar no debían usarse en las cartas bien escritas. Toda la obsesión de Johanna se centraba en que su hijo aprendiera a escribir «bien y con soltura», tal y como quería Heinrich Floris, así que le recomendaba que no escribiese igual que hablaba, pues los lectores de cartas «suelen ser más reposados que los simples oyentes», de manera que debía tomarse su tiempo para repasar las cartas.

La señora Schopenhauer, de viaje por Escocia a solas con su marido, como ya apuntamos, le contaba al muchacho en sus cartas que su propio diario crecía considerablemente a causa de las maravillas que iba viendo; pero también se quejaba en alguna ocasión de que, dada la escasa habilidad de Heinrich Floris para trabar nuevas amistades, una vez que habían regresado a Londres, a menudo se aburría al tener que pasar algunas veladas en casa. Para luchar contra este te-

[1] Véase la carta de Johanna a Arthur, New Castle, 19 de julio de 1803. CE 26-30.

dio que invadía a su esposa, el comerciante alquiló un piano a fin de que ella se entretuviera tocando alguna sonata; mas la música tampoco impedía del todo que Johanna le siguiera confesando a su hijo estados anímicos como éste: «Me quedo en casa aplicadamente, puesto que no sé adónde ir; y, mientras, conjugo ese querido verbo en todas sus formas, ya sabes: *je m'ennuie*, *tu t'ennuies*, etcétera. Para elevar el espíritu toco las sonatas, que me gustan más cada día».[1] La madre, absorta en sí misma, demostraba escasa comprensión hacia las quejas del muchacho y sus problemas referentes a la «hipocresía» inglesa o a las relaciones con los compañeros ingleses, todos ellos señoritos de buena familia que trataban de humillar a Arthur con sus lujos. Si bien el hamburgués los despreciaba y no se quedaba atrás en lo que a jactancias se refiere. Ya se veía atronar su carácter: orgulloso y desabrido.

Cuando Arthur se reunió por fin en Londres con sus padres (en septiembre de 1803), suponemos que les relataría profusamente sus penalidades, ya que Johanna escribió unas páginas muy ilustrativas sobre el pensionado inglés de Wimbledom en su libro *Viaje a Inglaterra*—y esta vez, basadas sin duda alguna en los comentarios y recuerdos de su hijo—. Así que, finalmente, fue la madre de Arthur quien dejó testimonio de cómo era la vida en aquella noble institución inglesa, en la que se hospedaban hijos de las mejores familias del Imperio británico, entre ellos, por ejemplo, dos sobrinos del gran almirante Horatio Nelson, que coincidieron con Arthur durante el tiempo que estuvo allí. El muchacho, aunque dedicaba varias horas al día a la tarea «de escribir»—se supone que para practicar su inglés—, no tomó ningún apunte sobre sus experiencias en el internado, quizá porque para ello le faltaba a su lado la estimulante vigilancia de Johanna.

[1] Véase la carta de Johanna a Arthur, Londres, 10 de septiembre de 1803. CE 39.

En el pensionado masculino del señor Lancaster—nombre del director de aquella institución—los alumnos debían rezar varias veces al día—y los domingos, asistir al menos a dos oficios religiosos—; y ello después de haberse levantado al amanecer para escuchar el sermón pronunciado por el propio señor Lancaster. Aunque ese ambiente de aparente piedad y de excesivo formalismo religioso no impedía que los profesores trataran a sus alumnos con la máxima brutalidad, ni que el propio director de la escuela, predicador y párroco a la vez de una pequeña comunidad cercana a Londres, impartiera él mismo severos castigos a cualquier alumno que osara transgredir la regla sacrosanta de saberse de memoria largas parrafadas latinas o griegas. Observaba Johanna que dichos castigos—bastonazos y palizas en general—se propinaban con crueldad, entre improperios y juramentos, a alumnos desde seis hasta dieciséis años, sin ningún tipo de contemplaciones.

Aparte de esto, otra cosa que llamó la atención de Arthur fue la enorme diferencia de trato que se deparaba a los pupilos de elevada categoría social, que disfrutaban de privilegios exagerados en comparación con los compañeros de clase ligeramente inferior y cuyos padres pagaban algo menos por su pensión. En definitiva, ante las crueldades y el abrumador peso de la ascendencia social, las libertades que se tomaban los nobles y las humillaciones que sufrían algunos chicos, la madre de Arthur—imbuida de su innato republicanismo—concluía afirmando que este tipo de instituciones sólo terminaban por inculcar en sus alumnos, muy a pesar de éstos, que «a los ricos se les permite todo, y por eso el dinero es la única meta a la que se aspira».[1] Ésta fue, quizá, la misma lección que habría tenido que aprender el joven Arthur, quien, por cierto, pertenecía a la clase de alumnos pri-

[1] Véase Johanna Schopenhauer, *Reise durch England und Schottland*, *op. cit.*, p. 243.

vilegiados que pagaban más; de ahí que seguramente él no recibiera palizas. Aparte de esto, gozaba de otra ventaja de los adinerados: le traían la comida de un establecimiento escogido y ajeno a la institución.

Dejando a un lado lo anterior, Arthur no habría perdido el tiempo del todo en el pensionado. Sabemos por una alusión directa en una carta de su madre que se había consagrado vorazmente a la lectura «de los poetas de todas las épocas». Ésa fue sin duda la mejor manera de evadirse de la negra circunstancia que lo rodeaba en la lúgubre institución. Pero de nuevo Johanna, con su espíritu realista y práctico, amonestó a su hijo por semejante actitud:

> Sé que tu entrega a las obras maestras del genio humano debe procurarte inmensas satisfacciones, pero quien pone tanta pasión en esas lecturas termina perdiendo el gusto por las cosas verdaderamente serias. Puedo asegurarte que el propio Schiller no sería lo que ha llegado a ser si de joven se hubiera dedicado exclusivamente a leer únicamente poesía, y no por casualidad es él quien ha dicho que «la vida es seria y el arte, alegre». Así que ahora deberías consagrarte, mi Arthur, a la seriedad de la vida, porque si desde joven dedicas todo el tiempo al arte la existencia terminará pareciéndote luego mucho más seria, si no insoportable.[1]

La pureza y el mundo ideal que el muchacho parecía buscar enfrascándose en las obras de los poetas, ese rechazo de la vida real, seria, hipócrita o tediosa y siempre llena de sufrimiento, cabe relacionarlo directamente con otra gran experiencia de viaje de Arthur: el descubrimiento de la naturaleza en todo su esplendor.

[1] Carta de Johanna a Arthur, Glasgow, 4 de agosto de 1803. En *Die Schopenhauers*, *op. cit.*, p. 58. CE 33-34. La cita de Schiller dice en alemán: «*Ernst ist das Leben, heiter die Kunst*», célebre sentencia extraída del prólogo de *Wallenstein*.

Cuando el largo periplo europeo corría hacia su última fase, en el mes de mayo de 1804, llegados los viajeros a los Alpes franco-suizos, el joven Schopenhauer descubrió lo que Rüdiger Safranski ha llamado con acierto «la atracción de las cumbres», o lo que también podríamos denominar «la libertad de las cimas». Montañas y cumbres le proporcionaron a Arthur vivencias estéticas de intensa alegría. En primer lugar, lo sedujo el efecto de la simple contemplación distante de las gélidas cordilleras montañosas, con sus agrestes paisajes solitarios; y, en segundo lugar, el reto del esfuerzo de la ascensión y la recompensa del placer que proporciona la llegada a la cima. Desde las alturas, el satisfecho excursionista gozó de las vistas privilegiadas; es una visión bella y consoladora en los días soleados cuando a los pies del montañero se extiende el paisaje quieto como en un lienzo inmenso, pero inquietante si desde la altura otea la cercana tormenta u observa el descenso implacable de la niebla que terminará empañando incluso los elementos más insignificantes con el plateado sucio de su intangibilidad.

En los alrededores de Chamonix, desde donde divisaban el impresionante macizo del Mont Blanc, Johanna y Arthur pasaron jornadas agradables entre excursiones y charlas con los montañeses. Heinrich Floris había optado por quedarse en Ginebra para atender a sus negocios. Arthur realizó varias excursiones, algunas solo—aunque siempre acompañado de algún guía—y otras en compañía de su madre. Sobre una de estas últimas se explayó en su diario. Johanna y él, junto con dos experimentados guías locales, emprendieron la subida al Chapeau (1550 m) para contemplar desde allí uno de los parajes alpinos más sobrecogedores del entorno de Chamonix: el denominado «Mar de Hielo», un inmenso glaciar. En el más puro estilo romántico, cargado de expresiva y majestuosa claridad, el muchacho trataba de plasmar en su diario la belleza, el misterio y también el horror de aquella naturaleza sublime y magníficamente hierática y hostil que los rodeaba. Sus anotaciones se tornan ahora más extensas, a la vez que más descriptivas y elaboradas:

A las diez nos pusimos en camino para subir al Chapeau, un monte que limita con el Mar de Hielo y desde el que se obtiene una bella vista de éste, a pesar de que no es tan amplia como la que se aprecia desde el Montanvert. Hasta el pie del Chapeau fuimos en *char à banc*. Entonces cabalgamos, mi madre en un mulo y yo a caballo. El monte está cubierto de abetos hasta la cima. Al comienzo nuestro camino iba siguiendo el curso de un torrente alpino, sobremanera violento, precipitándose de roca en roca con gran estruendo hasta el valle. Cuanto más alto llegábamos más amplia y hermosa se iba tornando la vista del valle de Chamouny.

[...] Cabalgábamos por caminos tan malos que yo nunca hubiera creído que un caballo pudiera ir por ellos, así que contemplaba con sumo asombro con qué cuidado trepaba éste por encima de las grandes piedras que casi a cada paso obstruían el camino. Después fuimos por un sendero que era justo tan ancho como el caballo y que conducía a lo largo de una pendiente perpendicular en cuyo fondo descansa el valle y hacia el que uno no puede mirar sin terror. Finalmente, el camino se tornó ya intransitable a caballo; nos apeamos y fuimos a lo largo del Glacier des Bois, que desciende desde el Mar de Hielo hasta muy abajo del valle, y que nos mostraba paulatinamente un caos de agudas puntas de hielo, así como pavorosas hendiduras y grietas, en cuyas azuladas gargantas no puede mirarse sin espanto.[1]

Junto con los dos montañeros que lo acompañaban, los guías Alexis y Víctor, Arthur descubrió un bloque de cristal de roca semienterrado en el suelo. Se alegró mucho, máxime cuando los guías le aseguraron que se trataba de un hallazgo singular; quebró las aristas y se llevó unos cuantos cristales de recuerdo: prismas cristalinos de cinco, seis y siete caras perfectas y pulidas. El muchacho ignoraba entonces que unos años más tarde se interesaría por la óptica y las leyes

[1] Miércoles 16 de mayo de 1804. RT 164-165; DV 166-167.

relativas a la visión en general, la descomposición de la luz y la teoría de la formación de los colores; precisamente, sería la demostración con prismas de cristal de esta última teoría lo que le permitiría gozar de la amistad del gran Goethe, enfrascado casi desde su juventud en experimentos científicos de este tipo. Después de aquel feliz hallazgo, los excursionistas prosiguieron su camino a lo largo de una gran torrentera de nieve y quedaron asombrados al admirar una enorme cascada de agua que caía en vertical hacia el abismo. Finalmente, tras ascender siguiendo el glaciar, alcanzaron la cima del Chapeau, desde donde pudieron contemplar dos imponentes galayos, el Géant y el Oru, tan agudos que en ellos nunca cuajaba la nieve. Y desde la anhelada cima, Arthur pudo admirar el romántico Mar de Hielo, del que dejó una descripción que recuerda algo a la magnífica aridez helada que representó el pintor Caspar David Friedrich en su célebre cuadro titulado precisamente *El mar de hielo*, pero conocido también como *El naufragio de la esperanza*:[1]

Desde el Chapeau puede verse una pequeña parte del Mar de Hielo, aun así es suficiente para hacerse una idea de él. El Mar de Hielo debe su nombre a que su forma recuerda a la de un mar movido por las olas; las muchas cimas irregulares que sobresalen por todas partes le otorgan realmente esa apariencia; entre ellas hay terribles gargantas y fisuras en el hielo que amenazan con destrozar en el abismo azul a quien se acerque a sus peligrosos bordes. En las grietas de hielo corren rugientes arroyos procedentes de la fusión de la nieve y el hielo. También se oye de cuando en cuando un bronco estruendo como de un trueno fortísimo ocasionado por los poderosos pedazos de hielo que se resquebrajan y caen en la superficie del glaciar o en las cavernas de hielo del interior del mar helado; allí se estrellan, arrastran otros tantos pedazos consigo y ocasionan el continuo tronar que el eco repite e incrementa. Este espectáculo,

[1] Caspar David Friedrich lo pintó entre 1823 y 1824. El impresionante lienzo puede verse actualmente en la Kunsthalle de Hamburgo.

la visión de las enormes masas de hielo, los trompazos atronadores, los rugientes arroyos, las peñas en derredor, con las cascadas; arriba, las vertiginosas agujas y las montañas de nieve; todo ello provoca una impresión indescriptible y maravillosa: uno ve la monstruosidad de la Naturaleza; aquí ya no se muestra trivial, sino que sobrepasa sus límites y uno cree encontrarse más cerca de ella.[1]

Durante el regreso a Chamonix, Arthur se deleitó aún con la visión de la impresionante mole del Mont Blanc, de 4810 m de altura, la montaña cuya primera ascensión en 1786 marcó el inicio del alpinismo. El muchacho pudo admirar su cumbre pelada, rutilante y dorada por el sol del atardecer sobresaliendo majestuosa entre las brumas, dominando otras montañas de menor altura:

Desde aquí podíamos divisar toda la parte sur de la cordillera alpina del valle: en medio se alza el Mont Blanc como la cabeza principal de todas las montañas, dominándolas por completo. Las montañas más altas se sitúan a su lado, como si fueran los señores más grandes de su reino; y puede verse con claridad cómo las demás, a ambos flancos del coloso, van disminuyendo en altura conforme se sitúan más lejos.

Este recuerdo de la cumbre del Mont Blanc iluminada por el sol poniente serviría décadas más tarde al filósofo de símil para representar la grandeza de los hombres de genio, que sobresalen también como verdaderas cimas humanas entre sus contemporáneos; así como para ilustrar la veleidad del ánimo que caracteriza a esos mismos genios, cuyos rostros, a menudo sombríos y hoscos, se iluminan de vez en cuando mostrando un aspecto amable y pleno de serena belleza.[2]

Johanna, por su parte, haría un excelente uso futuro de

[1] Miércoles 16 de mayo de 1804. RT 166-167; DV 168.

[2] Véase MVR II, cap. 31, p. 438.

su experiencia en Chamonix. La acción de una novela corta que publicaría en 1825 se desarrolla principalmente en los sublimes escenarios del amenazador y atractivo macizo saboyano. Titulada *Der Schnee*—'la nieve'—, recrea al más puro estilo *Biedermeier* la fascinación y el terror que suscitan las altas montañas,[1] pero también el ambiente reinante entre los primeros excursionistas—pintores y poetas algunos de ellos, además de damas cultas en busca de salud y caballeros desocupados en busca de aventuras—, que se alojaban en esos pueblecitos alpinos habitados por gentes toscas y bondadosas. En la novela—que, naturalmente, cuenta la historia de unos amores desdichados—abundan las descripciones de paisajes anotadas al hilo de aquellas excursiones en compañía de Arthur, pero también refinadas alusiones a los sentimientos que seguramente manifestaría el adolescente Arthur y hasta Heinrich Floris, el cual, como ya apuntamos, se excusó de participar en aquellas escapadas tan apreciadas por su esposa y su primogénito.

Dos días después de la ascensión al Mar de Hielo, el Mont Blanc despidió a los viajeros enfurruñado; la montaña mostró su cara agria y Arthur escribió consternado:

> Al levantarme esta mañana vi con horror que todo había desaparecido, el Mont Blanc, las altas montañas nevadas, todo eso se había ido; un espeso manto de niebla lo velaba todo, cerniéndose muy abajo sobre el valle entero. El esplendor de ayer se había esfumado como un bello sueño.[2]

Las excursiones alpinas no quedaron ahí. Más adelante, y tras haber visitado Ginebra y Berna, la familia Schopenhauer

[1] Véase Johanna Schopenhauer, *Der Schnee. Eine Erzählung*, ed. J. Stüben, Múnich, Langer Müller, 1996; *La nieve*, trad., introd. y postfacio Luis Fernando Moreno Claros, Cáceres, Periférica, 2007.

[2] Sábado 2 de junio de 1804. RT 191-192; DV 172.

llegó a la vieja ciudad de Lucerna. El impresionante monte Pilatus (2132 m) parece coronar la pequeña localidad y sus curiosos y ancestrales puentes de madera techados, que todavía se conservan en la actualidad y que tanto interesaron también a Arthur en su día. En el diario plasmó un detallado relato de su ascensión al Pilatus. En compañía de un guía, esta vez sin Johanna, el muchacho alcanzó la elevada cima después de todo un trabajoso día de ascenso; al final, el esfuerzo mereció la pena y se sintió fascinado, ya que tuvo la suerte de disfrutar de un tiempo muy soleado y pudo admirar la inmensidad del paisaje que se extiende a los pies de la gigantesca mole rocosa. La experiencia en la cumbre la anotó con estas palabras:

> Pienso que una panorámica así, cualquier vista de alta montaña, posee tan extraordinaria magnificencia que ayuda mucho a expandir los pensamientos. Resulta tan distinta de cualquier otra que es imposible hacerse una idea clara de ella antes de haberla visto. Todos los objetos pequeños desaparecen, mientras que sólo los grandes conservan su figura. Todo se transforma en otra cosa; no se ve ya un conglomerado de objetos separados, sino un inmenso y espléndido cuadro multicolor sobre el que el ojo se detiene con indescriptible placer. Cosas que abajo parecen tan grandes, los objetos de muchos esfuerzos y proyectos, desaparecen cuando uno está allá arriba; y a los señores del mundo, que abajo se imponen con su fuerza, ya no puede aquí distinguírselos. Las ciudades y las grandes iglesias son rojas manchas brillantes, y los bosques, negros puntos diseminados; una parte del lago de los Cuatro Cantones, del Lugano y del lago de Sarnen, los vi como hermosas superficies pulidas de espejo, y los infinitos campos de un verde extraordinario eran como la base musgosa en la que todos ellos se engarzaran. El mundo contemplado así, desde arriba, es un espectáculo tan sublime que no me cabe la menor duda de que para quien se siente abrumado de penas y cuidados debe de ser el más consolador de todos.[1]

[1] Domingo 3 de julio de 1804. RT 196; DV 193.

Después de un ajetreado viaje plagado de pequeños contratiempos e incomodidades a través de Múnich y Viena, los Schopenhauer alcanzaron las montañas de Silesia, los denominados «Montes Gigantes», cercanos a Praga; Arthur intentará la ascensión al Schneekoppe, una montaña de menor altura y de más fácil ascenso que las anteriores, y a su parecer «la más hermosa de Alemania». Lo acompañaban un guía y un alpinista de Breslau. Pero esta vez una fuerte tormenta los obligó a pernoctar en una granja de montaña que servía de albergue y a retrasar la ascensión hasta la madrugada siguiente. Al llegar a la cima, al amanecer del nuevo día, la alegría que experimentó Schopenhauer fue indescriptible:

> Pronto cesó el total agotamiento de nuestras fuerzas después de que hubiésemos desayunado, y estuvimos preparados de nuevo para disfrutar del gran espectáculo de la salida del sol. El cielo estaba bastante despejado, tan sólo en el horizonte había un par de pequeñas nubes que podían disminuir algo la grandiosidad de la salida del sol; no obstante, la impresión de aquello fue del todo imborrable. Como una esfera transparente y con menos rayos que como se ve desde abajo, flotaba el sol en lo alto lanzando sus primeros destellos sobre nosotros, primero se reflejó en nuestras encantadas miradas mientras abajo, en toda Alemania, era todavía de noche; a medida que el sol se elevaba en el cielo veíamos cómo en el valle iba desapareciendo poco a poco la oscuridad, hasta que finalmente se fue del todo.[1]

Los escasos montañeros de entonces habían acuñado la costumbre de dejar mensajes en los lugares clave de llegada o de refugio. Al parecer, años después de esta ascensión de Arthur, se halló una nota de su puño y letra que había quedado en el libro de recuerdos del refugio en el que descansaron mientras pasaba la tormenta:

[1] Lunes 30 de julio de 1804. RT 249; DV 241.

Wer kann steigen
und Schweigen?
Arthur Schopenhauer aus Hamburg.

['¿Quién puede ascender | y callar? | Arthur Schopenhauer, de Hamburgo'].

¿Una anotación jocosa? ¿Un pensamiento trascendental? Quizá. Si algo caracterizó al Arthur de los años venideros sería precisamente su incapacidad de callar mientras iba ascendiendo peldaños en la vida y, menos aún, al hollar la cumbre de su gloria filosófica y literaria. El conjunto de su obra puede entenderse antes que como la «expresión» de su pensamiento, como su «proclamación», y también como una llamada de atención a la humanidad para que reparase en la grandeza y genialidad de su persona. A través de sus libros, Schopenhauer proseguiría con el ejercicio de lo que aprendió desde joven: hacer oír su voz, no conformarse con el silencio; una voz que censuraba el mundo de las apariencias y se afanaba en la búsqueda de lo esencial, es decir, de lo más puro y común que tienen todas las cosas.

Los estudiosos de Schopenhauer suelen admitir que la experiencia de las cumbres fue de provecho para el pensamiento futuro del joven filósofo. Esa sensación de dominio y de lejanía, de prepotencia y humildad, que suele asociarse a la cima de las montañas, es semejante a la que, en última instancia, pretende aportar la metafísica de Schopenhauer al explicar el mundo y resolver su enigma. Quiere ofrecer a cada individuo una perspectiva general de la realidad, una visión del conjunto de todas las cosas observadas desde un arriba que las torna indiferentes a la mirada; y la clave para dominar el ajetreado ámbito de los afanes y las necesidades, una clave que sirve también para sustraerse a los pesares del mundo y hallar la paz del alma. De modo que la vivencia en la alta montaña puede interpretarse a *posteriori* como una metáfora del propio porvenir de Schopenhauer, tanto como símil del proyecto último de su filosofía: superar el mundo, elevarse por encima de las apariencias y dar con lo esencial. Como él mismo supondría años más tarde, nadie antes que él había alcanzado las cimas últimas de la filosofía, y moriría con la satisfacción de creer que lo había conseguido.

REGRESO A LA TIERRA

Desde Berlín, capital a la que los Schopenhauer llegaron el 25 de agosto de 1804, poco después de haber permanecido un tiempo en Viena y luego en la hermosa Dresde, Heinrich Floris regresó a Hamburgo, mientras que Arthur y Johanna proseguían viaje hasta la querida Dánzig. Hacía diez años que el muchacho salió de su ciudad natal; ahora volvía a verla, pero sería la última vez en su vida, pues nunca más regresó.

Arthur cerró definitivamente su diario de viaje justo al llegar a Berlín; quizá sea ésta otra prueba más de que se trataba de una imposición pedagógica y no de una necesidad personal. Tras consignar una detallada lista de los alojamientos en los que se hospedó junto a sus padres durante las sucesivas etapas, el adolescente cerró el cuaderno con la coda de unos desesperanzados versos de Shakespeare extraídos de la tragedia de *Ricardo II*: «*From all the evils that befall us may | The worst is death – death must have its day!*»,[1] añadiéndoles a continuación una sentencia de su propia cosecha: «*In coelo quies. Tout finit ici bas*».

Realismo pesimista. Los versos del dramaturgo inglés pueden entenderse como un colofón existencial con que reafirmar lo aprendido por Arthur en la abadía de Westminster; a saber: que todo lo que somos en esta vida pertenece en última instancia a la muerte. Mientras que la sentencia «¡Paz en el Cielo, que aquí abajo todo termina!» acaso sea simplemente

[1] 'De todos los males que se nos anuncian | el peor es la muerte, y la muerte tendrá su día'. Véase RT 259; DV 251.

una fórmula solemne de despedida—mera retórica de un jovencito que aparenta gravedad—, y también el reflejo nada inocente de la desesperanza de quien, excluido ya del paraíso de la libertad, debía cumplir sin demora con la promesa dada al padre antes de emprender el viaje y, según ésta, entregarse sin vacilación al deber que le imponía una perspectiva de futuro que él aborrecía: retomar de nuevo la odiosa instrucción comercial.

Una vez en Dánzig, Arthur tuvo que volver a posar los pies en la tierra: ¡adiós al ocio y la dicha del *flâneur*! Heinrich Floris le encomendó que durante los tres meses que permaneciera en su ciudad natal—de octubre a diciembre de 1805—frecuentase la contaduría del prestigioso comerciante Jakob Kabrun, buen amigo de la familia. Este gran señor—amante también de los bellos cuadros y de la literatura—debía iniciarlo en los secretos y el tráfago de una gran firma comercial, y enseñarle a redactar letras de cambio y facturas tan buenas «que puedan circular por el mundo entero»;[1] así se lo recomendaba su progenitor a Arthur en la primera de las dos cartas que se conservan de este período. Heinrich Floris parecía preocupado por un aprendizaje que, lo mismo que en los meses pasados en la pensión de Wimbledom, su hijo parecía no terminar nunca de abrazar con agrado.

Arthur tenía que aprender a redactar cartas comerciales en alemán, francés e inglés con un estilo pulido y bello; debía trazar las letras con hermosa caligrafía volada, así como resolver complicadas operaciones aritméticas sin equivocarse. A la vez, tenía que saber mostrarse en sociedad con la debida corrección; sobre todo debía ejercitarse en el esfuerzo de superar su tendencia a inclinar la espalda a fin de mantenerse siempre bien erguido, lo mismo en el escritorio que en

[1] Carta de Heinrich Floris a Arthur, Hamburgo, 23 de octubre de 1804. *Die Schopenhauers*, *op. cit.*, p. 64. CE 41. Las citas que siguen pertenecen a esta misma misiva.

las reuniones sociales, para que nadie le confundiera nunca con «un sastre o un remendón» disfrazado, le pedía el padre. Pero los consejos de Heinrich Floris parecían prédicas en el desierto, pues Arthur ponía más empeño en asistir a clases de baile, montar a caballo y tocar la flauta que en satisfacer los deseos de aquél. El joven se ponía de mal humor cuando le recordaban sus obligaciones para con el aprendizaje comercial, que desatendía o resolvía con negligencia. Lo sabemos porque Heinrich Floris terminó por recriminarle tal actitud negativa en otra de sus cartas diciéndole que debería aprender a ser amable con los demás.

> Como comprenderás, un comerciante no puede vivir como es debido de bailar y montar a caballo, más bien necesita que sus cartas puedan leerse, y en consecuencia tienen que estar bien escritas. Sin embargo, veo que las mayúsculas siguen siendo atroces en tu caligrafía, sobre todo en alemán, pese a que en tu lengua materna no deberías cometer ni un solo error.[1]

Arthur parecía entenderse mejor con Kabrun en cuestiones de arte y literatura que en lo referente a la caligrafía. El gran comerciante de Dánzig, quien también era un filántropo cosmopolita amante del teatro y la literatura, lo invitaba a menudo a su casa, en la que podían admirarse sus libros y sus colecciones de cuadros—más de trescientos cincuenta, entre óleos y litografías—firmados por nombres de la talla de Rembrandt, Van der Velde, De Hooch, Carpaccio o Van Dyck. Arthur aprendió mucho del trato con Kabrun y siempre guardó un grato recuerdo de él, hasta el punto de que cuando, algunos años más tarde, publicó su tesis doctoral, se apresuró a enviarle a Dánzig uno de los primeros ejemplares que recibió de la imprenta.

[1] Carta de Heinrich Floris a Arthur, Hamburgo, 20 de noviembre de 1804. *Ibid.*, pp. 65-66. CE 42.

Heinrich Floris, preocupado también por el aprendizaje espiritual del hijo, lo conminó a que se confirmara en Dánzig, en la iglesia de Santa María en la que lo habían bautizado. En esta misma carta le comunicaba que, una vez regresara a Hamburgo, tendría que continuar asistiendo a las clases de teología de Runge para que aprendiera a comportarse con «humildad, moralidad y aplicación».

Arthur se confirmó, efectivamente, poco tiempo después en la hermosa catedral gótica de Dánzig, quizá justo al pie del altar adornado con el retablo de Hans Memling *El Juicio Final*; era el impresionante tríptico frente al que también Johanna había creído captar de niña la verdadera esencia del arte—además de en la clase de Chodowiecki—, tal y como mencionó en sus memorias. Sería mucho especular que, contemplando aquellas escenas de seres humanos cadavéricos y desnudos condenados al cielo o al infierno, el joven pensase algo parecido a lo que escribiría años después sobre la manera de actuar delante de una obra de arte: «Frente a un cuadro debemos comportarnos como ante un príncipe y esperar a que nos dirija la palabra; no debemos ser los primeros en hablar, pues correremos el riesgo de oírnos sólo a nosotros mismos».[1]

De regreso en Hamburgo, a finales de diciembre de 1804, la vida de Arthur quedó de nuevo sujeta a la supervisión directa del padre, y en enero de 1805 éste hizo que su hijo entrase como aprendiz en la prestigiosa casa comercial del senador Jenisch. Con las nuevas obligaciones, pronto el descontento del joven con su nueva vida se tornó más acusado, tal como constató en su *curriculum*:

> Jamás existió nadie menos apto que yo para el desempeño de esta profesión. Mi naturaleza entera se rebelaba contra todo lo que tuviera que ver con los negocios; ensimismado constantemente en

[1] MVR II, cap. 34: «Sobre la esencia íntima del arte», p. 464.

otras cosas, descuidaba del todo mis obligaciones, pues día tras día tan sólo pensaba en ganar tiempo para ocuparme de mis lecturas, o al menos deleitarme con pensamientos y fantasías. Ocultaba en mi escritorio los libros a los que me entregaba con fruición en cuanto nadie me vigilaba. Cuando el famoso Gall, estudioso del cerebro y creador de la frenología, dio unas conferencias en Hamburgo, embauqué diariamente a mi jefe y maestro contándole mentiras para poder asistir a todas. Además, un profundo abatimiento me volvía indisciplinado y molesto para cuantos me rodeaban, en parte porque, en lugar de las constantes distracciones a las que me había acostumbrado durante el largo viaje, ahora tenía que vérmelas con un oficio que detestaba y con la peor de las servidumbres; y en parte porque cada vez estaba más convencido de que mi vida discurría por un camino equivocado y me desesperaba pensar que se trataba de un error irreparable.[1]

MUERTE DEL PADRE

A los pocos meses del regreso de Arthur y Johanna a Hamburgo, un suceso inesperado se abatió sobre la familia Schopenhauer: el 20 de abril de 1805, Heinrich Floris apareció muerto en el canal que corría junto a la casa familiar. Tenía cincuenta y ocho años. Al parecer, se había caído desde lo alto del almacén de mercancías aledaño a la vivienda, situado justo encima del canal. Aparentemente podía tratarse de un nefasto accidente, aunque los íntimos sospechaban que era un suicidio, ya que el fallecido carecía de motivos para encontrarse en el almacén en aquellos momentos, a una hora desacostumbrada para él. Pero había algo más: en los últimos meses, cuantos conocían a Heinrich Floris tuvieron evidencias del incremento del deterioro de su carácter y hasta de su salud mental. Desde que el comerciante regresó a Hamburgo, después de su gran *tour* europeo, era frecuente que lo

1 «Curriculum vitae», CE 338-339; GB 651.

acometieran serios ataques de melancolía que tan pronto lo sumían en el mutismo como lo encolerizaban, agriándole un carácter ya de suyo harto vacilante. Detalles insignificantes a los que nunca había dado importancia lo alteraban hasta lo indecible; asimismo, solía desesperarse con la marcha de sus negocios y constantemente temía grandes pérdidas o la ruina definitiva. Retraído, colérico y amargado, sufría una sordera incurable y hasta de pérdida de memoria. El biógrafo de Schopenhauer Eduard Grisebach refiere un ejemplo del carácter de este Heinrich Floris postrero: en cierta ocasión, un carpintero le presentó la cuenta por unos trabajos que había realizado en la casa, poco antes de que Johanna regresara de Dánzig; la cantidad no era muy elevada, pero Heinrich Floris comenzó a increpar al hombre tachándolo de ladrón y embustero. En esto llegó de visita un antiguo conocido de la familia con quien el comerciante había coincidido en Londres y que se hallaba de paso en Hamburgo. En cuanto anunciaron al visitante, Heinrich Floris le espetó: «¡A usted no lo conozco, señor mío! ¡Vienen tantos que dicen ser éste o aquél! ¡No quiero saber nada de usted! ¡Váyase!». Cuando el visitante se retiró sumido en la perplejidad, un empleado le pidió disculpas por el comportamiento de su jefe asegurándole que esos ataques se le pasaban pronto y que entonces recuperaba la cordura.[1]

Como ya comentamos, parece ser que también los celos habían mortificado siempre al gran comerciante, sobre todo cuando Johanna se mostraba en sociedad y su carácter abierto le granjeaba de inmediato la simpatía de cuantos la trataban. A este respecto, Arthur Schopenhauer manifestó en su madurez graves acusaciones contra su madre; por ejemplo, en una conversación con Adam von Doß, en el curso de la

[1] Véase E. Grisebach, *Schopenhauer. Geschichte seines Lebens*, Berlín, Ernst Hofmann, 1897, p. 33. En GW 27 se refiere la anécdota del amigo que viene de visita, pero no se menciona el ataque al carpintero.

cual el filósofo pesimista le aconsejaba que no se casara; he aquí sus palabras:

Yo conozco bien a las mujeres. Sólo respetan el matrimonio en cuanto institución que les asegura el sustento. Hasta mi propio padre, achacoso y afligido, postrado en su silla de enfermo, hubiera quedado abandonado de no haber sido por los cuidados de un viejo sirviente... Mi señora madre daba fiestas mientras él se consumía en soledad, ella se divertía mientras él padecía amargas torturas. ¡Esto es amor de mujer![1]

Y a Robert von Hornstein, Schopenhauer le aseguró que «la culpable» del «suicidio» de su padre había sido su esposa Johanna.[2] La madre, pues, habría descuidado ocuparse de paliar la soledad del marido e, indiferente a sus sufrimientos, sólo habría perseguido la satisfacción de uno de sus más grandes anhelos: la aceptación y el brillo social.

Al joven Arthur lo abatió profundamente la pérdida de su padre, por quien sentiría una intensa veneración durante el resto de su vida, tal y como hemos visto anteriormente. La alusión al deceso del progenitor que Arthur plasmó en su *curriculum vitae* es elocuente: «Un terrible golpe del destino vino a sumarse a mi desgraciada situación: el mejor de los padres me fue arrebatado por una muerte repentina y cruel, debida al azar. A consecuencia de este duelo mi ánimo se ensombreció tanto que poco distaba de la melancolía».[3]

La muerte de Heinrich Floris libraba tanto a Arthur como a Johanna de sus respectivos encadenamientos: al primero del aprendizaje comercial y a la segunda de su matrimonio. La madre no exigió al hijo que prosiguiera su aprendizaje con el comerciante Jenisch, pero fue el propio Arthur quien continuó ocupando su puesto en la casa comercial, pues,

1 G 152. 2 G 223.

3 «Curriculum vitae», CE 339; GB 651. También las dos citas siguientes.

tal como él lo explicó: «El inmenso dolor había quebrantado todas mis fuerzas y, por otra parte, mi conciencia me impedía contrariar las decisiones de mi padre inmediatamente después de su muerte». Así que, por fidelidad a la palabra empeñada y por amor al fallecido, Arthur asumió el deber de someterse a su destino. A ello se unía otra razón, y era que habían quedado atrás los años en que pudo haberse consagrado al estudio de las lenguas clásicas, el latín y el griego, cuyo dominio más que elemental era la condición indispensable en aquella época para ingresar en el instituto de secundaria y después en la universidad. Arthur se veía mayor para emprender semejante aprendizaje. Todavía continuaría en casa de Jenisch cerca de dos años más, hasta 1807, «años perdidos, pues nada útil obtuve de ellos», sentenció en su *curriculum*.

JOHANNA EN WEIMAR

Al contrario que su hijo Arthur, Johanna supo enseguida qué quería en cuanto enviudó: abandonar Hamburgo e iniciar una nueva vida en otra ciudad en la que pudiera desarrollar y mostrar mejor sus cualidades. Al fin y al cabo, tenía apenas cuarenta años, esto es, aún no era «una vieja»; hacía gala de un don de gentes extraordinario, le encantaban el arte y la literatura y no estaba dispuesta a consumirse y aburrirse en una ciudad como Hamburgo, demasiado convencional y plúmbea para una persona como ella, que apreciaba las costumbres sencillas y liberales, y despreciaba las rigideces sociales. Así que, ni corta ni perezosa, decidió cambiar su vida una vez que el azar le ofrecía tan idónea oportunidad.

Apenas unas semanas después de la muerte de su marido, de quien ella fue heredera universal, Johanna comenzó a tramitar la liquidación de la empresa, la venta de la mansión de

Hamburgo y la de cuantas propiedades les quedaban todavía en Dánzig. El apoderado de Heinrich Floris, Wilhelm Ganslandt, se encargó de los trámites necesarios para las liquidaciones, así como de invertir con ventaja la cuantiosa fortuna pecuniaria que se obtuvo y que repentinamente pasó a pertenecer a Johanna.

Una vez atados los cabos que aseguraban su supervivencia, la señora Schopenhauer comenzó a examinar los lugares más idóneos para emprender su nueva vida. Tras descartar varias opciones, eligió finalmente la pequeña ciudad de Weimar; ésta era la capital del minúsculo ducado con el pomposo nombre de Sajonia-Weimar-Eisenach, que ella ya tuvo ocasión de visitar junto con Arthur y Heinrich Floris durante el verano de 1800. Johanna tenía conocidos allí: la familia del editor y escritor Friedrich Justin Bertuch—autor de una célebre traducción al alemán del *Don Quijote*—, a la que había tratado también en Hamburgo; su compatriota de Dánzig, Johannes Falk, escritor y director del orfanato de Weimar, y el doctor Cornelius Johann Riedel y familia, oriundos de Hamburgo.

Poco antes de decidir el traslado definitivo, Johanna visitó Weimar junto con Adele—quien ya tenía nueve años—en mayo de 1806; fue un primer viaje de reconocimiento y aproximación. Enseguida constató con agrado que la vida allí era mucho más barata que en la gran ciudad hanseática y que la atmósfera que se respiraba era de suma tranquilidad. Pero lo que más atrajo la atención de Johanna fue que en aquella época podía considerarse Weimar como el verdadero centro intelectual de Alemania: por algo era llamada la «pequeña Atenas germana».

La duquesa Anna Amalia de Sajonia-Weimar (1739-1807), sobrina de Federico el Grande de Prusia y afincada en Weimar desde su juventud, había sabido reunir a su alrededor una selecta pléyade de genios de las letras y las artes. Los «reclutó» ella misma en toda Alemania, en un principio con objeto de que contribuyesen a educar a su hijo Carlos Augusto, el gran duque heredero. Gracias a la magnanimidad del amor que la soberana profesaba a las artes, autores de la talla de Herder, Wieland y Schiller se afincaron en la ciudad y contribuyeron a convertirla en lo que se denominó «la corte de las musas»; fue la cuna de lo que hoy se conoce como el clasicismo artístico y literario alemán.

Entre los mencionados «genios de Weimar» destacaba Johann Wolfgang von Goethe: había llegado a la ciudad en 1775, acompañando a Carlos Augusto, quien se lo había llevado desde Fráncfort del Meno tras convencerlo para que fuera su educador y consejero en la corte de su madre. Pero Goethe fue más un compañero de diversiones para el joven noble que un preceptor. Cuando Carlos Augusto tomó las riendas del Estado, nombró a Goethe consejero privado y lo elevó a la nobleza (de ahí el añadido del «von» en su apellido). El gran Goethe residiría en Weimar durante el resto de su vida, y allí moriría el 22 de marzo del año 1832.

Por aquel entonces, en Alemania, cualquier mujer de mediana edad que se preciara de ser culta adoraba al autor de uno de los libros más extraordinarios de la época: *Las penas del joven Werther* (1774). Goethe, antes que ningún otro poeta y escritor, era considerado un verdadero «educador sentimental» de la juventud con esta novela también juvenil, que representó para la sensibilidad existencial de dos generaciones—y para muchas otras generaciones posteriores—una guía y un modelo inexcusable. La figura de Werther enseñó a amar en libertad tanto como a comprender la vida desde esa misma libertad, apremió a la gente joven para que se indignase moralmente contra algunas rígidas normas de lo establecido y contra todo aquello que se revelara amanerado y falso. De forma paradójica, la desesperación del malogrado suicida Werther transmitía a aquellas lectoras como Johanna Schopenhauer el ansia de no malograrse, de disfrutar de sus vidas desde el sitial privilegiado del amor absoluto, pero también del arte, en virtud del cual la subjetividad crecía y se desarrollaba en la ilusión de estar desplegando todas sus capacidades.

Johanna quería vivir por fin según sus propios impulsos, a la manera de una criatura artística, en esencia, como un Werther femenino sin amores desdichados y sin pistolas; o, cuando menos, ansiaba el mismo aire que respiraban los genios de la época; por lo tanto, ¿dónde mejor que en Weimar, «la ciudad donde las musas se hallaban como en familia»?

El pintor Tischbein, quien había tratado a Johanna en Hamburgo, escribió cartas de recomendación al propio Goethe, así como a algunas damas influyentes de palacio; mientras que Johanna, por su parte, apeló a la recomendación de sus brillantes conocidos de Hamburgo para que con su ayuda le resultase fácil presentarse en persona a la elite social de la selecta corte del pequeño ducado.

En la época en que Johanna se trasladó a Weimar, ya no vivía Schiller, fallecido en 1805, pero su mujer e hijos residían allí, lo mismo que el poeta Wieland y la viuda de Herder; también destacaba la presencia del ya mencionado Bertuch, quien, junto a Goethe, constituía el verdadero polo de atracción intelectual de la ciudad. Pero, además, en Weimar se contaban por decenas los profesores de todas las disciplinas, así como multitud de artistas de mayor o menor categoría: escultores y pintores, compositores, libretistas y autores teatrales, entre otros.

Con todo esto, apenas llegada a Weimar, durante el mencionado primer viaje de reconocimiento, una ilusionada Johanna pudo transmitirle a Arthur en una carta sus inmejorables impresiones:

> El trato con la gente de la ciudad me parece muy agradable y la vida, nada cara; con poco esfuerzo y aún menos gasto, me resultará fácil reunir en torno a mi mesa de té, al menos una vez por semana, a las cabezas más privilegiadas de la ciudad y quizá

de Alemania; y, en general, creo que podría llevar una vida muy agradable.[1]

Tales eran sus intenciones.

Johanna llegó a Weimar el 28 de septiembre de 1806 dispuesta a instalarse allí definitivamente en compañía de su hija Adele. Había alquilado una cómoda casa en el centro de la ciudad, bien situada en una luminosa avenida flanqueada por sendas hileras de plátanos, y cercana a todas partes: la Explanada (hoy, Schillerstrasse). Mientras tanto, Arthur permanecía en Hamburgo prosiguiendo de mala gana con su aprendizaje comercial; como Johanna había vendido la mansión familiar, él vivía hospedado como pensionista en casa del agente de seguros Willinck.

El día en que la viuda Schopenhauer llegó a Weimar con la intención de instalarse definitivamente, la ciudad hervía de soldados, generales y toda clase de príncipes y personas de rango. Se preparaba la doble batalla de Jena-Auerstädt, y los aliados—sajones y prusianos—reagrupaban sus tropas en los alrededores de Weimar con intención de batirse contra el ejército de Napoleón, que se hallaba más cerca de la ciudad de lo que en realidad se creía. A Johanna no le intimidó este inesperado panorama bélico y comenzó a disfrutar de su libertad sin tomarse demasiado en serio la situación, y ello precisamente en unos días en que muchos ciudadanos de Weimar preferían abandonar la ciudad ante los vientos de guerra que soplaban. Pero ella, recién llegada y exultante, antes que pensar siquiera en huir cuando aún tuvo tiempo, prefirió participar del destino común que aguardaba a sus nuevos conciudadanos, si bien confiando en su fuero interno en que la guerra pasaría de largo dejando incólume a la bonita y culta pequeña capital de Sajonia.

[1] Carta de Johanna a Arthur, Weimar, 26 de mayo de 1806. *Die Schopenhauers*, *op. cit.*, p. 70. CE 50.

EL «BAUTISMO DE FUEGO» DE JOHANNA

Se ha conservado una extensa carta de Johanna dirigida a Arthur, fechada el 19 de octubre de 1806, en la cual la futura escritora le refería a su hijo con suma viveza y detalle las incidencias de sus primeros días en Weimar, unas fechas en las que la señora Schopenhauer estuvo bastante cerca de la muerte, según contó.[1] La misiva no había sido escrita sólo para Arthur, sino también para que éste la hiciera circular entre todos los conocidos de Hamburgo, y hasta para que la enviara a Dánzig. Pero antes de comenzar a narrar los acontecimientos bélicos en los que Johanna y los suyos se vieron inmersos, antes de referirse al miedo que padecieron cuando los soldados franceses invadieron Weimar y comenzaron los saqueos y los desmanes, la señora Schopenhauer describía como un feliz acontecimiento su primer encuentro con Goethe.

Aquel semidiós literario, más devoto de Napoleón que del rey de Prusia, tampoco pensó en abandonar Weimar ante la amenaza francesa: confiaba en que si los soldados del emperador galo tomaban la ciudad lo tratarían con respeto. En realidad, él nunca había comulgado con aquella guerra contra su ídolo francés, ni tampoco aprobaba la alianza del duque Carlos Augusto con el prusiano. Fiel a su principio de ignorar lo que detestaba, Goethe prefería olvidarse de la guerra, por muy cercana que estuviera, sin moverse de su espléndida casa de la Frauenplan, rodeado de sus libros y confortado por sus arraigadas costumbres.

La proverbial fidelidad a Napoleón por parte del autor de *Fausto* tendría su recompensa dos años después, en 1808,

[1] Esta extensa carta, junto con otras de la misma época cruzadas entre la madre y el hijo, pueden consultarse en CE («Correspondencia de Weimar: Johanna Schopenhauer escribe a su hijo, 1806-1811»), edición por la que citamos. Todas estas misivas se hallan también en *Die Schopenhauers*.

con ocasión del Congreso de los Príncipes, celebrado durante el mes de septiembre en Erfurt. El emperador quiso conocerlo personalmente y en la entrevista que mantuvieron le espetó aquella frase que se hizo histórica: «*Vous êtes un homme!*». Es sabido también que, tras aquel halago, Napoleón recriminó al gran autor por un pasaje del *Werther* —obra que, según Goethe, el gran francés había «estudiado con pasión»—que le había parecido «poco natural»; luego continuaron charlando de literatura durante unos minutos. Goethe nunca aclaró de qué pasaje se trataba, pero sí ha trascendido una tajante sentencia que formuló Napoleón y que se ha revelado profética a la hora de definir la esencia de los sucesos acaecidos durante el siglo en el que entonces vivían, del posterior y seguramente también de los siglos venideros. Tratando con Goethe acerca de la licencia que los poetas se toman en sus tragedias para hacer intervenir el capricho del hado o el destino en los acontecimientos humanos, el corso sentenció: «¿Hado? ¿Destino? La política es el único destino».[1]

La orden de la Legión de Honor, concedida por Napoleón al poeta pocos días después de aquel encuentro, la lució Goethe con orgullo durante el resto de su vida.

En suma, «el olímpico» poeta quería permanecer en Weimar, recluido en casa y ajeno a aquel molesto ajetreo de una guerra que amenazaba con imponerle aquel «único destino» moderno.

Tischbein escribió a Goethe anunciándole la llegada a Weimar de la distinguida señora de Hamburgo y explicándole que la dama se había trasladado a la ciudad muy animada por la ilusión de conocerlo y tratarlo de cerca. Johan-

[1] Para una narración y un comentario algo sui géneris del encuentro entre los dos grandes hombres, véase R. Cansinos Assens, *Goethe, una biografía*, pról. y notas Luis Fernando Moreno Claros, Madrid, Valdemar, 1999, pp. 388-403.

na refirió a Arthur su primer encuentro con Goethe con estas palabras:

> Me anunciaron la visita de un desconocido, me dirigí a la antesala y allí encontré a un hombre apuesto y de grave apariencia, vestido de negro, que se inclinó profundamente ante mí y que, muy cortésmente, me dijo: «Permítame presentarle al consejero privado Goethe». Dirigí la mirada al resto de la habitación buscando a Goethe, pues según la torpe descripción que me habían hecho de él no podía reconocerlo en el hombre que tenía delante. Cuando descubrí el error, mi alegría y mi confusión fueron enormes, y creo que me comporté mucho mejor de como lo habría hecho si me hubiera preparado para su visita.[1]

Los días históricos que sucedieron a este feliz episodio privado fueron terribles para Weimar. El 14 de octubre de 1806, a las seis de la mañana, comenzaron las batallas de Jena y Auerdstädt. Poco después, el estruendo de los cañones llegaba hasta Weimar. El ejército aliado de prusianos y sajones había caído en una celada y fue derrotado. Pronto comenzaron a irrumpir también en la ciudad coraceros, cazadores de a pie y húsares en desbandada. Enseguida se confirmó lo peor: en su persecución llegaba la infantería francesa.

La ciudad fue bombardeada poco antes de que los soldados franceses entraran a saco, incendiando algunas casas de las afueras. Hubo momentos, al comienzo del bombardeo, en que Johanna creyó que iba a morir destrozada por los proyectiles; sin embargo, no cayó en la desesperación ni tampoco la abandonaron su confianza y su valor. Como escribió a su hijo:

> Entonces arremetieron los cañones, el suelo tembló, las ventanas vibraron, ¡ah, Dios mío, qué cerca nos rondaba la muerte! Ya no

[1] CE 65.

oíamos estampidos aislados, sino un estremecedor rugido penetrante, los silbidos y el crepitar de las balas y los proyectiles en terrible tormenta, sobrevolando nuestra casa sin cesar y cayendo a cincuenta metros de allí, contra el suelo o contra otras casas, sin causarnos el menor daño, como si el Ángel del Señor nos protegiera. Súbitamente sentí paz y gozo en mi corazón, tomé a Adele en mi regazo y me senté con ella en el sofá: abrigaba la esperanza de que una bala de cañón nos matara a las dos juntas, y por lo menos ninguna tuviera que llorar la muerte de la otra... Nunca he tenido más presente el pensamiento de la muerte, y nunca me ha parecido menos temible.[1]

Después de los cañonazos llegó la soldadesca. En castigo por la alianza con Prusia por parte del duque Carlos Augusto, Napoleón había relajado el código que regía sobre sus soldados y que ordenaba respetar a los civiles y sus pertenencias, por lo que muchos de los invasores se entregaron al saqueo y a la intimidación de los ciudadanos. Johanna y los suyos tuvieron suerte y pasaron sin grandes percances los tres días con sus noches que duraron los desmanes.

Sólo las casas que no habían sido abandonadas por sus moradores y que recibieron la orden de acuartelar a militares franceses permanecieron intactas. A Johanna le tocó hospedar a cinco húsares, a quienes cautivó con su amabilidad y la exquisitez de su pronunciación francesa. Éstos le aconsejaron cómo proteger su hogar del pillaje. En varias ocasiones, Johanna y su criada francesa Sophie, la esposa del criado Duguet, tuvieron que vérselas con grupos de soldados hambrientos que exigían comida. Pero gracias al desparpajo de la sirvienta, a las más de sesenta botellas de vino, así como a la gran cantidad de carne asada con la que recibieron a los soldados, pudieron salir airosas de varias situaciones de peligro. En cierta ocasión, también la pequeña Adele contribuyó

[1] CE 71-72.

a mantener el orden al pedir muy cortésmente y en perfecto francés a una patrulla de soldados feroces y borrachos que pretendían cenar en el comedor de la casa que guardaran silencio o se marcharan, pues tenía mucho sueño y quería irse a dormir... Sus palabras surtieron efecto y los hombres, conmovidos, abandonaron la casa.

Durante la primera noche de ocupación hubo graves desmanes, pillajes y asaltos por toda Weimar, según escribía Johanna

> La ciudad quedó literalmente en manos de los saqueadores, y aunque los oficiales y la caballería no tomaron parte alguna en los actos ignominiosos e hicieron lo que pudieron por protegernos y ayudarnos, ¿qué podían hacer ellos contra la cólera de cincuenta mil hombres exaltados a quienes esa noche se les permitía campar a sus anchas?[1]

En la luminosa mansión de Goethe también irrumpieron soldados y, con malos modales, exigieron ver al dueño. Éste, que se había retirado a sus habitaciones, se negó a recibirlos. Sólo el valor de Christiane Vulpius, que se encaró con los franceses, lo salvó de ser agredido y tal vez asesinado, pues los intrusos, de mala catadura, desconocían la importancia de aquel personaje que osaba despreciarlos. Pero ¿quién era esta Christiane? La mujer convivía con Goethe maritalmente desde hacía cerca de dieciocho años, era su amante (el «tesorito de mi cama», la llamaba Goethe), y asimismo oficiaba de ama de casa, criada y cocinera; y era, además, la madre del único hijo del poeta. Goethe no había santificado aún su unión con Christiane porque ella era de baja extracción social; la sociedad de Weimar la despreciaba y secretamente tampoco perdonaba a su gran divo literario que viviera en inmoral concubinato.

[1] CE 77.

Superado el incidente y transcurridas las infaustas horas de confusión, Goethe, que contaba con la admiración de varios mariscales franceses y hasta con la del propio emperador, recibió una guardia personal que se apostó en el portal de su casa para impedir el acceso de cualquier intruso. También Johanna, gracias a que supo ganarse la confianza de *sus* húsares—tal como le contó a Arthur—, consiguió que el príncipe Murat le asignara una guardia privada y, desde ese momento, su casa quedó definitivamente a salvo de allanamientos.

Apenas dos jornadas después la confusión y los desmanes cesaron en toda Weimar. Fue un logro de la valiente duquesa consorte, Luisa Augusta, princesa de Hesse-Darmstadt, que había permanecido en el palacio ducal—también saqueado en parte por la soldadesca—mientras la ciudad era asaltada. La soberana consiguió mantener una entrevista de dos horas con Napoleón apenas apareció éste en Weimar, y le rogó que concediese el perdón general; de no haber sido así, la ciudad habría terminado por ser incendiada y reducida a cenizas por entero. Tras la entrevista, el emperador dio orden de fusilar a cualquier soldado que continuara con el saqueo y la ciudad se salvó. Pero este afortunado giro del destino no libró a numerosas personas de perder sus pertenencias o de sufrir malos tratos y vejaciones por parte de los invasores. A este respecto, Johanna le escribió a su hijo:

> Sólo es posible cobrar conciencia de los horrores de la guerra cuando se ven de cerca como los he visto yo: podría contarte cosas que te pondrían los pelos de punta, pero no quiero, pues sé demasiado bien cuánto te gusta cavilar sobre la miseria humana; no lo creerás, hijo mío, pero todo lo que hemos visto juntos no es nada comparado con este abismo de sufrimiento. Lo que me hizo soportar la visión de las cosas más terribles que cabe imaginarse fue el hecho de que, donde pude, ayudé a paliar el sufrimiento ajeno.[1]

[1] CE 88.

Ese «lo que hemos visto juntos»—en tiempos pasados, se entiende—¿se referirá a las «miserias de la vida» que madre e hijo vieron durante el gran viaje europeo? Es dudoso que así sea si recordamos que de los testimonios que nos han quedado de los viajes europeos no es posible determinarlas. ¿Será posible que Johanna se refiriera más concretamente a alguna clase de sufrimientos y miserias surgidos de una posible convivencia familiar desagradable con Heinrich Floris? También lo ignoramos. En cualquier caso, parece que de dichas palabras se desprende que Johanna y Arthur sí que habrían pasado por situaciones desagradables que ella prefería olvidar, mientras que a él le suscitaban negras cavilaciones sobre la vida y la existencia en general.

La solidaridad que los ciudadanos de Weimar que habían salido airosos de la tragedia mostraron con las víctimas fue proverbial. Las señoras distinguidas acogían en sus casas a las criadas aterrorizadas y a las campesinas, y juntas fabricaban vendas para curar a los miles de heridos que se acumulaban en los lazaretos improvisados, a los que también había que enviar provisiones o cocinar directamente para ellos. Johanna hizo gala de sus dotes de líder organizándolo todo de la mejor manera y sacrificándose por los necesitados, siempre de buen talante, dispuesta a ayudar y a dar ánimos allí donde hubiera necesidad. El brillo y el reconocimiento social que tanto anhelaba habían llamado por fin a su puerta de manera inesperada.

EL SALÓN DE MADAME SCHOPENHAUER

La desgracia común supuso para la apasionada Johanna el triunfo de su persona. La acaudalada dama extranjera, recién llegada a Weimar, se hizo popular enseguida en virtud de su buen carácter y de su bondad. Poco después de pasadas las penurias, escribió a su hijo:

Dios nos asistió. Pero creo que la vida en la ciudad será agradable, porque en diez días me han conocido mejor que en diez años normales: Goethe me ha dicho hoy que con este «bautismo de fuego» me había convertido en una verdadera ciudadana de Weimar, y tiene toda la razón. También me dijo: «Ahora que se acerca el invierno más crudo que nunca, también nosotros debemos acercarnos los unos a los otros y alegrarnos mutuamente para iluminar estos días tan sombríos».[1]

Johanna tomó buena nota de aquel consejo. Durante los días siguientes a la tragedia, al atardecer y después de los afanes cotidianos, cuantos habían participado del ajetreo de los socorros a los heridos solían reunirse en casa de madame Schopenhauer a tomar una taza de té. Poco a poco, la sociedad de los reunidos fue tornándose más selecta cada vez y, en el transcurso de unas semanas, casi todos los notables de Weimar, principalmente los pertenecientes al círculo artístico de Goethe, pidieron ser admitidos en aquellas reuniones donde la dueña de la casa los recibía con sencillez y los agasajaba con suma parquedad (sólo la consabida taza de té y pastas), y siempre en medio de una atmósfera muy cordial, divertida y cálida. Artistas como Johann Heinrich Meyer, intelectuales de la talla de Carl Ludwig Fernow y hasta el celebrado poeta Martin Wieland comenzaron a frecuentar la casa de Johanna. También acudían oficiales franceses cultos y elegantes, satisfechos de tener ocasión de charlar animadamente en su propio idioma de asuntos que no tuvieran que ver con los desastres de la guerra, y unidos con los presentes por la común admiración a la gran cultura europea, de carácter universal.

Es cierto que al rotundo éxito de Johanna en sociedad contribuyeron varios factores, tales como su carácter, su valentía y abnegación, etcétera, pero el remate feliz de su ge-

[1] CE 90.

neral aceptación lo constituyó una anécdota que le granjeó de súbito la simpatía incondicional del Júpiter de las letras alemanas: el gran Goethe, a quien ella tanto admiraba. Cinco días después de la batalla de Jena, el 19 de octubre de 1806, el autor de *Werther* desposó a Christiane Vulpius. Con aquel acto, Goethe quiso legalizar su situación como premio a la fidelidad y la valentía que demostró la madre de su hijo la aciaga noche del asalto. La aristocrática sociedad de Weimar lo consideró un escándalo, ya que sus miembros se habían acostumbrado a tolerar la existencia de la «amante y criada» del poeta mientras no tuvieran que sufrir su persona entre los de su clase. Pero si Christiane era la esposa legal de Goethe, entonces tendrían que recibirla, algo a lo que no iban a prestarse tan fácilmente. Respecto a la boda, Johanna escribió a Arthur: «Según Goethe, en tiempos de paz pueden transgredirse las leyes, pero en tiempos como los nuestros hay que honrarlas».[1]

El día siguiente al de la boda, Goethe se presentó en casa de Johanna acompañado de su esposa, ahora elevada a la categoría de «señora consejera privada» y a la nobleza en virtud de tan ventajoso matrimonio. Las damas que en ese momento se hallaban de visita tomando té dudaron, perplejas, entre levantarse y marcharse o quedarse. Pero la anfitriona se comportó con naturalidad y recibió a Christiane con afecto; además, la ayudó cuanto pudo a superar los pequeños deslices a que la condenaba una etiqueta que ella desconocía. A Arthur le escribió: «La recibí como si no supiera quién había sido antes, ya que, si Goethe le ha dado su nombre, bien podemos los demás darle una taza de té».[2] Aquella tarde, las demás señoras siguieron el ejemplo de Johanna, y Goethe se mostró encantado; permaneció en casa de la señora Schopenhauer más de dos horas y con el mejor de los áni-

[1] Carta de Johanna a Arthur, Weimar, 24 de octubre de 1806. EC 96.
[2] CE 97.

mos. A partir de ese día Johanna lo ganó como fiel visitante y figura central de lo que sería ya su «salón».

Contando con el imán de tan inmensa figura en sus reuniones, la «consejera áulica Schopenhauer»—Johanna se apresuró enseguida a lucir el título que el rey de Polonia concediera a su marido y que Heinrich Floris nunca había querido usar—se convirtió en apenas unas semanas en la *salonière* más famosa de Alemania, sólo comparable a quien lo había sido poco antes, Henriette Herz, o a la que también lo era por aquella época, la judía Rahel Varnhagen, la cual mantenía en Berlín su célebre «salón romántico».

Aunque en Weimar había otros salones a los que asistían casi exclusivamente damas de la nobleza (el de la señora Von Wolzogen, por ejemplo), ninguno llegó a ser tan apreciado como el de la consejera Schopenhauer. Johanna admitía en su casa a todas aquellas personas que se distinguían en el ámbito de la cultura y también a cuanto curioso de importancia quisiera trabar conocimiento con sus asiduos, sin que fuera condición indispensable que los invitados pertenecieran o no a las clases sociales más elevadas.

Hacia el año 1810 el salón de madame Schopenhauer adquirió tal fama que hasta se lo mencionaba en las guías de viaje de Weimar como una curiosidad digna de mención. Todo viajero culto que llegaba de visita, fuese de la nacionalidad que fuese, tenía por un gran honor ser recibido en aquella casa; músicos o pintores, escritores o ilustres diplomáticos suspiraban por una invitación de Johanna; además, su salón era la vía más segura para acceder a Goethe. Por allí pasaron los hermanos Humboldt, los Schlegel, Ludwig Tieck, el ilustre príncipe Pückler-Muskau, etcétera. Los visitantes «asiduos» se contaban entre las personalidades que residían habitualmente en Weimar: los ya mencionados C. L. Fernow, bibliotecario de la corte y crítico de arte, y H. Meyer, pintor, director de la academia de pintura y consejero de Goethe en cuestiones pictóricas; así como la joven pintora Caroline Bardua, a la que debemos uno de los retratos más conocidos de Johanna junto a Adele; Friedrich Wilhelm Riemer, secretario privado de Goethe, y el noble Karl Ludwig von Knebel, traductor y poeta; asimismo, asistía con cierta periodicidad el duque Carlos Augusto acompañado por alguna de sus amantes ocasionales, como la actriz Caroline Jagemman.

El carácter jovial y el trato afable de Johanna, además de las maneras sencillas que imperaban en su casa, la convertían en el prototipo de anfitriona de salón literario. Además, llamaban la atención su pasión por la libertad y su celo por cultivar la tolerancia, virtudes que consideraba indisolublemente unidas al arte y a la cultura en general.

Dos meses después de su llegada a Weimar, Johanna escribía a Arthur:

> El círculo que se reúne en mi casa los domingos y los jueves no tiene parangón en Alemania ni en ninguna otra parte, ¡ojalá pudiera traerte aquí por arte de magia al menos una vez! [...] Se reúnen en casa a las cinco y media, tomamos el té, charlamos..., me traen nuevas publicaciones, dibujos, composiciones musicales que se convierten en objeto de conversación, de risa o de elogio, según parezca. En cualquier caso, quien tiene algo nuevo lo trae consigo. La Bardua dibuja la caricatura de alguien, Goethe se sienta a su mesita, dibuja y habla, los jóvenes interpretan música en la habitación contigua, quien no tiene ganas no la escucha, y cuando dan las nueve todos se retiran con la intención de volver. Esto sí que es vida, ¿no te parece?[1]

EL JOVEN INSATISFECHO

En contraste con la vida de completa libertad y realización personal de la que gozaba su madre, por aquellas mismas fe-

[1] Carta de Johanna a Arthur, 28 de noviembre de 1806. CE 144.

chas Arthur se hallaba inmerso en una profunda crisis existencial y de día en día se sentía más melancólico y amargado. La muerte del padre lo había afectado mucho; en su carta de condolencia, Anthime Grégoire, que también había perdido al suyo hacía poco tiempo, escribía a Arthur: «El tiempo, algo de distracción y ejercicio ayudarán a paliar tu sufrimiento».[1] Transcurridos cuatro meses, el amigo francés aún le reiteraba que debía comenzar a «superar su dolor de forma más filosófica».[2] Las cartas de Arthur a Anthime no se han conservado, aunque es fácil deducir que le habría comentado al amigo francés que no terminaba de superar la muerte del padre. A esta pérdida se había añadido poco después el traslado de Johanna y Adele a Weimar, y con ello la disolución definitiva del hogar familiar; y como colofón de todo aquel sufrimiento, el encadenamiento a un oficio que detestaba. Arthur odiaba el futuro que le aguardaba, pero la palabra empeñada al padre le parecía sagrada y no se atrevía a romperla aunque éste hubiera muerto, y pese a que la madre había disuelto el negocio familiar y carecía de sentido que él se preparase para asumir la dirección de una empresa comercial que ya no existía. A tenor de las nuevas circunstancias, tendría que sacrificarse por el negocio de otros comerciantes o, con mucho trabajo y penalidades, fundar una empresa propia cuando llegase a la mayoría de edad, e invertir en ella la parte de la herencia paterna que le correspondía, una vez que se la cediese Johanna.

A las desafortunadas circunstancias cotidianas había que añadir también la manera de ser del muchacho, huraño de trato, sombrío de carácter e inclinado a la meditación; en suma, «de pensamiento más negativo que positivo», tal y como po-

[1] Carta de Anthime Grégoire, 22 de abril de 1805. *Ein Lebensbild in Briefen*, *op. cit.*, p. 103.

[2] Citado en R. Safranski, *Schopenhauer y los años salvajes de la filosofía*, *op. cit.*, p. 84.

dría haber dicho un gurú moderno de la New Age. Su falta de escrúpulos a la hora de expresar lo que pensaba y su orgullo innato lo mantenían apartado de sus congéneres o influían en que se ganase enemigos con facilidad. Era inteligente y vanidoso, se consideraba destinado a realizar grandes empresas intelectuales y creía que su valía personal aspiraba a una mayor gloria de la que pudiera lograr como hombre de negocios. De ahí también esa frustración que se acrecentaba con desmesura cuando se daba cuenta de que lo suyo era el estudio y la erudición, las meditaciones trascendentales sobre la existencia, en lugar de desperdiciar el tiempo con números y albaranes de ventas.

Para colmo de males, alimentaba su melancolía con la lectura, sobre todo con obras que reforzaban sus convicciones, confirmaban sus inclinaciones intelectuales e incrementaban ese sentimiento de insatisfacción y disgusto, no sólo con su vida, sino también con el mundo entero y la existencia en general.

Las cartas que el joven escribió a Johanna mientras ésta pasaba su primer invierno en Weimar fueron destruidas por la destinataria cuando rompió su trato con Arthur, y únicamente se han conservado algunos supuestos fragmentos en borradores pertenecientes al hijo. Por las numerosas alusiones que la consejera áulica hacía en sus cartas a los comentarios de Arthur, es posible saber que sus misivas rebosaban de lamentaciones personales por la profesión elegida y que contenían amargos comentarios sobre la miseria de la condición humana o la banalidad de todo esfuerzo, motivos harto queridos en el imaginario existencial del muchacho. Así, por ejemplo, según el fragmento de una carta de 1806, Arthur le escribía a su madre esta reflexión:

> Pero, claro está, así debe ser: nada permanece en esta vida pasajera. No hay dolor infinito, ni alegrías eternas, ni impresiones duraderas, ni entusiasmo persistente, ni noble decisión que permanezca

durante la vida entera. Todo se diluye en la corriente del tiempo. Los minutos, los incontables átomos de pequeñeces en los que culmina cualquier afán, son los gusanos que corroen y destruyen todo acto de grandeza y de valentía. La bestia terrible de lo cotidiano ejerce su férrea presión sobre lo que quiere elevarse, hundiéndolo y destruyéndolo. No hay nada serio en la vida, porque el polvo es insignificante. ¿Qué sentido podría tener entonces profesar pasiones eternas a tales miserias?[1]

Ignoramos si esta época de crisis hizo surgir definitivamente en el joven Schopenhauer el proverbial pesimismo que caracterizará a su filosofía, aunque es posible, porque contamos con una valiosa pista que nos conduce directamente a ella. Varios decenios más tarde, cuando su discípulo Frauenstädt inquirió a Schopenhauer por el origen del «pesimismo esencial» de su pensamiento, planteándole si esa actitud decaída suya, esa visión negra de la vida y de los seres humanos que tenía no enraizaría en el hecho de que hubiera padecido mucho en los años de infancia y juventud, es decir, en que hubiera sufrido malos tratos, desamor, pobreza, etcétera, Schopenhauer le respondió:

En absoluto; más bien es que en mi juventud siempre fui muy melancólico y en una ocasión—debía de tener alrededor de dieciocho años—, siendo aún muy joven, pensé: «¿Y este mundo tiene que ser obra de un dios? No, antes de un demonio». Aunque también es cierto que sufrí mucho con mi educación, dada la severidad de mi padre.[2]

En definitiva, se trata del mismo argumento que esgrimió Schopenhauer en la citada anotación perteneciente a su «Libro del cólera», sólo que en ésta ese «alrededor

[1] Arthur a Johanna, 8 de noviembre de 1806. CE 105-106.
[2] G 131 y LF 306. *Conversaciones*, *op. cit.*, p. 161.

de dieciocho años» se concretaba con un «a los diecisiete años». Entonces, según las palabras del filósofo, fue cuando lo «conmocionaron las miserias de la vida, igual que a Buda en su juventud el descubrimiento de la enfermedad, el dolor, la vejez y la muerte».[1] Como ya apuntamos, según esto, fue tras regresar a Hamburgo—y no antes—y, sobre todo, a raíz de la muerte del padre, cuando el mundo del jovencito Schopenhauer se rompió en pedazos. Tal fue la época concreta en que le sobrevino aquella especie de iluminación de la que hasta entonces no había quedado ninguna constancia en las pobres anotaciones (al menos desde el punto de vista filosófico) que Arthur nos dejó en sus diarios de viaje. Dicha iluminación, el golpe de gracia cognoscitiva, decía lo que ya sabemos: el mundo no lo ha hecho Dios, sino el mismísimo diablo; *ergo*, el mundo no es bueno y la vida es un mal. Aparte de esto, otras cosas había en aquella misma época que también sorprendían y atemorizaban a Arthur.

CAÍDA EN EL «CIENO TERRENAL»

Durante el último año de su insatisfactorio período hamburgués, Arthur tuvo ocasión de reencontrarse con su amigo Anthime. Esta vez fue el muchacho francés quien se trasladó a Alemania, porque a causa de las circunstancias bélicas internacionales no marchaban bien los negocios en El Havre (el puerto y la ciudad sufrían un bloqueo económico); por ello los padres de Anthime estimaron conveniente enviar a su hijo a Alemania, puesto que también debía prepararse para ejercer pronto la profesión de comerciante internacional, y le había llegado la hora de aprender alemán; además, era necesario que el chico trabara relaciones en el extranje-

[1] Véase *supra*, «El gran *tour* europeo de los años 1803 y 1804», p. 131.

ro a fin de asegurarse futuras vías comerciales. Anthime desembarcó en Hamburgo en junio de 1806 y en un principio se instaló en las cercanías de la gran ciudad hanseática, prácticamente en el campo, en la aldea de Aumühle. Pasado un tiempo, terminaría alojándose en la misma casa en la que se hospedaba Arthur.

Los dos amigos se visitaban todos los domingos y en el ínterin cruzaron algunas cartas hoy prácticamente desaparecidas salvo alguna de Anthime que vio la luz después de haber pasado por diversos poseedores.[1] Ambos jóvenes eran de temperamentos distintos: Arthur, melancólico y gruñón; y aunque también disfrutaba de la vida y sus placeres, tendía, al contrario que Anthime, a considerar su lado más desfavorable y a meditar sobre las miserias de la existencia. El chico francés, en cambio, aunque interesado en la cultura como algo necesario para la educación de un hombre de mundo, era menos cavilador que Arthur; lo dejaban indiferente las penas del ser, no lo desesperaba su futuro y abrazaba el aprendizaje comercial sin lamentaciones. Schopenhauer tenía otros amigos pertenecientes a su misma clase social: Lorenz Meyer y Karl Goddefroy, hijos de patricios hamburgueses; con ambos trataba en sociedad, asistía a bailes y montaba a caballo, pero con Anthime se divertía de otra manera.

Los biógrafos de Schopenhauer coinciden en afirmar que es muy probable que, durante los encuentros dominicales, ambos jóvenes frecuentasen juntos algún burdel y tuvieran experiencias sexuales con prostitutas, como era habitual en una época en que las señoritas de buena familia destinadas al matrimonio se alzaban ante sus pretendientes poco menos que como fortalezas inexpugnables. Semejante experiencia

[1] Las cartas de Anthime Grégoire a Arthur, datadas en esta época de Hamburgo, quedaron recogidas finalmente en la citada edición de obras completas de Schopenhauer a cargo de Paul Deussen, concretamente en el primer volumen de los tres que recogen la correspondencia completa del filósofo, el tomo XIV. Véase *supra*, p. 119, nota 1.

«sin romanticismo alguno, sin ilusión y de la manera más vulgar»[1] habría terminado por desagradar a Arthur, y no habría hecho más que confirmar sus sombrías reflexiones sobre lo vano de toda ilusión cifrada en el mero goce sensual. Pero Anthime—al parecer, más versado en semejantes lides que el germano—, un verdadero Mefistófeles que habría irrumpido en la vida del erudito Arthur/Fausto, como asegura Eduard Grisebach, le destapó la caja de Pandora y sembró en su amigo la semilla de la tentación.

Por algunos fragmentos de las misivas de Anthime, sabemos que el joven Arthur, cual nuevo émulo de Agustín de Hipona en su etapa previa a la santidad, se entregó con enconado entusiasmo a las exploraciones de aquel mundo que, si bien le parecía repugnante, no dejaba de seducirlo una y otra vez, dada su propia naturaleza eminentemente sensual. Según se infería de estas cartas, como aseguró su primer compilador,[2] Schopenhauer «se comportaba en sus amoríos de una manera en la que demostraba haber abdicado absolutamente de toda creencia en la virtud de las mujeres, de modo que tampoco tenía ningún tipo de remordimiento al seducirlas». Así que no sólo serían las meretrices el objeto de los oscuros deseos del joven aprendiz de las miserias de la vida, sino igualmente otro tipo de «chicas fáciles» que abundaban en la ciudad: muchachas de condición humilde, criadas y costureras. Es probable que, según esto, tras cada nueva conquista, el joven Arthur cantase a coro con su amigo Anthime una cancioncilla picante de la época: «Hamburgo es una bella ciudad, que a la orilla del Elba está; allí hay bellas muchachas, pero ninguna conserva la virginidad».[3] Ignoramos si semejante donjuán logró comprobar a menudo la

[1] Véase W. Schneider, *Schopenhauer. Eine Biographie*, *op. cit.*, p. 103.

[2] Un tal Düntzer, citado en E. Grisebach, *Schopenhauer…*, *op. cit.*, p. 41.

[3] Véase H. G. Siegler, *Der heimatlose Arthur Schopenhauer…*, *op. cit.*, p. 238.

veracidad de tal aserto, y si sedujo a muchas de estas jóvenes; en cambio, sí se sabe que más adelante tuvo las consabidas amantes ocasionales (y no tan ocasionales), aunque a lo largo de su vida jamás disfrutó de eso que se llama «verdadero éxito con las mujeres».

Seductor o seducido, lo cierto es que el joven Arthur se cansó pronto de aquellos escarceos amorosos y, aunque de cuando en cuando seguía la llamada de sus impulsos, abominaba de semejantes comportamientos, sabiendo distinguir con lucidez, desde un principio, lo que en el ámbito de los deseos del ser humano pertenecía al reino de lo grosero y material y lo que de suyo pertenece al claro orden del espíritu. Él estaba dispuesto a rechazar lo grosero y a procurar mantenerse siempre que pudiera en dicho mundo del espíritu: la lucha entre los dos reinos, el de las bajas pasiones y el de las inclinaciones elevadas, sería una de las claves de toda su filosofía futura, que pugnará por situar en sus determinados órdenes lo que pertenece al mundo de la voluntad y lo que pertenece al mundo de la representación, como más adelante se verá. Al contrario que la tradición filosófica occidental, a lo largo de la cual es la razón la que domina al instinto, Schopenhauer instalará en el centro de su filosofía precisamente lo instintivo, la voluntad demoníaca que amenaza a la razón con su omnívoro poder. La sexualidad entraba dentro de lo instintivo e imposible de controlar por la razón; esta última se apartaba con repugnancia de aquello que no podía controlar del todo; cuando a veces lo lograba, la razón se sentía pura y hacía cábalas para no volver a caer prisionera, pero en vano.

Se han conservado unos versos del joven Schopenhauer cuyo tema es el descenso personal al infierno de la voluptuosidad, a ese «cieno terrenal» del que sólo con mucho esfuerzo es posible elevarse de vez en cuando si triunfa la controladora razón. Y aunque es dudoso que fueran escritos en Hamburgo y lo más probable es que daten de la posterior época de Gotha, casi un año después, la intención del poema es clara y recoge lo que seguramente sentía Arthur en Hamburgo después de las correrías con Anthime:

> ¡Oh, voluptuosidad, oh, Infierno!
> ¡Oh, sentidos, oh, amor!
> ¡Nunca satisfechos
> y siempre invencibles!
> A alturas celestiales
> me elevasteis
> para arrojarme luego
> al cieno terrenal
> donde me cubro de cadenas...[1]

Frente al mundo de los bajos instintos se abría paso también el mundo de los libros, como venía haciéndolo desde prácticamente los últimos años de infancia de Schopenhauer. Los libros le franqueaban las puertas a la celestial esfera del espíritu, a las cimas de la reflexión, a los sueños, la aventura, la poesía y el arte; una esfera en la que las miserias humanas salían a la luz sin necesidad de que uno mismo las experimentase, y venían avaladas por las experiencias de los grandes escritores y poetas de todos los tiempos.

En medio de las demás tribulaciones y desafectos de la fortuna, fue la lectura, junto con el interés por el arte y la música, lo que procuró consuelo al alma atormentada del joven Schopenhauer. En esta época compró libros como el titulado *Teoría general de las bellas artes*, de Johann Georg Sulzer, un voluminoso diccionario de términos artísticos en cuatro tomos que consultaría con fruición a lo largo de su vida. Asimismo, animado por Anthime, prosiguió con las lecturas en francés: el teatro clásico, Racine, o las obras de teoría poética de Boileau, por ejemplo; asimismo, leyó a Rousseau y de nuevo a Voltaire. De esta época dataría, además, el encuentro en serio con los autores alemanes de la Ilustración, el cla-

[1] HN I, 1-2.

sicismo y el incipiente romanticismo: las obras de Lessing, Schiller, Jean Paul y las del gran Goethe, quien con su *Werther* y su *Wilhelm Meister* conquistó para siempre a Arthur; ningún autor alemán será tan citado en sus obras futuras.

Otra lectura decisiva que marcó un hito en la comprensión de las vivencias estéticas de Arthur Schopenhauer fueron las obras del malogrado autor prerromántico Wilhelm Heinrich Wackenroder (1773-1798), apenas un puñado de escritos breves recopilados por su amigo Ludwig Tieck bajo el título genérico de «Escritos de Wackenroder», y que contenían las siguientes obras: *Efluvios cordiales de un monje amante del arte*, *Phantasien über die Kunst für Freunde der Kunst* ('Fantasías sobre el arte para amigos del arte') y *Schilderung der dramatischen Arbeiten des Meistersängers Hans Sachs* ('Descripción de los trabajos dramáticos del maestro cantor Hans Sachs').[1] Schopenhauer, por cierto, también leyó con fruición—y varias veces—la extensa novela del propio Tieck, medio de aventuras medio de iniciación, *William Lowell.*

El lúcido Wackenroder expresaba con su lirismo idealista y su lenguaje sencillo y directo los anhelos que embargaban a Arthur, plasmándolos en una suerte de filosofía del arte y de la naturaleza que influiría de manera considerable en las visiones estéticas posteriores del futuro filósofo. Wackenroder trazaba las vidas de varios pintores renacentistas cuyas obras tanto habían gustado a Arthur en los diferentes museos europeos que tuvo ocasión de visitar en su adolescencia: Leonardo, Rafael o Durero. Asimismo, trataba también de pintura, escultura y arquitectura, de la música y de la elevación que las artes provocan en el espíritu.

Entre los escasos escritos de Wackenroder destacaba una narración que oficiaba como la mejor parábola para plasmar

[1] En castellano contamos sólo con una obra de Wackenroder: *Efluvios cordiales de un monje amante del arte*, trad. e introd. H. Canal, epíl. C.-F. Berghahn, KRK, Oviedo, 2008.

tanto el sentimiento de Arthur en aquel tiempo como para ilustrar uno de los principales colofones de su filosofía futura. Nos referimos al breve relato titulado «Un maravilloso cuento oriental acerca de un santo desnudo»—incluido en *Fantasías sobre el arte para amigos del arte*—, que narraba la historia de un ermitaño que, aunque retirado a la completa soledad de una cueva en lo más profundo de los bosques, estaba condenado a oír día y noche el horrible chirriar de la imparable «rueda del tiempo» que giraba sin cesar y lo sacaba de sus casillas, lo llenaba de angustia y hasta llegó a inducirlo a cometer un crimen para detenerla. El suplicio tocó a su fin cuando un día llegaron hasta la cueva del ermitaño los ecos de la canción sosegada de unos enamorados: entonces ocurrió el milagro, pues con las primeras notas musicales que oyó desaparecieron el chirrido y la angustia y conjuró el maleficio. El poder de la música había logrado trascender la horrible realidad y, dejándola en suspenso, elevó al torturado a un estado en el que ni su sensibilidad ni su mente percibían ya sufrimientos de ninguna clase. Schopenhauer tomó buena nota de esta experiencia que describía el *nunc stans*, el 'ahora estático', el instante místico merced al cual se *supera* el espacio y el tiempo abriendo la conciencia humana a la eternidad. Tal idea sería muy fecunda para su futura filosofía del arte. El propio Schopenhauer establecería como tesis principal el hecho de que mediante la contemplación de una obra de arte o merced al goce musical se conseguirá lo mismo: olvidar la nefasta realidad, alejarse del mundo material y grosero, dominado por el afán de los sentidos; en definitiva, que el arte nos eleva hacia las prístinas cumbres de unas montañas mágicas e ilusorias en las que el caminante permanecerá por encima de los acontecimientos y las miserias humanas.[1] Se ha querido ver la influencia directa de Wa-

[1] El gran escritor Thomas Mann, admirador de Schopenhauer, supo aprovechar muy bien esta misma metáfora del *nunc stans* en su monumen-

ckenroder en un supuesto fragmento de una carta de Arthur a su madre, escrita en esta época de voluptuosidad material y misticismo artístico:

> ¿Cómo logró la semilla celeste hallar cabida en nuestro árido suelo, donde la necesidad y la indigencia se disputan cada fracción? El espíritu primigenio se ha exiliado para siempre y no podemos volver a él. La férrea condena de las carencias ha caído sobre la mísera especie humana. La indigencia y penuria se ceban en ella irremediablemente, exigen toda la energía y malogran cualquier afán. Sólo una vez satisfechas puede el espíritu, cansado y embotado, cegado por la niebla terrenal, alzar la mirada. No censuréis a los pobres si excavan el polvo en busca de la felicidad. ¡Ah, Dios mío! ¡Debemos perdonar incluso a quienes caen en el mal! Pues tu cielo está cubierto y apenas les llegan unos pocos rayos de luz. Sin embargo, un ángel misericordioso cortó para nosotros la flor celestial, que se alza con todo su esplendor arraigada en este valle. Las pulsaciones del divino arte musical no han cesado de latir a lo largo de todos estos siglos de barbarie y así el eco de lo eterno permanece, inmediato e intangible para todos los sentidos e incluso más allá del vicio y la virtud.[1]

LIBERACIÓN

Ni el trato con el amigo Anthime ni la vida de diversión y libertinaje que podía costearse en Hamburgo hacían feliz a Arthur. Poco a poco terminó distanciándose del muchacho francés y del mundo que con él compartía; aquél, por el contrario, aunque admiraba el gusto de Arthur por los libros y la reflexión, no lo secundaba con tanta pasión, con lo

---

tal novela *La montaña mágica*. Hay incluso voces críticas solventes que consideran esta obra—un tanto exageradamente, pero no sin cierta razón—como la mejor explicación novelada de las ideas esenciales pertenecientes a la metafísica del arte del filósofo pesimista.

[1] Arthur a Johanna, día sin determinar de noviembre de 1806. CE 116.

cual era difícil que se entendieran en lo esencial, es decir, en la búsqueda de la mejor manera de vivir y la justa ponderación de las bondades y las miserias de la vida, cuestión que preocupaba mucho a Arthur; día a día aumentaba su desdicha. En diciembre de 1806, enfermó del oído: «Pensar en tu sordera me produce una inmensa inquietud, eso es lo único que enturbia en estos momentos mi perfecta felicidad, y si no tuviera la esperanza de que te curarás, ni siquiera soportaría hablar de ello. Sé valiente y no dejes que te abrume demasiado, no vayas a enfermar también del alma», le escribió Johanna a su hijo desde su paraíso de Weimar, un tanto preocupada.[1]

En la misma carta en la que se interesaba por esa enfermedad del oído de Arthur—dolencia que, por cierto, sería recurrente a lo largo de su vida y que probablemente heredó de Heinrich Floris—, Johanna se refería también a una conversación que había mantenido recientemente con Goethe sobre la dificultad que entrañaba el aprendizaje del latín cuando se es mayor, frente a la ventaja de haberlo aprendido de niño. Madame Schopenhauer le había comentado al gran poeta que Arthur se hacía ilusiones pensando en que quizá podría aprender latín a pesar de su edad, y que ella se lo desaconsejaba, pero Goethe, censurando el proceder de Johanna, le había respondido que el mejor consejo era dejar que el joven siguiese su propio impulso y que si él lo deseaba de verdad lo intentase, pues, aunque no lograra dominar el latín a la perfección, al menos aprendería mucho con su estudio. La madre le refirió la anécdota a Arthur para animarlo, ya que el muchacho, a pesar de sus torturas con respecto a la profesión mal elegida, vacilaba en dar el paso definitivo de abandonar el aprendizaje comercial y la esclavitud en la contaduría e iniciar los estudios necesarios para consagrarse a una carrera «erudita». Arthur se resistía a dar ese

[1] Carta de Johanna a Arthur, 22 de diciembre de 1806. CE 124.

paso sencillamente porque, con dieciocho años cumplidos, se sentía mayor para comenzar con el estudio del latín y del griego, y ello a pesar de que era un joven inteligente y dotado para los idiomas; al fin y al cabo, había aprendido francés e inglés con facilidad.

En otra carta fechada el 10 de marzo de 1807, Johanna se refirió otra vez al desánimo y el malestar general que continuaba aquejando a su hijo:

> Que no te sientas a gusto en tu piel ni en el mundo me preocuparía si no supiera que a tu edad así se siente cualquiera que no esté destinado por naturaleza a ser un tarugo; pronto tendrás las ideas más claras y sabrás qué quieres, y cuando estés en paz contigo mismo te gustará más el mundo; ya sé, mi pobre Arthur querido, que con lo aislado que estás te será mucho más difícil el paso a la vida real que a otros; tal vez yo sea la única persona que te comprende, que podría escucharte con paciencia, aconsejarte y consolarte, y precisamente te falto ahora, cuando más necesitas a un ser al que recurrir con entera confianza, pero esto no podemos cambiarlo, ten paciencia, seguro que llegarán tiempos mejores. En la etapa de la vida en la que te encuentras, querido Arthur, se desvanece el mundo multicolor de la infancia, la primera primavera de la vida; en el nuevo mundo que se abre ante ti aún no sabes por dónde andas; vacilas, no sabes cuál es tu lugar, pero esto cambiará, tu malhumor desaparecerá y vivirás alegre y a gusto.[1]

Los ánimos parecieron surtir escaso efecto, ya que, a los pocos días, el 28 de marzo, Arthur respondió: «Renunciaría gustoso a toda diversión a fin de poder estudiar sin descanso y recuperar el tiempo perdido por causas ajenas a ambos».[2] La complicidad con la madre y en contra del padre muerto es evidente. Era la palabra empeñada a su progenitor la que lo mantenía en un estado desesperante; con

[1] Carta de Johanna a Arthur, Weimar, 10 de marzo de 1807. CE 141.
[2] Carta de Arthur a Johanna, Hamburgo, 28 de marzo de 1807. CE 149.

todo, al parecer, la férrea exigencia de fidelidad al fallecido—que el propio Arthur se había impuesto—comenzaba a perder vigor.

Tan reiteradas eran las quejas de Arthur, tan bajo de ánimo lo sabía su madre, que finalmente también ella terminó tomándose en serio sus lamentos, advirtiendo que muy a menudo los había achacado con cierta ligereza a su proverbial carácter melancólico, como atestigua el comienzo de la carta que citamos a continuación:

> Sé perfectamente lo poco que participas del alegre espíritu juvenil y conozco tu propensión a las cavilaciones melancólicas, triste herencia de tu padre, que tan a menudo me afligió, pero como no podía cambiarlo tuve que resignarme y confiar en que el tiempo, que tantas cosas transforma, terminará cambiando ese aspecto de ti.

Y otras veces pensaba que la causa podían ser las vacilaciones de un chico mimado que ignoraba todavía cuál era su lugar en el mundo. De manera que decidió intervenir resueltamente en favor de «la felicidad de Arthur». Enseguida pidió consejo sobre aquel asunto a sus fieles amigos, el pintor Meyer y el erudito Fernow. Casualmente, ambos habían comenzado a estudiar a una edad tardía. Los dos fueron de la misma opinión: recomendaron a Johanna que ayudara a su hijo a liberarse lo antes posible de aquel destino que tanto detestaba y que lo animase a estudiar.

El 28 de abril de 1807, Johanna escribió una extensa carta a Arthur. En ella le pedía que eligiese de una vez por todas su propio camino, pero le prevenía también de las contrariedades que lo aguardarían si renunciaba a la profesión de comerciante y abrazaba el estudio, que no fuera a imaginarse la vida del erudito como algo maravilloso—le decía—, pues tal vida se caracteriza por ser dura, fatigosa y estar colmada de un enorme trabajo que sólo en muy contadas ocasiones obtiene reconocimiento; ella misma lo sabía muy bien, le aseguraba, pues había podido observar la vida que llevaba su gran amigo Fernow. Tan sólo el placer interior y particular que le proporcionase una ocupación semejante le otorgaría algún encanto a una vida así, ya que rara vez podría compartir dichas satisfacciones con otras personas, pues muy pocas las comprenderían. Además—continuaba Johanna—, tendría que dar por descontado que nunca sería rico:

> Te suplico no obstante que no te imagines que la vida del verdadero estudioso es fascinante, porque en el presente yo la conozco de cerca, querido Arthur, y es ardua, fatigosa y llena de trabajo, sólo la pasión por el estudio le otorga algún encanto. Por lo demás, esa vida jamás te hará rico, el escritor consigue con muchísimo esfuerzo sólo lo necesario para no morir de hambre.[1]

En todo caso, lo mejor sería que se hiciese médico o abogado..., tampoco con ello ganaría gran cosa, pero llevaría una vida mejor que si se dedicaba a las letras. ¡Así de negra pintaba la vida para los estudiosos en el siglo XIX alemán!

Aparte de sus propios consejos, Johanna adjuntaba a esta carta una misiva del propio Ludwig Fernow dirigida a ella y en la que éste le refería por escrito su propia experiencia. El amigo de madame Schopenhauer le aseguraba que los diecinueve años con que contaba Arthur por entonces no le parecían una edad excesivamente inapropiada para comenzar a estudiar:

> Una considerable cantidad de eruditos y hombres de espíritu, empujados por las circunstancias, se vieron obligados a comenzar sus estudios avanzada la juventud, y no sólo fueron capaces de recu-

[1] Carta de Johanna a Arthur, Weimar, 28 de abril de 1807. CE 158.

perar rápidamente el tiempo perdido, sino que además acabaron sobresaliendo muy por encima de la inmensa mayoría en el campo de la erudición y las ciencias.[1]

Fernow añadía que dada la temprana instrucción mundana de la que había gozado Arthur gracias a los viajes, así como su conocimiento de varias lenguas vivas, contaba con considerables ventajas intelectuales; seguro que su espíritu habría adquirido «ductilidad, sensibilidad e inteligencia, tesoros de incalculable valor para la vida que lo protegerán de la pedantería y la cerrazón».[2]

Fernow advertía también que no todo serían facilidades, pues Arthur tendría que dedicarse con ahínco a recuperar el tiempo perdido, y al menos durante dos años enteros habría de consagrarse en cuerpo y alma al estudio de las lenguas clásicas y luego, durante otro año más, asistir a las clases de un instituto de secundaria. Más o menos—y siempre que pusiera mucho empeño—hasta los veintidós años no le sería posible ingresar en la universidad.

«Cuando leí la carta, me deshice en lágrimas y me decidí al instante (aunque hasta entonces tomar cualquier decisión me costaba horrores)», escribió Arthur en su *curriculum*.[3] Ni corto ni perezoso, se despidió sin pena ninguna de su patrón hamburgués Willinck y, tras someterse a una pequeña operación quirúrgica a causa de su dolencia auditiva, a finales de mayo de 1807 viajó a Weimar para comenzar—igual que en su día hiciera Johanna—una nueva vida amparado por las musas.

[1] Carta de Ludwig Fernow a Johanna Schopenhauer. La misiva se reproduce por primera vez en GW 43-45. También en CE 163-164.

[2] CE 164-165.

[3] «Curriculum vitae», CE 341; GB 651.

III
SCHOPENHAUER ESTUDIANTE

EN GOTHA Y WEIMAR

Por consejo de Ludwig Fernow, Arthur se trasladó a Gotha. Aunque en Weimar hubiera podido hallar buenos maestros de lenguas clásicas, Johanna prefería no tenerlo cerca de continuo, a causa de su diferencia de caracteres, y fue ella misma quien pidió a su amigo que le recomendase una ciudad en la que Arthur pudiera comenzar sus estudios. La viuda Schopenhauer llevaba una vida tranquila en Weimar, consagrada a sus aficiones, como la pintura o el aprendizaje del italiano—Fernow, su compañero inseparable y «un amigo en el pleno sentido de la palabra», según expresión de Johanna, le daba clases de este idioma, que él dominaba a la perfección—, y, además, necesitaba el resto de su tiempo para cultivar sus relaciones sociales con lo mejor de la sociedad artística de Weimar en su salón.

Johanna se mostraba alegre y desenvuelta, mientras que Arthur era de trato difícil, cambiaba de humor con frecuencia y hacía gala de una manifiesta inclinación a censurar a su madre, con la que no siempre se mostraba de acuerdo sobre su nuevo estilo de vida. Así que Gotha era una solución idónea para mantener la mutua independencia, la cordialidad y hasta el afecto.

En la pequeña ciudad universitaria y cortesana, situada a unos sesenta kilómetros de Weimar, Arthur comenzó por asistir a algunas clases en el instituto de secundaria, aquellas en que las disciplinas se impartían en alemán (había otras que sólo se daban en latín), mientras recibía clases particulares de lenguas clásicas del director de ese mismo instituto, el filólogo Friedrich Wilhelm Döring, conocido en el mundo erudito por sus traducciones alemanas de Catulo y Horacio.

El joven Schopenhauer se consagró con afán a los estudios; en especial comenzó a interesarse por los autores de la Antigüedad clásica a los que hasta entonces había prestado escasa atención, tal y como parece constatar una observación de Johanna en una de sus misivas a su hijo fechada en la época de Hamburgo: «Los antiguos, querido Arthur, son nuestros maestros, aunque ya sé que tú eres escéptico con respecto a este punto».[1]

Arthur avanzaba con rapidez en todo lo que tuviera que ver con el estudio, porque su interés y su inteligencia se lo permitían. Pero había algo más en lo que no se mostraba tan brillante: el don de gentes, la inteligencia emocional para tratar con los demás. El joven Schopenhauer hacía gala de una arrogancia extraordinaria; como era mayor que sus condiscípulos y poseía una experiencia vital más amplia que la de cualquiera de ellos, los acaudillaba; y también alardeaba ante ellos ostentando su riqueza y sus maneras mundanas—pronto lo apodaron «el rico hamburgués»—. Además, le divertía sorprenderlos con sus ocurrencias y desplantes haciendo mofa de los profesores. Especialmente, le complacía presumir de su extenso conocimiento de la vida, incluso de esas regiones tentadoras y oscuras donde sus compañeros apenas habían penetrado; hacía gala de su escepticismo y pesimismo precoz, así como del arte específico que poseía para descubrir a los «filisteos» (los hipócritas burgueses en su sentido más llano), que abundaban en todas partes y particularmente en aquella ciudad, contra los que despotricaba con el beneplácito y la sorpresa de cuantos lo secundaban. Su osadía lo condujo a componer versos jocosos denunciando la ridiculez de semejantes personas, generalmente burgueses con respecto a los cuales Schopenhauer se sentía de mayor

[1] Carta de Johanna a Arthur, 20 de febrero de 1807. CE p. 138.

categoría y a los que despreciaba. Con esta actitud, apenas transcurridos un par de meses de su nueva vida, se buscó un serio problema con un profesor del instituto, precisamente con uno de aquellos «filisteos» al que también había osado satirizar en verso:

> Lechuguino de tribuna, alegría de la cátedra,
> cuentista de la ciudad y orador de palco,
> perfecto cristiano, perfecto judío, ateo
> que por la mañana sostiene libros
> y por la noche abanicos,
> maestro en las siete artes liberales,
> el hombre que todo lo puede y todo lo sabe,
> flor y corona de los espíritus más bellos,
> quien tiene mil amigos y lo proclama.[1]

El aludido, un profesor llamado Christian Ferdinand Schulze, se enteró de la gracia y montó un escándalo; el incidente motivó que Arthur fuese expulsado del instituto, y lo que fue peor, que Döring dejara de darle clases particulares de latín y griego.

Al enterarse de lo ocurrido, Johanna escribió a Arthur unas líneas severas y recriminatorias que merece la pena transcribir a pesar de su extensión, puesto que reiteran los rasgos esenciales del carácter y la manera de ser del joven Schopenhauer:

No hace falta que te diga la desagradable impresión que me causó tu carta de ayer, creo que puedes imaginártelo. Ya ves el resultado de tu presunto conocimiento de las personas y del mundo del que

[1] HN I, 4. Traducción en CE 179 («Sobre Christian Ferdinand Schulze»). En las pp. 2-4 del citado HN I se hallan dos poemas más del joven Schopenhauer, uno de ellos, de mayor extensión, titulado: «A los filisteos de Gotha».

ya te había advertido [...] Espero que sirva para que poco a poco te vayas volviendo más cauto en tus juicios, ya que ésta es la primera lección que te da tu entorno más próximo: es dura, pero si no cambias le seguirán otras mucho peores, y por desdichado que te sientas, ni la conciencia de saber que eres inocente ni la comprensión de los mejores te servirán de consuelo, ya que no gozarás de ninguna de las dos. Arthur, si al menos hubieras comprendido cabalmente la sentencia de Goethe «Dejad a los necios seguir siendo necios como merecen» que tanto admiras y tan a menudo te complaces en proclamar a los cuatro vientos... ¿Acaso crees que significa que los necios dejarán de serlo porque pretendamos mejorarlos? Desde luego que no: tratar de cambiarlos significa ponerse a su altura, más vale dejarlos a su aire y utilizar su estupidez en beneficio propio o de la diversión. En cualquier caso, más vale no cruzarse en su camino, no vaya a ser que, a causa de algún tropiezo, el tonto se vuelva colérico. Ésa es la sabia lección de la sentencia y lo que quiso decir Goethe con ella. No eres mala persona, no careces de ingenio ni educación, tienes cualidades que podrían hacer de ti un orgullo de la sociedad humana. Conozco tus sentimientos y sé que hay pocas personas mejores que tú, lo cual no impide que seas pesado e insoportable, ni que resulte sumamente penoso convivir contigo. Todas tus buenas cualidades quedan ensombrecidas por tu superinteligencia y son inútiles para el mundo, únicamente porque eres incapaz de dominar la manía de tener siempre la razón, de encontrar defectos a todos menos a ti mismo, de criticarlo todo y ser maestro en todo. Así exasperas a quienes te rodean, a nadie le gusta que lo aleccionen con tanta suficiencia, y menos que lo haga alguien tan insignificante como tú lo eres ahora. Nadie está dispuesto a soportar que lo censures tú, que tantas flaquezas tienes aún, y menos del modo en que lo haces, sentenciando en tono oracular que esto es así y aquello asá, sin admitir la menor objeción. Si fueras menos de lo que eres, tan sólo resultarías ridículo, pero la verdad es que te has vuelto más bien irritante. Como las personas en general no son malas si no se sienten amenazadas, podrías haber vivido y estudiado tranquilo en Gotha al igual que tantísimos otros, y disfrutar de toda la libertad que te otorgan las normas si te hubieses limitado a seguir tranquilamente tu camino y a dejar que los demás sigan el suyo, pero no podías ceñirte a eso y así te has ganado la expulsión [...] Arthur, exasperas a la gente sin motivo, por eso te tratan mal, es lo que suele ocurrir en general y lo que te ocurrirá a ti en particular tanto si vives entre filisteos como entre almas bellas, nadie tolerará un comportamiento como el tuyo, así que deberás modificarlo o será tu ruina. Tratarán de hacerte caer y no será una caída honrosa, los más destacados e inteligentes te censurarán y te rechazarán, lo mismo que los más mezquinos.[1]

De esta interesante carta de Johanna es fácil deducir el engreimiento que caracterizaba al hijo, alguien, sin duda, categórico y pedantesco; se trata por supuesto del punto de vista de la madre, que era mucho más razonable que aquél en cuanto a cautela social se refiere, pero, en cualquier caso, hay que tener en cuenta esta visión para comprender otros tantos episodios futuros de la vida de Schopenhauer.

A raíz del fracaso de Arthur en Gotha, hubo que trazar un nuevo plan de estudios. A comienzos de 1808, el joven proseguía con sus lecciones, pero esta vez en Weimar, donde Johanna le impuso condiciones y reglas muy claras en materia de convivencia. Ante la manifiesta desigualdad de caracteres, que se hacía más evidente conforme más se trataban, era imposible que madre e hijo pudieran convivir en armonía, como le escribió ella:

Mi felicidad depende de la tuya: necesito saber que eres feliz, pero no verlo. Siempre te he dicho que convivir contigo es muy difícil, y cuanto más cerca te tengo más difícil me resulta, no voy a ocultártelo: mientras sigas siendo como eres, cualquier sacrificio será mejor que la convivencia. No ignoro tus virtudes, y por lo demás lo que me molesta de ti no son cosas inherentes a tu espíritu, profundas, sino tan sólo exteriores, como tu forma de ser, tu comportamiento, tus opiniones, tus juicios, tus costumbres; en definitiva, no estoy

[1] Carta de Johanna a Arthur, 6 de noviembre de 1807. CE 178-181.

de acuerdo con tus formas, y también tu mal humor me agota y echa a perder mi carácter jovial, sin que tú ganes nada a cambio.[1]

De manera que Johanna le propuso a su hijo que viviese aparte y que apareciera por su casa sólo como si fuese un huésped más; le permitía que se presentara a comer y a cenar, «siempre que te abstengas de las fatigosas disputas, etcétera, que tanto me crispan, y de tus quejas sobre la estupidez del mundo y de la miseria humana, que tan desagradables pesadillas me provocan; para mí es muy importante dormir bien».

Determinaron, en suma, que Arthur no se alojase en la casa que Johanna habitaba en la Explanada, sino con su nuevo profesor particular de latín y griego, el filólogo Franz Ludwig Karl Friedrich Passow, quien desde 1807 impartía clases en el instituto de secundaria de Weimar. Junto a éste, otro profesor, Christian Ludwig Lenz, especialista en oratoria, se ocupó de practicar con Arthur la conversación latina; con todo esto, en poco más de dos años, tal y como había augurado Fernow, aquel estudiante tardío que fue Schopenhauer acabó por dominar las dos lenguas fundamentales de los autores de la Antigüedad.

Tal como refiere Arthur en su *curriculum*, en aquella época de intenso estudio, sintiéndose impulsado por una inmensa «sed de sabiduría», se entregó con pasión al estudio no sólo del latín y del griego, sino también de otras disciplinas como la historia y las matemáticas:

Por mi parte, movido por la sed de sabiduría, me esforzaba, a menudo febrilmente, con infatigable celo, inmensa aplicación y trabajo constante, en remediar las carencias de mis años anteriores y recuperar todo lo perdido gracias a mi tardía aplicación. Ávido de placeres, pero desprovisto del dinero necesario para satisfacerlos,

[1] Carta de Johanna a Arthur, 13 de diciembre de 1807. CE 191-192. La cita siguiente, CE 193.

todos los días hincaba los codos hasta medianoche, sin apartar los ojos de mis libros y mis apuntes, como si constituyesen el único alimento de mi cuerpo.[1]

En suma, Arthur alcanzó su anhelo: recobrar el tiempo perdido, y por fin el 9 de octubre de 1809 pudo matricularse en la Universidad de Gotinga como estudiante de Medicina.

Los biógrafos de Schopenhauer consideran la época que pasó recluido estudiando en Weimar muy provechosa para su formación intelectual, pero nula en cuanto al pulido de sus habilidades sociales. Aquel joven asilvestrado y rudo de carácter asistía a alguna de las veladas que su madre celebraba dos veces por semana, aunque parece que sólo lo hacía en calidad de espectador, puesto que no ha quedado constancia de que su presencia se destacase en ellas. Ninguno de los personajes que dejaron testimonio sobre dichas reuniones lo menciona. Varias décadas más tarde, Schopenhauer comentaría a su fiel Frauenstädt, recordando las veladas de Johanna, que ésta «llevaba una vida de esplendor y lujo» en Weimar, rodeada de «bellos espíritus» (*Schöngeister*), y añadía que, con respecto a su madre y su círculo de admiradores, él siempre se había sentido extraño y prefirió mantenerse alejado y solitario, siendo ésta la causa de que en Weimar «no se hubieran mostrado nada contentos con él».[2] Los amigos y conocidos de la madre no solían tratarlo, dada la fama de discutidor que lo rodeaba, además de su aura de solitario, y él se encontraba incómodo con cuantos elogiaban y cortejaban a su madre, pues en el fondo le recriminaba su tren de vida, así como que de manera tan palpable estuviera viviendo para los demás, disfrutando del brillo social mientras gastaba la fortuna heredada de Heinrich Floris.

[1] «Curriculum vitae», CE 341-342; GB 652.

[2] G 130. También LF 208. Véase *Conversaciones*, *op. cit.*, p. 160.

Lo peor fue que en aquellos dos años ni siquiera Goethe, el más conspicuo de los contertulios asiduos de su madre, le dirigió la palabra. Al parecer, el gran olímpico, que en casa de Johanna se mostraba bastante relajado y parlanchín, y conversaba sus buenos ratos con la pequeña Adele, nunca mostró el menor interés por la persona del taciturno hijo de la señora de la casa; según Safranski, ello debió de mortificar al petulante muchacho, incapaz, sin embargo, a causa de su orgullo, de ser él quien diera el primer paso para ganarse el aprecio del poeta, al cual admiraba.

Schopenhauer sí trató, en cambio, al excéntrico autor teatral Zacharias Werner (1768-1823), por aquella época protegido de Goethe, y cuya obra sobre Lutero, *La consagración de la fuerza*, era muy aplaudida entonces en los escenarios berlineses. Es probable que la influencia de este dramaturgo fuera esencial para inflamar en Arthur el profundo amor que sentía por el teatro. Aunque a Shakespeare y a Schiller ya los había leído muy joven, acusaba una laguna en lo referente al gran teatro de la Antigüedad, así que aprovechó la ocasión que le brindaba el estudio de las lenguas clásicas para conocer las obras de la tragedia griega, principalmente las de Sófocles y Esquilo, que le entusiasmaron.

Este Zacharias Werner, que en 1814 se ordenaría sacerdote católico, era un personaje paradójico: se las daba de experto conocedor del alma humana, era cínico, descuidado en las formas sociales, misántropo y escéptico, y tenía talento para escribir versillos jocosos. En Weimar lo consideraban un excéntrico y no era muy apreciado socialmente a causa de sus sarcasmos, pero acaso fuera esa especie de marginalidad lo que le granjeó el aprecio de Arthur. Juntos departían a menudo sobre la miseria terrenal, con lo que se agudizaba y afianzaba aún más el pesimismo del joven. Quizá fue Werner quien inculcó en Schopenhauer la idea de que dicha miseria humana sería tan sólo una copia imperfecta de otra «miseria verdadera» que, como paradójica idea platónica, preexistiría desde la eternidad, únicamente la copia encarnada en el mundo de un mal infinito y metafísico. Considerar la posibilidad de semejante aberración haría más fácil enfrentarse con determinación al mal concreto y humano de cada día. Reflexiones de este cariz se concretarían poco después en los cuadernos manuscritos de Arthur que llevan fecha de esta época de Weimar.

Se ha conservado una carta de Schopenhauer a su discípulo Johann August Becker, de 1853, en la que el ya famoso filósofo le recuerda a su amigo lo bien que se llevaba con Zacharias Werner en sus años de Weimar:

> Me alegra mucho que lea usted a Werner y sus obras pervivan gracias a ello. Fue un amigo de juventud y efectivamente influyó en mí de manera muy positiva. En mi primera juventud me entusiasmaban sus obras y me hizo muy feliz poder gozar del trato personal con él en casa de mi madre cuando yo contaba veinte años. Me tenía simpatía y hablaba a menudo conmigo incluso de asuntos serios y filosóficos. Su recuerdo sigue siendo muy valioso para mí y lo tengo grabado. De palabra podría contarle muchas cosas de él.[1]

Con el tiempo, Zacharias Werner cayó en desgracia a los ojos de Goethe, a cuenta de serias desavenencias teatrales acaecidas entre ellos, y tuvo que abandonar Weimar; Arthur perdió así a un interlocutor que le atraía por su manera de pensar tan inusual entre los artistas de la pequeña corte, tan alejada de la *Weltanschauung* (la manera de ver el mundo) del autor de *Fausto*, y ello pese a que éste también trató precisamente en esta obra el tema del diablo, uno de los favoritos de Werner, o precisamente por eso.

Es Safranski, de nuevo, quien informa de que también

[1] Carta de Schopenhauer a Johann August Becker, 3 de noviembre de 1853. CE 673.

Passow y Falk, los maestros de Arthur, terminaron cayendo en desgracia para los asiduos al salón de Johanna.[1] Goethe, molesto con Passow por unas críticas muy agrias que éste había publicado sobre la obra de Schiller, prohibió expresamente a la consejera áulica recibirlo en su casa. En cuanto a Falk, un escritorcillo oriundo de Dánzig que tenía fama de charlatán, caía mal a Johanna por pesado y ambicioso. Ambos hombres despreciados, bien avenidos con Arthur, hicieron frente común contra los «bellos espíritus» del salón, criticando abiertamente a Johanna y su modo de vida en presencia de su hijo, con el que también se mofaban del salón y de cuantos a él asistían; Arthur asentía malhumorado a lo que opinaban y ello contribuyó a alejarlo todavía más de Johanna.

Pero en Weimar no todo fue para Arthur duro estudio y pequeñas intrigas de proscritos sociales: también tuvo ocasión de distraerse. Durante un breve período de vacaciones, visitó a su madre y hermana en los baños de Bad Liebenstein, un elegante establecimiento ubicado en los montes de Turingia; también asistió al Congreso de los Príncipes, celebrado en Erfurt, en compañía de Falk, engrosando el séquito de admiradores de Goethe que lo acompañaron cuando Napoleón lo mandó llamar para conocerlo; y, a menudo, también emprendió excursiones a caballo hacia Jena u otras poblaciones vecinas a Weimar. Por lo demás, Arthur practicaba la esgrima habitualmente, tocaba su querida flauta y participaba en los bailes de la corte en el palacio ducal, además de asistir al teatro con frecuencia. Sin embargo, parece que las distracciones no hacían mella en su carácter malhumorado y taciturno.

Del último período en Weimar data un enamoramiento platónico de Schopenhauer del que nos ha quedado noticia: el joven fijó su atención en la bella actriz Caroline Jagemann, por

[1] Véase R. Safranski, *Schopenhauer y los años salvajes de la filosofía*, *op. cit.*, pp. 143-144.

aquel entonces amante oficial de Carlos Augusto—éste, por cierto, la convirtió en marquesa para poder presentarla en la corte—. Se trataba de un amor condenado al fracaso, puesto que Caroline Jagemann era poco menos que inalcanzable para el futuro filósofo. Fue ella quien inspiró un encendido poema de amor del joven Arthur, el único de este género que se conserva, aunque quizá nunca llegase a escribir ninguno más: «A Caroline Jagemann», lo tituló. Entre otras cursilerías, el enamorado poeta sentenciaba:

> Mi pena se tornaría en alegría
> si te asomases a la ventana [...]
> En vano esperan mis ojos;
> la cortina mantiene oculto el sol:
> nublado está mi destino.[1]

Se conservan unas palabras de Arthur referentes a esta pasión: «Me llevaría a esta mujer a casa aunque la hubiera encontrado picando piedra en la carretera».[2] Con semejante firmeza le expresó su hijo a Johanna la pasión que sentía por una mujer que, sin embargo, parece que jamás dirigió a su enamorado no ya una sola palabra, sino ni siquiera una mirada complaciente. Jagemann era una mujer fogosa, morena, decidida, descarada, de rasgos mediterráneos más que germanos. Robert Zimmer[3] llama la atención sobre el hecho de que Schopenhauer amaría años después a una mujer en cierta medida parecida al tipo que encarnaba la querida del duque Carlos Augusto, la cual de ninguna manera respondía al de mujer sumisa y dulce preparada para el matrimonio, sino todo lo contrario; y resulta curioso que también el

[1] HN I, 6.

[2] Al parecer estas palabras datan de 1809, G 17.

[3] Véase R. Zimmer, *Arthur Schopenhauer. Ein philosophischer Weltbürger*, *op. cit.*, p. 65.

futuro amor del filósofo se llamase Caroline. Y en Italia Arthur tendría relación con otra muchacha con la que tampoco encajaba la sumisión: Teresa Fuga.

Pronto llegó a Weimar la feliz noticia de que Arthur podía matricularse en la universidad y, con ello, tanto rencillas sociales como amores platónicos quedaron relegados. Ya hacia mediados de 1809 sus profesores particulares lo encontraron preparado: la Georgia Augusta de Gotinga sería la elegida, puesto que Arthur, siguiendo el consejo de su madre, había decidido matricularse en Medicina, y dicha universidad era entonces la más renombrada de Alemania para cursar esta carrera.

Poco antes de que Arthur se trasladara a su nuevo hogar en Gotinga, por San Miguel, a comienzos del otoño de 1809, Johanna vio llegada la hora de rendirle cuentas de la fortuna familiar.[1] Arthur cumpliría veintiún años en febrero de 1810 y sería mayor de edad; entonces entrarían en vigor sus derechos sobre la parte que le correspondía de la herencia paterna, de la que hasta entonces su madre había sido usufructuaria.

En resumidas cuentas, a Schopenhauer le correspondieron en total diecinueve mil táleros, lo cual suponía una renta anual de mil táleros. Tal y como él mismo manifestó, se trataba de «un tercio de la fortuna de mi padre—o, al menos, de lo que aún quedaba de ella—, fortuna con la que yo debía asegurar mi existencia para el resto de mis días».[2] En el mencionado fragmento hay un claro deje de censura hacia Johanna; ya sabemos que Arthur le reprochaba no haber economizado como era debido aquella herencia familiar, perjudicándolo a él y a su hermana Adele.

Los diecinueve mil táleros bastaban para que el joven es-

[1] Johanna prefirió hacerlo por escrito y se conserva el documento, fechado en Weimar, San Miguel, 1809. CE 195-197.

[2] «Curriculum vitae», CE 343; GB 653.

tudiante pudiera vivir con independencia, aunque sin lujo ni excesos. En realidad, Schopenhauer no se equivocaba con respecto al uso que daría a su fortuna: realmente se vería obligado a vivir de sus rentas durante toda la vida, puesto que nunca ganaría dinero con esa elección suya de volcarse en «el estudio y la erudición», finalmente concretada en los estudios de Filosofía. Algo de dinero habría de ganar con sus libros, muy poco, y ello sólo ocurriría en la última etapa de su vida, apenas cinco años antes de morir, cuando alcanzó la fama como filósofo.

Como vimos, Arthur guardó eterno agradecimiento a su difunto progenitor por esa renta heredada. A la madre, en cambio, no le perdonó jamás que, a causa de lo que él consideraba su «espléndido tren de vida» como viuda, hubiera «dilapidado» buena parte de la herencia que debía pasar a los hijos. Según Arthur, si Johanna hubiera sido menos gastosa, ese mismo capital podría haberse visto incrementado en sus dividendos.

EN GOTINGA

Arthur se trasladó a Gotinga el 7 de octubre de 1809. Eligió para sus estudios la ya mencionada Universidad Georgia Augusta, famosa como centro liberal de investigaciones científicas, puesto que pretendía entrar en el mundo del saber a través de la puerta grande de los sólidos conocimientos basados en la experiencia. He aquí el porqué, tal y como en su día hiciera Immanuel Kant en la Universidad de Königsberg, de que Schopenhauer se matriculase en un primer momento y a título indicativo en la Facultad de Medicina. Aunque es dudoso que su intención fuera cursar Medicina hasta el final y terminar ejerciendo como médico, es probable que, desde esta disciplina—que en aquella época no se hallaba tan alejada de las ciencias naturales ni de las ciencias del espíritu como lo está hoy—, el recién matriculado estudiante esperara adentrarse en los fundamentos más íntimos de la vida y de la existencia en general, comenzando por el estudio de lo más inmediato y primario para más adelante ascender hasta la sabiduría de lo más abstracto; de manera que la carrera de Medicina fue para Schopenhauer una especie de «estudio o introducción general» a los fundamentos de los orígenes de la vida; una vez conocidos, bien podía ponerse a reflexionar sobre la esencia de la vida misma y sus características.

Durante el primer semestre de estudio, el espectro de las clases a las que asistió fue amplio; junto a Matemáticas, cursó Física y Química e incluso Astronomía; pero, sobre todo, frecuentó con especial asiduidad las lecciones del célebre catedrático y *praeceptor Germaniae* Johann Friedrich Blumenbach (1752-1840), fisiólogo y anatomista, precursor de los estudios de Anatomía comparada y creador de la Antropobiología moderna. Schopenhauer asistió a sus clases de Historia Natural, Anatomía Comparada, Psicología y Mineralogía.

Blumenbach estaba convencido de que la física se bastaba a sí misma sin ayuda de la metafísica para comprender y explicar las denominadas «cuestiones últimas» por las que se había preguntado la humanidad desde tiempos remotos. Inculcaba en sus alumnos la humildad ante el misterio y el poder de la naturaleza, y sostenía que la observación empírica era el método más seguro para acceder al conocimiento de todas las cosas. El célebre anatomista fue el padre de la teoría del «impulso configurativo» (*Bildungstrieb*), según la cual en los seres naturales existiría una especie de «potencia vital orgánica», inconsciente y no sometida a las reglas del mecanicismo, que les induce a configurarse y estructurarse corpóreamente y «a ser». Semejante «fuerza vital» (*Lebenskraft*) podía equipararse al *Archäus* de Basilius Valentinus y Paracelso.

El filósofo idealista Friedrich Wilhelm Joseph Schelling

saludó con entusiasmo este concepto acuñado por Blumenbach por considerarlo afín a sus propias teorías en la época de su *Weltseele* o 'alma del mundo'. Kant lo elogió en su *Crítica del juicio* y también Goethe—tan admirado por Schopenhauer—lo celebró afirmando que, con él, al menos se poseía ya un *oscuro y profundo término* para tratar de resolver el enigma de la vida.[1] Indudablemente las lecciones de Blumenbach impresionaron al nuevo estudiante, pues constituían una introducción a los fundamentos de la filosofía romántica de la naturaleza, tan en boga en esa época de la mano del citado Schelling, así como de Johann Gottlieb Fichte, importantes filósofos de los que debía de haber tenido noticias, aunque todavía no hubiese estudiado sus obras, como habría de acontecer muy pronto.

Los primeros apuntes de lecciones universitarias que dejó Schopenhauer se refieren a las impartidas por Blumenbach. El joven anotaba:

> El profesor nos dice que los murciélagos, aunque están ciegos, esquivan los obstáculos gracias a que sienten las diversas temperaturas al acercarse o alejarse de ellos. Asegura que sienten dónde está la pared antes de acercarse a ella [...] Yo me pregunto por qué un pájaro encerrado en una habitación se lanza volando sobre el cristal de la ventana.[2]

Schopenhauer fue durante toda su vida un apasionado de la ciencia, jamás cursó estudios de Teología o Derecho como la mayor parte de los filósofos de su tiempo; desde este punto de vista, sus escritos no deben entenderse como fundamentados en la reflexión teórica acerca del más allá, sino inspirados en la reflexión sobre el misterio de la vida del aquí y ahora; que supiera elevarse por encima de toda ciencia

[1] Véase A. Hübscher, «Ein Lebensbild», SW I, 54.

[2] HN 2, 4.

y de la vida cotidiana se debe a la capacidad abstractiva del filósofo, quien, a disgusto con el mero acá, necesitaba conocer sus fundamentos últimos allá donde pudiera buscarlos. He aquí cómo en esta actitud entraba en juego el primer significado de *metafísica*, es decir, aquel que le otorgó Andrónico de Rodas al compilar los escritos de Aristóteles y llamar «metafísicos» a los tratados que colocó después de los de física propiamente dicha, 'más allá de la física'.

Durante el primer semestre de estudios, el invierno de 1809-1810, a la vez que se empleaba a fondo en sus estudios de ciencias naturales, Schopenhauer prosiguió con su apasionada lectura de los autores clásicos de la Antigüedad. Como pudo constatar enseguida, al compararse con los otros estudiantes, más jóvenes que él pero peor preparados, sus conocimientos en lenguas clásicas adquiridos prácticamente como autodidacta resultaron sorprendentes. Según observó en su *curriculum*, antes de llegar a Gotinga estaba muy familiarizado con gran cantidad de obras de los autores griegos y romanos. Proseguiría con sus lecturas durante todos los años de universidad, una «actividad a la que dedicaba dos horas cada día».[1] Gracias a esta sana costumbre, que mantuvo prácticamente durante el resto de su vida, Schopenhauer obtendría una extensa panorámica del saber de la Antigüedad clásica.

Con el tiempo, tales lecturas, y en especial las obras de los filósofos griegos, «mejoraron mi expresión y mi estilo en la escritura del alemán» y, finalmente, tal perseverancia impidió que los conocimientos en las lenguas clásicas, adquiridos con tanta rapidez, desapareciesen también con la misma celeridad; así lo afirmó el propio Schopenhauer en su *curriculum*.

Se ha asegurado que es muy posible que semejante empeño en la lectura de los autores clásicos lo inclinase cada vez más hacia las ciencias del espíritu y el pensamiento; es posi-

1 «Curriculum vitae», CE 342; GB 652.

ble, aunque Schopenhauer llevaba en sí el germen de la reflexión sobre la vida en general y ello sería lo que en última instancia lo impulsaría hacia la filosofía. Lo cierto es que en el último semestre de invierno de 1810-1811 las lecciones de Blumenbach quedaron relegadas a un segundo plano. Fue precisamente por esa época cuando llegó a Gotinga el catedrático Gottlob Ernst Schulze (1761-1833). Se le conocía también por el sobrenombre de Enesidemo—tomado de un filósofo escéptico del siglo I—, apodo que le venía tanto por su talante filosófico como por el título de su obra más conocida: *Aenesidemus oder über die Fundamente der Elementar-Philosophie* ('Enesidemo o sobre los fundamentos de la Filosofía de los Elementos'; 1792). En dicha obra, escrita a la manera de un diálogo epistolar entre Enesidemo y Hermias, Schulze recogía de modo crítico la controversia iniciada por Jacobi en contra de Reinhold y Kant acerca del «criticismo» y defendía la tesis de que la *filosofía crítica*, ni en Reinhold ni en el propio Kant, había superado el escepticismo de Hume.

Schulze se presentó en Gotinga como el adalid del escepticismo postkantiano. Arthur asistió enseguida a sus clases de Lógica y Metafísica. Años más tarde, refiriéndose tanto a Blumenbach como a Schulze, Schopenhauer le comentaría a Frauenstädt el poder de atracción que ambos profesores ejercían sobre sus alumnos al impartir sus clases. «De *viva vox*—decía—, sobre todo, con la vivacidad que ellos tenían, se tornaban absolutamente poderosos».[1]

Finalmente sería Schulze quien de los dos ejerció mayor influencia en Arthur. Tanto fue así que el joven optó por dar un giro repentino y definitivo a sus estudios, como menciona en su *curriculum*: «Pero como, a medida que me adentraba en el estudio de la filosofía, había aprendido a conocer, tal vez superficialmente pero de un modo más o menos adecuado, mi carácter, mudé de propósito: abandoné la Medicina y

[1] G 132.

me consagré exclusivamente a la Filosofía».[1] Uno de sus primeros apuntes de las clases de Schulze rezaba así: «*Las múltiples definiciones de filosofía* todas coinciden en que el filósofo tiene que descubrir y designar las causas más elevadas y absolutas de las cosas»:[2] un reto de esta envergadura era precisamente lo que a él le atraía.

Durante las vacaciones de Pascua de 1811, que Arthur disfrutó en Weimar, el poeta Christoph Martin Wieland, quien contaba entonces setenta y ocho años, quiso conocer a Arthur e interesarse por sus nuevas expectativas como estudiante. Fue Johanna la que había pedido al honorable anciano que se entrevistase con el joven, puesto que no terminaba de convencerle la decisión definitiva de su hijo de estudiar Filosofía en lugar de Medicina o Jurisprudencia; al fin y al cabo, en aquella época—lo mismo que ahora—se consideraba la Filosofía una carrera para «morir de hambre».

Durante la entrevista, el poeta advirtió al joven sobre la inseguridad y lo poco práctico de los estudios de Filosofía, pero Schopenhauer le respondió con seriedad: «Mire usted, la vida es una cosa incierta y miserable: he decidido consagrar la mía a reflexionar sobre este asunto». De modo que Wieland tuvo que admitir que Arthur había elegido bien su profesión: «Me parece, joven, que ahora entiendo su carácter... permanezca usted en la filosofía».[3]

Poco tiempo después de aquella entrevista, al encontrar a Johanna y a Goethe con ocasión de una fiesta celebrada en el palacio ducal, Wieland les anunció con arrebato: «¡He conocido a su señor hijo, Johanna! ¡Algún día dará algo grande!». Por lo visto, Goethe, que no había tratado nunca a Arthur, guardó silencio, un tanto perplejo. Según el testimonio

[1] «Curriculum vitae», CE 343; GB 652.

[2] HN 2, 5

[3] Para esta cita y las siguientes de Wieland, G 22-23; también: *Conversaciones, op. cit.*, pp. 83-84.

de Karl Bähr, otro de los múltiples interlocutores que Schopenhauer tuvo en la última etapa de su vida, a Wieland también le habría parecido bien el nuevo plan del joven Schopenhauer de trasladarse de Gotinga a Berlín a fin de continuar con sus estudios de Filosofía en una universidad donde enseñaban grandes figuras del pensamiento de la época como Fichte y Schleiermacher. Ésta era precisamente la idea que había ido madurando en Arthur, estudiar Filosofía en la principal universidad de Alemania: la de Berlín. «Así que ahora volverá usted a Gotinga, y luego a Berlín, donde continuará estudiando otros dos años. Hace usted muy bien. Lo que dudo es de si yo estaré aún vivo para cuando usted regrese a Weimar, dentro de dos años», le dijo el poeta octogenario. «¿Y por qué no habría de estar usted vivo dentro de dos años, señor consejero áulico? Tiene usted una apariencia muy saludable», respondió Schopenhauer. «Es verdad, a estas edades, uno se apergamina de tal modo que sigue viviendo muchos años en semejante estado», concluyó Weiland. Pero, a pesar de las esperanzas, nunca más volverían a verse, pues Wieland murió en 1813, pocas semanas antes de que Arthur regresara a Weimar desde Berlín.

De aquellas mismas vacaciones de Pascua de 1811 datan dos testimonios más que se refieren al futuro estudiante de Filosofía en Berlín. Precisamente fue una nieta de Wieland quien describió al joven Schopenhauer en una carta a un conocido, caracterizándolo como alguien «imbuido por entero de ideas filosóficas». Y añadía:

> Se ha entregado en cuerpo y alma a una filosofía (por cierto, que no sé exactamente cómo denominarla) que es harto estricta; hay que dominar y combatir toda inclinación, deseo, pasión... Le hará falta un alma gigantesca para que pueda satisfacer todas las exigencias que se ha impuesto con tan buena voluntad.[1]

[1] G 23; *Conversaciones*, *op. cit.*, p. 85.

A tenor de semejante testimonio es posible deducir que el joven Schopenhauer se creía ya en posesión de algo parecido a una «filosofía» propia a la que se entregaba con la intransigencia y fanatismo del novicio que acoge los preceptos del monasterio que ha escogido como casa de por vida. Según consta en el legado manuscrito, por aquellas fechas comenzarán a aparecer las primeras anotaciones al respecto, es decir, filosóficas. Como motivos recurrentes de tales notas, surgirán una y otra vez el dolor de la existencia, el pecado, la maldad humana y la trivialidad de los actos materiales. Así, por ejemplo, una anotación que data del período comprendido entre 1809 y 1810 dice: «Quitemos de la vida los pocos instantes de la religión, del arte y los del amor puro, ¿qué queda sino una hilera de pensamientos triviales?».[1]

El filólogo Friedrich Wilhelm Riemer, preceptor del hijo de Goethe, August, comentó de manera bastante irónica que había encontrado a Arthur «muy cambiado» al coincidir con él en una de las reuniones celebradas en casa de Johanna:

> También ha estado aquí el joven Schopenhauer, a quien he visto cambiado de manera muy ventajosa, tanto en su figura como en su alma. Seguro que nunca habrá habido nadie a quien le haya sentado tan bien en lo externo como en lo interno el estudio de la filosofía. Si es verdad el dicho *Si tacuisses, philosophus mansisses*, entonces él ya se ha vuelto filósofo, puesto que ha aprendido a callar. ¡Ojalá que su ejemplo siguiera cundiendo en la familia![2]

El comentario del doctor Riemer es harto mordaz; pero aparte de la crítica encubierta a Johanna, a quien sus detractores consideraban una charlatana, es posible observar el efecto que producía un Arthur prácticamente consagrado a la filosofía de forma pública y oficial al presentarse como

[1] HN 1, 10.
[2] A. Hübscher, «Ein Lebensbild», SW 1, 57.

estudiante—por derecho propio—de tan magna disciplina.

Hacia finales de verano, presumiblemente después de una excursión a las montañas del Harz, o tal vez al abandonar Weimar para trasladarse a Berlín, Schopenhauer escribió un pequeño texto que, aparte de ser una metáfora acorde con su pasado de adolescente montañero en Chamonix, parece contener también un programa existencial para filósofos:

> La filosofía es un sinuoso sendero que asciende a altas cumbres entre afiladas piedras y puntiagudas espinas; es solitario y, cuanto más ascendemos, más desolado se vuelve. A quien avanza por ese sendero no le está permitido el miedo, debe dejarlo todo atrás confiando en abrirse paso a través de la gélida nieve. A menudo se asoma de súbito a una sima, ve al fondo del verde valle y siente la poderosa atracción del abismo, pero debe dominarse, aunque para ello tenga que clavar los pies a las rocas y verlos sangrar. Muy pronto obtiene su recompensa y contempla el mundo desde lo alto: los desiertos y los pantanos desaparecen, las irregularidades se suavizan y los accidentes no se aprecian desde allá arriba, tan sólo se advierte la armonía del conjunto. Él mismo está inmerso en el puro aire fresco alpino, y divisa el sol cuando abajo todavía reina la noche oscura.[1]

Sin duda, Arthur tenía una visión idealizada de su tarea futura; darle cumplimiento sería de singular dureza, igual que una ascensión alpina plagada de peligros, sin excluir el de despeñarse. Por otra parte se trataba de un afán «excelso» en el sentido spinoziano y platónico del término, así que, como tal excelencia era «tan difícil como rara»; conseguirla requería un trabajo severo y una rígida disciplina, además

[1] Arthur Hübscher (GB) sostiene que puede tratarse tanto de un fragmento epistolar como de un simple apunte de viaje. La datación es de Gwinner, quien dio por supuesto que es un fragmento epistolar del 8 de septiembre de 1811, escrito por Schopenhauer durante su traslado de Gotinga a Berlín. El fragmento se recoge asimismo en HN I, 14, bajo el título de «Pensamientos de viaje». Véase CE 198.

de una soledad infinita. Aun así, al finalizar la tarea habría una recompensa que sería gozosa pero igualmente solitaria, lo mismo que la llegada a la anhelada cima. La cima a la que aspiraba Schopenhauer debía ser el punto más alto de la sabiduría y desde ella habría de obtener la visión panóptica de todas las cosas. ¿Cuánto de callado orgullo y arrogancia herida había en tamañas aspiraciones? En todo caso, el joven Schopenhauer no se conformaba entonces con ser un simple médico o uno más de los miles de juristas que había en Alemania, sino que aspiraba a saber más: ¿por qué la vida es tan triste, tan mala, tan desazonadora? ¿Por qué existen el dolor, el deseo siempre pujante e insatisfecho? ¿Qué oscuros poderes dominan al hombre si no es Dios el guía del mundo? ¿Si no es la bondad lo que predomina, por qué lo hace su contrario, el mal? Averiguando las respuestas a preguntas tales y a otras similares, podría obtenerse el dominio absoluto de la realidad; semejante sabio podría ofrecer a la humanidad un regalo tan grande como jamás hubieran visto los siglos anteriores y él, a su vez, ganar la gloria eterna a la que aspiraba desde joven.

PLATÓN, KANT, SHAKESPEARE Y CALDERÓN

Durante los dos años que viví en Gotinga me consagré al estudio con la acostumbrada aplicación, sin dejar que el trato con los demás estudiantes me apartase en lo más mínimo de mis obligaciones: ser mayor que mis compañeros, tener una experiencia más dilatada y un carácter singular me empujaban al aislamiento y la soledad. A consecuencia de ello, y aunque asistía a las clases con regularidad, me sobraba bastante tiempo libre para dedicarlo a la lectura, preferentemente de Platón y Kant.[1]

[1] «Curriculum vitae», CE 344; GB 652.

El catedrático Schulze fue quien aconsejó a Arthur que comenzase a leer las obras de Platón y de Kant, y que se abstuviera de adentrarse en las de otros filósofos como Spinoza o Aristóteles hasta que no dominase por completo el pensamiento de los dos autores mencionados. El propio Schulze, antes de enfrascarse en su crítica de los logros kantianos, había estudiado con afán las obras de Platón. Su tesis doctoral, que le dio celebridad académica, llevó por título «Las Ideas platónicas» (1787), y también había publicado otro trabajo, «La Idea del Bien en Platón» (1789); así que Schulze era todo un especialista en el pensamiento del gran ateniense. Schopenhauer siguió el consejo de inmediato. El 10 de octubre de 1810 tomó prestados de la biblioteca universitaria cuatro volúmenes con diversos diálogos de Platón traducidos por Schleiermacher y, tan sólo dos días más tarde, el primer volumen de la monumental edición «Bipontina» (en griego y en latín) de las obras de Platón. El primero de noviembre tomó en préstamo una edición de *El Banquete* en la traducción de F. A. Wolf, y el día 16 del mismo mes, los *Prolegómenos a toda metafísica del futuro*, de Kant.[1] El joven filósofo siempre se mostró muy agradecido a su profesor por este consejo; también él recomendaría años más tarde en sus *Parerga* la «lectura aplicada» de las obras de Platón en los institutos de enseñanza secundaria, entendiendo que ésta era la manera más adecuada de despertar en los jóvenes el interés por la filosofía.[2]

Todavía en Gotinga, Schopenhauer asistió durante dos semestres a las lecciones de metafísica y psicología impartidas por Enesidemo. Se han conservado algunas anotaciones tomadas en dichas lecciones y en ellas se observa que, aunque

[1] Para ampliar todos estos datos, véase Luis Fernando Moreno Claros, «Platonismo en la filosofía del joven Arthur Schopenhauer», tesis doctoral (inédita), 1996, Fondo bibliográfico de la Universidad de Salamanca, pp. 48 y ss.

[2] Véase «Sobre la filosofía universitaria», PP I, 149.

el aprendiz de filósofo admiraba a su profesor, también solía mostrarse muy crítico con algunas de sus observaciones; así, Schopenhauer no dudaba en calificarlo de «becerro» y hasta de «bestia infernal» cuando disentía de algunas de sus enseñanzas.[1] Arthur demostraba, como siempre, su idiosincrasia y también que ya creía tener criterios propios sobre todas las materias: tal proceder era una consecuencia de su aprendizaje libre y autodidacta.

En cuanto Arthur comenzó a leer las obras de Platón y de Kant, sus cuadernos de estudio se plagaron de notas sobre ambos. Platón, el filósofo más importante de la Antigüedad, fue para él, antes que otra cosa, el representante de «la contemplación», de la más alta moral y la ética más excelsa, así como el conocedor de un mundo ideal en el que sobresalían las más elevadas cumbres filosóficas. Su filosofía remitía a ese «otro mundo» mejor que el meramente terrenal; propendía a la «liberación» de las cadenas del mundo empírico y material, el de lo pasajero y cambiante que constantemente nos deja insatisfechos con su banalidad e insignificancia, el mundo de la ilusión, de las sombras. En contraste con él, las Ideas del Bien, de la Belleza, la Justicia o la Verdad presiden el mundo ideal en el que brilla perpetua la luz del sol; allí residen las eternas formas inmateriales de las cosas, las muestras verdaderas de lo que en nuestro mundo material sólo es copia secundaria, carente de identidad en sí. Tiempo, espacio y enlaces causales nada tendrán que ver con el mundo de las Ideas, sólo son determinantes en el de las copias. En el mundo de las copias reinan el mal y el dolor, pero nada de esto se observa en el mundo ideal. Esta asociación de los mundos platónicos a ideas éticas, el estrecho vínculo de la metafísica y la ética fascinó al joven Schopenhauer, contrito ya desde muy joven por los males y miserias terrenales. Que el Bien y

[1] Véanse a este respecto las anotaciones de Schopenhauer a las lecciones de Schulze, en HN 2, 5 y ss., en concreto p. 14.

la Bondad existen, que exista la ausencia de maldad y de sufrimiento, aunque sea en el más allá, era un pensamiento consolador para aquel joven aprendiz de filósofo que tan disgustado estaba con las servidumbres de la materia.

También estimaba más las enseñanzas de Platón que las de Aristóteles:

> Platón el divino procura generalmente dirigirse hacia la unidad y le preocupa el ahondamiento en lo profundo, siendo para él todas las cosas solamente letras con las que lee las divinas Ideas. Aristóteles, en cambio, permanece siempre en la superficie; cuenta sin interrupción gran cantidad de cosas; clasifica, prueba y experimenta sin tener como fundamento nada más que sobrios y arbitrarios conceptos del entendimiento; tanto su vislumbre como su intento de búsqueda de lo verdadero y profundo tienen que ver mucho más con las palabras que con las cosas.[1]

En la misma anotación, Schopenhauer tachó a Kant de «Epicuro de la especulación». Lo tenía por una especie de «aguafiestas de la metafísica», el cual, a semejanza de aquel filósofo griego apegado a los sentidos y a los más bajos instintos, prescindía de los dioses para filosofar; hasta osaba desechar ideas tan sagradas para la especulación como «Dios» y el «alma» y dejaba en suspenso la enigmática «cosa en sí», sustrato último de todas las cosas. El claro contraste que Schopenhauer observaba entre los dos filósofos quedó plasmado en uno de sus numerosos apuntes de estudiante:

> La *Crítica de la razón pura* puede ser llamada el suicidio del entendimiento (por lo menos en lo que a la filosofía respecta).
>
> Epicuro es el Kant de la filosofía práctica, como Kant, el Epicuro de la especulativa.
>
> El uso regulativo de la razón es, tal vez, la más molesta criatura creada por el entendimiento humano.

[1] HN I, 12.

Lo que, tal vez, exprese mejor la carencia de Kant es esto: que no conoció la contemplación.

Uno cuenta una mentira; otro, que conoce la verdad, dice: «Esto es mentira y engaño, aquí tenéis la verdad». Un tercero, que no conoce la verdad, pero que es muy agudo, muestra contradicciones y afirmaciones inconcebibles en aquella mentira, y dice: «Así pues, esto es mentira y engaño». La mentira es la vida, el agudo no es otro que Kant; la verdad la han mostrado algunos, por ejemplo, Platón.[1]

A Schopenhauer le parecía que la filosofía kantiana destruía la gran *panvisión* de la unidad fundamental de todo. Más adelante, y a medida que se adentraba en el estudio de las obras de estos dos genios filosóficos, aceptaría su equiparación y la influencia beneficiosa de ambos. Kant sostenía asimismo la teoría de la coexistencia de dos mundos; postulaba que el de la experiencia es el único que puede ser percibido por los sentidos e investigado por las ciencias empíricas. Éste es el mundo de las apariencias, de lo que aparece, y nuestra percepción y nuestra experiencia no va más allá de él, puesto que el ser humano es incapaz de aprehender el mundo de la «cosa en sí». En la *Crítica de la razón pura* mostraba los límites de la percepción, las fronteras más allá de cuyos límites no puede aventurarse la razón humana. Kant trazaba fronteras para la razón que dejaban fuera de ella conceptos tan fundamentales para la tradición metafísica como «Dios», la «inmortalidad del alma» o la «libertad», sin embargo, dichos conceptos, aunque inaprensibles, están dotados de tal contenido y poseen tal fuerza moral que dan sentido ético al actuar del ser humano, son útiles para la «razón práctica» y remiten a un mundo más allá de las apariencias. ¿Sería este «otro mundo» el fundamento del aparecer?

El profesor Schulze, en su ya mencionado *Aenesidemus*, se enfrentaba al interrogante anterior, que constituye uno

[1] HN I, 12-13.

de los pilares básicos sobre los que se sustentaba la reflexión filosófica del denominado «idealismo alemán». Schelling, Hegel y Fichte respondieron esta pregunta a su manera, remitiéndose a sus respectivos «absolutos». Arthur Schopenhauer jamás concordaría con los resultados de las especulaciones metafísicas de los filósofos mencionados, pues se separó radicalmente de ellos, aunque partió de la base que había sentado Kant tanto como del escepticismo con el que el propio Enesidemo respondía a una cuestión tan candente.

En suma, tanto la filosofía de Platón como la de Kant cobrarían tal dimensión e importancia para las incipientes reflexiones del joven Schopenhauer que podemos afirmar que ambas sin exclusión conformarían la base de todo su sistema filosófico posterior, que nunca habría nacido sin la influencia de ambos filósofos: «Platón el divino y el asombroso Kant».[1]

En Gotinga, Arthur pasaba gran parte de su tiempo estudiando y leyendo. Y con especial intensidad se centró en el descubrimiento de la gran literatura europea, ampliamente difundida por los llamados «románticos de Jena»: Tieck y los hermanos Schlegel—August Wilhelm y Friedrich—, principalmente. Éstos, a través de traducciones, popularizaron en Alemania las obras de Shakespeare, así como las de Cervantes, Calderón, Lope de Vega y Quevedo. Tieck tradujo *Don Quijote de la Mancha* al alemán (1799-1801)—su traducción se considera canónica aún hoy—y llevó a los escenarios algunas obras de Calderón, vertidas al alemán por August Schlegel, a la par brillante traductor de Shakespeare. El Bardo de Avon ejerció una gran influencia sobre la joven imaginación de Schopenhauer, quien leía sus obras en inglés. Los personajes de sus dramas, torturados y zarandeados por sus acciones o por el destino, revelaban al joven filósofo un mundo de culpas y castigos, de bondad despreciada y maldad triunfan-

[1] Con estas palabras comienza la tesis doctoral de Schopenhauer. En SW 1, *De la cuádruple raíz del principio de razón suficiente*, § 1, p. 1.

te; el universo shakespeariano era cualquier cosa antes que un cosmos armonioso y racional, conformaba un maremagno de inquina y sinrazón, de violencia, avidez de poder, lujuria, avaricia y demás pasiones desatadas.

Junto a la negrura de los dramas de Shakespeare, el joven filósofo absorbía además la visión pesimista del mundo aportada por los grandes autores del Siglo de Oro español. Cervantes, Calderón y Quevedo veían el mundo, *grosso modo*, desde la «desilusión»; es decir, la realidad desnuda, sin el velo de apariencia que la reviste y hermosea, se muestra hueca, vana (banal y casquivana) en su real crudeza. Para Calderón, «el peor delito del hombre es haber nacido», lo que en otras palabras expresa que los seres humanos penan y son condenados por un delito del que no son responsables; he ahí el dolor de su maldición, dado el sinsentido de la pena. Con todo, el valle de lágrimas, la prisión en la que el hombre padece es parte de un mundo terrenal en el que impera el dolor, y este mundo contrasta con el otro mundo de lo mejor, del más allá, con la «eternidad» propuesta por el cristianismo. Calderón aportaba la crítica al ámbito de los sentidos, pero también la esperanza en un ámbito mejor en el que reinen la belleza y el bien. La vida del aquí y ahora terrenal es «sueño», el más allá es el despertar; puro Platón en traducción barroca.

Obras como *La vida es sueño* y *El príncipe constante*, de Calderón, fueron elogiadas y admiradas por Schopenhauer, que las calificó de «románticas» por exaltar los valores cristianos, menos «naturales» y más artificiosos que los propuestos en las obras de los clásicos; en este sentido, Shakespeare sería más realista contemplando el azaroso mundo y las acciones humanas, pues en él apenas hay resquicios para la redención.

En las ya mencionadas vacaciones de Pascua de 1811 Schopenhauer asistió a la lectura dramatizada de *El príncipe constante* que se desarrolló durante varias veladas en el salón literario de su madre. El lector era Goethe; la versión alemana, la de Wilhelm Schlegel. Aquel príncipe constante encarnaba la resignación estética frente a la tragedia de la vida, y con ella, su superación.

Años más tarde, Schopenhauer sentiría predilección por un autor español del Siglo de Oro cuya obra lo fascinaría: el jesuita Baltasar Gracián. En esta época que nos ocupa, no lo conocía todavía, aunque es posible que fuera a través del propio Goethe como se enteró de su existencia, puesto que el autor de *Werther* pudo haber sido el primero en mencionarlo, precisamente durante alguna de aquellas veladas de lectura calderoniana.[1]

La extraordinaria importancia que Gracián adquiriría para Schopenhauer en el futuro la trataremos más adelante.

EN BERLÍN

«En el otoño de 1811 me trasladé a Berlín, donde pasé a formar parte de la masa de estudiantes», escribió Schopenhauer en su *curriculum.* Lo acompañaron—nos dice Gwinner—«las obras completas de Platón y Kant; el busto de Sócrates y el retrato de Goethe; su larga pipa para tabaco, su perrito de lanas y el cobijo para éste, una piel de oso».[2] También se llevó consigo a Berlín la costumbre de jugar regularmente pequeñas cantidades de dinero a la lotería, así como la de irse a dormir cada noche habiendo dejado a mano una pistola cargada a fin de defenderse de ladrones que pudieran asaltarlo durante el descanso. Los fetiches antes mencionados—los bustos y retratos de sus filósofos favoritos, a

[1] A este respecto, véase J. L. Losada Palenzuela, *Schopenhauer traductor de Gracián: Diálogo y formación*, Valladolid, Universidad de Valladolid, 2011, p. 84.

[2] GW 66.

los que con el tiempo se sumarían otros—, sus costumbres de solitario, que se tornarían sempiternas, y su amor por los perros falderos, todo ello adquirido y practicado desde sus tiempos de estudiante en Gotinga y probablemente incluso cuando vivió en Weimar, habrían de acompañarlo el resto de sus días.

En la concurrida escuela de los famosos profesores de esa universidad [la Universidad Humboldt de Berlín] me esforcé en seguir formando mi espíritu y mi intelecto. Asistí a las lecciones de Wolf sobre los poetas griegos y romanos, la Grecia antigua y la historia de la literatura griega; a las lecciones de Historia de la Filosofía de Schleiermacher, y, con gran placer, a las conferencias públicas de Erman sobre magnetismo y electricidad; después, durante tres semestres, a los seminarios de Lichtenstein sobre Zoología; por segunda vez, a los de Química experimental de Klaproth, y también a los de Física con [Ernst Gottfried] Fischer; de Astronomía con [Johann Elert] Bode; de Geognosia de Weiss; de Psicología general con Horkel, y de Anatomía del cerebro humano con el profesor Rosenthal. Lo mucho que aprendí de estos hombres extraordinarios no lo olvidaré nunca. También seguí con gran interés los cursos de [Johann Gottlieb] Fichte sobre la explicación de su filosofía, a fin de poder juzgarla con propiedad. Una vez tuve una larga discusión con él durante las horas que reservaba a las preguntas de los estudiantes, discusión de la que, seguramente, todavía se acordarán quienes la presenciaron.[1]

Cuando en 1810 se corrió la voz de que el filósofo Johann Gottlieb Fichte (1762-1814) se trasladaba de Jena a Berlín con el cargo de rector magnífico de la Universidad de Berlín, Schopenhauer decidió que la capital de Prusia era el lugar idóneo para proseguir con sus estudios de Filosofía. Allí acudió con la esperanza de conocer en la celebrada persona de Fich-

[1] «Curriculum vitae», CE 344-345; GB 653-654.

te «a un auténtico filósofo y un gran espíritu».[1] En aquella época el autor de *La doctrina de la ciencia* pasaba por ser el gran continuador del pensamiento de Kant e impartiría cursos dedicados a estudiar la evolución de la teoría del conocimiento desde Descartes hasta «el momento presente», esto es, hasta desembocar en su propia teoría del «Yo absoluto».

Aparte de conocer a Fichte, Schopenhauer sentía mucha curiosidad por asistir a las lecciones del gran helenista Friedrich August Wolf (1759-1824), ante quien se presentó con una carta de recomendación de Goethe, obtenida merced a la intercesión de Johanna. Schopenhauer escuchó con interés sus lecciones sobre *Las nubes* de Aristófanes y las *Sátiras* de Horacio. Similar atracción despertó en él el seminario de otro gran filólogo clásico, August Boeckh (1785-1867), que versaba «Sobre la vida y los escritos de Platón». El entusiasmo que aún sentía por el gran filósofo ateniense le llevó a matricularse en las clases de Friedrich Ernst Daniel Schleiermacher (1768-1834). Aunque éste tenía fama de ser un gran teólogo, también era célebre por considerársele el mejor traductor alemán de los *Diálogos* más conocidos de Platón, una celebridad que se había granjeado principalmente debido a los elogios de su amigo Boeckh.

En suma, Schopenhauer llegó a Berlín ansioso por asistir a las lecciones de todos estos profesores, expertos en ciencias del espíritu, de los cuales esperaba obtener revelaciones maravillosas. Ello no le impidió mantener el contacto con las ciencias experimentales—tal y como revela su *curriculum*—, pues constituía un sano contrapeso de sus tendencias humanísticas y contemplativas. En su filosofía futura, Schopenhauer se mantuvo al tanto de los descubrimientos científicos

[1] Carta de Schopenhauer al profesor Johann Eduard Erdmann del 9 de abril de 1851. Schopenhauer era ya un filósofo conocido cuando Erdmann le pidió que le enviase «unos breves datos biográficos» sobre su vida. Véanse GB 261 y CE 595.

de su época; pocos filósofos habrá como él que los tuvieran tan en cuenta, pocos filósofos tan «materialistas» a fuer de metafísicos, aunque suene paradójico.

Tenemos que pasar por alto detalles sobre lo que aprendió Arthur en las clases experimentales, o con los filólogos y maestros tan admirados, sobre los que no han quedado apenas apreciaciones o críticas; en cambio, hay que resaltar qué sucedió con las expectativas del joven aprendiz de filósofo con respecto a las lecciones de las dos celebridades filosóficas que tanto interés mostró en frecuentar: Fichte y Schleiermacher.

La decepción del estudiante con la figura estrella de los filósofos de la época, Fichte, fue mayúscula: «La idolatría *a priori* que sentía por él pronto se transformó en desprecio y burla», escribió Schopenhauer años después, en la citada carta a Erdmann.[1] El carismático Fichte había proclamado en líneas generales que la filosofía kantiana—de la cual se confesaba gran admirador—tal como se había entendido en la época resultaba ser «el más aventurado engendro que la fantasía humana haya producido nunca».[2] De ahí que él propusiera una nueva forma de comprenderla, y en este sentido enseñaba una filosofía propia con la que aseguraba haber completado y superado el pensamiento kantiano, que desde su punto de vista se había quedado a medias. Fichte proponía el denominado «idealismo absoluto», según el cual el *Ich*—el Yo—se establecía como principio dinámico de la existencia, como la «cosa en sí» o el secreto desvelado del mundo. Sostenía que el fundamento del conocimiento debe buscarse en nuestro interior. Lo mismo que para Kant, también para Fichte la realidad es producto de una actividad constructiva del sujeto, es representación del sujeto, pero

[1] CE 595.

[2] J.G. Fichte, *Primera y segunda introducción a la teoría de la ciencia*, trad. J. Gaos, Madrid, Sarpe, 1984, p. 40.

anula la existencia de una «cosa en sí»; sujeto y objeto se explican por sí mismos al hallarse sintetizados en el Yo absoluto, que lo es todo, de él emana todo: el conocimiento tanto como la libertad; en el Yo absoluto se fusionan objeto y sujeto: representación y fundamento de lo representado; adiós a las categorías y a la crítica kantiana, ya no hay barreras para el Yo, omnipotente en su suprema síntesis del conocimiento y la realidad, de la libertad y hasta del derecho y la teoría política; todo ello cabía de sobra en su «teoría de la ciencia».

Nada más llegar a Berlín, Schopenhauer se matriculó en el curso que impartía aquel hombre rechoncho, de cara coloradota y espeso cabello erizado que era Fichte, y que se titulaba «Sobre los hechos de la conciencia». Al principio, el estudiante pareció hallarse muy interesado por lo que oía—hasta entonces no había leído ningún libro de Fichte—, pero después de haber asistido a apenas una decena de sesiones, en la segunda parte del curso, iniciado ya el semestre de invierno, en los apuntes que Schopenhauer tomaba de las lecciones empezaron a brotar aquí y allá algunas anotaciones marginales que denotaban un soberano aburrimiento o una colérica disidencia. Ésta es una de estas sintomáticas anotaciones: «Debo confesar que todo lo que aquí se dice me resulta muy oscuro. ¿Será problema de Fichte? ¿Será que me distraigo o que carezco de entendimiento? ¿O será que estoy aún demasiado preso en la doctrina elemental de Kant?».[1] Asimismo, durante el desarrollo de la decimoprimera lección, Schopenhauer apuntó con mucha gracia desesperada:

> En esta hora, aparte de lo aquí registrado, Fichte ha dicho cosas que despertaron en mí el deseo de ponerle una pistola en el pecho

[1] HN 2, 37-38. En este segundo tomo del legado manuscrito de Schopenhauer se recogen las anotaciones y protocolos de las lecciones a las que asistió en Berlín.

y decirle: «Ahora vas a morir sin piedad; pero, por el amor de tu pobre alma, dime si con este galimatías has pensado algo claro o simplemente querías burlarte de nosotros».[1]

Aquella suerte de «galimatías» conceptual esgrimido por Fichte desde la cátedra se convertía a menudo en un hilarante trabalenguas del que el estudiante Schopenhauer se mofaba, máxime cuando su joven espíritu estaba tan ávido de concreción y claridad. Un ejemplo palpable del sinsentido fichteano lo aporta la siguiente anotación: «El Yo es porque se sienta (o se pone) a sí mismo [*sich setz*], y se sienta a sí mismo porque es». Frente a semejante observación, el indignado estudiante dibujó una pequeña silla a modo de ilustración al margen del singular apunte. «El mirarse a sí mismo del ser como mirarse, para lo cual lo mirado en el mirar debe ser mirado de nuevo». Ante esto, Schopenhauer propuso en una anotación marginal situar semejante mirada entre dos espejos para facilitarle el trabajo de mirarse.

Cuando Fichte anunció que las clases versarían sobre su «Doctrina de la ciencia» (*Wissenschaft-lehre*)—tal era el pomposo nombre que daba al conjunto de su sistema—, Arthur anotó que más bien tendría que anunciar el curso como *Wissenschaft-leere*, esto es, «vacuidad de la ciencia».[2] Tampoco faltaron en la misma página de estos apuntes unos versos harto elocuentes de *Fausto*: «El hombre suele creer por lo general cuando oye sólo palabras que también tendrán que contener algo de pensamiento».[3] «Esto es locura, pero con método», anotaría también más adelante en remedo de Shakespeare.[4] Y otro día en que Fichte disertaba sobre la «simple y pura visibilidad del yo», Schopenhauer comentó: «Puesto que el profesor estuvo muy ocupado diseccionando

[1] HN 2, 41. [2] HN 2, 29.
[3] HN 2, 42. Para los versos, véase J. W. Goethe, *Fausto*, vv. 2565 y ss.
[4] HN 2, 82.

la visibilidad pura, se olvidó de mandar que encendiesen las bujías y no pudimos seguir tomando apuntes».[1]

Con todo, la centena de apretadas páginas de apuntes sobre las clases de Fichte que se conservan prueban que Schopenhauer siguió los cursos del célebre filósofo con la intención de comprender sus palabras, pero que le resultó imposible tomarlas tal cual y tuvo que pasarlas por el tamiz de su propio criterio filosófico, bastante aguzado ya a esas alturas después de haber asimilado la lectura de las obras de Kant, que constituían a la par la supuesta base filosófica de la que pretendía partir Fichte. El joven Schopenhauer había sabido servirse de su propio criterio a la hora de enfrentarse a un pensamiento ajeno; del galimatías fichteano extrajo una soberana lección: la confusión de conceptos, el lenguaje enrevesado y oscuro lo único que delatan es un pensamiento falso y hueco, confuso. «Quien piensa bien escribe y habla bien», sostendría en el futuro; Fichte no ejemplificaba ni lo uno ni lo otro.

El curioso estudiante sólo tomaría de aquel filósofo confuso e hiperromántico matices para pulir su propio concepto de «representación» (*Vorstellung*), abandonando el kantiano «fenómeno sensible», «aparición» (*Erscheinung*), que tenía asumido desde su primer encuentro con la filosofía.[2]

En el semestre de verano de 1812, Schopenhauer asistió a las lecciones de Schleiermacher sobre «Historia de la filosofía en la era del cristianismo». El aclamado profesor, predicador protestante y a la par insigne traductor de Platón, lo desencantó tanto como Fichte. Arthur esperaba profundizar bajo su auspicio en el conocimiento del neoplatonismo, la patrística y la escolástica, pero se desilusionó al descubrir en él, antes que a un verdadero pensador, a un simple «cura diletante» que pretendía dárselas de filósofo. Contra-

1 HN 2, 194.

2 Véase R. Zimmer, *Arthur Schopenhauer…*, *op. cit.*, p. 79.

rio a Kant y creyente de la «revelación» como fuente segura de conocimiento, el autor de los *Monólogos,* el célebre hermeneuta del Nuevo Testamento, de ninguna manera podía satisfacer las ansias de conocimiento de Arthur, absolutamente seguro de que el criticismo kantiano era la única base desde la que era obligado partir para comenzar a filosofar. Desde este presupuesto, a la afirmación vertida en una de sus clases por el piadoso profesor: «La filosofía y la religión no pueden subsistir la una sin la otra: nadie puede ser filósofo sin ser religioso. Y viceversa, el religioso deberá afanarse también por hacerse cargo de las tareas de la filosofía», Schopenhauer opuso una tajante anotación marginal: «Nadie que sea religioso acude a la filosofía: no la necesita. Nadie que filosofe de verdad es religioso, pues camina sin necesidad de andaderas, peligrosamente, pero en libertad».[1] Arthur volverá sobre el mismo pensamiento en una de sus notas marginales a la lectura de las obras morales de Kant: «Sé religioso y reza; o sé filósofo y piensa: pero sé sólo una de las dos cosas, según tu naturaleza y tu cultura».[2] Otro apunte revelador de esta profunda desilusión de Schopenhauer lo refleja un comentario a una lección que Schleiermacher impartió sobre los pensadores «nominalistas» de la Edad Media:

> Todos esperábamos con sumo interés esta lección, pero Schleiermacher puso todo su celo en demostrarnos que los «nominalistas» no valen ni un céntimo, y los trató como si fuesen los más crueles asesinos. Esto se debía, obviamente, a que él, como cura que es, no quiere de ninguna manera que Dios se le escape.[3]

El «beato» Schleiermacher se ganó definitivamente todo el desprecio de Schopenhauer cuando éste supo por boca de su admirado August Wolf que el predicador en realidad no había leído en serio a los autores escolásticos y que hablaba

[1] HN 2, 226. [2] HN 2, 259. [3] HN 2, 228.

de ellos sin propiedad ni riguroso conocimiento.[1] Wolf, por cierto, se permitía hacer chistes de mal gusto sobre lo *cheposo* del estilo literario de Schleiermacher y la chepa física del clérigo—que daba clases en el aula contigua a la suya—, al que también llamaba «el pequeño» sin que ello le pesara; una fea actitud por parte de Wolf que años más tarde Schopenhauer llegaría incluso a elogiar—«cuando uno descubre a un farsante en una reunión de personas honestas, bien está arrojarlo por las escaleras; lo mismo debe hacerse con los hueros profesores de Filosofía», dijo.[2] Con el tiempo, también Schopenhauer llegaría a ser un maestro del insulto procaz y de todos los colores.

UN «SISTEMITA»

Cuenta Gwinner que en Berlín Schopenhauer se entregaba con suma intensidad—¡cómo no!—a la lectura. De esta época dataría su conocimiento de Montaigne y Rabelais, por ejemplo, pero también un intenso estudio de las obras de Schelling, que conocía superficialmente desde su época de Gotinga. La mística de la naturaleza orquestada por éste y por el otro gran filósofo romántico, Fichte, parece haber sedu-

[1] Al mismo tiempo que acudía a las lecciones de Schleiermacher, Schopenhauer asistió a las de Wolf sobre historia de la Antigüedad. Wolf era un profesor muy respetado y Schopenhauer lo admiraba y lo tenía en muy alta estima, al contrario que a Schleiermacher. Gwinner cuenta en la primera edición de su biografía (*Arthur Schopenhauer aus persönlichem Umgang dargestellt*, Fráncfort del Meno, Waldemar-Kramer, 1987, p. 47) que el propio Wolf sostenía que Schleiermacher no había leído a los autores escolásticos sobre los que versaban sus clases, afirmando abiertamente que «hablaba de ellos sin conocerlos». Esta «magna obra» que suponía la lectura completa de la obra de tales autores se la atribuía Wolf únicamente al gran estudioso de la filosofía Dietrich Tiedemann; Schopenhauer también terminó por despreciar a Schleiermacher con este argumento.

[2] LF 165.

cido al joven Schopenhauer; que el universo fuera caracterizado por el autor de *El alma del mundo* como un inmenso organismo que se desarrolla tanto física como psíquicamente parece haber dejado alguna huella en él. Sin embargo, también al poco tiempo Schelling y su misticismo serían declarados inservibles por Schopenhauer para una auténtica explicación objetiva de la realidad; sus teorías le parecieron poco menos que un bonito sinsentido y un ingenioso absurdo nacidos de la mente de un mistagogo. Con todo, a Schopenhauer le llamó la atención la expresión de Schelling «intuición intelectual». Por medio de este tipo de intuición, el ser humano tenía acceso al universo suprasensible de la cultura, la belleza y el bien, en sentido platónico. La cultura y la ciencia, el orden moral del mundo, son manifestaciones de algo *divino* que escapa a nuestra percepción, pero que percibimos a pesar de todo. ¿Dónde radica el misterio de dicha percepción?

Mediante la lectura el estudiante «continuaba observándose y conociéndose a sí mismo» como aconsejaba la máxima de su admirado Marco Aurelio. De este modo, apartado del mundo aunque residiera en la populosa capital prusiana, en soledad casi siempre, a menudo feliz con su nueva tarea pero también melancólico debido a su carácter taciturno y tormentoso, Schopenhauer fue fortaleciendo su conciencia filosófica. Lo guiaba el afán genuinamente humano de saber en el sentido más aristotélico del verbo, es decir, de comprender y explicar el misterio de la existencia en su totalidad.

El gran Kant, con las limitaciones que había impuesto a la «filosofía dogmática» (la que pretende explicarlo todo del modo más sencillo, esto es, remitiendo las dudas más grandes a la existencia de entidades tales como Dios o el alma y creyendo que la realidad «es» tal como aparece ante nuestros ojos), continuó obsesionando a Schopenhauer: ¿cómo superarlo? ¿Cómo filosofar desde él y ya sin él?, se preguntaba. Pero también continuó siendo su principal fuente de inspiración; de ahí que, junto a anotaciones sobre Schelling y demás lecturas, Arthur siguiera emborronando cuadernos con multitud de notas críticas y observaciones sobre la filosofía de aquél. Y, manteniéndose en la estela kantiana, se acercó a Locke y a Hume, autores a los que dedicó un buen elenco de notas.

En los apuntes consignados por el estudiante Schopenhauer en 1812 aparece en varias ocasiones un concepto que en principio no proviene de ningún filósofo de los citados, y que resulta clave para comprender qué se estaba gestando en su mente con respecto a su incipiente pensamiento autónomo: nos referimos al concepto de *das bessere Bewußtseyn*, que puede traducirse como 'la conciencia mejor'. Acaso sea éste el primer concepto eminentemente filosófico que acuñó el joven en los albores de su filosofar, y constituye el embrión de una filosofía propia. Schopenhauer oponía esta «conciencia mejor» a la «conciencia empírica», y suele considerársela como la forma primordial transitoria de lo que en su sistema filosófico definitivo sería caracterizado como ese estado en que el «sujeto puro del conocimiento» supera las barreras del espacio, el tiempo y el principio de causalidad y se convierte en una suerte de «pansujeto»—o sujeto omnisciente—meramente contemplador. Opuesta a la mencionada «conciencia empírica», la «conciencia mejor» simbolizaría y comprendería el ámbito espiritual de la vida del ser humano, esos «instantes del arte, la religión, el amor puro», y constituiría una primera formulación metafórica con la que designar el ámbito en el que puede darse la superación de lo que más adelante Schopenhauer llamaría «la voluntad de vivir», esto es, de lo instintivo, lo que condena al hombre a sumergirse en lo material, a naufragar y a enfangarse en la «conciencia empírica». En este sentido, Arthur anotaba lo siguiente:

La conciencia mejor que hay en mí me eleva a un mundo en el que no hay ni personalidad ni causalidad, ni objeto ni sujeto. Mi

> esperanza y mi fe descansan en que esa conciencia mejor (más allá del mundo de los sentidos y de la temporalidad) llegue a ser mi único estado futuro.[1]

Sin duda, en tal concepto se cuelan ecos de Fichte (la «conciencia más elevada») y de Schelling (la «intuición intelectual»), pero con él Schopenhauer tanteaba la elaboración de su propio lenguaje filosófico.

En otro apunte titulado «Un sistemita»[2]—fechado igualmente en 1812—, Schopenhauer esbozó la idea de que el fin último de la naturaleza es «la vida» y que el ser humano, como el animal más consciente de la creación, «deberá querer lo que la naturaleza quiere, esto es, crear y prodigar la vida». Nuestra «voluntad pura» hallará placer estético en la contemplación de lo que la vida quiere. El joven filósofo seguía experimentando y aclarándose: se gestaban conceptos nuevos, se palpa en sus anotaciones la tensión de un comienzo.

Poco después, aunque ya con fecha de 1813, apareció en los cuadernos de notas la palabra «querer» (*wollen*), tan fundamental para su futuro sistema de filosofía. Es una aparición vehemente, entre exclamaciones: «¡Querer! ¡Una gran palabra! ¡Fiel en la balanza del Juicio Final! ¡Puente entre el Cielo y el Infierno!».[3] «Conciencia mejor», «conciencia empírica» y «querer» son conceptos que remiten al antiguo conflicto entre contemplación y deseo, entre Cielo e Infierno, y que irán adquiriendo unos rasgos propios e independizándose como si fueran personajes de una novela, cada cual con su propia vida y su destino propio.

De modo que, poco a poco y tras mucho trabajo de lectura y reflexión, Schopenhauer iba construyendo su propia idea del mundo y buscando explicaciones a sus preguntas filosóficas más candentes. A estas alturas parecía tener claras algunas cosas, por ejemplo, que el mundo que denominamos

[1] HN I, 42. [2] HN I, 34. [3] HN I, 55.

real, el de nuestra experiencia diaria y cotidiana, es un mundo aparente, de representaciones, y que con él no concluye lo esencial, sino que en cierta manera la esencia se esconde tras él; es, además, el lugar del engaño, la ilusión y el dolor. Ha de haber otro mundo mejor en el que imperen la verdad y la ausencia de sufrimiento. E igual que tenía claras algunas ideas, también tenía preguntas que responder, por ejemplo: ¿qué leyes gobiernan el ámbito de los fenómenos, de la representación? ¿Habrá un camino que, escapando a dichas leyes, conduzca a ese otro mundo mejor? ¿Habrá una manera de paliar el dolor de la existencia? Y, sobre todo, ¿cómo será ese otro lugar en el que ya no impere el dolor? ¿Será el mundo de las Ideas de Platón, será la «cosa en sí» de Kant?

En el interior de aquel filósofo primerizo se estaba gestando algo cuyo alcance y proporciones desconocía, pero con fuerza suficiente como para terminar encarnándose en una totalidad con sentido. También en 1813 anotó:

Entre mis manos, o más bien en mi espíritu, crece una obra, una filosofía en la que ética y metafísica constituirán una *unidad*, puesto que hasta ahora se las ha separado erróneamente, lo mismo que en el ser humano se ha separado la mente del cuerpo. La obra crece, se concreta poco a poco y despacio, como el hijo en el vientre materno: no sé qué se forma primero y qué después, tal como sucede con el hijo en el vientre de la madre.

Descubro *un* miembro, *un* receptáculo, *una* parte tras otra, es decir, escribo sin cuidarme de saber cómo ha de encajar cada una de éstas finalmente en la totalidad, aunque bien sé que todas han surgido del mismo origen. De este modo se constituye un organismo y sólo uno así constituido puede vivir. Algunos opinan que basta urdir un hilo en alguna parte y después anudarlo, y uno detrás de otro, en bonita y ordenada hilera, y tejiendo e hilvanando, concluir del fino hilo la obra completa, una media; como Fichte (la comparación es de Jacobi): pues se equivocan.[1]

[1] HN I, 55, también para las citas siguientes.

Y añadía: «Intuyo mi obra y sólo puedo decir, como la madre: "Me siento fructificar"». Schopenhauer carecía de un método concreto y sistemático para crear su obra, pero era consciente de que algo de aquélla se iba fraguando en su interior. «Mi espíritu toma su alimento del mundo, a través de mi inteligencia y mis sentidos, y éste proporciona a la obra un cuerpo; sin embargo, no sé por qué esto ocurre precisamente a través de mí y no de los otros, que toman el mismo alimento». En suma, se creía un elegido de la inspiración. Desde que comenzó a estudiar, estuvo convencido de haber nacido para destacar en cualquier disciplina que eligiera, se veía capaz de superar a todas las personas que se consagrasen a ella y que sólo obtendrían resultados mediocres en comparación con los suyos.

Por eso en 1813 Schopenhauer sabía ya que su «criatura», por cuyo nacimiento lo sacrificaría todo, iba a ser tan extraordinaria que le brindaría la admiración de sus congéneres. Fue a partir de esta época cuando comenzó a dar con mayor firmeza unos pasos que lo conducirían a la concepción de un sistema propio de filosofía, comparable a un gran organismo que había que entender como una metáfora cuasipalpable del mundo y la realidad, de la existencia entera: pues no otra cosa iba a reflejar su sistema filosófico sino la «realidad entera». Cualquiera que se adentrase en los intersticios de semejante construcción teórica debía comprenderla de una vez por todas.

La tarea que se había impuesto estaba reñida con todo aquello que pudiera distraerlo de culminarla, de ahí que necesitara la tranquila soledad y la paz exterior para consagrarse a la forja y concepción de su universo filosófico; éste se asemejaba más a la expresión intuitiva de un artista genial, de un artista plástico o un poeta visionario, que al sistema pensado con la lógica calculadora de un hábil tejedor de velos conceptuales semejante a un Schleiermacher—cuyo apellido significa literalmente eso—o a un Fichte, filósofos a los que

Schopenhauer no deseaba parecerse de ninguna manera, puesto que al rasgarse los velos que ellos tejían sólo se veía un pasmoso vacío.

HAZAÑAS BÉLICAS Y COMBATES FAMILIARES

En la primavera de 1813 la tranquilidad de Schopenhauer se vio seriamente amenazada por sucesos completamente ajenos a su persona, y propios de los «tiempos de hierro» en que le tocó vivir. Había empezado a estudiar en unos años turbulentos y marcados políticamente por la refulgente y sangrienta estrella de Napoleón Bonaparte. Tras la batalla de Lützen (2 de mayo de 1813), de dudosos resultados tanto para los prusianos como para los franceses, Berlín se vio seriamente amenazada por las tropas del emperador francés. Apenas unos meses antes, con ocasión de la derrota de los franceses tras retirarse de Moscú en diciembre de 1812, el pueblo alemán, vasallo de Napoleón desde 1806, había comenzado a rebelarse y a preparar su propia «guerra de liberación».

Justo en aquella primavera de 1813 el ardor guerrero de los alemanes hizo presa tanto en las clases populares como en las más acomodadas. Ante el peligro que corría Berlín de ser asaltada y ocupada, también los estudiantes y los profesores de su magna universidad se enrolaban como voluntarios en el ejército o prestaban sus servicios en las milicias civiles. Insignes catedráticos como Wolf, Savigny, Solger o Fichte se paseaban aquellos días portando armas (se conserva una caricatura de la época que muestra a este último filósofo, rechoncho y bastante desfavorecido, con lentes y gruesa barriga, portando dos pistolones al cinto, en posición de firmes y sosteniendo un largo sable en la mano). Semejante ajetreo le resultaba extraño a Schopenhauer, enfrascado como estaba en la filosofía y absorto en sentar los cimientos de lo que veía ya como un futuro sistema de pensamiento. Con todo, también él habría de pagar su tributo al momento histórico; cuenta Gwinner que se compró un fusil y un espadín con tahalí; regaló un sable a un compañero de estudios pobre y donó dinero para equipar a un soldado.[1] Pero él no cayó presa del furor patriótico; a semejanza de su admirado Goethe, defensor a ultranza de Napoleón, el joven Schopenhauer era ajeno a cualquier clase de nacionalismo, al fin y al cabo, según manifestación propia, se había quedado «sin patria» en su infancia y jamás había vuelto a tener una, tal y como aseguró en su *curriculum*; así que no veía la necesidad de salir corriendo a dejarse matar o matar a otros por aquella quimera de la «nación»; él tenía algo mucho más importante en lo que emplear su precioso tiempo.

Hacía poco que Schopenhauer había concluido sus estudios de Filosofía—la carrera académica con sus lecciones y exámenes—y estaba a punto de coronarlos doctorándose en la Universidad de Berlín. En aquella primavera de delirio nacionalista de 1813, el filósofo investigaba y tomaba notas para iniciar su tesis doctoral o «disertación», como se denomina en alemán. Pero con la universidad vacía y la ciudad a punto de ser bombardeada o sitiada por los franceses, el ambiente que allí reinaba era el más inadecuado para aislarse y consagrarse a la creación filosófica. El caos imperaba en Berlín y los heridos llegaban a riadas; a consecuencia de la escasa higiene y los malos cuidados, se declaró el tifus. La esposa del aguerrido Fichte, entre otras muchas personas sanas, murió ese mismo año al contagiarse por cuidar a los enfermos en los lazaretos y pocos meses después, en 1814, su marido sucumbió a la misma enfermedad. Frente a semejante panorama, el precavido Schopenhauer optó por abandonar Berlín con el objetivo de ir en pos «de las musas, ahuyentadas por el estrépito de la guerra»; decía que estos estandartes (los de las musas) eran los únicos que él se sentía obligado a se-

[1] GW 81.

guir, según le escribió ese mismo año al decano de la Facultad de Filosofía de Jena.[1] En realidad, tan sólo le interesaba una cosa: solventar cuanto antes el trámite académico de la tesis doctoral y, ya avalado por su título de doctor en Filosofía, comenzar de una vez con paso firme la construcción de un sistema de pensamiento con el que esperaba asombrar al mundo, pues, como ya apuntamos, se proponía resolver sus más intrincados enigmas.

En un principio pensó establecerse en Dresde, pero esta ciudad estaba aún más amenazada que Berlín, por lo que terminó trasladándose a Weimar. El viaje hasta la pequeña corte ducal fue arriesgado; la comarca hervía de soldados napoleónicos que a cada paso lo conminaban a detenerse e identificarse y, como lo oyeron hablar en perfecto francés, hasta lo obligaron a ejercer de traductor en una pequeña ciudad ocupada. Finalmente pudo llegar a Weimar, donde pensaba establecerse al menos durante una temporada. Pero nada más llegar se encontró con una amarga sorpresa.

> Una vez en la ciudad, ciertos contratiempos ocurridos en casa de mi madre, donde me había hospedado, me abrumaron tanto que tuve que buscar otro lugar de refugio, por lo que me trasladé a Rudolstadt. Allí pasé el resto del año en una pensión, el sitio más adecuado en aquellos tiempos turbulentos para un hombre sin hogar.[2]

Los «contratiempos» en el hogar materno tenían nombre propio: Georg Friedrich Conrad Ludwig Müller von Gerstenbergk (1780-1738), archivero y consejero de gobernación de la corte de Weimar, un joven que por aquel entonces se alojaba en régimen de alquiler en casa de Johanna.

[1] Carta de Schopenhauer al decano de la Facultad de Filosofía de Jena, Rudolstadt, 24 de septiembre de 1813. CE 203; GB 4-5. El texto original de la carta está en latín.

[2] «Curriculum vitae», CE 345; GB 654.

Hacía tiempo que la consejera áulica Schopenhauer se había mudado a una vivienda más espaciosa—también en Weimar, por supuesto—, la denominada Rußisches Haus, en la plaza del Teatro (en la actualidad se alza allí el Theatercafé), ubicada a mano derecha del enorme edificio del gran teatro municipal y enfrente del Wittumpalais. La casa se dividía en dos plantas y Gerstenbergk ocupaba las habitaciones de la planta superior. El inquilino era un mozo apuesto de treinta y cuatro años que hacía sus pinitos como poeta y escritor y se interesaba por las bellas artes, así que compartía afinidades electivas con Johanna. Por lo demás, se comportaba como si fuera la sombra de su anfitriona, de manera que las lenguas maliciosas de la pequeña ciudad insistían en que eran amantes.

Por aquel entonces Johanna contaba cuarenta y ocho años y era poco menos que una matrona corpulenta, pero acababa de debutar como escritora con cierto éxito. Aquel debut literario le sobrevino de forma imprevista. Su entrañable amigo, el erudito y escritor Ludwig Fernow, había muerto en diciembre de 1808, prácticamente en sus brazos, pues Johanna lo había acogido en su casa durante la larga y penosa enfermedad que le condujo a la muerte. Fernow dejó dos hijos pequeños, huérfanos también de madre, y numerosas deudas. El editor de las obras del fallecido, el célebre Cotta, llegó a un acuerdo con la señora Schopenhauer para que escribiese una biografía del amigo, pero sin cobrar honorarios; a cambio, Cotta se haría cargo de las deudas del erudito, además de interceder para que sus pequeños fueran educados por cuenta de la corte de Weimar. Johanna aceptó y, ayudándose de los diarios y el legado póstumo de Fernow, aconsejada por Goethe y gracias a su talento como narradora, en 1810 publicó *Carl Ludwig Fernow's Leben* ('Vida de Carl Ludwig Fernow'), que sería la primera de sus numerosas obras.

Cuando Arthur llegó a Weimar, encontró a su madre concentrada en la redacción de un nuevo libro, el primero de una serie de memorias de viajes que le reportarían cuantiosos lectores: *Erinnerungen von einer Reise in den Jahren 1803, 1804 und 1805* ('Recuerdos de viaje de los años 1803, 1804 y 1805'). Johanna revisaba y ampliaba las notas de viaje que tomó durante el gran periplo europeo de aquellos años en compañía de su hijo y de su marido.

En su euforia literaria la acompañaba y apoyaba Gerstenbergk, quien ahora sustituía al desaparecido Fernow en el papel de amigo ilustrado de la señora de la casa.

Johanna había conocido a Müller von Gerstenbergk durante una estancia en el balneario de Ronneburg. El joven no provenía de alta cuna, pero había conservado el *von* de la nobleza que había adoptado un tío suyo que sí era noble. Gerstenbergk tenía mucho éxito con el bello sexo y gozaba de la reputación de seductor. Por lo demás, era buen conversador y exhibía ambiciones literarias; de ahí que también resultase atractivo para Johanna. La atracción debió de ser mutua; al fin y al cabo, ella era una mujer ilustrada, gran conversadora, brillante en sociedad y rica. Poco después de conocerla, el apuesto diletante—doce años menor que ella—abandonó a una joven amante y se trasladó a Weimar, a casa de Johanna, quien lo acogió en pensión. Allí disponía de un piso entero para él solo, independiente de la planta baja en la que vivía su anfitriona. Por Weimar también corrían rumores de un próximo enlace matrimonial de la consejera áulica con el joven. Éste pronto disfrutó también de títulos. Goethe, que en materia de escándalos amorosos no tenía nada que reprochar a nadie y era muy liberal, intercedió para que el duque Carlos Augusto tomase bajo su protección al despabilado inquilino de Johanna; así que en poco tiempo recibió el cargo de archivero privado de la corte, un título que Gerstenbergk luciría con desparpajo y aplomo.

Por aquel entonces, Goethe se mantenía un tanto alejado de la vida social y apenas animaba como antaño las veladas de Johanna; el poeta había envejecido y pasaba mucho tiempo en casa o en los baños termales, así que no podía ejercer como mentor de aquella matrona con ínfulas de artista. El archivero áulico, en cambio, comía a diario con Johanna y gozaba de su confianza incluso en lo relacionado con las cuestiones de la vida doméstica. Además, como hemos dicho, los unía la literatura. Johanna sobreestimaba la capacidad literaria de Gerstenbergk; sin ir más lejos, lo consideraba con posibilidades suficientes como para erigirse en el sucesor de Goethe de la próxima generación.[1] En 1814, el joven literato publicaría un libro titulado *Kaledonische Erzählungen* ('Relatos de Caledonia') y disfrutaría de cierto éxito. Con todo, no pasaría de ahí, y si su nombre ha quedado como brevísima nota al pie de la historia es únicamente debido a su relación con Johanna. Ésta sí obtuvo fama como escritora, al menos hasta su muerte; una vez fallecida, también se la olvidó. Leídas hoy, sus novelas y libros de viaje aportan una visión de primera mano de la sociedad cultivada y pudiente de mediados del siglo XIX; Johanna se limitaba a describir con mucho sentido y dotes de observación lo que había visto viajando, o imaginaba historias un tanto complicadas y enrevesadas, ambientadas en la sociedad burguesa que la rodeaba y a la que ella pertenecía, captada con realismo. Goethe elogió en *Gabriele* (1818), novela más conocida, precisamente el hecho de que todo estuviese como «calcado de la realidad».

Que ambas «almas bellas»—Johanna y Müller—fueran realmente amantes es algo que no se deduce de los testimonios epistolares con los que contamos, ni tampoco de ningún otro documento que pudiera revelar el grado de intimidad al que llegaron. Sólo quedan las especulaciones. Los biógrafos tampoco se atreven a ir más allá de lo demostrable con documentos. Carola Stern, por ejemplo, considera que Johanna era una mujer «poco sensual», más inclinada a la lite-

[1] Véase R. Zimmer, *Arthur Schopenhauer…*, *op. cit.*, p. 91.

ratura que a iniciar una aventura de amor incierto con el archivero; cree posible que estuviera enamorada de Fernow, pero no de Gerstenbergk. A decir de Robert Zimmer y de Gabriele Büch (biógrafa de Adele Schopenhauer),[1] Johanna quería que su amigo literario se casase con Adele, pero a ésta no le atraía la perspectiva. Suponen también que el hecho de que Johanna admitiera a Arthur en su casa a la par que a Gerstenbergk era el modo más evidente y directo de acallar las habladurías; el hijo debía ser testigo de lo inmaculado de las relaciones entre su madre y el inquilino. Pero Arthur sí tenía sobradas razones—ya fueran reales o imaginarias—para sentirse herido y escandalizado por la amistad de su madre y Müller. Ante todo, el hijo le reprochaba a ésta que con semejante relación mancillaba la memoria del esposo muerto, al cual, según él, debía guardar fidelidad absoluta, y en todos los sentidos del término. Aparte de esto, Arthur veía con malos ojos al intruso, porque advirtió enseguida que iba ganando terreno en el afecto de la madre conforme él mismo lo perdía de manera inequívoca e irremediable. Es plausible aventurar que el adusto filósofo sintiese celos del intruso al observar que usurpaba un lugar junto a Johanna que sólo le pertenecía a él como único varón y primogénito de la familia.

No se ha conservado ninguna carta ni de Johanna ni de Arthur fechadas durante la estancia de éste en Berlín. Quizá cruzaran muy pocas, lo que demostraría que durante dicho período su relación también habría sido poco afectuosa. Igualmente carecemos de testimonios sobre este breve paso de Arthur por Weimar, pero es seguro que entre madre e hijo se produjeron escenas desagradables, aunque quizá no tanto como las que acontecerían un año más tarde.

[1] Véase G. Büch, *Alles Leben ist Traum, Adele Schopenhauer. Eine Biographie*, Berlín, Aufbau, 2002, p. 36.

Arthur no se alojó en Weimar, sino que se recluyó en la cercana Rudolstadt a fin de buscar en aquel «remanso» la paz que no encontraba en casa de su madre:

> Allí pasé el resto del año en una pensión, el sitio más adecuado en aquellos tiempos turbulentos para un hombre sin hogar. Por lo demás, aunque estaba cómodamente instalado, sufría mucho y me encontraba muy abatido, sobre todo porque veía que mi vida había llegado a un punto en el que se me exigían dotes muy distintas de las que poseía. Por otra parte, en mi retiro de Rudolstadt me sentía subyugado por sus incomparables delicias. Puesto que toda mi naturaleza rechazaba lo militar, era feliz al no ver a ningún soldado ni oír redoble alguno de tambores en aquel verano funesto; rodeado como estaba por valles y montañas cubiertas de bosques, podía entregarme sin tregua, inmerso en una profunda soledad, a los más remotos problemas e investigaciones sin que nada me distrajera ni dispersara. Para la consulta de libros tenía a mano la cercana biblioteca de Weimar.[1]

En su apartada Arcadia, Schopenhauer concluyó la tesis doctoral, que llevaba por título: «Sobre la cuádruple raíz del principio de razón suficiente» (*Ueber die vierfache Wurzel des Satzes von zureichenden Grunde*), abrigando todavía la esperanza de regresar a Berlín para defenderla allí y doctorarse. Pero como las circunstancias bélicas le impedían viajar a la capital prusiana, optó por enviar su trabajo por correo a la cercana Universidad de Jena solicitando que se le otorgara allí—aunque *in absentia*—el título de doctor en Filosofía. En octubre de 1813, después de que un tribunal de catedráticos hubiese examinado y aprobado la tesis, le fue remitido el título también por correo; la calificación que obtuvo fue la

[1] «Curriculum vitae», CE 345-346.

máxima: *magna cum laude*. Ningún profesor puso objeciones a una tesis doctoral que Schopenhauer consideraba absolutamente irreprochable, original y novedosa, y cuya aportación principal consistía en una crítica clara y contundente de la prueba kantiana de la ley de causalidad.

Con aquel trabajo sobre una cuestión filosófica tan «técnica» como el análisis y explicación de la cuádruple raíz, el recién estrenado filósofo estaba poniendo los cimientos de su futuro sistema de filosofía, en concreto, la parte gnoseológica o de teoría del conocimiento; aun así, todavía no era plenamente consciente de ello, tal y como había manifestado al referirse a la gestación de su «criatura». Sería plenamente consciente de lo que emprendía con su tesis doctoral al cabo de tres o cuatro años, conforme iba refinando y ordenando el disperso conjunto de sus pensamientos hasta engarzarlos en el anhelado sistema filosófico que finalmente tendría que adoptar la forma de un «todo orgánico».

El flamante doctor mandó imprimir de inmediato y a su costa una tirada de quinientos ejemplares de la tesis doctoral en una imprenta de Rudolstadt y remitió uno de aquellos libritos a todos sus conocidos, Goethe, Schulze y Schleiermacher entre ellos. Sólo le hizo acuse de recibo Schulze, quien le escribió el 21 de enero de 1814 transmitiéndole su admiración por el escrito; además, redactó una pequeña reseña del trabajo para una revista especializada; pero, en definitiva, el breve tratado de título extraño no obtuvo ningún eco en los círculos de eruditos y filósofos, que eran quienes mejor podrían haber apreciado sus virtudes: todas, según su autor.[1]

[1] La edición Hübscher de las obras completas de Schopenhauer reproduce el texto íntegro de la tesis doctoral: «*Ueber die vierfache Wurzel des Satzes vom zureichenden Grunde.* Eine Philosophische Abhandlung von Arthur Schopenhauer, Doktor der Philosophie, 1813», vol. VII, pp. 3-94. Schopenhauer revisó su tratado en 1846 y volvió a publicarlo en 1847 con importantes modificaciones. Esta versión es la que suele leerse (las versiones castellanas de las que disponemos se basan en ella), habiendo quedado

Para explicar brevemente en qué consistía la tesis de Schopenhauer, bastará decir que se centraba en el análisis minucioso del denominado principio «de razón suficiente»; se trata del principio filosófico por excelencia y su fórmula más general reza así: «Nada es sin una razón—o fundamento [*Grund*]—por la que es», lo cual equivale a decir que «todo lo que es tiene una razón de ser», que lo que hay—lo que existe—responde a un fundamento. Dicho principio, afirmaba Schopenhauer siguiendo a Kant, constituye la ley *a priori* por excelencia de nuestro conocimiento, y rige la relación del conocer «por excelencia», la relación del sujeto y el objeto, inseparables uno del otro, inconcebibles el uno sin el otro.

Desde semejante punto de vista, el principio de razón suficiente se erige en el principio general que rige todas las ciencias y lo invocamos en cuanto formulamos la pregunta fundamental de todo el ámbito del saber humano: la pregunta por «el porqué» de los acontecimientos y de las relaciones de los hechos en general.

Schopenhauer exponía en su tesis que el principio de razón tiene cuatro formas de especificarse y que cada una de ellas responde a una manera de preguntar «por qué», tanto en el ámbito de las ciencias como en el de la filosofía o en el de cualquier saber humano. Helas aquí:

1. Preguntamos por la razón de que sucedan las cosas; es decir, por una *razón del acontecer* que nos remite al plano de los objetos de la experiencia,[1] a los hechos sensibles y acontecimientos (al preguntar así, nos remitimos a la «ley de causalidad», *a priori* en la constitución cerebral humana).

2. Cuando nos adentramos en el plano de los objetos del conocimiento, es decir, el ámbito de los conceptos y los jui-

---

la obra primitiva relegada a mera curiosidad para eruditos; pero esa primera versión resulta imprescindible para conocer la evolución del pensamiento del filósofo pesimista antes de *El mundo como voluntad y representación*.

[1] SW VII, *De la cuádruple raíz*..., §§ 18-19, p. 21.

cios, no preguntamos por la razón de que las cosas sean, sino por las razones que aportamos para decir que son de tal o cual modo; esto es, preguntamos por una *razón del conocimiento* o *razón de la verdad de un juicio*.[1]

3. En el ámbito de la aritmética y la geometría puras,[2] rige una denominada *razón de ser*, a la que invocamos cuando hacemos preguntas del tipo: «¿por qué al número 1 le siguen el 2, 3, 4…?», «¿por qué todo triángulo trazado desde cualquier punto de un círculo hasta los puntos extremos del diámetro tiene un ángulo recto?». Esto es algo que sólo se puede demostrar por la manera de ser del espacio percibido o de la sucesión temporal (merced a los *aprioris* del *espacio* y el *tiempo* en la constitución cerebral del ser humano).

4. Finalmente, hay un plano distinto al de los anteriores: el que se refiere al ámbito de la interioridad del sujeto, «el sujeto que es conocido como ser volente»[3] y no como otra cosa. Las preguntas dirigidas a este denominado «objeto de la intimidad», la pregunta por la razón de una acción, inquiere por los *motivos* que indujeron al sujeto a realizar dicha acción.

Así pues, correlativamente a estos cuatro tipos de «objetos» por los que inquirimos—los acontecimientos, los conceptos, la aritmética y geometría puras y el sujeto volente—, deben especificarse cuatro maneras de preguntar, y éstas ayudarán a establecer las cuatro clases de raíces del principio de razón suficiente.

Schopenhauer observaba que a lo largo de la historia de la filosofía se habían soslayado estas divisiones específicas, de manera que filósofos y científicos habían inquirido por las «razones» y los «fundamentos» de las cosas, por las «causas», por los «motivos», sin saber exactamente a qué tipo de razón suficiente o «por qué» estaban apelando y a qué plano de la realidad pertenecía la respuesta que podía ofrecerse; lo mezclaban todo en sus respuestas y creaban confusiones que fi-

[1] *Ibid.*, § 27, p. 49. [2] *Ibid.*, § 36, p. 59. [3] *Ibid.*, § 42, p. 69.

nalmente desembocaban en percepciones e ideas de la realidad—nosotros mismos y el mundo en general—completamente distorsionadas.

Así, un filósofo que se preguntara por la razón de la existencia del mundo (*razón del acontecer*) y respondiese: «Dios es la razón de su existencia», en verdad estaría inquiriendo sin saberlo por la *razón de conocimiento*, y respondería en un plano conceptual al que aplicaba erróneamente la ley de causalidad, únicamente válida para la primera clase de objetos: es decir, para los hechos de la experiencia y todo tipo de acontecimientos y hechos sensibles. Que supieran a qué plano de la realidad se remitían y qué leyes específicas invocaban al formular preguntas y al aventurar respuestas era algo que el neófito Schopenhauer exigía instaurar como imperativo ineludible para los filósofos venideros por el bien del conocimiento, la filosofía y las ciencias.

La tesis doctoral hacía gala de otros logros que serían básicos para la filosofía posterior de Schopenhauer: por ejemplo, la relación entre sujeto y objeto. El sujeto «volente» que hemos mencionado es idéntico al sujeto cognoscente o «del conocimiento»; el joven autor celebraba semejante identidad de ambos sujetos denominándola «el milagro por excelencia».[1] En cuanto *cognoscente*, el sujeto está unido de manera inseparable al objeto conocido, y fuera de esta relación sujeto-objeto, que es indestructible, no existe posibilidad de conocimiento alguno. De este razonamiento Schopenhauer extraía la conclusión de que es absurdo atribuir a un «sujeto absoluto» la preeminencia sobre los objetos que conoce, sobre la «realidad objetiva», como testimonia el idealismo; o, atribuir al «objeto» la preeminencia sobre el sujeto, como suponen los materialistas: «sin sujeto, no hay objeto, y viceversa».

El sujeto que conoce (un sujeto que posee un «cuerpo» y

[1] *Ibid.*, § 43, p. 73.

que es «volente») está encadenado al objeto conocido, y dicho objeto lo está al sujeto, de ahí que el sujeto conozca un mundo objetivo o mundo de las «representaciones», fuera del cual no puede haber nada conocido, nada que quede excluido de la «representación», fuera de ella; es decir, ninguna idea o imagen mental, ninguna «función cerebral» (*Gehirnfunktion*). Schopenhauer demostraría esto de manera definitiva en su obra magna, años después. Una de sus tesis principales será la siguiente: el mundo *es*, existe, mientras hay un cerebro que se lo representa, fuera de ese cerebro *no hay* mundo tal y como lo conocemos.

El joven filósofo sostenía que también Platón había expresado algo parecido, aunque de forma alegórica, en su célebre «mito de la caverna»;[1] con su excelente metáfora ilustraba algo similar a lo que pretendía exponer él mismo, es decir, que el mundo que los hombres ven y se representan es *su mundo* y únicamente ese mundo; nadie podrá afirmar de manera absoluta y demostrable que sea el único ni el verdadero.

El mito presenta a unos prisioneros encadenados en el interior de una caverna. Se hallan allí desde la infancia, y están amarrados de tal manera que únicamente pueden dirigir la vista al frente. Detrás de ellos, a cierta distancia, se sitúa un gran fuego, y en el espacio intermedio entre los prisioneros y la hoguera discurre un camino flanqueado por un muro de escasa altura. Numerosas personas transitan por el camino portando sobre sus cabezas o a las espaldas objetos variados, así como diversas estatuas con forma de seres humanos y animales, de modo que dichos objetos y figuras asoman por encima del muro, el cual terminaría siendo «como el biombo que los titiriteros levantan delante del público para mos-

[1] Platón transmite el mito por boca de Sócrates en el libro VII de *República*, 514a-518a. Schopenhauer expresó en varios pasajes de sus obras su admiración por este relato.

trar por encima de él a sus muñecos».[1] La luz del fuego, al iluminarlos, proyecta sus sombras justo sobre la pared hacia la que miran los prisioneros. Puesto que algunos de los porteadores hablan entre sí, los prisioneros perciben también palabras—ya que la pared posee una excelente resonancia—, pero las atribuyen a las sombras que observan delante de ellos, creyendo que son aquéllas las que hablan y se comunican entre sí. Ahora bien, como los prisioneros nunca han visto más que la caverna y sólo el mundo de las sombras, creen que este mundo subterráneo y esas sombras constituyen la realidad. Toman las sombras por lo que existe de verdad y para ellos constituyen «el mundo real», el de su avatar cotidiano.

La «realidad» de los seres encerrados es la realidad-sombra, pues es lo único que perciben. Esas sombras conforman el ámbito de lo que conocen, su ciencia y su saber son ciencia y saber de sombras. Platón denominó a este saber únicamente restringido a la realidad conocida por los prisioneros, a esta alegoría del mundo en que vivimos los seres humanos, *doxa* u 'opinión'.

Ahora bien, hay otro ámbito—u otro plano—desconocido por los prisioneros, el de «fuera de la caverna», lo que Platón denominó «mundo verdadero»; éste es el ámbito o el plano de la *episteme*, o de la verdadera ciencia, imperceptible y desconocida para los prisioneros tal y como se hallan encadenados en la caverna. Para ilustrar esto último, el mito prosigue contando cómo uno de los presos es liberado de manera inesperada y se le obliga a que mire alrededor de la caverna y vea a los porteadores, así como a que observe los objetos que llevan. A continuación lo conducen al mundo exterior, el mundo bañado por la luz del sol. Primero se resiste a aceptar lo que ve, pero pronto se adapta y termina por reconocer la existencia del mundo de la superficie; de ahí a

[1] Platón, *República*, 514b.

reconocerlo como el «mundo verdadero» en contraste con el mundo de penumbra y sombras parlantes de la caverna sólo hay un paso. Asombrado, el exprisionero se percatará de que el sol es la fuente de vida de todo, como el fuego de la caverna lo es de las sombras del interior. Se percatará también de que desde la infancia no ha vivido en el ámbito de las cosas reales iluminadas por el sol, sino que ha permanecido encadenado en un mundo ilusorio, creado merced a la luz artificial de la hoguera que lo proyectaba hacia el interior de la caverna. Hasta aquí, Platón.

Volviendo a la tesis doctoral de Schopenhauer, añadiremos que su estudio sobre la cuádruple raíz también pretendía esclarecer y establecer las condiciones del preguntar, de toda pregunta que se formulase en el ámbito de la ciencia y la filosofía. Quería determinar, asimismo, qué *aprioris* básicos condicionan nuestra manera de conocer, o lo que es igual, qué *aprioris* determinan nuestro cerebro, la máquina maravillosa en la que nos representamos el mundo, este mundo que conocemos y que está condenado a ser de una manera y no de otra precisamente por la inmutabilidad y necesidad de las leyes que rigen nuestro conocimiento. En esto Schopenhauer se mantenía fiel por completo a Kant, aunque pretendía ir un poco más allá de él con sus nuevos descubrimientos.

Este mundo cerebral—que sólo *se da* ahí, en el cerebro—, el mundo de la representación, será parangonable al mundo de sombras platónico. En suma, lo que Schopenhauer pretendió estudiar, analizar y determinar en su primer trabajo filosófico de envergadura era ni más ni menos que la naturaleza del modo de conocer, a la par que la naturaleza del propio conocimiento, dominantes en el ámbito interior de la caverna; Schopenhauer no trataba de saber aquello que queda fuera de dicha caverna, puesto que ni siquiera puede ser *conocido*, ya que escapa a la determinación del principio de razón y sus raíces, determinantes del conocimiento.

Y por eso se podría considerar esta cuádruple raíz como la semilla [*Keim*] más íntima de toda dependencia, relatividad, inestabilidad y finitud de los objetos de nuestra conciencia, limitada a sensibilidad, entendimiento y razón, sujeto y objeto; o como la semilla de aquel mundo que el sublime Platón rebajó repetidamente a la condición de *lo que deviene continuamente pero nunca es*, cuyo conocimiento sólo sería una *representación unida a la percepción sensible no racional*, mundo al que el cristianismo, muy acertadamente [...], llama *lo temporal.*[1]

El denominado «mundo temporal» es otra metáfora que a Schopenhauer le sirve para ilustrar de nuevo lo que en sus cuadernos de apuntes denominó el orbe de la «conciencia empírica», que él opone a la «conciencia mejor» (respectivamente, el mundo de la caverna y el mundo de fuera de la caverna, el mundo exterior iluminado por la luz solar; o también: las condiciones de la representación cerebral y un supuesto *más allá* de dicha representación, imposible para el ser humano); pero en realidad se trataba de una reelaboración propia de la división platónica entre el mundo de las apariencias y el real.

El ámbito sometido a las leyes específicas del *principio de razón* es autónomo y muy distinto del otro ámbito «desconocido» e imposible de «conocer» para el ser humano (ya que es un ámbito en el que *no hay* sujeto ni objeto), el de la *episteme* platónica o el ámbito de la «cosa en sí de Kant». Schopenhauer lo llamará en su obra capital el ámbito o el plano de la *voluntad*, del que trataremos más adelante.

Con sus reflexiones sobre la cuádruple raíz, el joven filósofo se acercaba también a otra metáfora muy querida para él: la vida como un breve sueño y la muerte como un despertar. Es sueño nuestra vida al encerrarse en nuestro cerebro y

[1] SW VII, *De la cuádruple raíz...*, § 59, p. 92. Para la cita de Platón, véase *Timeo*, 28a.

sus *aprioris* que la determinan: la cuádruple raíz con su principio de causalidad y el espacio y el tiempo *a priori*; tales leyes *a priori* permanecen, funcionan y actúan en el interior del cerebro, no son aplicables a algo que supuestamente pudiera existir fuera de él; es decir, semejante aparato formal que rige el orbe entero de nuestro conocimiento no se puede aplicar fuera del mundo creado por el binomio sujeto-objeto, o lo que es lo mismo, *fuera del sueño que sueña el sujeto mientras vive*. Lo que quede y exista más allá de ese sueño, si es que hay algo—llámese *una cosa en sí*, un *Dios*, una *vida eterna* o incluso el *nirvana* que anhelan alcanzar los meditadores zen y los budistas—, no puede ser conocido desde estos presupuestos meramente humanos.

En la primera edición de la tesis doctoral, Schopenhauer empleaba significativamente una cita de Séneca: *Somnium narrare vigilantis est* ('Narra el sueño quien está despierto').[1] Justo éste es el papel que parecía atribuirse a sí mismo Schopenhauer: él querría ser el «despierto», quien narre el sueño de los hombres en la vida y, más adelante, la vida como el sueño de la *voluntad*. Consecuente con esta idea, ya en esta primera edición de su tesis doctoral anunciaba el advenimiento de una obra de mayor envergadura que habría de emprender en el futuro «y cuya íntima relación con el presente escrito se asemejará a la del sueño con el despertar».[2] En ella trataría de ética y de estética a fin de demostrar que «la esencia más íntima del artista y la esencia más íntima del santo son una y la misma»; artistas y santos serían «los despiertos» por excelencia, las encarnaciones más sublimes del prisionero liberado de Platón, que disfruta de la gracia de ver el mundo exterior de la caverna y descubre a la par el engaño del que son presa sus compañeros de cautiverio.

El propio Schopenhauer se veía a sí mismo, en cuanto fi-

[1] Véase Lucio Anneo Séneca, *Cartas a Lucilio*, 53, 8.

[2] SW VII, *De la cuádruple raíz...*, § 58, p. 91.

lósofo, como un expresidiario liberado de la caverna de la humanidad; su propósito filosófico sería el de contar «el sueño» esforzándose por proporcionar las claves que aportasen al resto de sus congéneres la posibilidad de disfrutar de un adecuado despertar. Pero todavía tendrían que transcurrir cerca de cinco años para que el filósofo pudiera sostener en sus manos su *opus magnum* flamante y con olor a imprenta.

LOS «MOLESTOS AGUAFIESTAS»

«Cuando llegó el invierno mi apartado refugio me pareció muy triste, y además aparecieron los primeros militares, de modo que me trasladé de nuevo a Weimar, donde permanecí todo el invierno».[1] Esto escribía Arthur en su *curriculum*. Su regreso a «la ciudad de las musas» en noviembre de 1813 marcó el principio del fin de su relación filial con Johanna; no obstante, allí permanecería hasta abril de 1814.

En cuanto llegó a Weimar, exultante de orgullo por su título, Arthur le mostró a su madre un ejemplar de su tesis doctoral. Al parecer, ella le preguntó bromeando si se trataba de «un escrito para farmacéuticos». El arrogante filósofo se tomó a mal la chanza y le respondió enojado que ese libro del que se burlaba era una obra filosófica, y que aún seguiría leyéndose cuando de los libros que ella escribía no se encontrase ni un solo ejemplar en ningún trastero. La madre se agrió a su vez y replicó: «Sí, pero de tu libro se encontrará aún la primera edición entera».[2]

[1] «Curriculum vitae», CE 346; GB 654.

[2] Véase G 17. Schopenhauer le contó la anécdota de viva voz a su biógrafo Gwinner, que la recoge en GW 85. La misma anécdota la refirió el filósofo varias veces, por ejemplo, a sus amigos Sigismund Ruhl, Frauenstädt y Von Hornstein, quienes la recogieron en sus recuerdos. Asimismo, en G 47, 228 y 350, respectivamente. Trad. española en *Conversaciones*, *op. cit.*, pp. 160 y 224.

Johanna nunca pareció entender ni dar importancia al genio filosófico de su hijo. La personalidad de Arthur, sus desplantes y censuras le resultaron demasiado molestos para que pudiera verlo desde un punto de vista objetivo y favorable, intelectual y artístico. Por lo demás, a Johanna nunca le interesó la filosofía. Ella se inclinaba, antes que por cuestiones abstractas o filosóficas, por asuntos de dominio público, como las relaciones afectivas, las «bellas letras» o el desempeño del arte como mero placer de diletante; éstas eran aficiones de las que su hijo siempre se mantuvo apartado. Arthur era de temperamento intelectual, dotado para la abstracción y las ideas; le impacientaban y aburrían los seres superfluos, aquellos que eran incapaces de producir ideas o pensamientos serios de manera constante. Mientras que a él le conmovían «las miserias del mundo», y cavilaba sobre su origen y solución, Johanna trataba de vivir lo mejor posible sin ocuparse de asuntos que la deprimieran o de problemas que no estaba en su mano solucionar. Madre e hijo exhibían dos temperamentos distintos y enfrentados: el desabrido y presuntuoso Arthur, el saturniano, y la práctica y animosa Johanna, el mercuriano. El vástago era pesimista por convicción y carácter, y la madre, una optimista de nacimiento.

A pesar de las desavenencias que se preveían entre ambos, Johanna permitió que Arthur se alojara en su casa, al menos por una temporada, aunque con la condición de que se comportase pacíficamente y contribuyese a pagar los gastos de su manutención y demás dispendios domésticos aportando una pequeña suma mensual.

Gwinner comenta que tampoco madame Schopenhauer era una mujer de trato fácil; parece ser que era parlanchina y su manera de hablar sorprendía desagradablemente. Al contrario de lo habitual entre personas cultivadas, solía hablar con un tono de voz demasiado elevado, costumbre que le había quedado del trato con su marido, duro de oído y prácticamente sordo al final de su vida. Estaba acostumbrada a acaparar la atención y a convertirse en el centro de las reuniones; sólo cuando Goethe se hallaba presente o venían de visita otras personas de alto rango intelectual, se mantenía discretamente apartada dejando actuar a «sus estrellas», consciente de que si brillaban en su salón, gran parte de su fulgor la iluminaría y ensalzaría también a ella.

Los incondicionales de Johanna la apreciaban por su simpatía y la admiraban cerrando filas a su alrededor; por ejemplo, el poeta Von Holtei, de paso en Weimar, elogió aquel círculo de cultura y amistad, y describía a la anfitriona como una «mujer sublime», cercana, amigable y hospitalaria.[1] Pero también provocaba animadversión en algunas personas que tuvieron ocasión de conocerla de manera ocasional. Testimonios de la pintora Luise Seidler o del naturalista Wilhelm von Humboldt y su esposa la retratan como una mujer pedante y sabihonda que les parecía antipática. En noviembre de 1808, Von Humboldt visitó en Weimar al enfermo Ludwig Fernow; sobre esta visita escribió a su mujer, Caroline: «La esposa de Fernow murió hace un año. Ha tenido el más triste de los destinos, vivió en Alemania como una extraña, y también su marido la abandonó, por así decirlo, puesto que se pasaba el día entero en casa de una tal señora Schopenhauer—en esta casa vive ahora—; es una de esas damas que quieren tragarse todas las ciencias». Más adelante, en 1809, Von Humboldt volverá a escribir a su esposa sobre Johanna: «Su figura, su voz y la entera afectación de su persona me resultan fatales; pero Goethe no se pierde uno de sus tés». El 22 de febrero de 1809, es Caroline la que le dice a su marido: «A esa Schopenhauer la odio de verdad. Una dama de tan vasta erudición es un tormento».[2] ¿La conocieron personalmente los esposos Humboldt o sólo se dejaban guiar por

[1] Para este comentario y los siguientes, véase GW 97-99.

[2] GW 99.

la animadversión que en aquel tiempo solía sentirse por las mujeres que hacían alarde de una cultura superior?

La mencionada pintora Seidler parece haber calado más el alma de Johanna, puesto que la acusaba de ser una mujer maligna; durante diez días que le había tocado hospedarse junto con ella en casa de unos amigos, en Dresde, durante el verano de 1810, por lo visto, la señora Schopenhauer no había dejado de zaherirla y atormentarla «ni un solo día» con gestos o palabras por envidia y rivalidad. Goethe, también allí de vacaciones, se había dado cuenta de la situación y había comprendido y amparado a Seidler en su desasosiego, sin embargo, fue incapaz de hacer el más mínimo reproche a su amiga.

El lado fuerte de Johanna, esa seguridad en sí misma de la que hacía gala, lo reforzaban los acólitos que la rodeaban, quienes elogiaban sus ocurrencias o escuchaban con gusto los relatos y las impresiones de sus viajes. «Johanna vivía más para el brillo exterior que para el cultivo de la personalidad interior», sentencia Gwinner. Y seguramente conoció bien este rasgo de su carácter por las descripciones de Schopenhauer.

Sea como fuere, la manera de ser de su madre—ese vivir siempre para el exterior y para los demás, buscando brillar a toda costa amparándose en las bellas artes o los viajes—desagradaba a Arthur. Éste se había convertido en un robusto joven de centelleantes ojos azules y rizado cabello rubio ceniciento, que lucía un bigotillo ralo y largas patillonas románticas, que adoptaba un aire trágico cuando callaba, pero que si discutía lo hacía como un volteriano, esgrimiendo ideas avanzadas y hasta escandalosas; le gustaba mostrarse insolente e irónico con el círculo de «literatos» que acompañaba a su madre en las contadas ocasiones que asistía a sus reuniones. Sólo respetaba al gran Goethe, cuyas obras admiraba, cuyos poemas leía con deleite o se sabía de memoria, y con quien pronto tendría una relación.

En enero de 1814, Arthur invitó a un amigo que conservaba de sus tiempos de estudio en Berlín a pasar unos días con él en Weimar. Se llamaba Josef Gans y también iba a alojarse en casa de Johanna. Este joven era judío, de familia humilde, y no tenía un céntimo; Schopenhauer corría con todos sus gastos, incluida la ropa, y lo abastecía con dinero de bolsillo; a cambio, el amigo era como su sombra, lo adulaba y secundaba todas sus opiniones. Gans llegó a Weimar en el peor momento posible: había una guerra abierta entre Arthur y Gerstenbergk. Desde que el primero comenzó a vivir en casa de su madre, en la que también residía el segundo en calidad de «amigo» incondicional de la anfitriona, comenzaron los roces entre ambos y al cabo de unos días desembocaron en franco conflicto; los insultos, los gritos y los portazos estaban a la orden del día, y el odio mutuo llegó hasta tal punto que Johanna tomó la determinación de impedir que su huésped y su hijo compartieran la mesa durante las horas de comer, además de conminarles a que procuraran verse lo menos posible.

En cuanto llegó Gans, se hizo cargo de la situación, y de inmediato tomó partido por Arthur detestando a Gerstenbergk tanto o más que su idolatrado mentor. Apoyándose el uno en el otro, los dos amigos se volvieron más insolentes y hasta llegaron a buscar al consejero para provocarlo abiertamente. Por lo visto, Arthur y su acólito se pasaban el día «filosofando» e incordiando con sus críticas y censuras a la vida que llevaban la anfitriona y su erudito chichisbeo.

Las opiniones políticas y sociales de ambos jóvenes tampoco eran las más «correctas» para la época—en realidad, se trataba de las opiniones de Schopenhauer secundadas por su corifeo—: ambos se mofaban constantemente del furor patriótico que parecía haberse cebado en los alemanes y arremetían contra la caterva de necios que vestían el uniforme o empuñaban las armas voluntariamente. También lanzaban invectivas contra las damas que fabricaban vendajes y organizaban colectas para pertrechar y asistir a los combatientes, actividades en las que Johanna había participado con entusiasmo en 1806, durante el saqueo de Weimar. Schopenhauer denostaba con desprecio el concepto de patriotismo, así como las ideas de gloria, honor o valentía militares; para él sólo existía una «patria espiritual», más inmensa que Alemania o cualquier otra nación, formada por los grandes genios y sus creaciones: la patria que conformaban las excelsas obras del espíritu. Tampoco concebía más gloria que aquella de la que eran acreedores esos mismos genios de todos los tiempos merced a sus hazañas espirituales.

En una época en la que «el destino» exigía acciones colectivas, Arthur detestaba todo lo que tuviera que ver con la colectividad: en su opinión, lo colectivo asfixiaba las cualidades individuales, la masa ensombrece siempre al individuo, y él se consideraba único e individual. Tampoco su idea de Napoleón coincidía con la que esgrimían los exaltados patriotas que lo rodeaban; Schopenhauer no consideraba al gran corso un dictador demoníaco, imagen encarnada del mal en el mundo y al que era obligado derrotar para que tornase la paz por doquier. Para el filósofo, el emperador francés era antes que nada una manifestación harto poderosa de la «voluntad de vivir» que, ciega y egoísta, bulle en cada uno de nosotros, es cada uno de nosotros. Dicha voluntad se expresaba a través de aquel único y poderoso individuo llamado Napoleón de forma muy violenta, pugnando por conquistar a través de él, de su egoísmo, una gran parcela del mundo. Era esa voluntad inmensa de la que todos participamos la que dictaba los hechos del gran Napoleón, tal y como anteriormente había dictado los de César o Atila.

Por ende, también los denominados «patriotas alemanes» eran manifestaciones, «fenómenos» de la misma voluntad de vivir que pugna en Napoleón al igual que en todo lo existente (como veremos más adelante); y tanto los unos como el otro eran sólo reflejos visibles de una idéntica voluntad universal de dominio. Schopenhauer ya atisbaba entonces una de las ideas estelares de su filosofía: que el en sí del mundo es voluntad, y que esta voluntad se manifiesta también en los seres vivos en forma de egoísmo y afán de poder. Los patriotas y Napoleón eran tan sólo manifestaciones del egoísmo y el afán de lucha de la voluntad generalizada, del en sí del mundo: un egoísmo ciego que por doquier pugna por devorar y dominar.

De manera similar a Hegel, quien al poner punto final a su *Fenomenología del espíritu* el 13 de octubre de 1806 en Jena vio en Napoleón algo así como la «personificación del alma-del-mundo» que en aquellos precisos instantes recorría a caballo la principal avenida de la ciudad,[1] Schopenhauer veía al corso como un símbolo pasajero y mutable de una ley superior inmutable: es la ley que dicta la «voluntad de vivir», en virtud de la cual cada parcela de vida, cada individuo que existe en este mundo se afana por mantenerse vivo y por acaparar la mayor porción de vida posible; y ello acontece merced al egoísmo cósmico característico de la voluntad, del que participan los seres individuales en cuanto están constituidos por esa misma voluntad.

Cada individuo real, viviente, «objetivado», cada ser humano lucha por pervivir y perseverar en su ser para seguir existiendo; así lo enunció un filósofo admirado por Schopenhauer, el judío Baruch de Spinoza, en su obra magna, la *Ética*: *Unaquaeque res, quantum in se est, in suo esse perseverare connatus*.[2] En virtud de esta ley, todo ser vivo se afana de

[1] «He visto al emperador—esta "alma-del-mundo"—recorriendo a caballo la ciudad para pasar revista a sus tropas. Es una maravillosa experiencia contemplar a semejante individuo, quien, concentrado aquí en un punto geográfico concreto, a lomos de su cabalgadura, extiende su brazo sobre el orbe y lo domina [...] Este hombre extraordinario a quien es imposible no admirar», citado en T. Pinkard, *Hegel, una biografía*, trad. C. García Trevijano Forte, Madrid, Acento, 2001, p. 303.

[2] «Cada cosa se esfuerza, cuanto está a su alcance, por perseverar en

manera completamente espontánea y natural en no perecer, esto es, en continuar satisfaciendo su egoísmo cósmico—y terrenal—el mayor tiempo posible, y esto es así se llame dicho individuo Napoleón o integre el grupo de sus opositores o el de sus víctimas. Y aún hay más: incluso existiendo multitud de individuos diferentes—la multiplicidad—, en realidad todos ellos sólo son distintos en cuanto fenómenos individualizados (en «apariencia», que diría Platón), pero como comparten una misma raíz en su fuero íntimo—esa voluntad de vivir—son idénticos en su esencia. Schopenhauer veía esta voluntad como un monstruo eterno e indiferenciado, quién sabe si influido por las palabras del joven y melancólico Werther en la obra homónima de Goethe: «[En la Naturaleza] no veo más que un monstruo que eternamente devora, que eternamente tritura y rumia».[1]

En suma, el hijo de Johanna aseguraba a quien quisiera oírlo que el mundo nunca sería «un país de Jauja»[2] por mucho que se derrotase a Napoleón y triunfaran los aguerridos patriotas de aquella nueva Alemania que pugnaba por su unificación; afirmaba que semejante triunfo tan sólo sería momentáneo e ilusorio desde el punto de vista de la eternidad; en resumidas cuentas, que únicamente habría de ser el triunfo de un egoísmo fuerte sobre otro egoísmo antagónico y que había perdido su fortaleza. Es decir, cambiaban las formas y los fenómenos individuales, pero permanecía eternamente el egoísmo cósmico de la sempiterna voluntad de vivir—del monstruo que clava los dientes en su propia carne—; tal es el fundamento cósmico y metafísico de los males del mundo.

---

su ser», Spinoza, *Ética,* parte III: «Del origen y naturaleza de los afectos», proposición VI.

[1] Véase J. W. Goethe, *Las penas del joven Werther*, introd., trad. y notas Luis Fernando Moreno Claros, Madrid, Gredos, 2002, p. 121. El joven Werther consigna sus reflexiones sobre su visión de la naturaleza el 18 de agosto.

[2] HN I, 202

Con semejantes razones, Schopenhauer reforzaba sus ideas pesimistas; en realidad, y dada la naturaleza inmutable del «en sí» de las cosas y de los seres humanos, al joven ceñudo le parecía que el mundo es una especie de gigantesco teatro en el que se representa una inmensa tragicomedia en cuya trama los mismos actores cambian constantemente de papel, y tanto les toca desempeñar el de reyes como el de regicidas: cambian los trajes, mientras la esencia íntima de todos ellos permanece inmutable. Desde esta perspectiva, el mundo será igual que un sueño soñado por esa inmensa y monstruosa voluntad de vivir: en él se suceden las imágenes de acontecimientos y personas con vertiginosa rapidez, pero fuera de su superficie de apariencia no son nada, tan sólo espuma.

En una de las primeras anotaciones de sus cuadernos de apuntes de juventud, Arthur consignó lo siguiente: «Para muchas personas, los filósofos son como esos molestos trasnochadores que les alteran el sueño»;[1] en definitiva, unos completos «aguafiestas». Quizá nada resulte más oportuno que esta observación para ilustrar su propia actitud en casa de su madre.

Tal explicitación del concepto de filósofo, en cuanto agente provocador y alterador de plácidos sueños, vocinglero en medio de las tranquilas y frías noches estrelladas de aquella Weimar soñadora, acabó por hartar a Johanna; así que, saturada de trasnochadores o aguafiestas por partida doble—«Gans se siente feliz al poder amparar en ti su cobardía innata, y te imita como un papanatas, pero sin tener tu talento», escribió Johanna a Arthur—, la consejera áulica terminó por invitar al hijo y a su «amigo israelita» a que abandonasen su casa.[2] Poco antes, Johanna había adoptado la costumbre de dirigirse a Arthur por escrito cuando pre-

[1] HN I, 16.

[2] Para conocer más detalles sobre este episodio, véanse las cartas de Johanna a Arthur escritas en Weimar probablemente hacia principios de abril de 1814. CE 219 y ss.

veía que el encuentro personal entre ambos iba a traer agrias discusiones o a empeorar aún más las situaciones desagradables; en esas ocasiones le hacía llegar las misivas a sus habitaciones mediante la criada, razón por la que nos ha quedado algún testimonio fiable de aquellas disputas, al menos por parte de Johanna. Asimismo, contamos con un valioso testimonio debido esta vez al consejero Müller von Gerstenbergk: el fragmento de una carta a un amigo, el oficial de cazadores prusianos Ferdinand von Heinke. Fechada el primero de marzo de 1814, muestra de manera explícita el ambiente que reinaba por aquellas fechas en el hogar de la consejera áulica. Escribe Müller:

> El filósofo [por Arthur] ejerce sobre mí su razón universal. Se ha traído consigo un judiito de Berlín, que es amigo suyo porque toma pacientemente su dosis diaria del laxante objetivo de la cuádruple raíz. De ustedes espera que el cuerpo del general Kleist tome París a fin de purgar a los franceses con este mismo laxante. El judío se llama Gans y con ese ominoso objeto-subjetivo se sienta a tomar el té con nosotros un verdadero No-Yo...

Lo chocante del asunto, aparte del abierto desprecio de Gerstenbergk por Arthur y su aversión antisemita hacia Gans, es que hasta la propia Johanna añadió una pequeña postdata: «Debería firmar sin más la carta de mi amigo, querido señor Heinke, pues no sabría decirle nada nuevo ni mejor de lo que él le escribe».[1] Magnífica, pues, la adhesión de Johanna a su amigo doméstico, y manifiesto asimismo el deprecio hacia los dos intrusos: el hijo y el amigo judío de éste.

En cuanto a Ferdinand Heinke, al que con tanta complicidad escribían Johanna y Müller, no era otro que el «jurista

[1] El fragmento de la carta de Gerstenbergk y Johanna lo ha recogido Angelika Hübscher en *Arthur Schopenhauer, Ein Lebensbild in Briefen*, Fráncfort del Meno, Insel, 1987, p. 53.

de Breslau y cazador voluntario», protagonista de un episodio real que vivieron Ottilie von Pogwisch y Adele Schopenhauer. Thomas Mann narró la aventura de las dos amigas en un entretenido pasaje de su novela *Carlota en Weimar*. Ambas muchachas, patriotas furibundas y entusiastas del alzamiento alemán contra Napoleón, se paseaban un día por el inmenso parque ducal de Weimar cuando, semioculto entre el follaje, encontraron a un apuesto muchacho que lucía uniforme prusiano, malherido por los franceses; había logrado arrastrarse hasta allí y esconderse. Poniendo en riesgo sus vidas, pues las tropas napoleónicas ocupaban Weimar y sus alrededores, las chicas lograron ocultar al herido en la ciudad, lo alimentaron y curaron en secreto durante varias semanas casi en las propias narices de los franceses. Una vez liberada Weimar de los opresores, Heinke permaneció allí durante algún tiempo hasta que tuvo que reincorporarse a su regimiento; se hizo asiduo del salón de Johanna y trabó amistad con Gerstenbergk. Ottilie y Adele se enamoraron perdidamente de él, puesto que para ambas representaba algo así como la encarnación perfecta de sus ideales de masculinidad, valor y solícita nobleza:

> Un joven hermosísimo, un miembro del grupo de héroes perseguido, el rubio y rizado cabello en desorden y pegado; una barba incipiente alrededor de la cara de noble corte, cuyas mejillas rojas por la fiebre contrastaban de un modo terrible con la palidez de cera de la frente; el uniforme mojado y embarrado, tieso por estar ya medio seco, y manchado, especialmente en las partes de abajo, por la sangre también medio seca.[1]

A pesar de estar herido, medio muerto, el apuesto militar bromeaba sobre su situación y exhibía destellos de inusitada y elegante cortesía para con sus jóvenes salvadoras: eso las

[1] Véase T. Mann, *Carlota en Weimar*, trad. F. Ayala, Barcelona, Edhasa, 1992, p. 175.

cautivó por entero. Nunca lo olvidarían y su imagen encarnaría para ellas el símbolo de la felicidad imposible. Ottilie, la más guapa de las dos, se casaría años después con el hijo de Goethe, August, un bala perdida de carácter endeble al que la joven—que por lo visto resultó ser frígida como un témpano de hielo—no amó lo suficiente y a quien hizo todavía más desgraciado. Adele Schopenhauer, que era poco agraciada físicamente, después de haber padecido algún enamoramiento frustrado a lo Werther—pero sin suicidio—permanecería soltera de por vida.

A comienzos de abril de 1814, tras una discusión que debió de ser más violenta de lo habitual, Johanna decidió de manera irrevocable que Arthur y Gans tenían que abandonar su casa. Tras el primer estallido de la tormenta, le escribió al hijo comunicándole que las guerras napoleónicas habían provocado una tremenda carestía y que a ella le resultaba imposible hacer frente a los enormes gastos de la casa incluso contando con la cantidad de dinero que él le daba. Además, le recriminaba al hijo su manera de comportarse en casa, lo mismo con ella que con los demás:

> Naturalmente, tu comportamiento no siempre me gusta del todo. Me parece demasiado negativo, demasiado despreciativo con los demás, demasiado sentencioso sin necesidad y, para mi gusto, sermoneas en exceso. Esto no quiere decir que preferiría que fueras un servicial húsar, sino simplemente que tu manera de ver las cosas y el celo con que tratas de imponer tus ideas a los demás me disgustan [...] Creo que deberías dejar que los demás hagan lo que les plazca, como ellos dejan que tú hagas lo que se te antoja.[1]

Johanna le conminaba a marcharse sin prisas, pero que contara con ello para comienzos de mayo: estas palabras las pronunciaba el 10 de abril.

[1] Carta de Johanna a Arthur, Weimar, 10 de abril de 1814. CE 223.

Arthur no quería irse ni antes ni después, así que le propuso a Johanna elevar la cuantía del hospedaje y portarse mejor; ella aceptó a regañadientes. Pero su forzosa capitulación sólo consiguió prolongar la convivencia unos pocos días más, hasta que el estallido de la última disputa—que debió de ser violenta en extremo—la convenció definitivamente de que debía librarse de su hijo expulsándolo de su casa, y esta vez de manera tajante, sin dilaciones.

Dicha disputa estalló porque el hijo había acusado a su madre de malversación de fondos y de dilapidar parte de la herencia de Adele, junto a otra cantidad de dinero asignado como pensión a la abuela materna. Las tres últimas cartas que se conservan de Johanna a Arthur datan del 17 de mayo de 1814; la agitación y el enojo con que fueron escritas son evidentes:

> La puerta que con tanto estrépito cerraste ayer tras comportarte tan indignamente con tu madre se ha cerrado para siempre entre tú y yo. Estoy cansada de soportar tus malas maneras, me voy al campo y no regresaré hasta saber que te has marchado; se lo debo a mi salud, pues una segunda escena como la de ayer podría provocarme un ataque de apoplejía que quizá resultaría mortal [...] No es Müller, te lo juro ante Dios, en quien creo, quien te separa de mí, sino tú mismo, tu desconfianza, la censura de mi vida y de la elección de mis amigos, tu desdeñoso comportamiento conmigo, el desprecio que muestras hacia mi condición de mujer, tu negativa manifiesta a contribuir a mi felicidad, tu codicia, tu mal humor, al que das rienda suelta en mi presencia sin la menor consideración hacia mí... Todo esto y mucho más es lo que ha terminado convenciéndome de tu maldad y distanciándonos, si bien no para siempre, sí hasta que vuelvas arrepentido y dispuesto a portarte mejor, en cuyo caso te acogeré con benevolencia, pero si prefieres seguir siendo como eres no quiero volver a verte jamás [...] No te maldigo, pero el sentimiento con el que me separo de ti no puede traerte fortuna.[1]

[1] CE 227-228.

Ese mismo día hubo un trasiego de documentos entre el gabinete de Johanna y la habitación del hijo: había que solventar algunas formalidades ineludibles relacionadas con la herencia paterna. Luego, Johanna concedió tres días a Arthur para que abandonase su casa y le prohibió que volviera a escribirle o que intentase verla:

> Deja aquí tu dirección, pero no me escribas, a partir de ahora ni leeré ni contestaré tus cartas, en este punto se separan nuestros caminos, lo escribo con profundo dolor, pero no queda otro remedio si quiero conservar la salud y la vida. Así pues, todo ha terminado. He dado órdenes para que hasta el jueves por la mañana se te siga sirviendo en mi casa como de costumbre. Deja que nos separemos en paz, ya que no podemos vivir juntos, y no trates de forzar ningún otro encuentro que pudiera causarme una muerte súbita. Me has hecho demasiado daño. Sé tan feliz como puedas.[1]

Otros asuntos burocráticos que quedaban pendientes entre la madre y el hijo relacionados con la mencionada herencia paterna y con respecto a la entrega de algunas pertenencias de Arthur los tratarían ya solamente mediante sus respectivos abogados.

Después de aquellos acontecimientos, Johanna y Arthur no volvieron a verse jamás. Hubo alguna comunicación escrita entre ambos, en tono frío y distante—o con intercesión de Adele—cuando fue necesario a causa de asuntos pecuniarios, y sólo casi al final de su vida Johanna volvió a comunicarse con su hijo con cierta cordialidad. Adele, inteligente pero sometida a la madre, sufrió con las desavenencias de ambos. Actuó como intermediaria entre ellos siempre que se lo pidieron, mientras que por su cuenta mantuvo una amistosa correspondencia con Arthur, con quien siempre se había llevado bien, aunque a menudo interrumpida por largas

[2] CE 229.

temporadas de silencio y hasta por reproches de su hermano, que en ocasiones la acusaba de ser demasiado partidaria de la madre. Volvieron a verse un par de veces, pero se comportaron como extraños, se sentían más libres en las cartas. Como sabemos, Arthur acusaba a su madre de haber dilapidado la fortuna paterna y de haberse quedado también con la parte que le correspondía a Adele. En *Parerga y paralipómena* figura un malicioso capítulo, el XXVII, «Sobre las mujeres»; sus pocos parágrafos son de una sustanciosa y feroz misoginia. Es fácil adivinar, tras las generalizaciones sobre el bello sexo, la inquina particular del autor contra Johanna; el último apartado del capítulo viene aquí muy a cuento para ilustrar las acusaciones que Arthur había vertido sobre su madre:

> En el Indostán no hay ninguna mujer que sea alguna vez independiente, sino que siempre está bajo la vigilancia del padre, o del marido, o del hermano, o del hijo. Que las viudas se incineren con el cadáver del marido es, ciertamente, indignante; pero que ellas se gasten con su amante el patrimonio del marido, que él ha adquirido con el esfuerzo de toda su vida, confiando en que trabajaba para sus hijos, también es indignante. *Mediam tenuere beati* ['Los felices se atienen al justo medio'].
>
> [...] Las mujeres nunca deberían disponer libremente del patrimonio heredado, como capital, casas, tierras, etcétera. Aristóteles expone en la *Política*, II, 9, las grandes desventajas que tuvieron los espartanos al haber reconocido demasiados derechos a las mujeres, pues éstas podían acceder a la dote y a la herencia y no tenían grandes obligaciones. ¿Acaso no fue la creciente influencia de las mujeres en Francia a partir de Luis XIII la culpable de la paulatina corrupción de la corte y del gobierno, que causó la primera revolución de la que han surgido los posteriores movimientos subversivos? [...]
>
> Que la mujer, por naturaleza, está destinada a obedecer, se reconoce en que, cuando una de ellas se queda en la situación antinatural de completa independencia, no tarda en unirse a un hombre

por el que se deja dirigir y dominar; porque ella necesita de un amo. Si es joven, es un amante; si es mayor, un confesor.[1]

La denostada Johanna siguió gozando de unos años de fulgurante brillo como escritora en Weimar, hasta poco antes de la muerte de Goethe, en 1830; después su estrella literaria comenzó a declinar. Gerstenbergk mantuvo su amistad con las dos damas Schopenhauer hasta su boda, en 1825, no con Adele, como habría sido el vivo deseo de Johanna, sino con una joven aristócrata de Weimar. Y justo en ese mismo año de 1825 aparecerá en la vida de Johanna—quien contaba ya con sesenta años—otro amigo fiel: Karl von Holtei, al que Carola Stern describe como «un apuesto varón de treinta años que acababa de enviudar». Von Holtei era autor teatral, aunque mal actor; en cambio, tenía gran talento como recitador. Johanna encontró en él otra de sus almas afines, «el hijo anhelado que Arthur pudo ser y nunca fue», según Carola Stern. El agraciado joven era afable, de talante positivo y optimista; compartía con Johanna el amor por la literatura y el arte, escuchaba sus consejos y él mismo recordó tras la muerte de ella que la había querido «como a una madre»; todo lo contrario que Arthur.

La actividad que para Johanna había comenzado como una mera afición, la literatura, terminó por convertirse en una necesidad. Veremos que, debido a un revés financiero que afectaría tanto a ella como a sus hijos, terminó escribiendo para vivir. Ni los restos de la herencia de su marido ni la dote de Adele dieron para muchos años; con el tiempo, madre e hija tuvieron que marcharse fuera de Weimar; se instalaron en Bonn, donde la vida era más barata. Más tarde, terminaron residiendo muy modestamente en Jena, merced a una pequeña pensión vitalicia que el sucesor del duque de Weimar, el archiduque Carlos Federico, concedió a Johan-

[1] Véase PP II, cap. XXVII, § 371, trad. J. R. Hernández Arias.

na. En esa ciudad falleció la consejera áulica el 17 de abril de 1838, atendida abnegadamente por su hija, que la cuidó hasta el fin.

Arthur recibió la noticia de la muerte de su madre con aparente indiferencia; aunque, por lo visto, el filósofo siempre guardó junto a sus iconos más queridos—un busto de Kant, una estatua de Buda y el retrato de Goethe—un retrato al óleo de Johanna. Pero referirse a esto ahora supone adelantar demasiados acontecimientos; regresemos a Weimar, poco antes de que Arthur abandone definitivamente la casa de Johanna.

MAJER, EL «OUPNEK'HAT», DUPERRON

Mientras el airado filósofo permaneció en Weimar, durante parte del invierno y la primavera de 1814, no todo fueron disputas con su madre. En aquellos meses adquirió conocimientos que serían de gran utilidad para su futuro sistema de filosofía; entre otros muchos, se inició en los rudimentos de la antigua filosofía de la India—el brahmanismo—gracias a su amistad con el orientalista Friedrich Majer (1772-1818), quien por aquellas fechas residía también en Weimar, donde trabajaba como preceptor privado. Majer había sido discípulo de Herder y era autor de una *Historia de la filosofía de la India* prologada por su maestro. Más tarde, en 1818, el mismo año en que Schopenhauer presentó su *opus magnum*, publicaría la obra que iba a asegurarle un lugar relevante en la historia del orientalismo occidental: *Brahma o el brahmanismo como la religión de los hindúes*.

Este erudito amigo de Arthur aseguraba que para reconstruir la prehistoria de la religión y la filosofía occidentales había que recurrir a las fuentes que proporcionaban los antiguos textos religiosos de la India. Sostenía que los sacerdotes egipcios y los sabios de Grecia fueron influidos, directa o indirectamente, por el pensamiento primitivo de la India, de ahí que los fragmentos de sus teorías adquirieran mayor claridad y consistencia si se los exponía a la luz de las enseñanzas brahmánicas. Cuando Majer supo que Schopenhauer se concentraba en la lectura de las obras de Baruch Spinoza y Giordano Bruno, le recomendó que leyera algunos textos de la *Upanisad*, esto es, el conjunto de tratados filosóficos dialogados que interpretan o comentan los Vedas o el corpus sagrado de la India, asegurándole que le sorprenderían las similitudes que hallaría en aquellas creencias ancestrales descritas en la *Upanisad* con las más elaboradas de los dos autores que estaba leyendo, pero también con las ideas de Parménides, Platón y Kant.

Schopenhauer solicitó de inmediato a su maestro ocasional la referencia de una traducción a un idioma asequible para él de aquellos textos, escritos originalmente en sánscrito; fue entonces cuando el orientalista le recomendó la lectura del *Oupnek'hat*, libro que estaba en latín. Andando el tiempo, esta obra sería clave en la educación espiritual del filósofo pesimista. En la India del norte, el extraño título—que recuerda al de un libro extravagante, como por ejemplo el célebre e inexistente *Necronomicón* del escritor estadounidense de terror Howard Phillips Lovecraft—significa literalmente: «Upanisad»; es decir, el vocablo sánscrito (siempre femenino y siempre en singular) que, a su vez, expresa la acción de 'sentarse (*sad*) con devoción (*ni*) junto (*upa*) a un maestro para escuchar de su boca las enseñanzas secretas'. De ahí que la sabiduría que revelaban los textos de la *Upanisad* se considerase de carácter iniciático, no accesible ni transmisible a cualquiera. A través de cientos de diálogos de diversa extensión entre un maestro y un discípulo, en la *Upanisad* se transmitía «la mayor de todas las sabidurías»; a saber: el conocimiento de la esencia última de la realidad y, en definitiva, de las claves para resolver el enigma de la existencia, lo cual concordaba muy bien con el anhelo que inflamaba la imaginación filosófica del joven Schopenhauer.

Arthur pidió prestado en la biblioteca ducal de Weimar aquel misterioso *Oupnek'hat.* La obra se presentaba en dos gruesos tomos de más de ochocientas páginas cada uno que recogían cincuenta upanisad, «las más relevantes y más filosóficas». El autor de aquella traducción del sánscrito al latín había sido un orientalista francés de cierto renombre, desaparecido hacía poco más de un lustro: Hyacinthe Anquetil Duperron (1731-1805), que presentaba la obra en el prólogo como un compendio de «sabiduría oculta».[1]

Duperron fue un hombre ilustrado y curioso. Parisino de nacimiento, había sido también un hijo del «siglo de las Luces», ferviente admirador de su contemporáneo Voltaire y de sus magníficos *Cuentos orientales.* Fascinado por la idea de la libertad de culto y la religión natural, al igual que un verdadero *philosophe*, quiso indagar más allá de los límites de las

[1] La referencia completa de esta obra, según la edición que Schopenhauer dejó en su biblioteca al morir, y que era idéntica a la edición que tomó prestada en la biblioteca ducal de Weimar, es *Oupnek'hat (id est, secretum tegendum): Opus ipsa in India rarissimum, continens antiquam et arcanam, seu theologicam et philosophicam, doctrinam, e quatuor sacris Indorum Libris, Rak Beid, Djedjr Beid, Sam Beid, Athrban Beid, excerptam; Ad verbum, e Persico idiomate, Samskreticis vocabulis intermixto, in Latinum conversum; Dissertationibus et Annotationibus difficiliora explanantibus, illustratum: studio et opera Anquetil Duperron.* Vols. I y II, 24, CXII, 736, y XVI, 880, 36 pp. Index. Argentorari: Levrault 1801. (HN 5, 338). En 1881, veinte años después de la muerte de Schopenhauer, el orientalista y doctor en Medicina Franz Mischel, gran admirador del filósofo pesimista, tradujo al alemán la versión latina de Anquetil del *Oupnek'hat* «desde el mismo ejemplar que Schopenhauer consultó en la biblioteca de Dresde». La referencia de esta nueva traducción, absolutamente fidedigna, la encontrará el lector en el apartado «Bibliografía», así como en la nota siguiente a ésta. Por otra parte, Volker Spierling ha señalado que la primera traducción alemana de la versión latina de Duperron data de 1808 (publicada en Núremberg) y la firmó el también orientalista Thaddae Anselm Rixner. No se sabe si Schopenhauer tuvo noticia de ella, pues nunca la mencionó.

creencias establecidas en Europa interesándose por las ideas filosóficas de la India, convencido de que su descubrimiento y divulgación serían un estímulo para el pensamiento occidental. Vivió en la India desde 1754 hasta 1761; allí aprendió el persa moderno y rudimentos del antiguo, pero no llegó a aprender sánscrito, pues tuvo que regresar a París a raíz de la guerra entre Francia e Inglaterra, que afectó a las colonias de ambos contendientes. En la capital de Francia publicó una traducción del *Zend Avesta* o *Libro de Zoroastro*, y se ganó la vida como intérprete y traductor de lenguas orientales. En 1775 un ministro francés que regresaba de la India le regaló la copia de un antiguo manuscrito en persa: el *Oupnek'hat*. Aquel extraño regalo traería inesperadas consecuencias.

Hacia 1650 el sultán persa Mohamed Daraschekoh, en su intento por conocer doctrinas religiosas secretas que le desentrañasen misterios que no le resolvían ni el Corán ni los Evangelios, se interesó por la antigua sabiduría de la India, es decir, por el Veda, el corpus sagrado. Pidió a los doctos que lo instruyeran en los contenidos esenciales de los cuatro grupos de escritos que lo componen (*Rig-Veda*, *Yajur-Veda*, *Sama-Veda* y *Atharba-Veda*) y, aconsejado por eruditos versados en el sánscrito, ordenó traducir algunas de esas enseñanzas al persa compilando así el *Oupnek'hat*. El sultán murió a manos de un hermano suyo, pero el libro sobrevivió y terminó circulando por toda Asia en copias manuscritas. Duperron recibió una de estas copias como regalo de su amigo el ministro.

Cuando estalló la Revolución francesa, Duperron, que no confraternizaba con los revolucionarios y que se había quedado sin remuneración alguna en el París del Terror, se ocultó en una mísera buhardilla y allí, malviviendo con lo mínimo, sin apenas alimento ni leña, se entregó en cuerpo y alma a la tarea de traducir aquellos textos sagrados del persa del sultán al latín culto de los humanistas europeos. Él mismo contó que, durante los casi dos años que duró su tarea, vivió como un verdadero asceta, alejado de esposa e hijos, tan sólo concentrado en la traducción de aquellos textos hindúes y pensando que sus sacrificios no serían inútiles, puesto que legaría a la humanidad un regalo inestimable,[1] ya que estaba plenamente convencido de la esencial afinidad de aquellas ideas ancestrales de la sabiduría védica con las más modernas ideas filosóficas de Occidente.

La traducción latina del *Oupnek'hat* apenas contribuyó al avance filológico del orientalismo occidental. Duperron, con todo su interés por los textos filosóficos de la India, no perteneció a la nueva generación de indólogos que se había propuesto revelar en Occidente los textos sagrados del Indostán mediante traducciones directas del sánscrito, y cuyos representantes más señeros serían los ingleses W. Jones, C. Wilkins y T. Coolebrooke. Aquél pertenecía a una generación anterior, formada por eruditos no tan apegados a los estudios filológicos, sino más atraídos por la comprensión de las ideas provenientes de Oriente que por la comprobación de la pureza lingüística de los textos que las transmitían. Sin embargo, la influencia del *Oupnek'hat* en el ámbito filosófico fue extraordinaria, tal y como había perseguido y augurado Duperron. Éste, entusiasta a su vez de la historia de la filosofía, encomendaba su traducción principalmente a los «filósofos y hombres de letras», puesto que aventuraba que debía interesarles mucho el descubrimiento de las innegables afinidades entre las ancestrales ideas cosmológicas y gnoseológicas del *Vedanta* y algunas concepciones—tanto antiguas como modernas—de la filosofía occidental.

En el prólogo al *Oupnek'hat*, el esforzado traductor se dirigía a «los filósofos», como hemos apuntado, recomendaba

[1] Para estos datos biográficos de Duperron, véase *Das Oupnek'hat. Die aus den Beden zusammengefaßte Lehre von dem Brahm* ('La Upanisad. La doctrina de Brahma recopilada de los Vedas'), trad. Franz Mischel Anquetil Duperron, Dresde, Commision, 1882; Prólogo, pp. v-vi.

su trabajo de manera especial a «los representantes del idealismo alemán, así como a los adversarios y a los admiradores de Kant». Duperron afirmaba que con la traducción de aquel libro quería mostrar la similitud de ciertas enseñanzas de los antiguos textos de la India con las ideas filosóficas que tanto vigor habían cobrado en Europa «de la mano de un Kant o un Goethe», pero también de Jacobi, Reinhold, Maimon, Humboldt o Bouterwerk. Asimismo, el traductor pedía a los eruditos filósofos que atendieran a las afinidades de las doctrinas hindúes con el cristianismo, el gnosticismo y el neoplatonismo antiguos, o con el spinozismo y panteísmo de la modernidad. Con absoluta convicción sostenía que, considerando detenidamente la doctrina de Kant, en modo alguno era descabellado suponer que tanto la manera kantiana de pensar como los fundamentos sobre los que se sustenta y los resultados obtenidos se acercaban al «brahmanismo», sobre todo porque también en las concepciones ancestrales de la India se apelaba a la interioridad del individuo como punto de referencia absoluto para conocer el mundo.

En suma, avalado con tales ideas, el *Oupnek'hat* de Duperron llegaría a calar muy hondo en Schopenhauer, aunque esto sería un poco más tarde, en Dresde, y bajo la influencia del original filósofo Karl Christian Friedrich Krause, como veremos.

El omnipotente profesor Hegel también consideró con interés la traducción de Duperron en su *Historia de la filosofía*, aunque ni de lejos le concedió tanta importancia como la que le otorgó el filósofo pesimista. Andando el tiempo, el *Oupnek'hat* le proporcionaría a Schopenhauer unas claves que sabría llevar hasta sus últimas consecuencias al reinterpretarlas desde su propia filosofía, algo que ningún otro pensador occidental había hecho nunca. Si acaso Schelling llegó a concepciones similares con sus ideas sobre la naturaleza, pero jamás se expresó con la claridad y la seguridad con las que se manifestó Schopenhauer en su obra capital.

Este primer encuentro con el *Oupnek'hat* en Weimar y de la mano de Friedrich Majer no parece haber merecido comentarios especiales en las anotaciones personales de Schopenhauer. Sólo algunos meses más tarde, una vez que se instaló en Dresde, volvería a encontrarse con aquel libro, lo estudiaría en profundidad y acabaría seducido por su mágica atracción.

EL ASTRO REY DE LOS POETAS Y LOS COLORES DEL FILÓSOFO

Aquel período en Weimar, mientras se alojaba en casa de su madre, también le deparó al joven filósofo el anhelado trato con quien entonces era considerado «el astro rey de los poetas alemanes»: Goethe. Con estas emotivas palabras lo recordó Arthur en su *curriculum*:

> A modo de consuelo de mis penas, allí [en Weimar] me fue concedido uno de los más felices y gratos sucesos de mi vida: el gran Goethe, el mayor orgullo de nuestro siglo y de la nación alemana, me honró con su amistad y su confianza. Hasta entonces sólo me conocía de vista, pero jamás me había dirigido la palabra. Sin embargo, después de que el gran hombre hojeara mi tesis doctoral, se me acercó para preguntarme si me interesaba estudiar su teoría de los colores, prometiendo ayudarme personalmente con sus aclaraciones y con todos los recursos de que disponía, de suerte que durante el invierno, a lo largo de las múltiples ocasiones que con seguridad habríamos de tener para encontrarnos y conversar, le expusiera lo que pensara sobre su tesis [...] Como el genial Goethe se permitió encontrarse conmigo repetidas veces a lo largo del invierno, nuestras conversaciones no se limitaron a la teoría de los colores, sino que hablábamos durante horas sobre las más variadas cuestiones filosóficas. Del trato íntimo con Goethe obtuve increíbles recompensas.[1]

[1] «Curriculum vitae», CE 346-347; GB 654.

El «genial Goethe» conocía desde hacía cinco o seis años al adusto primogénito de la consejera áulica Schopenhauer, pero nunca había trabado relación con él. Tampoco el joven filósofo osó hablarle, tanto parecía ser el respeto que le tenía que tal sentimiento había anulado en él cualquier tipo de espontaneidad; además, sabido es que las personas de categoría elevada son las que primero han de dirigirse a las de menor rango, lo contrario peca de descortés. Por lo demás, la inclinación a la soledad de Arthur, su carácter melancólico y quizá también la ocasional aversión por Johanna y su círculo de amigos lo impulsaban a recluirse en su habitación para leer o escribir incluso los días en los que podía suponer que el poeta andaba deslumbrando con sus ocurrencias a los asistentes de las reuniones de su madre. Fue la intercesión de Adele la que propició el encuentro. La joven se entendía bien con Goethe, quien le hacía zalemas y jugaba mucho con ella siendo niña, en casa de Johanna, y la tenía en gran estima. Adele era una de las contadas personas que gozaban del privilegio de poder entrar y salir libremente de casa del poeta, conocía bien a su familia y la trataban con naturalidad, sin formalismos. Ella fue la que le llevó a Goethe un ejemplar de la tesis doctoral de su hermano.

El autor de *Werther* hojeó el escrito y, a pesar de lo poco que le interesaba la filosofía académica en general—aunque solía estar al día de los avances filosóficos—, encontró de su agrado la manera tan clara en la que se expresaba el autor, así como su apasionada defensa del conocimiento intuitivo (*Anschauung*)—un concepto, por cierto, que Goethe había entendido a su modo, pues lo interpretaba de manera contraria al expuesto por Schopenhauer, como veremos—. Cuando ambos hombres volvieron a coincidir en el salón de Johanna, Goethe se le acercó y, «en silencio, abriéndose camino entre la multitud de los presentes, se dirigió directamente a Arthur para estrecharle la mano; luego se prodigó en grandes elogios sobre aquel tratado», al menos así lo recordaba Schopenhauer muchos años después.[1]

En noviembre de 1813, época de aquel encuentro, Goethe contaba sesenta y cuatro años; como observamos, el poeta no compartía la euforia nacionalista de sus conciudadanos, continuaba admirando a Napoleón y consideraba un error la mayoritaria rebelión alemana. Por esta razón principalmente se lo veía poco en sociedad; en público tenía que soportar las manifestaciones de fervor patriótico proclamadas por cualquiera y en cualquier ocasión, y ese tipo de imposición le desagradaba. Desilusionado, observaba cómo la idea de construir una Europa unida por un ideal de cultura, cimentado en el humanismo cosmopolita y en la Ilustración, se derrumbaba por el envite de las ilusiones románticas e irracionales de independencia y soberanía nacional; la política como «destino» le parecía a Goethe una tragedia, así que en semejantes circunstancias prefería recluirse y cultivar a solas el campo de la ciencia, en el que aún esperaba brillar y dejar una huella indeleble.

El autor de *Fausto* acusó desde siempre un marcado interés por la botánica, la mineralogía o la anatomía; su obra *Morfología de las plantas* o el descubrimiento en 1784 del hueso intermaxilar—o premaxilar—en los humanos le habían granjeado cierta fama de científico diletante. Durante su célebre viaje a Italia—1786—concibió la idea de la «planta primigenia» (*Urpflanze*), y fue también durante este periplo cuando comenzó a interesarse por la esencia y el nacimiento de los colores, a consecuencia principalmente de las impresiones que le produjo observar la enorme cantidad de matices cromáticos del paisaje italiano, así como de su interés por las leyes del color en la pintura de los maestros del Renacimiento. Él mismo se dedicó también ocasionalmente a la pintura, aunque nunca quedaba satisfecho con sus traba-

[1] GB 26; *Conversaciones*, *op. cit.*, p. 88.

jos y concluyó que carecía de talento para este arte. A pesar de ello, pintó bonitas acuarelas de paisajes. A Italia llegó disfrazado de pintor y de incógnito, aunque tardó poco en revelar a sus amigos su verdadero nombre y condición de poeta.[1]

Después de viajar a Venecia, Goethe realizó sus primeros experimentos de óptica y esbozó varios trabajos preliminares titulados «Sobre el color azul» y «Aportaciones a la óptica» (1791). El asunto continuó interesándole ocasionalmente durante varios años más hasta que, ya en Weimar y animado por Schiller y el pintor Meyer, terminó reuniendo todos sus experimentos, datos e ideas en una voluminosa obra con la que pretendía sentar las bases de una nueva teoría cromática, que por entonces titulaba simplemente «Teoría de los colores». Con ella se oponía e intentaba superar la teoría cromática que dominaba en la época: nada menos que la teoría de los colores de Isaac Newton, expuesta por el científico británico en su *Óptica* (1730).

Para explicar *grosso modo* lo fundamental de la teoría de los colores de Goethe, apuntaremos que el gran autor postulaba como idea básica de sus experimentos cromáticos la entidad intrínseca de la luz en cuanto «fenómeno originario» (*Urphänomen*); tal fenómeno primigenio u originario se opone a la oscuridad, igual que el día a la noche o el bien al mal. La mezcla de ambos fenómenos, la alternancia del oscurecimiento de la luz por las tinieblas y la iluminación de la oscuridad por la luz, produce un estado intermedio denominado «lo turbio» (*Trübe*), que a nuestros ojos se manifiesta como color en sus diferentes gradaciones. Así, la tesis principal de sus trabajos sostiene que los colores no nacen de la «descomposición» de la luz—como había demostrado Newton—, la cual es una entidad simple y homogénea e imposi-

[1] El escritor valenciano Martí Domínguez ha dedicado una estupenda novela a esta estancia de Goethe de incógnito en Italia: *El pintor de Goethe*, Barcelona, LaButxaca, 2023, aún inédita en castellano.

ble de descomponer, sino que deben considerarse más bien como «fenómenos psíquicos», pero de un psiquismo natural, de una especie de «alma de la luz». De este juego de alternancias entre la luz y las tinieblas, fenómenos ambos tan físicos como metafísicos, surgen los colores en todas sus magníficas gamas. Son mitad luz y mitad sombra. Desde un punto de vista poético, Goethe consideraba los colores como «los hechos y los padecimientos de la luz». Los objetos reflejan la luz y así llegan hasta nosotros: son más luz, aunque discernida por nuestra capacidad de visión.

En 1810, Goethe dio a la imprenta su *Esbozo de una teoría de los colores*,[1] un voluminoso tomo al que seguirían otros dos de características similares y que contenían absolutamente todo lo que Goethe había experimentado y concluido sobre la luz y los colores (varias tablas cromáticas incluidas). Los publicaba el prestigioso editor Cotta, afincado en Tubinga; éste, escasamente convencido del valor científico de aquella obra sui géneris, sólo la publicaba por agradar a Goethe, puesto que el autor de *Fausto* le había cedido recientemente los derechos exclusivos de sus *Obras completas*. Goethe estaba orgulloso de sus trabajos cromáticos y, tras su publicación, esperaba una clamorosa reacción en el mundo erudito de las ciencias físicas. Pero transcurría el tiempo y el sonoro eco se hacía de rogar; los científicos no tomaron en serio los hallazgos del poeta, considerándolos simplemente como la amable incursión de un diletante en un campo que no le correspondía. Quien soñaba con llegar a ser «un Napoleón del reino del espíritu», en expresión de Safranski, no estaba llamado a escuchar ningún elogio público por sus conquistas científicas. Por eso Goethe se sentía frustrado, y le parecía que al ignorar sus aportaciones la comunidad científica in-

[1] Existe traducción en español de la obra: *Esbozo de una teoría de los colores*, trad. R. Cansinos Assens, en: J. W. Goethe, *Obras completas*, t. 1, Madrid, Aguilar, 1945 (existen ediciones más recientes).

ternacional estaba cometiendo una gran injusticia; en cambio, esa misma comunidad de sabios entronizaba a Newton, cuyos logros en el terreno del cromatismo él creía firmemente haber superado.

En tales circunstancias se encontraba Goethe cuando Arthur empezó a frecuentarlo. Acordaron que el joven filósofo no se presentaría en casa del poeta según su conveniencia, sino que sólo acudiría cuando aquél se lo indicase, es decir, en los días en que tuviera ánimos de entregarse a experimentos cromáticos o simplemente cuando estuviera en disposición de charlar sobre filosofía; ello era un honor que Goethe concedía a Schopenhauer, dado que el autor de *Fausto* consideraba que aquel filósofo incipiente era un huésped especial de esos que no perdían el tiempo en cumplidos ni formalidades y cuyo trato requería una atención exclusiva y una concentración absoluta. En noviembre de 1813, Goethe registró en su diario tres visitas de Arthur. El día 24 de ese mismo mes escribió a su amigo Knebel que Schopenhauer le había causado una honda impresión: «Es un joven que se ocupa con gran obstinación en obtener todos los ases en el juego de naipes de nuestra nueva filosofía. Pero habrá que ver si los señores del oficio lo dejan entrar en el gremio». El poeta captaba bien el carácter idiosincrásico del nuevo filósofo, su orgullosa sed de saber y su desapego de todo lo formal y académico. En este proceder se parecían ambos hombres como dos gotas de agua.

En cuanto Goethe lo hubo ilustrado sobre su teoría de los colores, también Schopenhauer se entregó con pasión a los experimentos y las especulaciones cromáticas, en parte por darle gusto al gran hombre y en parte por puro interés personal, pues enseguida se dio cuenta de que semejantes investigaciones servían para corroborar desde el campo de la física algunas de las ideas que había expuesto en su tesis doctoral; sobre todo, en lo concerniente a la actividad de la retina con respecto a los colores, actividad que podía ser asemejada al obrar del cerebro humano con respecto de las categorías kantianas.

Arthur se tomó con tanto afán aquellos experimentos que, finalmente, en vez de secundar las teorías de Goethe y erigirse en su defensor y divulgador, tal como esperaba aquél, a los pocos meses se atrevió a juzgar por sí mismo en todo lo concerniente a tan arduo asunto científico. El filósofo, convertido ahora en osado investigador cromático, llegó al extremo de cuestionar y presentar objeciones a algunas de las ideas señeras de Goethe. Tamaña osadía disgustó profundamente a quien había empleado veinte años en cientos de pruebas y estudios, máxime cuando advirtió que las objeciones de aquel jovenzuelo petulante eran dignas de tenerse en cuenta.

Schopenhauer contó posteriormente que, en cierta ocasión, hacia mediados de enero de 1814, Goethe estaba ya bastante molesto por las investigaciones cromáticas del joven, y que, en vez de tomarse en serio las objeciones que éste le presentaba y refutarlas, le repuso bastante airado: «¡Pues escriba usted alguna vez una obra científica en dos gruesos volúmenes sin que haya que corregir algo!».[1] El poeta expresó también su enojo en privado. Poco después, incluso escribió un refranillo jocoso que, sin duda, se refería a su relación con Schopenhauer, un sabihondillo que pretendía darle lecciones a él, casi cuarenta años mayor que el engreído joven: «Con qué gusto seguiría enseñando todavía | si los escolares no se creyesen maestros enseguida».[2] Asimismo, podría haber rasgos del díscolo filósofo en el personaje del bachiller que reaparece en la segunda parte de *Fausto* (acto II, «Estrecha habitación gótica de alta bóveda»). El diablo ve regresar con admiración y sorpresa al bachiller que en tiempos (en la primera parte de la obra) había venido a buscarlo para pedirle consejo. Ahora retorna hecho todo un filósofo, todo un

[1] A. Hübscher, «Ein Lebensbild», SW I, 64.

[2] G 31.

sabio; el cuadro completo, del que extraemos tan sólo unos versos, es ciertamente jocoso:

MEFISTÓFELES:
Me alegra haberos atraído con mi campana.
Ya antaño, no poco os apreciaba;
la misma oruga y la crisálida anunciaban
la futura mariposa de colores varios.
Con vuestro cuello de encajes y la rizada testa
sentíais entonces un placer infantil.
¿Nunca lucisteis coleta?
Hoy os veo peinado a la moda sueca.
Parecéis muy desenvuelto y resoluto,
mas no os vayáis a casa tan absoluto.

EL BACHILLER:
¡Mi antiguo señor! Estamos en el antiguo lugar,
mas considerad cómo corren los tiempos modernos
y ahorraos las palabras de doble sentido;
ahora estamos mucho más prevenidos.
Os mofasteis de aquel buen muchacho
y no os hizo falta artimaña alguna,
pero es cosa que hoy nadie osaría.

MEFISTÓFELES:
Cuando se dice a los jóvenes la verdad pura,
no les place nada a esos barbilampiños,
mas cuando pasados muchos años
en su propio pellejo la han sentido bien cruda,
figúranse entonces que salió de su propia mollera,
y dicen que el maestro de puro tonto daba pena.[1]

En definitiva, la admiración inicial que sintió Goethe por aquel a quien hubiera querido identificar como deslumbrado discípulo acabó enfriándose. A pesar de ello, mientras Schopenhauer permaneció en Weimar, siguieron más encuentros

[1] J. W. Goethe, *Fausto*, vv. 6730-7749, trad. H. Cortés Gabaudán, Madrid, Abada, 2010, p. 463.

y más charlas, muy gratas para Schopenhauer, que gozaba con la atención que le prestaba el poeta. Como pronto dejaron a un lado el malhadado tema de la teoría de los colores, tuvieron ocasión de tratar de otros asuntos: el filósofo holandés Spinoza y su filosofía panteísta, por ejemplo, era un tema en el que los dos pensadores se encontraban cómodos. Y también departían sobre el idealismo alemán o la filosofía de la naturaleza, e incluso sobre el «Yo absoluto» de Fichte. Frente a Goethe, Schopenhauer se reveló como un apasionado de la verdad que pensaba por sí mismo y que en modo alguno se mantenía en los estrechos márgenes de la cortesía intelectual que presumía la adoración absoluta al astro rey; Schopenhauer advirtió pronto que las diferencias entre la visión de las cosas que sostenía Goethe y la que él comenzaba a postular eran innegables, más allá de ciertas similitudes que los unían. Como comentó años después a Frauenstädt:

> Pero este Goethe era tan *realista* que no le entraba en la cabeza que los objetos en cuanto tales sólo están aquí en tanto que son *representados* por el sujeto que conoce. «¿Cómo?—me dijo en una ocasión fulminándome con sus ojos de Júpiter—. ¿Que la luz sólo estaría aquí porque usted la ve? No. Más bien *usted* no estaría aquí si *la luz* no lo viera».[1]

Aquí radicaba el *quid* de la cuestión; mientras que Goethe era realista, Schopenhauer se mostraba kantiano e idealista. Mientras que Schopenhauer veía la naturaleza exenta de colores (por ponerlos el sujeto que los ve), Goethe la veía llena de ellos.

En relación con la actividad de la retina, el poeta sostenía que el ojo debe su ser a la existencia de la luz y no al revés, como admitía el filósofo, para quien la luz es poco menos que una creación del ojo. Años más tarde, Schopenhauer escribi-

[1] G 31.

rá en el *Mundo como voluntad y representación* que el mundo existe porque el ojo lo ve... o que es la creación del cerebro. Para Goethe, el ojo es «solar» (*sonnenhaft*), para Schopenhauer, el sol es «ocular» (*augenhaft*)... En cuanto a la manera de entender el mencionado concepto de «intuición» o «percepción» que tanto había gustado a Goethe en la tesis doctoral de Schopenhauer, el poeta lo entendía como la apertura al mundo en su objetividad; intuir es abrir la mente a la profusión objetiva y material del mundo; observar la riqueza de la naturaleza en su diversidad. Mientras que para Schopenhauer la intuición designa la «representación», estructurada y conformada merced a las categorías kantianas—espacio, tiempo y causalidad—; esto es, lo objetivo del mundo es, en el fondo, subjetivo; su objetividad es aparente. Ambos hombres coincidían en entender la naturaleza como un todo orgánico, una entidad unitaria y susceptible de observación, pero las diferencias en la manera de observarla eran evidentes. El cúmulo de fenómenos naturales respondía a una organización íntima: los hechos y los seres no estaban ahí aislados, sino dotados de unidad y sentido. El Romanticismo, el spinozismo y los avances de la ciencia natural en la Francia ilustrada (Buffon, Maupertuis, Diderot) asomaban detrás de estas ideas.

Muchos años después, en su obra *Parerga y paralipómena*, el filósofo Arthur Schopenhauer recordaría aquellas remotas diferencias con el gélido Goethe y su teoría de los colores, dedicando un capítulo a explicar de nuevo su propia teoría cromática. Y allí, rememorando al autor de *Fausto*, escribió que el espíritu de éste era demasiado objetivo; «en ello consistía su genio», añadía. En la teoría de los colores goetheana abundaban las descripciones, pero no las explicaciones; y éstas eran lo que buscaba Schopenhauer. Mientras Goethe decía: «así y asá son las cosas», Schopenhauer quería descubrir cómo debían ser, por qué eran así, y encontrar la explicación.

Por consiguiente, la verdad general y más superior de toda su teoría de los colores es un hecho objetivo y expreso que él denomina correctamente «fenómeno originario». Con esto considera que ya ha hecho todo lo posible. Un «así es» era para él en todas partes su última meta, sin que lo hubiese prolongado a un «así debe ser».

Incluso podía llegar a burlarse: «"El filósofo, que aparece | y os demuestra que así debe ser". No obstante, es cierto que era un poeta y no un filósofo, esto es, no se veía dominado por el afán de llegar a las últimas causas y las más estrechas relaciones entre las cosas: o poseído, como se quiera».[1] En definitiva y según Schopenhauer, Goethe no estaba poseído por ese afán de verdad que conduce a los filósofos a llevar la experiencia hasta sus últimas consecuencias, hasta la iconoclasia intelectual más extrema si es preciso. Goethe se quedaba en la apariencia, en el fenómeno, mientras que Schopenhauer se veía a sí mismo como el indagador en busca de la esencia. Más adelante veremos cómo el díscolo discípulo le espetaría este tipo de reflexiones al mismísimo Goethe.

Tres días antes de abandonar Weimar, por haberlo echado su madre de casa, Arthur fue a despedirse del poeta. Al separarse, Goethe escribió en el álbum del filósofo unas palabras de adiós que, a la vez, querían ser una admonición y una norma para la vida: «Si quieres gozarte en tu valor, también has de otorgarle al mundo el suyo». Pero no terminaba ahí el episodio de los colores, aún duraría dos años más; años, por cierto, que pertenecieron al período de mayor creatividad de la vida de Schopenhauer.

1 Véase PP II, cap. VII, «Sobre la teoría de los colores», § 103, trad. J. R. Hernández Arias, pp. 696-697.

IV

SCHOPENHAUER ERRANTE

EN DRESDE

En abril de 1814, Arthur Schopenhauer veía claro que tarde o temprano tendría que abandonar Weimar. Pensando adónde podría trasladarse, estimó que Dresde sería un buen lugar de acomodo, y acertó. Allí permanecería cuatro años y en esta ciudad concibió y dio a luz ese libro extraordinario que es *El mundo como voluntad y representación*. Poco antes de decidirse por la capital sajona, Arthur escribió una carta al filólogo y arqueólogo Karl August Böttinger.[1] Excatedrático en Weimar, Böttinger era por aquel entonces director del Museo de Arte Antiguo de Dresde. En su misiva, Schopenhauer le comunicaba la decisión de abandonar la ciudad en la que vivía Johanna e instalarse en otra parte, y le pedía que le aconsejara sobre si Dresde era lo más adecuado para él, si cumplía con las ilusiones que él albergaba sobre aquella ciudad, que conocía algo por haber estado allí ocasionalmente en el pasado. La carta es relevante también porque en ella el filósofo exponía a Böttinger su plan de vida para los años siguientes. El doctor en Filosofía tenía muy claro el sentido de su existencia: «Mi verdadera y auténtica vida es la que consagro al estudio de la filosofía; todo lo demás queda en segundo plano y sólo es un modesto complemento». También sabía que la única actividad crematística para la cual lo capacitaban sus estudios universitarios era la docencia; sin embargo, le explicaba a Böttinger que su intención no era dedicarse de momento a enseñar, dado que disfrutaba de una gracia que el destino

[1] Véase la carta de Schopenhauer a Karl August Böttinger, Weimar, 24 de abril de 1814. CE 225-226 (de ahí las citas siguientes); GB 10.

«por lo común suele negar con desdén a otros muchos servidores de Apolo y de Atenea», a saber: disponía de un capital cuyos intereses le permitían vivir sin preocupaciones económicas. Aún no había concluido sus «años de aprendizaje», afirmaba, y antes de dar el paso definitivo de enseñar a otros quería emplear algún tiempo en estudios de carácter privado; concluidos éstos, emplearía otra temporada «en recorrer los países más bellos de Europa», y sólo entonces se vería capacitado para transmitir con aplomo sus conocimientos. En cuanto al lugar en el que deseaba instalarse, anunciaba:

> Puesto que puedo escoger dónde instalarme, quiero un lugar que me proporcione un entorno bello, obras de arte, y las fuentes y los medios necesarios para desempeñar mis estudios científicos, además de que sea un lugar que me aporte la tranquilidad y la paz que tanto necesito.

Aunque aquella «Florencia del Elba» que era Dresde carecía de una universidad, sí contaba con una magnífica Biblioteca Real, de cuyos volúmenes Schopenhauer se regocijaba de poder disponer siempre que quisiera. Weimar se le había quedado pequeña—le decía a Böttinger—, principalmente debido a las desavenencias familiares, pero también a que Goethe le había desilusionado:

> En parte, porque en verano Goethe está fuera tomando los baños y, en parte, porque la diferencia de edad impide una relación prolongada entre nosotros, no es posible contar con él para los propios proyectos, pues recibe a personas muy variadas en su casa y apenas puede dedicarles algunos ratos.

Así que estaba claro, si los horrores de las guerras napoleónicas lo permitían, Schopenhauer esperaba trasladarse a Dresde y pedía a Böttinger que le confirmara si en la ciudad reinaba la calma y si esta elección le parecía adecuada.

Lo que Schopenhauer no le decía a Böttinger en la citada misiva era precisamente que aquello que más lo seducía de la nueva vida que estaba dispuesto a emprender era el proyecto de elaborar un completo sistema de filosofía propio y publicarlo en forma de libro. Sólo entonces, a modo de merecido descanso, se entregaría al placer de viajar, y después de pasar unos años en el extranjero, ya en edad adulta—y cubierto de la gloria que le habría proporcionado su revolucionario sistema filosófico, claro está—, se consagraría a la docencia: tal era ni más ni menos el magnífico plan de vida que para sí se había trazado aquel Schopenhauer que se veía obligado a salir de Weimar poco menos que corriendo.

En cuanto llegó a Dresde, se alojó en la Große Meißesche Gasse 35, cerca de la Puerta Negra, el lugar donde el escritor romántico E. T. A. Hoffmann—residente en esta misma ciudad apenas un año antes—sitúa el inicio de su célebre cuento «El puchero de oro». Schopenhauer mandó que trasladaran desde Berlín su «nada desdeñable biblioteca privada», puesto que a Weimar no había llevado todos sus libros, que quedaron a buen recaudo allí. El fiel Gans—«un joven amigo a quien tengo en gran estima»—se encargó de la tarea.

Una vez instalado, el filósofo pasaba mucho tiempo en casa, escribiendo y leyendo, o en la Biblioteca Real consultando libros; y también buscaba compañía intelectual, aunque más que aprender del diálogo con los otros deseaba monologar y explayarse sobre sus propias ideas, entonces en plena ebullición. En Dresde satisfizo a placer su pasión por ser escuchado. Solía acudir a las tabernas en las que se reunían literatos y disertar con vehemencia durante horas sobre los más variados temas, pues él sabía de todo y tenía opiniones para todo. Era franco y desenvuelto, un tanto primitivo en sus gestos y maneras—algo que también casaba bien con cierta tosquedad de su figura, más bien corpulenta y robusta—, y solía mostrarse áspero y violento cuando le llevaban la contraria. Decía lo que pensaba y manifestaba sus opiniones con seguridad, sin dar pie a apelaciones de ningún tipo. Era aguafiestas y sarcástico, de mordaz agudeza en sus críticas; solía servirse de fragmentos de Shakespeare o Goethe—cuyas obras sabía casi de memoria—con los que replicar y hacer polvo a sus oponentes, los cuales terminaban sin saber qué contestar. Las discusiones en las que se enzarzaba cobraron fama de virulentas, por lo que sus conocidos lo apodaron «Júpiter tronante». Aun así, Arthur albergaba mucho de positivo en su personalidad, tan apabullante y manifestadora: por ejemplo, era audaz e imaginativo, y aventurado en sus juicios; consciente de su valía intelectual, se arriesgaba a pensar por sí mismo; osaba entusiasmarse con iniciativas e ideas de alto vuelo, y se mostraba ambicioso en sus proyectos; sabía bien adónde quería llegar: a lo más alto. ¿Lo lograría?

El biógrafo Gwinner recogió el testimonio del pintor Ludwig Segismund Ruhl—gran caricaturista y paisajista—, muy amigo de Schopenhauer por aquella época, quien lo recordaba de esta manera tan lírica:

Vuelvo a verte ante mí con tus rubios rizos de Febo cayendo en cascada sobre tu frente, con tu nariz socrática y tus incisivas pupilas dilatadas fulminando a todos cuantos en aquel entonces se creían grandes poetas de Dresde. Yo era todo oídos en vuestras disputas, que tanto me divertían y enseñaban. En otras ocasiones, no me importaba emprender el largo camino desde el lejano barrio de Pirna hasta la Puerta Negra, atraído por tu sabiduría. Entonces nos sentábamos en tu cuarto, donde me instruías sobre tu filosofía acerca de la cuádruple raíz—de la que tu madre había dicho que si era algo para boticarios—y en cuyo éxito ponías toda tu confianza. Cuando yo te mostraba mi asombro como un idiota por algo de lo que decías, a menudo bajaba visiblemente el mercurio en el termómetro de tu atención, pero otras veces subía rápidamente hasta lo más alto cuando te parecía que yo había acertado con alguna de mis apreciaciones y enseguida me preguntabas: «Pero ¿de dónde has sacado todo eso?». Mi respuesta era no menos rápida y desinhibida: «¿Pues de quién sino de mí mismo?» [...] Aprendí mucho de ti, sobre todo en lo que concierne a mis cavilaciones acerca de las tres preguntas esenciales: «¿Quién soy? ¿Por qué existo? ¿No sería mejor que ni siquiera existiera?».[1]

Ruhl pintó en 1815 un impresionante retrato al óleo de Schopenhauer. En él podemos apreciar cómo era el filósofo un año después de su llegada a Dresde, con veintisiete años. Observamos parte del torso de un robusto joven vestido con suma elegancia; de cabello rubio rizado, con largas patillas a la moda de comienzos del siglo XIX, ojos azules de mirada clara, amplia frente y actitud resuelta e inteligente en un rostro atractivo, ancho y bien formado; su pose denota bastante arrogancia y seguridad en sí mismo, puesto que el retrato fue pintado en la época en que el modelo se iniciaba ya en los entresijos de su sistema de filosofía y lo embargaba la confianza de que con él legaría a la humanidad lo que más tarde habría de calificar como «un regalo imperecedero».

La época de Schopenhauer en Dresde fue toda ella de felicidad y florecimiento; se consideraba un hombre genial, un ser único y no intercambiable; se sentía como un artista del pensamiento cuyo sistema de filosofía era, a la par que una obra surgida de la reflexión, también una obra de arte nacida de la intuición y de la inspiración; creía que los dioses hablaban por él y que su persona había sido elegida para legar a la humanidad grandes ideas jamás expresadas. Creía que el sistema filosófico que dio a luz en 1818 debía ser entendido en clave artística, pero «arte» referido al ámbito creativo del pensamiento y la reflexión. De manera que, desde este punto de vista, también habría que tratar a su autor igual que a un pintor o un escultor de genio, tanto más cuanto que él

[1] G 114 y *Conversaciones*, *op. cit.*, pp. 93-94.

se creía en un estadio superior al de ambos: era un «filósofo como artista».

Con su sistema filosófico, Schopenhauer elevaba a la naturaleza en general, pero también a la naturaleza del hombre, la ética y la estética, a «obra de arte en conceptos», transfiguraba todo ello en teoría pura que lograba una expresión tan adecuada como la que de un inmenso y accidentado paisaje logra una excelsa pintura. Durante la concepción de su obra, aquel artista-filósofo tuvo momentos de obnubilación y olvido de sí, embriagado en la pura creación artística. Solía pasear por los amenos alrededores de Dresde hablando consigo mismo a media voz y gesticulando a fin de dar énfasis y firmeza al torrente de sus pensamientos. En los museos de la ciudad contemplaba con arrobo obras de arte o se perdía en ensoñaciones paseando por el jardín botánico mientras recordaba a sus héroes naturalistas: Linneo, Buffon y Lamarck. Un guarda de este último paraíso que observaba sus arrobos y gesticulaciones le preguntó en cierta ocasión quién era, y Schopenhauer le repuso: «Si fuera usted quien pudiera decirme a mí quién soy yo, le quedaría eternamente agradecido». Todo su ser *florecía* de gozo, como relata la anécdota con su casera, que lo vio llegar exultante una espléndida tarde de primavera con una flor prendida en la solapa: «Usted florece, señor doctor», le dijo. Y Schopenhauer le contestó: «En efecto; si el árbol no floreciese, ¿cómo podría dar fruto?».[1] En la época de semejante respuesta, el fruto estaba maduro, pero no adelantemos acontecimientos.

[1] G 41.

Nada más establecerse en Dresde, Schopenhauer comenzó a trabajar afanosamente en la elaboración de su propio sistema de filosofía. «Lo más digno de atención—anotó más tarde al recordar aquella época—es que ya en 1814 (en mi vigesimoséptimo año) se afianzaron todos los dogmas de mi sistema, incluso los más secundarios». Según este dato, es de suponer que su tarea se centrase, antes que en idear e inventar, en pulir y ensamblar las piezas sueltas de las que hasta entonces disponía y que, bien engarzadas, serían las que compusieran su construcción metafísica. El filósofo anotó en retrospectiva que su sistema surgía en su mente y en sus cuadernos de apuntes con diáfana seguridad, «lo mismo que un hermoso paisaje cuando se levanta la niebla matinal».[1]

Schopenhauer no exageraba. En efecto, la intuición fundamental que le hacía falta para afianzar los cimientos de su sistema había quedado formulada en uno de sus cuadernos de 1814 de esta manera: «*El mundo como cosa en sí* es una gran voluntad que no sabe lo que quiere; como *no sabe*, sólo *quiere*, precisamente porque sólo es voluntad y no otra cosa». Algunas páginas más adelante, añadía: «*El mundo como fenómeno* es el conocimiento de sí misma que caracteriza a esa voluntad; por medio de dicho conocimiento reconoce ella lo que quiere».[2] Y, en el mismo párrafo, Schopenhauer proseguía tajante: «El mundo es mi representación y el mundo es simple voluntad».[3] Con semejante aserto, formuló sin saberlo una de las sentencias filosóficas más célebres de todos los tiempos y también el núcleo esencial de su sistema filosófico. Tales eran las ideas que Schopenhauer aún tendría que pulir durante cuatro años más para dar por terminado su sistema.

Antes de emprender la redacción de su obra magna, Schopenhauer todavía dedicó algún tiempo a ultimar las investi-

[1] HN I, 33. [2] HN I, 169. [3] HN I, 170.

gaciones cromáticas iniciadas en Weimar, y durante su primer año en Dresde redactó un singular tratado de breve extensión en el que recopilaba el conjunto de sus descubrimientos y desarrollaba su propia teoría de los colores, a la que él consideraba con toda arrogancia como la culminación de la publicada por Goethe; el tratado se titulaba «Sobre la visión y los colores».

En julio de 1815 Schopenhauer le envió a Goethe el manuscrito de este tratado; se sentía entusiasmado con su hazaña y confiaba en que el gran hombre le contestara con una elogiosa carta en cuanto lo hubiera leído.[1] Pero ocho semanas después del envío la anhelada respuesta se hacía esperar, por lo que el remitente no pudo contenerse más y volvió a escribir al autor de *Werther* rogándole que le dirigiera al menos unas pocas palabras sobre la impresión que le había causado su trabajo. Goethe, que acababa de regresar de un viaje y tan sólo había hojeado superficialmente la obra cuando le llegó, le envió una breve misiva conciliadora, prometiéndole que en otra ocasión le escribiría largo y tendido sobre el opúsculo, el cual había leído y meditado, y que le había alegrado mucho. Schopenhauer se emocionó con tan grata respuesta y casi a vuelta de correo respondió a Goethe con otra carta que contenía una prueba muy técnica acerca de la formación del color blanco, prueba que debía añadirse a otras más imperfectas que contenía el manuscrito original.

Un mes más tarde el filósofo recibió una carta del poeta, pero fue una carta decepcionante. En vez de cumplir la promesa de comentar ampliamente lo expuesto en el trabajo del corresponsal, Goethe humillaba a Schopenhauer al proponerle la entrega de su tratado a otro estudioso de los colores, también admirador de la teoría de Goethe, el doctor Thomas

[1] El envío del manuscrito sobre los colores dio pie a una breve correspondencia entre Schopenhauer y Goethe; las cartas de la misma están traducidas en CE.

Seebeck. Tal entrega debía hacerse con el propósito de que fuera en colaboración con aquél con quien Schopenhauer siguiera ocupándose de un tema para el cual Goethe ya no tenía tiempo—le decía—por hallarse consagrado a la composición de su libro de poemas *Diván de Oriente y Occidente.* Tamaña salida de tono por parte de Goethe parecía una torpe maniobra de desvío para librarse del compromiso de ocuparse a fondo de los hallazgos científicos de Schopenhauer; en verdad, al célebre autor no le entusiasmaba retornar a unas «regiones cromáticas» que, en definitiva, habían dejado de interesarle—dado el rotundo fracaso de su mamotreto sobre la teoría de los colores—. Pero había otra razón por la que eludía dicho «retorno»: en el fondo, sospechaba verse vapuleado por aquel joven advenedizo que osaba cuestionar y hasta corregir y remendar la gran obra de sus desvelos.

Schopenhauer respondió la carta de Goethe con suma amabilidad, mas rechazando categóricamente la propuesta de mostrar su manuscrito a Seebeck. Aducía que sería éste quien saldría ganando, mientras que él no aprendería nada e incluso correría el riesgo de que el «tal doctor Seebeck» plagiara sus ideas. Añadía a continuación que le resultaba del todo incomprensible por qué Goethe, si es que había leído el tratado, se mostraba tan remiso a indicarle dónde estaban los errores que pudiera contener, y que no admitiera abiertamente que, con aquella pequeña obra, él (Schopenhauer) había aclarado y culminado sus propias investigaciones (las de Goethe). Así se lo manifestaba:

> Necesariamente el error debe hallarse en mi obra o en la de usted. En el primer caso, ¿por qué debería privarse Su Excelencia de la satisfacción de corregirme, y privarme a mí de la de aprender, trazando en pocas palabras la línea que separa lo verdadero de lo falso? He de confesarle abiertamente que no creo que pueda trazarse tal línea. *Mi teoría es el desarrollo de un único pensamiento indivisible,* que debe ser enteramente falso o verdadero: es como una bóveda

de la que no es posible extraer una sola piedra sin que se venga abajo. La obra de usted, en cambio, es la compilación sistemática de numerosos hechos diversos (hasta entonces adulterados u ocultos a causa de la falsa teoría de Newton), de ahí que fácilmente haya podido deslizarse en ella algún pequeño error que pueda subsanarse con la misma facilidad sin menoscabo del conjunto.[1]

El filósofo añadía:

Sé con absoluta certeza que he proporcionado la primera y verdadera teoría del color, la primera de la historia de las ciencias; también sé que un día dicha teoría será aceptada universalmente y que se enseñará a los niños en las escuelas, bien asociando mi nombre al honor de su descubrimiento, bien el de otro que haya descubierto la misma teoría o me la haya robado.[2]

Y Schopenhauer concluía su diatriba aduciendo un ejemplo muy gráfico de cómo se sentía a causa de la humillación recibida con aquella propuesta de pasarle el manuscrito a otra persona y, en definitiva, con el menosprecio que Goethe le demostraba al no dignarse responderle acerca de su trabajo. La situación le recordaba a aquella vivida por Rousseau de joven, el cual, invitado a comer por una ilustre dama a quien visitaba para hablar de filosofía, no advirtió hasta el último momento que ella pretendía enviarlo a comer a la cocina de la casa, con la servidumbre.

La extensa carta que citamos a continuación contiene además unas impagables reflexiones sobre cómo ha de ser el talante filosófico en general; reflejan los principios que guiaban a Schopenhauer en su búsqueda de la verdad y su actitud frente al desempeño de la filosofía, principios a los que se mantuvo fiel durante toda la vida. En primer lugar,

[1] Carta de Schopenhauer a Goethe, 11 de noviembre de 1815. CE 240.
[2] CE 243.

le decía al poeta, que sólo la honestidad justificaba sus desvelos y afanes; y, en segundo lugar, la búsqueda incesante de la verdad junto a la superación del miedo a encontrarse con ella:

> Toda obra tiene su origen en una sola y afortunada intuición [u «ocurrencia»], y ésta proporciona el placer de la concepción; pero el alumbramiento, la realización, no acontece, al menos para mí, sin sufrimiento. Pues ocurre que me planto entonces frente a mi propio intelecto como lo haría un juez implacable delante de un prisionero que yace en el potro de tortura, y lo interrogo hasta que ya no queda nada que preguntar. Creo que la falta de tal honradez explica la mayor parte de los errores y los absurdos que tanto abundan en toda clase de teorías y filosofías. Cuando no se encuentra la verdad no es sólo porque no se la haya buscado, sino sobre todo porque casi siempre se busca confirmar una opinión preconcebida, o al menos no desmentir una idea estimada, la cual obliga a urdir toda clase de subterfugios contra los demás y contra uno mismo con tal de eludir la verdad. El coraje de no guardarse en el corazón ninguna pregunta es lo que hace al filósofo. Debe asemejarse al Edipo de Sófocles, quien, dispuesto a conocer su terrible destino, indaga sin darse tregua, aunque presienta que de las respuestas pueda desprenderse lo más terrible para él.[1]

Semejante declaración de principios entrañaba en realidad una grave acusación contra Goethe: éste carecía de la valentía necesaria para continuar indagando, del «coraje de no guardarse en el corazón ninguna pregunta». Si tuviera ese coraje y prosiguiera con su investigación hasta las últimas consecuencias, habría de acontecer lo inevitable: el propio Goethe se daría cuenta de que su querido trabajo sobre los colores era imperfecto, que contenía tan sólo un cúmulo de especulaciones preliminares; pero aún descubriría más cosas, por ejemplo, que su magna obra constituía únicamente

[1] CE 237-238.

la base de una pirámide cuya cúspide implantaba Schopenhauer con lo que pretendía ser una nueva teoría del color, teoría, además, esbozada en apenas un año de trabajo y que no surgía de la investigación de un científico, sino del interés especulativo de un simple diletante. Eso no podía admitirlo Goethe, que continuó empeñado en su silencio; en suma, como no podía admitir el éxito del joven filósofo, terminó por desentenderse de él.

A pesar de la decepción que le había deparado Goethe, Schopenhauer estaba convencido de haber conseguido una aportación importante a la ciencia de la óptica, por eso pensó que debía publicar su tratado sobre los colores, y así lo hizo. La obra vio la luz en mayo de 1816 bajo el título de *Sobre la visión y los colores*, editada por el librero Johann Friedrich Hartknoch de Leipzig.[1] En cuanto tuvo el libro impreso, Schopenhauer le envió un ejemplar al poeta, rogándole otra vez que se dignase por fin a manifestarle su opinión. Goethe respondió en julio de 1816 lacónicamente que el fallecimiento de su esposa Christiane le había impedido dedicarse a investigaciones científicas. Después de esta breve comunicación no hubo más cartas entre ellos y Schopenhauer se quedó definitivamente sin los esperados elogios de Goethe a su flamante teoría de los colores.

Pero con esto no concluyó la relación entre ambos hombres. Goethe y Schopenhauer tuvieron ocasión de encontrarse personalmente una vez más, en agosto de 1819; la entrevista fue breve, Schopenhauer regresaba de Italia y pasaba deprisa por Weimar; la madre y la hermana no estaban entonces en la ciudad. El encuentro entre el poeta y el filósofo fue cordial, lo referiremos con más detalle más ade-

[1] Las *Obras completas* a cargo de Hübscher incluyen el opúsculo sobre la teoría de los colores y su posterior traducción latina (*Theoriam colorum physiologicam*), véase el volumen 1, titulado genéricamente *Escritos sobre teoría del conocimiento*. Véase *infra* el apartado «Bibliografía».

lante. Sin embargo, tras haber despedido a su huésped, el autor de *Werther* escribió en su diario—tal vez a modo de síntesis de su relación con el joven Schopenhauer—que el trato con quien él creyó su discípulo había sido como uno de esos encuentros fugaces entre dos caminantes que, habiéndose saludado amablemente, continúan luego por sendas distintas. Schopenhauer no guardó rencor al gran hombre por su desconsideración, al fin y al cabo, uno y otro eran bastante parecidos de carácter: ambos querían ser únicos; cimas, no bases.

KRAUSE, DE NUEVO EL «OUPNEK'HAT» Y EL DOLOR DEL MUNDO

Durante su esplendorosa estancia en Dresde, Schopenhauer también tuvo ocasión de relacionarse con el singular filósofo Karl Christian Friedrich Krause (1781-1832).[1] Acompañado de su numerosa familia, Krause residió durante una temporada en un piso de la misma casa que Schopenhauer ocupó entre 1814 y 1816. Este erudito y extravagante pensador, hoy totalmente olvidado en Europa (salvo en España, pues se le considera el inspirador indirecto del denominado «krausismo español», movimiento pedagógico surgido en las últimas décadas del siglo XIX), mostraba un gran interés por la filosofía de la India y hasta poseía nociones de sánscrito, lengua a cuyo estudio había consagrado nueve meses que pasó en París. Dicho interés no era sólo filológico, pues Krause practicaba ejercicios de meditación y le atraía el ascetismo de los yoguis hindúes; al mismo tiempo, le interesaba la mís-

[1] Para más datos sobre la relación entre Schopenhauer y Krause, véase L. F. Moreno Claros, «Platonismo en la filosofía del joven Arthur Schopenhauer», tesis doctoral (inédita), 1996, Fondo bibliográfico de la Universidad de Salamanca, pp. 277 y ss.

tica occidental que asociaba con la practicada en la India. Su propio sistema filosófico, de vastas proporciones y que jamás concluyó, consistía en una suerte de «panenteísmo» (el mundo *en* Dios y no a la inversa) idealista, que bebía tanto de las fuentes de Kant como de la mística cristiana o de las especulaciones extraídas de la *Upanisad.*

Entre la considerable cantidad de obras y esbozos póstumos de Krause figuran unos *Grundniss der Geschichte der Philosophie* ('Fundamentos de historia de la filosofía') en los que su autor dedicaba un extenso apartado a exponer las ideas contenidas en el *Oupnek'hat.* En estas páginas, Krause manifestaba asimismo su admiración por la traducción de Anquetil Duperron, a semejanza de lo que haría Schopenhauer años más tarde en sus obras.

Aunque Arthur conocía el *Oupnek'hat* desde su última estancia en Weimar—influido por Majer, como vimos—, es muy posible que una vez en Dresde fuera Krause quien avivase su entusiasmo por dicha obra; quizá bajo su influencia la leyó entera por primera vez o, en todo caso, si ya la había leído, sería en esta época de Dresde cuando le habría prestado mayor atención. Sea como fuere, el caso es que también Schopenhauer se convirtió en un apasionado admirador del *Oupnek'hat*, y desde estas fechas dresdianas hasta el final de sus días seguiría elogiando la traducción latina de Duperron como la de «mayor confianza».[1] Su opinión se oponía a la de algunos célebres estudiosos del hinduismo de la época, quienes saludaron con tibieza la aparición del *Oupnek'hat* objetando que Duperron traicionaba y simplificaba los complicados textos originales sánscritos al provenir su versión del persa.

Schopenhauer, en cambio, defendió siempre la honestidad de la traducción de Duperron, puesto que también creía en la fidelidad de la versión previa del sultán:

[1] Para esta cita y las siguientes, véase PP II, § 184, pp. 421-422.

> Considero que el sultán Mohammed Darascheku [*sic*] [...], nacido y educado en la India, culto, inteligente y despierto, debía de entender el sánscrito por lo menos tan bien como nosotros entendemos actualmente nuestro latín; además, disponía de una gran cantidad de eruditos *pandits* como colaboradores; por eso tengo en muy alta estima su traducción al persa de la Upanisad del Veda.

Y añadía que Duperron había traducido «con sumo cuidado palabra a palabra del persa al latín, adaptando su latín a la sintaxis persa cuanto pudo»; además, en un glosario aparte, explicaba los términos que el sultán encontró intraducibles y dejó en el sánscrito original.

> Por eso leo esta traducción con la máxima confianza [...] Y es que ¡cómo respira el *Oupnek'hat* el espíritu sagrado de los Vedas! ¡Cómo ese espíritu emocionará hasta lo más íntimo a quien lea con aplicación y termine familiarizándose con el persa-latín de este libro incomparable! ¡Qué hondo y armonioso significado entraña cada línea! De cada página brotan profundos pensamientos, primigenios y sublimes, mientras que el conjunto exhala una sagrada honestidad. Todo respira aquí aire hindú y en esa existencia originaria cabe la Naturaleza. ¡Ay! ¡Y cómo se purifica aquí el espíritu de todos los prejuicios judaicos inculcados desde la infancia y de toda esa filosofía sometida a ellos!

Quizá Schopenhauer se formó estas opiniones en conversaciones con Krause, quien también dejó escritos comentarios que apuntan en la misma dirección: «Anquetil Duperron ha traducido fielmente el original persa al latín en versión *interliniaris*, en la que también adjunta la definición de numerosos términos en persa y sánscrito; por ello es casi como si tuviésemos delante el texto original».[1]

[1] La cita de Krause prosigue así: «A causa de la particularidad del len-

Krause y Schopenhauer intercambiaron ideas y libros. Es probable que empezaran a tratarse al coincidir ambos en la Biblioteca Real frente a la estantería rotulada como «India»; más adelante acabaron por visitarse mutuamente, máxime al ser vecinos. Poco después de que apareciera *El mundo como voluntad y representación*, Krause afirmó que algunas de las ideas que él había transmitido a Schopenhauer en 1817 sobre el enorme significado para Europa del descubrimiento del pensamiento y el arte de la India, aquél las había trasladado a su libro.[1]

Del *Oupnek'hat* extrajo Schopenhauer ideas que aprovechó para su obra capital, como veremos más adelante; ello lo convertiría en uno de los raros filósofos que supo aunar concepciones filosóficas orientales con las occidentales. Lo más destacado es que asoció las peculiares ideas extraídas de Platón y Kant con lo que él creyó comprender del Vedanta; sobre todo, en lo que respecta a la visión asiática de la inconsistencia e inesencialidad de la realidad fenoménica y la creencia en la unidad originaria de cuanto existe. La doctrina que se desprendía del *Oupnek'hat*—de la *Upanisad*—era una doctrina de salvación o liberación sustentada en la unidad de todos los seres vivos; el dolor que se ejerce sobre cualquiera de ellos repercute en el dolor universal; muerte y na-

guaje, pero mucho más debido a lo profundo y singular de los pensamientos, esta obra es difícil de entender [...] Por mi parte, la he leído repetidas veces desde 1805; una vez que se comprende posee una inusitada claridad, y puede observarse en el conjunto de la obra el genuino y límpido espíritu indo-brahmánico. Anquetil Duperron adjunta un útil comentario histórico-crítico y filosófico en el que compara el antiguo sistema brahmánico con los sistemas de los griegos, de la Edad Media y con los más modernos, e incluso con la filosofía kantiana (t. I, pp. 711-120). Es un tesoro de erudición para la historia de la filosofía asiática antigua», en K. C. F. Krause, *Grundniss der Geschichte der Philosophie*, Leipzig, 1887, p. 36.

[1] Véase *Conversaciones*, «Krause conversa con su vecino Schopenhauer», *op. cit.*, p. 94.

cimiento son ilusiones propiciadas por la gran embaucadora, Maya—«el velo de la ilusión»—, que simboliza el mundo del cambio incesante, del paso de las estaciones, el envejecimiento y la caducidad. Ella es la que manipula la rueda del deseo, causante del dolor y de los desafueros humanos. También es causante de la culpa del nacimiento, expiada mediante sucesivas reencarnaciones en seres cada vez más perfectos o cada vez más abominables; son metamorfosis que dependen de los comportamientos del sujeto de las sucesivas reencarnaciones. La superación de estos estados reencarnatorios y la liberación de su tiranía sólo advendrá si somos capaces de fundir el principio vital «Atma» con el cósmico «Brahma», o lo que es igual, con la renuncia a la individualidad y la disolución del yo en la totalidad. No querer, no desear, no infligir daño a ningún ser vivo son principios éticos que pueden extraerse de estas concepciones—que Schopenhauer calificó de «casi sobrehumanas».[1]

Reflexionando sobre estos aspectos, el filósofo pesimista se preguntaba ya en 1814, recién instalado en Dresde, cuál sería la esencia de este mundo que en definitiva es «engaño e ilusión vana». En suma, ¿qué quedará si somos capaces de alzar el velo de Maya? ¿Que habrá detrás de todas esas individualidades, tras el mundo de los fenómenos o las representaciones? No parece quedar una conciencia, ni una razón universal, tampoco un Buen Dios o un demonio malo ni un demiurgo al cual se le deba el mundo y sea el garante de la vida y la racionalidad de los seres; tales soluciones las descarta Schopenhauer, ubicado más bien en la línea metafísica del panteísmo y el spinozismo. Para hallar una respuesta convincente, recurrirá a lo expuesto en su tesis doctoral, al «objeto inmediato» de la percepción, lo conocido de manera inmediata: el denominado sentido interno o sujeto de la volición (*Subjekt des wollens*), percibido mediante nuestro

[1] «*Fast übermenschlichen Konceptionen*», MVR II, cap. 17, p. 178.

cuerpo, el cuerpo de cada ser vivo. La ley de la motivación es la que corresponde a este sujeto volente en virtud de la cuádruple raíz de razón suficiente. El individuo se halla encadenado en el mundo de sombras de la caverna (Platón), preso en la cárcel de la representación (Kant), y de la misma manera, confundido por Maya (*Upanisad*). ¿Cómo escapar de semejante encierro? ¿Existirá algún agujero que nos permita ganar la libertad, fuera de la representación? Nada hay fuera de este mundo de la representación, nada que no se vea sometido al principio de causalidad, a la interacción de sujeto y objeto, a las intuiciones de tiempo y espacio, salvo una única excepción: las pulsiones y los estímulos que percibimos mediante el cuerpo; aquí radica la clave para Schopenhauer. El querer, el deseo que experimentamos corporalmente, en nuestro interior, nos conduce quizá hacia un algo que escapa a las leyes de la causalidad: más allá de Maya se descubre el todo, Brahma; más allá de la representación, la volición nos descubre la voluntad. En 1814, Schopenhauer tuvo una revelación en este sentido: el cuerpo es deseo objetivado, querer hecho carne; en definitiva, voluntad. Y no sólo un cuerpo, mi cuerpo, sino todos los cuerpos remiten a esa puerta trasera de las apariencias que será la voluntad. La voluntad nada tendrá que ver con la conciencia; al acuñar este término Schopenhauer rompió con la gran tradición ilustrada que entronizaba algún tipo de ente consciente como garante de la realidad; su creación, la voluntad, será inconsciente, bruta, sólo deseo, sólo «voluntad que quiere sin saber qué es lo que quiere». Y este querer sin meta y sin descanso de la voluntad, objetivada en cuerpo, en miles de cuerpos, transmutada en la naturaleza entera, será la fuente del dolor y el sufrimiento en el mundo. En este querer sin meta ni objeto veía Schopenhauer el fundamento de su pesimismo: los seres se matan entre sí, la naturaleza entera no es más que un campo de voluntades opuestas que luchan entre sí por anularse o superarse, devorándose.

En un apunte de 1816, anotado por Schopenhauer en sus cuadernos de trabajo, aparece una equiparación clave entre Platón, Kant y los Vedas: «La Maya de los Vedas, lo que "siempre deviene pero nunca es" de Platón, el "fenómeno" de Kant, son uno y lo mismo, son este mundo en el que vivimos, somos nosotros mismos por cuanto a él pertenecemos. Esto no lo ha reconocido nadie todavía».[1] Todo ello se concretará en el término «representación» (*Vorstellung*) del propio Schopenhauer. He aquí la cárcel de los seres, liberarse de ella será la meta de su sistema filosófico, que culminará con la idea de la extinción del deseo, del querer y de la voluntad: hay que alcanzar el nirvana, la nada absoluta, para acabar con el dolor.

En torno a 1817 Schopenhauer descubre la *Autobiografía* de la mística francesa madame Guyon, así como la obra *Explication des maximes des saints sur la vie intérieure* de Fénelon. Acaso semejantes descubrimientos se deban también a la amistad con Krause, ya que éste en una carta a su padre, fechada en 1815, le comentaba que su sistema filosófico—titulado «De la ciencia»—coincidía en lo esencial con las enseñanzas de los místicos, y nombraba entre sus principales influencias a Fénelon, la Guyon y el *Oupnek'hat*. Tales son, precisamente, las lecturas que tanto iban a influir en el célebre cuarto libro de *El mundo como voluntad y representación*, en el que Schopenhauer describe la disolución de la voluntad por mediación del individuo que conscientemente renuncia a querer y que es capaz de negarla negando el deseo y renunciando a perpetuar la especie. Este libro cuarto encomia la renuncia a la vida por parte de los santos y los místicos, la supresión de la voluntad mediante la abstinencia y la meditación. Es plausible pensar que el destacado colofón de la filosofía de Schopenhauer debe mucho más a la influencia de Krause de lo que suele creerse. Por el propio filósofo pesi-

[1] HN I, 380.

mista no lo sabremos, dado que en sus escritos no mencionó ni una sola vez al singular filósofo de Eisenberg.

LA GRAN OBRA

«En 1818 finalmente di por concluido mi propio sistema filosófico en el que había trabajado durante cinco años».[1] Tras los cinco años consagrados al perfeccionamiento de sus ideas—con mucha intensidad, como puede observarse en los manuscritos inéditos—, la redacción definitiva de todo aquello tan sólo le costó un año de trabajo, y la culminación de tanta laboriosidad fue un espléndido manuscrito que su autor quería ver editado en forma de libro cuando antes.

En marzo de 1818, Schopenhauer se apresuró a buscar un editor. Antes que a cualquier otro, escribió al hombre que por aquellas fechas publicaba las obras de Johanna Schopenhauer, de quien tenía muy buenas referencias: el poderoso Friedrich Arnold Brockhaus (1772-1823),[2] director de la célebre editorial que llevaba su apellido, asentada en Leipzig, acaso la mejor que por aquella época había en Alemania. Éste sabía de la existencia del manuscrito que prepa-

[1] «Curriculum vitae», CE 348; GB 655.

[2] Friedrich Arnold Brockhaus fue el primer editor de Schopenhauer. A lo largo de su vida, el filósofo trataría con otros tres Brockhaus, sucesivos editores de la célebre empresa familiar: Friedrich (director desde 1823 hasta 1849), Heinrich (codirector desde 1823 hasta 1874) y Eduard (desde 1854 hasta 1895). La interesante correspondencia de Schopenhauer con los Brockhaus ha sido recopilada por Ludger Lütkehaus en *Das Buch als Wille und Vorstellung* ('El libro como voluntad y representación'), Múnich, Beck, 1996. Una vez muerto Friedrich Arnold Brockhaus, la frialdad con la que sus sucesores trataron a Schopenhauer queda reflejada en que éstos nunca rubricaban sus cartas con sus nombres particulares, sino que firmaban siempre como: «La dirección de la editorial F. A. Brockhaus». En CE se recopilan algunas de las cartas más importantes de la relación entre Schopenhauer y los editores de la casa Brockhaus.

raba el filósofo porque un conocido de Arthur, Ferdinand von Biedenfeld, le había dado noticia de él. Brockhaus acababa de editar un libro de viajes de Johanna, lo había vendido bien y ahora se disponía a publicar también una novela de la escritora de Weimar, *Gabriele*. La novela era larga, enrevesada y muy *Biedermeier*, con su dosis de romanticismo y sentido cabal; cuando apareció, Goethe escribió una reseña muy favorable y, gracias a ello, *Gabriele* sería el título que consagraría a Johanna definitivamente como escritora de éxito; Brockhaus no lo sabía aún, naturalmente, pero estaba entusiasmado con el potencial literario que veía en Johanna y confiaba en su éxito futuro. Había oído hablar del talento de su hijo y por eso se mostró receptivo con la obra del desconocido filósofo; quizá si la madre vendía, también lo hiciera el hijo, aunque fuera en un ámbito bien distinto: el de la seria y «científica» filosofía, tan apreciada en aquella Alemania del siglo XIX, sumamente volcada en el intelecto.

Schopenhauer presentó su trabajo a Brockhaus en una carta memorable, fechada el 18 de marzo de 1818. La redactó en el tono algo insolente del autor novel que se da ínfulas de genio tocado por la gracia de la divinidad, consciente, además, de que será él quien haga un enorme favor al editor que publique sus obras, y no a la inversa. He aquí cómo lo expresaba:

> Mi obra es un nuevo sistema filosófico, nuevo en el más genuino sentido de la palabra: no se trata de una nueva exposición de cosas ya sabidas, sino de una serie de pensamientos absolutamente coherentes que hasta ahora jamás había concebido el espíritu de ningún individuo. Estoy firmemente convencido de que el libro que con tanto trabajo he conseguido hacer accesible a la comprensión de los lectores será con el tiempo fuente y ocasión de cientos de libros más. Lo esencial de esta serie de pensamientos estaba ya en mi cabeza hace cuatro años, pero a fin de desarrollarlos y clarificarlos completamente para mí mismo, gracias a innumerables escritos

y anotaciones, me vi obligado a consagrar cuatro años enteros a su elaboración, así como a la lectura de numerosas obras ajenas. Hará cosa de un año comencé la redacción coherente del conjunto, destinada no sólo a mí, sino a los otros, y acabo de concluirla. Mi exposición está tan lejos de la verborrea pomposa, vacua y vana de la nueva escuela filosófica, como de la charlatanería inocua y prolija del período anterior a Kant: es clara, comprensible y enérgica a la vez, y, si se me permite decirlo, no carece de belleza, pues sólo quien tiene auténticas ideas tiene también auténtico estilo propio. La importancia que doy a mi trabajo es enorme, pues lo considero el fruto de mi existencia [...] La obra lleva por título: *El mundo como voluntad y representación, de Arthur Schopenhauer, con un apéndice que contiene la crítica de la filosofía kantiana.*[1]

El audaz principiante se refería también a los emolumentos que quería recibir por su obra. Afirmaba que sus pretensiones en este asunto serían harto modestas considerando que su nombre era poco conocido, pero que, naturalmente, dichas pretensiones pecuniarias nada tenían que ver con el *valor real* que atribuía a su obra, así como tampoco con las ganancias que, a buen seguro, el editor obtendría con su venta: «Si, en consecuencia, quisiera yo medir mis exigencias conforme al valor que atribuyo a mi trabajo, éstas parecerían extraordinarias y hasta imposibles de satisfacer».[2] Si renunciaba a cobrar lo que se merecía, Schopenhauer exigía a cambio que el libro se editase según sus más estrictas directrices. Pedía al editor que se comprometiese a imprimirlo para la próxima feria de San Miguel en «formato grande, con letra clara y bellamente impresa»; *no permitía* que se dividiera en dos volúmenes, a pesar de su considerable extensión, y le pedía a Brockhaus que se comprometiera mediante contra-

[1] Carta de Schopenhauer a F. A. Brockhaus, 18 de marzo de 1818. CE 270-271.

[2] CE 271.

to a imprimir ochocientos ejemplares y «a renunciar a cualquier derecho sobre una segunda edición». En cuanto a las correcciones, observaba: «Tendrá usted que jurarme por su honor que antes de imprimir la obra hará corregir tres veces cada pliego, y la última vez lo revisará una persona cualificada autorizada por mí que, teniendo a la vista el manuscrito original, repasará las pruebas anteriores». Schopenhauer pedía como emolumento un ducado por pliego impreso. Finalmente añadía: «No puedo enviarle el manuscrito para que lo examine, por una parte, porque de momento sólo es legible para mí, por otra, porque no lo soltaré hasta que disponga de un contrato y, por último, porque sigue ocupándome constantemente».[1]

Lo que más parecía horrorizar a Schopenhauer era que la exposición de su sistema, tan cabal y que él pretendía cuidado al detalle—una exposición que conformaba un «todo orgánico inseparable»—, pudiera ver la luz con algún error, con alguna mácula, con erratas; de ahí la exigencia de correcciones tan puntillosas. Semejante actitud con respecto al cuidado de la letra impresa por parte del filósofo pesimista la ha caracterizado Lütkehaus—compilador de unas *Obras completas de última mano* de Schopenhauer—como «metafísica del amor al texto». La entrega de pruebas de imprenta a su debido tiempo y la falta de esmero en la revisión y corrección de erratas serían los principales caballos de batalla de la relación de Schopenhauer con sus editores, quienes jamás cuestionaron abiertamente el valor de su obra, pero se sintieron seriamente ofendidos por los modales despóticos y hasta groseros del filósofo, escrupuloso hasta la náusea en lo que se refería al perfecto acabado del producto impreso. Una sola errata en sus escritos lo hubiera puesto fuera de sí y habría sido capaz de demandar a su editor por negligencia. La interesante correspondencia de Schopenhauer con los su-

[1] CE 272.

cesivos editores de la casa Brockhaus testimonia con claridad estas disputas.

La respuesta de Brockhaus llegó casi de inmediato: aceptaba publicar el manuscrito. «Puesto que su propuesta, respetable señor, me resulta tan atractiva como moderados y justos los honorarios que propone, la acepto sin más»,[1] escribía. Schopenhauer estaba exultante. A vuelta de correo, escribió a Brockhaus a fin de reiterarle la importancia que concedía a que el libro se imprimiera tal y como él deseaba: «Confío incluso en que, cuando el manuscrito lo haya persuadido a usted de cuán distinto es de lo que suele recibir, aún se esforzará más en el aspecto exterior del libro de lo que yo mismo le he exigido».[2] Le pedía de nuevo que renunciara a todo derecho sobre la segunda edición y que preparase «dos tipógrafos» que se ocuparan de trabajar en la edición del original a fin de que estuviera impreso para la fecha requerida: la feria de San Miguel, en septiembre de ese mismo año de 1818. El filósofo exigía esa fecha porque en septiembre u octubre pensaba ir a Italia, un ansiado viaje que había estado postponiendo hasta la terminación de su libro. Entonces, con la obra terminada e impresa, bien podría concederse un tiempo de asueto y vacación—también le había contado esto al editor en su primera carta de presentación, ya citada.

Algo importante en aquella época y en el reino de Sajonia—lo mismo que en los demás reinos y principados de Alemania—a la hora de publicar cualquier escrito era el visto bueno de la censura. A este asunto también se refería Schopenhauer:

> Por lo demás, la obra deberá pasar la censura; aun cuando en ella no pueda encontrarse ni una sílaba que atente contra el Gobierno

[1] Carta de F. A Brockhaus a Schopenhauer, 31 de marzo de 1818. CE 273.
[2] Carta de Schopenhauer a F. A. Brockhaus, 3 de abril de 1818. CE 274.

> ni con nada relacionado, y aunque tampoco contenga nada que atente contra las buenas costumbres—por el contrario, del último libro se desprende una moral que se corresponde exactamente con la del auténtico cristianismo—, toda la filosofía que expongo entra en contradicción, si bien no explícitamente, de forma tácita pero evidente, con los dogmas de la doctrina judeocristiana. Sin embargo, en lo que respecta a este punto, actualmente hay mucha tolerancia con los filósofos, e incluso es común escuchar cosas que hace cincuenta años hubieran acarreado consecuencias muy graves a su autor. Por lo demás, como mi obra jamás ataca a la Iglesia directamente, confío mucho en pasar la censura. Dicho esto, no conozco exactamente el criterio de los censores, ni puedo saber cómo interpretarán esos señores ciertas cosas. Lo que sí sé es que no estoy dispuesto a introducir cambio alguno en este escrito tan importante para mí.[1]

Schopenhauer terminaba comentando con ironía: «Por lo demás, es bien sabido que la prohibición no es precisamente una desgracia para un libro». Aunque estaba seguro de que el suyo pasaría la censura, tal y como ocurrió.

Una vez firmado el contrato y apalabrado con el editor los detalles concernientes a la edición de la obra, el autor sólo debía tener paciencia y esperar a ver el libro impreso en el plazo que él mismo había establecido. Cuando tuviera en sus manos los primeros ejemplares, la prueba del nacimiento de su retoño filosófico, podría partir tranquilo al país «donde florece el limonero», como le dijo a Goethe, glosando su célebre «Canción de Mignon»; su intención era permanecer en Italia «un año entero». Estas palabras aparecen en la carta que le escribió a Goethe en junio de 1818 para despedirse de él antes de partir a Roma, en septiembre, como planeaba. En esta misiva le decía a «Su Excelencia» que «conocidas desavenencias» le impedían viajar a Weimar a casa de su madre y que por ello tenía que despedirse de él por carta. Le pedía

[1] CE 274-275.

que tuviera a bien darle algún consejo a la hora de viajar a Italia o que le escribiera alguna carta de recomendación destinada a algún conocido de allí; aprovechaba también la ocasión para presentarle el libro que publicaría Dios mediante:

> Mi obra, que aparecerá en San Miguel, no sólo es el fruto de mi estancia en Dresde, sino, en buena medida, de mi vida entera. Dudo que jamás sea capaz de crear algo mejor ni más consistente, y estoy convencido de que Helvetius tenía razón al afirmar que, a los treinta años, o a los treinta y cinco a lo sumo, el mundo ha suscitado en el individuo las impresiones a las que debe todos los pensamientos de los que es capaz: lo que produzca más adelante no será sino el desarrollo de estos pensamientos. Un destino favorable me otorgó el ocio exterior y la energía interior más tenaz para producir pronto y ofrecer fresco el fruto que otros, por ejemplo Kant, sólo lograron dar en la vejez como juveniles frutos marinados en vinagre. He cumplido treinta y un años. El título del libro que sólo conocemos el editor y yo es: *El mundo como voluntad y representación, cuatro libros y un apéndice que contiene la crítica de la filosofía kantiana.* Brockhaus tiene el encargo de enviar a Su Excelencia un hermoso ejemplar. Teniendo en cuenta nuestros diálogos filosóficos, no puedo evitar hacerme muchas ilusiones de obtener su aprobación en caso de que tenga usted la paciencia necesaria para sumergirse en la corriente de un pensamiento ajeno. Como mínimo serán 40 pliegos.[1]

Schopenhauer volvía a recordarle a Goethe la teoría de los colores, asegurándole de nuevo que la escrita por él mismo—verdadera, por supuesto—sólo serviría para resaltar más la suya (la de Goethe); que le gustaría pasar a la historia asociando su nombre al de él en este asunto de los colores y que juntos habrían de derribar a «*Sir Isaak*, que tan orondo

[1] Carta de Schopenhauer a Goethe, Dresde, 23 de junio de 1818. CE 279-280.

y ancho se sienta en su trono para que el mundo lo adore»... En definitiva, el filósofo se comía el orgullo y se plegaba a Goethe, a quien siempre guardó suma devoción. El poeta le contestó con una breve carta, fechada el 9 de agosto, desde el balneario de Carlsbad, en el que tomaba las aguas. Le deseaba suerte en el viaje y le aseguraba que leería con interés la obra anunciada. «Si tanto trabajo nos tomamos en conocer lo que pensaron nuestros antepasados, ¿cómo no ocuparse con la misma dedicación de nuestros mejores contemporáneos?», sentenciaba.[1] Adjuntaba una carta de recomendación; nada menos que para Lord Byron, el gran poeta inglés a quien Goethe admiraba mucho y que entonces se encontraba en Italia; veremos más adelante qué sucederá con esta misiva.

Entretanto Schopenhauer esperaba dejar Alemania llevándose ejemplares de su obra a Italia, pero las galeradas no llegaban en los plazos convenidos, con lo que la impresión del libro se retrasaba. Al autor lo llevaban los demonios y así se lo hacía saber a su editor con cartas furibundas.

Cuando quedó claro que el libro no vería la luz en la fecha prevista, escribió una carta demoledora a Brockhaus, mostrándose grosero y acusándolo de no tener palabra.[2] Le decía que su desconfianza en él era ya tan desmesurada que hasta dudaba de que fuera a publicar el libro—puesto que había incumplido el contrato al no tenerlo listo para la feria de San Miguel—, y que debía proceder con él como se procede en Italia con los *vetturini*, los cocheros, a los que el viajero exige un tálero de fianza antes de emprender viaje para asegurarse de que efectivamente lo conducirán al destino deseado. Así que Schopenhauer exigió a Brockhaus que le pagara

[1] Carta de Goethe a Schopenhauer, Carlsbad, 9 de agosto de 1818. CE 284.

[2] Carta de Schopenhauer a F. A. Brockhaus, Leipzig, 31 de agosto de 1818. CE 289-290.

por adelantado sus emolumentos, pues también había oído comentar que, «por lo general», era un editor que solía demorarse en pagar los honorarios a sus autores o incluso que no los pagaba. Lo amenazaba incluso con llevarlo ante los tribunales. «Ha de saber—aducía Schopenhauer—que para mí es mucho más importante mi obra que mi persona. Nada me resulta más lamentable que tener que tratar con personas cuya palabra no merece ningún crédito». Brockhaus, que había hecho gala de inusitada paciencia con aquel autor testarudo y puntilloso a lo largo del proceso de corrección de pruebas, no aguantó más y, tras un cruce de palabras desagradables en otro par de cartas, terminó comunicando a Schopenhauer que rechazaría cualquier carta que le llegase con su remite, pues se negaba a soportar más insultos de alguien que siempre estaba hablando de honorabilidad y demostraba tan a las claras carecer de ella; sólo deseaba—concluía Brockhaus—«no imprimir maculatura»—papel desechable—con aquel libro de un autor que lo insultaba.[1] El editor ignoraba entonces lo acertado de su negra premonición: diez años más tarde, casi la primera edición completa de *El mundo como voluntad y representación* se destinó a maculatura: los ejemplares se destruyeron y reciclaron para obtener papel. Brockhaus y Schopenhauer no se cruzaron más cartas; el libro no apareció en San Miguel, sino a finales de diciembre de 1818 con fecha del nuevo año 1819.

Schopenhauer partió hacia Italia el 23 de septiembre, tal y como tenía previsto desde hacía meses, aunque sin ver su libro impreso; encargó a su amigo Von Quandt que mediase ante Brockhaus para que éste le mandara las últimas pruebas para corregir y para que cuando el libro estuviera terminado le enviase a Italia un ejemplar de autor. A finales de enero o comienzos de febrero Schopenhauer recibió en Roma

[1] Carta de F. A Brockhaus a Schopenhauer, Leipzig, 24 de septiembre de 1818. CE 295-296.

su ejemplar, de lujo, impreso en papel vitela. El filósofo quedó satisfecho con el resultado: era un solo volumen de 725 páginas;[1] un lema de Goethe, en letra minúscula debajo del largo título, especificaba: «¿Y si al final resultase que la Naturaleza se deja sondear?».[2]

Con el libro expuesto en las librerías, Schopenhauer sólo tenía que esperar las repercusiones en el mundo cultural, que aventuraba sonoras; al fin y al cabo, estaba plenamente convencido de haber resuelto de una vez por todas el «enigma del mundo», lo que debía causar gran sensación, y si no, al menos, provocar un cataclismo o un sonoro escándalo en el ámbito intelectual: ¡reacciones, reacciones!

«DIE WELT ALS WILLE UND VORSTELLUNG»

Idea general

Llegados a este punto, es conveniente exponer brevemente en qué consistía aquella obra que se prometía tan bizarra. Schopenhauer se consideraba un genio y genial su creación. ¿Qué contenía aquel libro de título tan incomprensible para los legos? ¿Cuáles eran sus méritos? Su autor lo explicaba brevemente en el prólogo: «Lo que mediante este libro se transmite es un único pensamiento [*ein einziger Gedanke*]. Sin embargo, a pesar de todos mis esfuerzos, no pude hallar otro camino más corto para exponerlo que este tomo

[1] Contamos con una excepcional edición facsímil de la obra: *Die Welt als Wille und Vorstellung* (Faksimiledruck der ersten Auflage von 1819), Fráncfort del Meno, Insel, 1987.

[2] «*Ob nicht Natur zuletzt sich doch ergründe*?». Hasta donde hemos podido comprobar, en todas las traducciones de MVR publicadas en castellano este lema aparece traducido de manera errónea, negando que la naturaleza se deje sondear en lugar de afirmándolo.

entero».[1] Este «único pensamiento» era todo un hallazgo, añadía; los historiadores futuros habrían de verlo como una proeza filosófica, pues se trataba de algo tan difícil de encontrar como en la Edad Media lo fuera la anhelada «piedra filosofal» de los alquimistas. «¡Oh, incrédulos!», parecía decir Schopenhauer a los lectores, «¿acaso no anunció Plinio: *Quam multa fieri non posse, priuscuam sint facta, judicantur*?», '¿Cuántas cosas tenemos por irrealizables antes de que estén hechas?'. En efecto, Schopenhauer había conseguido descubrir lo que desde hacía siglos—desde que la filosofía vio la luz en Mileto—parecía una quimera: ni más ni menos que «la solución al enigma del mundo», tal y como él mismo no se cansaría de reiterar.

Platón, con sus dos mundos, el «verdadero» o de las Ideas y el de las copias o «apariencias»; Kant, con las categorías del entendimiento y la misteriosa «cosa en sí», y la filosofía de la *Upanisad* de la India, con su «velo de Maya» que cubre la verdadera esencia de las cosas multiplicándolas y dividiéndolas, coincidieron en una «gran verdad», explicaba Schopenhauer; a saber: lo que entendemos por realidad—es decir, nuestra vida cotidiana y sus avatares—es sólo una ficción producida por nuestros sentidos, un sueño del que despertamos al morir, instante en el que se rompe la secuencia de las apariencias y retornamos a la esencia íntima que es común a todo lo existente, la cual escapa al mundo de las apariencias. Es un símil ancestral que jamás pierde vigencia. Schopenhauer, con su genio creador, lo reelaboró y, para explicarlo racionalmente, formuló uno de los asertos más contundentes de la historia de la filosofía: «Este mundo en el que vivimos y existimos es, en esencia, enteramente voluntad y, a la vez, enteramente representación».[2] Tal es el «único pensamiento» que contenían las 725 páginas de aquella prime-

1 MVR I, «Prólogo a la primera edición», p. vii.

2 MVR I, 193.

ra edición, y aparecía formulado de manera explícita en el título de la obra: *El mundo como voluntad y representación*. Éste será el pilar básico de la filosofía de Schopenhauer, de ahí se deriva el resto.

El filósofo consideraba este único pensamiento como un «todo orgánico». Según se contemplase desde un ángulo u otro, se revelaría como metafísica, ética o estética; de él podrían extraerse ideas relacionadas con cada uno de estos ámbitos. El afán de Schopenhauer consistía en crear un sistema de pensamiento que diera respuesta a preguntas metafísicas como: ¿de dónde venimos? ¿Cuál es el sentido de nuestra vida? ¿Qué es el mundo? ¿Qué los seres humanos? ¿Por qué se sufre? ¿Cómo paliar el sufrimiento? Y también: ¿en qué consiste el arte? ¿Cuál será el comportamiento ético por excelencia?

Con sus aportaciones teóricas, Schopenhauer no pretendía proporcionar una explicación «científica» del mundo—aunque estaba muy atento a los descubrimientos y avances científicos de su época—, sino absolutamente filosófica; en este sentido, afirmaba:

> La filosofía debe alcanzar su plenitud con independencia de la corriente turbulenta que es la ciencia; debe poseer la autosuficiencia y la tranquilidad que caracterizan al arte. Debe expresar qué es el mundo sin que la satisfagan únicamente la mera investigación de los materiales que lo constituyen. La filosofía, al igual que todas las demás artes, debe *reproducir* el mundo de manera teórica: procurará su repetición en conceptos, los cuales no serán simples medios de expresión, como en la poesía, sino fines en sí mismos, pues expresarán el mundo en su generalidad, al completo.[1]

«Reproducir la idea del mundo en conceptos» (¿qué es el mundo, la realidad, el universo?), tal era el propósito final

[1] HN I, 210-211.

de esta sinfonía filosófica, de esta macropintura que pretendía ser *El mundo como voluntad y representación*, cuyo título expresaba ya plenamente el *leitmotiv*, el pensamiento fundamental, singular y solitario que inspiraba la obra entera, como hemos enunciado. Pero esta «feliz intuición u ocurrencia novedosa» en la que Schopenhauer basaba su sistema adquiría todavía una fórmula más específica y que sólo llegará a comprenderse hacia el final de la obra; he aquí su formulación: «El mundo es el *conocimiento de sí mismo*—o el autoconocimiento—de la voluntad».[1]

Cercano a esta última formulación queda un apunte del joven Nietzsche consignado en 1868; sólo tres años separaban al futuro autor del *Zaratustra* de su primera y apasionada lectura de la obra capital de Schopenhauer, que lo alcanzó como un rayo. En dicho apunte que consta de una sola sentencia magnífica, escueta y certera, sintetizó el núcleo mismo de la filosofía schopenhaueriana: «El oscuro impulso, pertrechado con todo el aparato de la representación, se revela como mundo». Unas páginas más y una nueva nota matiza la anterior: «La voluntad, infundada e inconsciente, pertrechada con todo el aparato de la representación, se revela como mundo».[2]

Tal es la idea que expresa Schopenhauer con su «autoconocimiento de la voluntad». Formulada de otra manera: este mundo en el que estamos, con todos sus astros y galaxias, con sus dolores, torturas, sufrimientos y penas, y también el mundo del pensamiento, el arte y el conocimiento en general, son única y exclusivamente la «revelación de la voluntad», la manifestación de sí misma—o epifanía de sí misma—en mundo.

[1] MVR I, 485.

[2] Véase F. Nietzsche, *Schriften der Studenten und Militärzeit 1854-1868* ('Escritos de los años de estudiante y del servicio militar'), ed. H. J. Mette y Karl Schlechta, Múnich, dtv, 1994, pp. 352 y 355.

La representación y la voluntad

El comienzo de *El mundo como voluntad y representación* es antológico, y tal vez sea el enunciado inicial más sencillo de recordar entre el cúmulo de libros de filosofía jamás escritos; reza así: «El mundo es mi representación» (*Die Welt ist meine Vorstellung*). Y el final de la obra, harto explícito y todavía más susceptible de permanecer en el recuerdo, simplemente dice: «Nada» (*Nichts*). En qué consiste este mundo representado y cómo y por qué desemboca en esa nada final es lo que explica Schopenhauer a lo largo de todo el libro, aunque de camino se detenga en tantas otras cosas como caben en el universo entero. Pero hay otro concepto de suma importancia y fundamental para la obra, que proporciona la clave para acceder al corazón mismo del enigma de la existencia, el de «voluntad» (*Wille*) o «voluntad de vivir» (*Wille zum Leben*). Ya nos hemos referido a él anteriormente, en el apartado acerca de la *Upanisad*, mas Schopenhauer lo matiza y reformula varias veces en sus obras. La voluntad—con minúscula en castellano y no con mayúscula—es la contraseña que franquea el acceso al núcleo de todas las cosas. La voluntad se siente en el interior de cada individuo—que es un «microcosmos»—; y lo mismo que un pasadizo secreto excavado en el subsuelo de la fortaleza asediada conduce a los asaltantes a conquistarla, entendiendo la voluntad como núcleo de cada ser, comprendemos también que es esta misma voluntad—magnificada—la que constituye el núcleo único del universo.

Si retomamos el símil platónico de los prisioneros en la oscura caverna, podemos acercarnos algo más a la visión schopenhaueriana de la realidad y la existencia expuesta en *El mundo como voluntad y representación*. Los prisioneros sólo viven en el ámbito de sombras: es el universo de la representación (Schopenhauer considera que es nuestro cerebro el que nos hace ver el mundo tal y como lo vemos), pero dicho universo es falso en sí, sólo está representado; es nuestro universo, pero también nuestra ficción, pues el mundo verdadero se halla fuera de la caverna. Ese mundo fuera de la caverna, lo que hay más allá de la representación, no podemos conocerlo. Es imposible de conocer para un sujeto, pues el sujeto que conoce necesita siempre un objeto del conocimiento, y semejante pareja es la base y la condición única del mundo de la representación. Fuera del ámbito y universo de la representación no hay conocimiento, puesto que la conjunción sujeto-objeto es inexistente allí.

Desde dentro del mundo de las sombras, desde el ámbito de la representación, algún prisionero podría ponerse a pensar y darse cuenta de que, aun viviendo en el mundo de sombras, hay algo tenue y cierto en él mismo, en el interior de su persona, difícil de explicar con palabras y que quizá escape en cierta medida al mundo de la representación y a la conjunción de causa-efecto; es inexplicable y, a la vez, sí puede caracterizarse con un término explícito, el de *voluntad*. La voluntad que el prisionero considera como algo tenue y vago en su interior podría también entenderse como lo inmaterial que hay en él o, de manera muy vaga, eso que los antiguos llamaron «alma», *psique*, lo interior e inmaterial del ser humano y de todo lo viviente. En cada prisionero en cuanto ser individual existe un «sentido interno» que lo mantiene vivo como entidad individual. El cautivo tiene voluntad de seguir viviendo aunque sea dentro de la caverna; posee en sí lo que podríamos caracterizar como fuerza íntima, *impetus* o voluntad de vivir que le insufla vida; se trataría de una especie de energía vital que mana de una fuente más general: la cosa en sí del mundo, lo que Schopenhauer denominará la voluntad «en sí», el sustrato de la realidad. Semejante voluntad está en todos los prisioneros a la vez por cuanto son seres vivos y todos están fraguados con la misma materia prima: ahora bien, la voluntad no es materia en sí, sino que la materia es una de sus «objetivaciones».

Schopenhauer descubrió, en definitiva, que todo lo viviente posee una misma y única esencia; la denominó «voluntad», porque en el ámbito del mundo de la representación—donde cada cosa tiene su nombre—hay algo típico del ser humano que denominamos voluntad pero que se especifica de muchas maneras—siempre actuando, nunca dejando de ser—: voluntad de vivir, voluntad de realizar o alcanzar algo, voluntad de dominio, de lucha...

Esta voluntad caracterizada como «de algo» es simplemente la expresión en cada ser vivo de una esencia íntima común a todos los seres vivos: la voluntad general de conservarse y de mantenerse vivos, de *autorrealizarse*, en el sentido de desarrollar plenamente las capacidades y aptitudes para la vida: procreación, salud, alimentación, defensa, etcétera. Un atisbo de qué es esta voluntad podemos obtenerlo mediante la observación de nuestros impulsos inconscientes: no obedecen a razones, simplemente se desencadenan y desean *ser* secundados o satisfechos.

La voluntad del mundo, la voluntad en sí misma es, en definitiva, el concepto fundamental de la filosofía de Schopenhauer, y lo mismo caracteriza la esencia común a todos los hombres que la esencia común a todos los seres y al mundo y el propio universo. Schopenhauer utiliza el sencillo término *Wille*—sustantivo alemán equivalente a nuestro vocablo «voluntad»—para denominar tanto la voluntad humana como la voluntad en sí del mundo. En español a menudo se escribe este término con mayúscula a fin de especificar visualmente que se trata de la Voluntad en sí—alma del mundo—, y en minúscula para especificar que se trata de la voluntad humana, pero en realidad son una y la misma.[1] La

[1] En alemán todos los sustantivos sin excepción se escriben con mayúscula, de manera que ésta no será una razón válida para transcribir al castellano sistemáticamente el término *Wille* también con mayúscula. Es preferible transcribirlo siempre en minúscula y así respetar el sentido que le dio Schopenhauer, que no distingue—con el término—entre una voluntad en

voluntad sólo es una. El ser humano la siente dentro de sí, en sí; pero su voluntad es únicamente un atisbo de la voluntad general que está en todas las cosas: animales, plantas y elementos inorgánicos; en los astros y en los mares. Desde el cerebro humano, vemos el mundo como representación; si pudiéramos salir del cerebro—algo imposible—, sólo habría voluntad.

En suma: la voluntad como cosa en sí es un impulso de vivir ciego y universal. Carece de conocimiento y de conciencia; no es ni temporal ni espacial (espacio y tiempo sólo son posibles en el ámbito de la representación, *a priori*); no tiene fundamentos, ni principios, ni fines ni límites. La voluntad tampoco tiene como «consecuencia» el mundo, ni tampoco ella es su razón ni su fundamento, y ni mucho menos lo crea... La voluntad no es causa de nada, pues está más allá del principio de causalidad. El mundo es y existe tal y como lo conocemos no porque la voluntad lo cree o lo cause, sino en virtud de nuestro aparato cerebral de la representación. Es el cerebro y su aparato de la representación lo que crea el mundo que vemos.

La representación (*die Vorstellung*)—el otro concepto fundamental en la filosofía de Schopenhauer junto con el de voluntad—significa que todo objeto visto o pensado sólo existe en relación con una conciencia que lo ve o lo piensa; en este sentido es posible afirmar que la filosofía schopenhaueriana es idealista, porque la existencia de las cosas es existencia en la conciencia. Sin embargo, no por ello el mundo es menos real; es tal como lo vemos, es tal como lo percibimos, con sus asperezas y callosidades, con su belleza y su humedad o calor, es material y físico. El mundo es porque es percibido—el *esse es percipii* de Berkeley: Schopenhauer elogiaba por ello al filósofo irlandés—, y es tal cual porque así

sí y otra individualizada; voluntad es siempre una y la misma, depende del punto de vista: el individual o el metafísico.

estamos capacitados para verlo merced a nuestra estructura cognoscitiva cerebral (el idealismo transcendental de Kant y el idealismo de la *Upanisad* así lo habían postulado). El mundo existe porque es representado por un sujeto. De ahí la afinidad con la metáfora del sueño: lo representado es el mundo de aquí, nuestro mundo real; qué y cuál es el ámbito de la voluntad—un supuesto sustrato más allá (o en otro plano distinto) de la representación—lo ignoramos. Ese *más allá* de la representación sería el ámbito de la nada, de ese postrero «*Nichts*» con el que Schopenhauer concluía su obra maestra de la indagación y la imaginación metafísica.

La presente biografía no pretende analizar en profundidad los conceptos de voluntad y representación, ni tampoco explicar los intrincados matices gnoseológicos y metafísicos de *El mundo como voluntad y representación*,[1] pero es oportuno añadir que Schopenhauer extraía de su «único pensamiento»—aparte de una teoría gnoseológica del conocimiento basada en la representación, y la metafísica de la voluntad—también una inestimable teoría estética y, tras ésta, una excepcional teoría ética con la que ponía el colofón a su sistema.

[1] Exposiciones actuales y muy asequibles de la filosofía de Schopenhauer las proporcionan, por ejemplo, dos monografías de Volker Spierling: *Arthur Schopenhauer. Philosophie als Kunst und Erkenntnis* [Arthur Schopenhauer, filosofía como arte y conocimiento], Zúrich, Haffmans, 1994 (Reclam, Leipzig, 1998), y *Arthur Schopenhauer zur Einführung* ('Introducción a Arthur Schopenhauer'), Hamburgo, Junius, 2002. (De esta última existe traducción en español: *Arthur Schopenhauer*, trad. J. A. Molina, Barcelona, Herder, 2010). Una sucinta exposición de la filosofía de Schopenhauer la encontrará también el lector en *El mundo como voluntad y representación*, vol. 1, Madrid, Gredos, 2010, «Estudio introductorio de L. F. Moreno Claros», pp. xi-cxlvii. Para el lector de libros digitales es recomendable *Schopenhauer: Un best-seller del siglo* XIX, de L. F. Moreno Claros, en versión para Kindle, MC&Books, 2013. Asimismo, véase la monografía también de L. F. Moreno Claros, *Introducción a Schopenhauer*, Barcelona, Gredos, 2023.

Ambas, la estética y la ética schopenhauerianas, tienen que ver directamente con la voluntad y con la conciencia que llega a tener de sí misma. ¿Cómo es posible que la voluntad, el impulso ciego que sólo quiere y quiere porque es únicamente voluntad, llegue a tener conciencia de sí misma? Como «un milagro», dice Schopenhauer, sólo posible merced a la inteligencia de la más avanzada de las criaturas vivas (tales criaturas son «objetivaciones» de la voluntad), es decir: el ser humano. La voluntad se expresa y se objetiva en mundo; ella es el mundo que vemos gracias a nuestro aparato de la representación. Aunque pudiéramos prescindir de dicho aparato, ignoramos qué sería la voluntad, desde luego, sólo un aquí y un ahora indeterminado, exento de categorías; pero ese saber le está vedado al ser humano, que sólo tiene un atisbo de él, una vaga aproximación, tal y como hemos apuntado anteriormente.

Las cosas y los seres del mundo, que son voluntad objetivada, inmersos en el espacio y el tiempo, sujetos a la corrupción y al cambio, deben clasificarse según una estructura piramidal cualitativa, de valor: más altos estarán en dicha pirámide cuanto más se acerquen a la consciencia y más abajo cuanto más cerca estén de la voluntad originaria; cuanto más ciegos y menos conscientes son sus impulsos, más lejos se hallan de la cúspide de la pirámide, coronada por el ser humano, que es «el rey de las criaturas», ya que su intelecto es el más desarrollado y el más claro de todos.

En la base de la pirámide se sitúa la materia pura y simple, es decir, la objetivación de la voluntad en su variable más grosera. Según esto, las fuerzas telúricas que provocan los terremotos o los volcanes son objetivaciones directas de la voluntad en su estado más puro. Tras las fuerzas primordiales se sitúan en escala ascendente el mundo vegetal y el mundo animal. Tanto en los vegetales como en los animales (desde las especies inferiores hasta las superiores) se objetiva la voluntad en forma de instintos vitales. Los animales superiores tienen un cerebro bastante desarrollado, pero aún carecen de la capacidad de pensar. El ser humano, en cambio, desarrolla y perfecciona la capacidad de pensar hasta auparla a sus estadios más elevados: los ámbitos del arte, la ciencia y la ética.

En este mundo que conocemos, el sujeto pensante habrá de reconocer que todo cuanto nos rodea es voluntad transmutada en objeto de conocimiento para un sujeto pensante. El hombre, merced a su percepción interna de sí mismo y a su capacidad de pensar, conoce la objetivación de la voluntad tanto en los impulsos más ciegos de su organismo como en los de la naturaleza en general. Observa que tanta voluntad hay en la fuerza de un maremoto producido por el desplazamiento de dos placas tectónicas marinas como en el árbol que crece de manera imperceptible durante doscientos años; tanta voluntad hay en la liebre que se esconde del cazador como en éste, y tanta en el montañero que asciende a la cumbre del glaciar como en el águila que con sus chillidos se eleva hacia las nubes. Fuerza, sangre, sabia vital, resistencia y frialdad del hielo, vapor de agua, tierra…, todo ello son formas objetivadas de la voluntad (la voluntad se objetiva en el mundo según el modelo ideal de las denominadas «Ideas platónicas»; la más elevada de todas es la forma del hombre, le siguen en orden descendente las de los demás seres, hasta llegar a las formas menos nobles). Sólo el ser humano, a través de su cerebro, reconoce la voluntad y la constata en sus objetivaciones. Sólo el cerebro más desarrollado es capaz de conocer con mayor profundidad. En esa maravilla, en esa máquina física perfecta que es el cerebro, sucede el acontecimiento milagroso del conocimiento y del autoconocimiento de la voluntad, pero también la consciencia de la miseria y la precariedad que reinan por doquier en este mundo objetivado de la voluntad.[1]

[1] En 1846, Schopenhauer explicó a Frauenstädt de una manera muy gráfica qué relación existía entre la voluntad y el entendimiento: «Imagínese a un caminante que sigue un camino con una linterna en la mano. De

El ser humano es el único habitante de cuantos pululan por el universo conocido que es consciente de su sufrimiento y que conoce—a la vez que los padece—los dolores del mundo. Su sabiduría y conciencia lo conducen a la conclusión de que él mismo sólo es una pieza más de un juego cuyo sentido se le escapa: el juego de la voluntad consigo misma, el juego de la vida. La voluntad, que es voluntad de querer y sólo eso, quiere el mundo, quiere existir; su potencia de ser se manifiesta a través de sus criaturas, pero el destino de tales criaturas en sí mismas le es completamente indiferente, puesto que la voluntad sólo es ciego poder de manifestarse. La voluntad pugna por ser y quiere seguir siendo sin límite en cada una de sus objetivaciones: de ahí que todo lo que existe en el mundo tienda instintivamente a perpetuarse, desde el mar embravecido pugnando por saltar los acantilados hasta el gran Napoleón, cuyo anhelo de poder lo conduce a conquistar Europa y emprender campañas sangrientas en las que perecen miles de seres humanos. El mar se enfrenta a los marinos, destruyendo sus barcos; los peces se devoran unos a otros; los animales se masacran entre sí y los seres humanos se empeñan en hacer otro tanto. Sin embargo, la misma voluntad está en todos: voluntad de ser o de dominar, en definitiva, de perpetuarse. Únicamente la voluntad es lo que queda incólume al final de la batalla: los heridos gritan de dolor, los muertos yacen para siempre mientras los vivos se preparan para el próximo combate; pero desde un punto de vista metafísico, sólo vence la voluntad ciega, el impulso de ser. He aquí, muy someramente, la base del pesimismo metafísico de Schopen-

---

repente, se encuentra al borde de un abismo; entonces retrocede y termina dándose la vuelta. El caminante es la voluntad de vivir, la linterna, el intelecto; a la luz de éste ve la voluntad que se halla en un camino equivocado, que está ante un abismo, y se da la vuelta, retrocede», G 93; LF 152.

hauer: la voluntad lo es todo, los seres humanos nada, ¿qué importan las vidas de los hombres frente al secreto oficio de la voluntad, que únicamente consiste en perpetuar el dolor y la muerte en el mundo? No hay un Dios creador que vele por sus criaturas, ninguna divina providencia: el sustrato universal, el en sí del mundo es un impulso ciego que arrastra a los seres a luchar entre ellos por la vida; que los impulsa sin cesar a devorarse unos a otros sin descanso. La vida no es divina, ni pura, ni bella en sí, sólo es un cúmulo de desafueros y penalidades sin cuento.

La criatura humana, consciente al punto de qué es la voluntad y, por lo tanto, de qué es el mundo en sí—sólo «voluntad objetivada»—, extraerá una tajante conclusión (la temprana conclusión que extrajo el propio Schopenhauer y que le ha granjeado la fama de pesimista acérrimo y absoluto): «Toda vida es sufrimiento» (*alles Leben Leiden ist*).[1] De ella se derivan otros tantos pensamientos generales de negro cariz, como que el egoísmo y el afán de afirmación de cada ser vivo, en perpetua pugna con los intereses de los demás, convierten la existencia en un infierno. Al ser humano más le valdría no haber nacido, puesto que la vida no es ni buena ni amable, sino fuente de dolores sin cuento. Que existir significa padecer es una verdad fácil de constatar observando la vida de cualquier hombre o la de cualquier otro ser vivo. El sufrimiento domina la existencia, es lo único real y «positivo», lo genuino; la felicidad y la dicha tienen carácter negativo, pues sólo nacen de la supresión del dolor, de negarlo; aparecen cuando aquél no se da y ello sólo en contadas ocasiones. El ser humano vive en un error perpetuo, y éste es creer que ha venido al mundo para ser feliz. La experiencia enseña que cualquier dicha es efímera, mientras que el dolor irrumpe cuando menos se lo espera y transmuta toda delicia en amargura.

[1] MVR I, § 56, p. 366.

A quien dijera que, a pesar de todo, los padecimientos y dolores del mundo son compensados por una idéntica proporción de felicidad, por muy efímera que sea, Schopenhauer le respondería proponiéndole que compare la intensidad de la sensación del animal que devora vivo a otro con el intenso tormento del que es devorado. Es más, aun cuando en el mundo únicamente sufriera un solo ser, la hondura de su sufrimiento sería más profunda que cualesquiera de los goces experimentados por el resto, y ni la suma de la dicha de todos ellos sería capaz de suprimir aquel único padecimiento individual. Baste una mirada a nuestro alrededor para constatar el dominio absoluto del dolor y el sufrimiento: lazaretos y hospitales, campos de batalla, catástrofes naturales, o la esclavitud (todavía vigente en tiempos de Schopenhauer) a la que unos hombres someten a otros, etcétera. E incluso en las vidas de aquellos hombres que consideramos afortunados—los burgueses adinerados, por ejemplo—, cuyas existencias están a salvo de los padecimientos más elementales, acecha otro enemigo mortal: el tedio. Él les obliga a luchar por la satisfacción de cientos de pequeños deseos, motivos de infelicidad. Esto cuando no los afligen causas más graves, como las enfermedades de las que nadie se salva... En suma, Schopenhauer concluía en su obra capital que este mundo es «el peor de los posibles», y la obra de un demonio.

Cuando varias décadas después de la publicación de *El mundo como voluntad y representación* se objetó a Schopenhauer que si la vida y la existencia en general son tan nefastas no sería mejor suicidarse, éste repuso que consideraba ilícito el suicidio; afirmó que quien se mata lo hace generalmente inducido por una frustración; en realidad, desearía vivir con más intensidad o poseer más riquezas o conquistar el amor que se le resiste o ser más dichoso en vez de ser desdichado. El suicida no niega la voluntad de vivir, la afirma indirectamente, pues desearía tener más voluntad. El deber del ser humano es vivir en el mundo hasta que la muerte lo separe de él; suicidarse es una cobardía y, además, un acto inmoral. La mayor virtud consiste en dejarse iluminar por la sabiduría—ya sea a través del arte o del convencimiento filosófico e incluso por medio de la religión—y actuar moral y éticamente contribuyendo a que disminuya el dolor dominante en el mundo o renunciando definitivamente a perpetuarlo.

Liberación ética y estética

Schopenhauer afirmaba que ante la verdad absoluta de que el mundo es dolor y que la mayor virtud es acallarlo, al ser humano le quedan dos opciones—el célebre *to be or not to be* hamletiano—: ser o dejar de ser. De ello trata el famoso libro cuarto de *El mundo como voluntad y representación*, uno de los más leídos y comentados de cuantos escribió Schopenhauer. El filósofo se deshace aquí en elogios y alabanzas a la supuesta virtud de la renuncia.

Si el hombre elige ser y continuar siendo hasta el fin de su vida, afirmará la voluntad de vivir (cuyo símbolo más evidente en los seres vivos lo constituyen los órganos sexuales y el placer intrínseco al acto de procrear); mientras que, si elige dejar de ser, negará la voluntad de vivir, y negándola dará la espalda al sufrimiento: ni lo provocará ni lo padecerá. De ahí que Schopenhauer entienda que la postura ética más loable es la de aquel que, sin morir, con plena consciencia de sus facultades racionales y físicas, es capaz de sobreponerse a los impulsos de la voluntad—al egoísmo, al ansia de dominio y la procreación—y negarla. Dejar de ser siendo. Alcanzar un estado vital en el que, sin morir, ya no se está en el mundo; es ese *nunc stans*, el instante del ahora que es eterno, o el *nirvana*. El asceta y el santo serán los ideales del hombre plenamente ético, éstos niegan la voluntad de vivir y prefieren la nada a la existencia. Para aquel que renuncia a la voluntad—dirá el filósofo pesimista—este mundo nuestro tan real, con «todos sus soles y vías lácteas», se transformará en... nada[1] y con ello habrá alcanzado el punto de la santidad.

Llegar a la santidad es lo más excelso que hay, pero ya dijo Spinoza aludiendo a la excelencia del sabio—santo a su modo—que todo lo excelso es tan difícil como raro. No todos los hombres pueden llegar a la santidad ni son capaces de alcanzar el nirvana, la liberación. Para la mayoría de los seres humanos existe un consuelo que a menudo los acerca al vislumbre del estado absoluto de paz consigo mismos y negación de la voluntad. El consuelo lo proporciona el arte en la mayoría de sus formas. Lo proporciona la contemplación de una obra artística o la atenta audición de una pieza musical. El goce estético proporciona estados de ensimismamiento y arrobo sólo comparables a la liberación que debe de proporcionar el nirvana alcanzado por el santo merced a su olvido del mundo y los afectos. Bien es verdad que se trata de estados transitorios de ensimismamiento y olvido, pero ello no les resta efecto: la voluntad individual queda en suspenso, y con ello el ego y el dolor, lo cual da paso a una momentánea fusión estética con la totalidad.

Schopenhauer dedicó el libro tercero de *El mundo como voluntad y representación* a explicar su teoría estética; hoy es tan famoso como el libro cuarto. El filósofo expuso una estética sui géneris, que llamó «metafísica de lo bello», sustentada en el concepto tan típicamente romántico de «genio». Analizaba todas las artes desde el punto de vista de la voluntad y la representación. Caracterizaba la pintura, la escultura, la música y la arquitectura como los más elevados empeños del hombre; dichas artes son portadoras de la mayor potencia creativa del ser humano; el genio las dota de sentido y les da vida. El artista genial—el creador de una *Madonna*, como Rafael, o de *La flauta mágica*, como Mozart—se inspi-

[1] MVR I, § 71, p. 487.

ra en las Ideas puras de Platón. El arte valioso, el verdadero, sólo producido por el genio, «reproduce» las Ideas platónicas, y no las objetivaciones de éstas. Disfrutar del arte supone, según Schopenhauer, disfrutar de un mundo maravilloso que reproduce el mundo ideal de Platón, el goce de un ámbito de conocimiento sin corromper por los afanes de la voluntad.

El poder reproductor del arte (mediante imágenes de las formas ideales) es tan fuerte que Schopenhauer lo equipara a la filosofía propiamente dicha; mientras que la pretensión de ésta ha de ser reproducir la esencia del mundo en conceptos, el arte intenta recrear esa misma esencia de forma intuitiva, es decir, de manera que pueda ser admirada y percibida por los sentidos. Escuchando una sinfonía, contemplando un cuadro, observando un grupo escultórico—como *Laocoonte y sus hijos*—o asistiendo a una representación teatral, el espectador podrá llegar a conocer la esencia del mundo de manera directa e intuitiva, acaso mejor que con conceptos y palabras, puesto que cada una de las artes expresa a su manera el en sí del mundo tanto como la esencia de las manifestaciones de la voluntad. Ellas nos enseñan a apreciar lo mejor del ser humano y la belleza del mundo, aunque también sus dolores.

Schopenhauer se ocupaba con detalle en este libro tercero del análisis y la importancia que poseen las diversas artes: desde las artes plásticas y pictóricas hasta las artes escénicas y la música. Una manifestación artística será tanto más pura y apreciada cuanto más nos facilite el acceso al disfrute de las Ideas. Un cuadro bello, una escultura sabiamente esculpida franquean vías directas hacia la contemplación de la Idea; algo que no consiguen las obras mediocres. La facilidad con que nos muestra lo ideal será el listón con el que se mida el talento artístico del autor del cuadro o de la escultura. Lo mismo sucede con la poesía y la literatura; el poeta y el escritor que mejor sepan plasmar las Ideas en sus obras—ideas de nobleza, dolor, sabiduría, bondad o tristeza y pena; o las de pereza, fragilidad, abnegación, etcétera—serán los mejores. Gracias a la empatía con los personajes de un drama o con los protagonistas de una novela, el espectador accede a otro mundo: el de estos personajes; y aunque lo haga sufrir, le transmite un estado catártico y meramente estético por medio del cual verá desde otro plano de realidad los sufrimientos reales. La representación literaria y artística del sufrimiento y el dolor provocará en quien la contempla un sentimiento de belleza estética que le hará comprender lo absurdo de perpetuar en el mundo semejantes dolores y sufrimientos.

Schopenhauer asumía que en todas las expresiones artísticas es posible observar Ideas, aunque las maneras de expresarlas varían; hay unas más sutiles y otras más toscas. Por ejemplo, en la arquitectura o en el arte de la jardinería vemos las Ideas—más plúmbeas y menos sutiles—de armonía, fluidez, proporción, consistencia, etcétera; mientras que en las representaciones pictóricas de santos o vírgenes advertimos las Ideas mucho más sutiles y elevadas de pureza, bondad o belleza.

Después de haber explorado un extenso catálogo de artes, la música es de entre todas ellas la que se lleva la palma. Según Schopenhauer, ésta ocupa un lugar aparte. Por su idiosincrasia, es comparable a un lenguaje universal cuya claridad supera incluso a la del propio mundo intuitivo. Es el *summun* artístico y un arte inclasificable, puesto que es la más extraña. Al no estar compuesta de «materia», es la más versátil y la que provoca los mayores sentimientos estéticos. La música no se limita a transferir al oyente Ideas concretas, tal y como lo hace el resto de las artes, sino «todas las Ideas». Representa y remite a «la voluntad misma» y es objetivación de «toda la voluntad» y no sólo de sus fragmentos. Escuchando música el oyente conoce su propia esencia a la vez que la esencia toda de la voluntad. La música transmite sentimientos de exaltación, tanto de placer como de dolor; el disfrute de una melodía lo mismo eleva el corazón hasta las más excelsas Ideas que lo hunde en las profundidades de la melancolía o el dolor. Es el mundo entero con sus delicias, enigmas y dolores lo que se presenta a través de la música. Ella nos pinta los movimientos más ocultos de nuestro ser y del ser de la voluntad, aunque desprovistos de la realidad y de todas sus torturas; es decir, nos permite experimentarlos de manera abstracta sin que estén ligados a hechos concretos, de ahí el embeleso en el que caemos al dejarnos llevar por la música.

La música *traduce* el en sí del mundo en notas musicales. El bajo profundo, por ejemplo, reproduce las honduras más bastas de la voluntad; conforme las notas ascienden en agudeza van representando los distintos niveles de la voluntad; la voz humana traduce los sentimientos humanos y expresa los estadios más altos de la voluntad consciente ya de sí misma. La música ligera, la religiosa, todos los géneros, desde los caricaturescos hasta los solemnes, traducen diversos estadios de la voluntad, diversas manifestaciones ideales del ser humano, a la vez que de los elementos naturales; por ejemplo, las sinfonías de Beethoven, que reproducen los elementos climáticos, como rayos y truenos o el calor sofocante del verano. En suma, todo en la música nos habla y nos afecta porque refleja la voluntad que nos constituye y que constituye el mundo, sólo transfigurado por la representación. Schopenhauer concluye, de manera paradójica, que si el mundo desapareciera, «quedaría la música». ¿Una melodía flotando sobre una nebulosa de nada absoluta?

Las artes, aunque pueden inducir a la compasión y a la renuncia, no constituyen el culmen de la eticidad. Volvemos aquí a la ética a fin de recordar que para Schopenhauer el mandato ético por excelencia surge de la empatía del hombre santo con todos los seres que sufren. El santo, como Buda, renuncia a perpetuar el dolor, y la raíz de semejante renuncia surge de la compasión o la piedad universal. Entender que la esencia de los seres es una y la misma conduce a padecer con ellos y a negarse a causarles dolor, un dolor que se causa a la propia esencia.

Hasta aquí la somera exposición de algunas de las ideas más señeras de la obra que su autor calificaba de «genial».

Como consecuencia inmediata de la publicación del libro, Schopenhauer creyó que cosecharía un éxito rotundo; consideraba que haber desentrañado el enigma de la existencia era una tarea que debía recibir un aprecio seguro e inmediato. Con sus conceptos de «voluntad» y «representación» proporcionaba las claves para acceder al «en sí» de todas las cosas. Con ellos aportaba también explicaciones muy coherentes del mal y el sufrimiento. Por si fuera poco, su obra terminaba con un mandato ético justificado desde un punto de vista no religioso pero que coincidía con el punto de vista central del cristianismo y el budismo. Así, habiendo concluido la gran obra, y embargado de una enorme confianza en su éxito, dejó Alemania con el propósito de tomarse unas gozosas vacaciones. En un acto de humildad, raro en él, quería estar lejos de su tierra cuando comenzaran a sonar los pífanos de alabanza; aunque, secretamente, esperaba que también al extranjero irían llegando los ecos de su triunfo.

PRIMER VIAJE A ITALIA

Schopenhauer permaneció en Italia desde septiembre de 1818 hasta agosto de 1819. Durante aquellos meses completó un periplo que describió como sigue:

> Pasando por Viena, viajé a Italia: vi Venecia, Bolonia, Florencia y finalmente Roma, donde me detuve casi cuatro meses deleitándome en la contemplación tanto de los monumentos de la Antigüedad como de las más recientes obras de arte. Estuve en Nápoles, admiré

Pompeya, Herculano, Puteoli, Bayas, Cumas y Paestum, donde admiré el majestuoso templo ancestral de Poseidón, que desde hace más de veinticinco siglos se yergue intacto en la antigua ciudad, y contemplándolo con profundísima reverencia, pensé que me encontraba en el mismo suelo que tal vez antaño había hollado Platón. A continuación, permanecí casi un mes en Florencia, visité por segunda vez Venecia, y también estuve en Padua, Vicenza, Verona y Milán, y al fin, a través del monte San Gotardo, llegué a Suiza. Después de viajar durante once meses regresé a Dresde en agosto del presente año.[1]

Su ilusión era ver los lugares que Goethe había visitado en su célebre viaje italiano. Las experiencias meridionales del autor del *Werther* parecían dignas de emular para cualquiera que quisiera educar su espíritu de acuerdo con los más altos ideales estéticos y éticos de comienzos del siglo XIX: haber admirado las obras cumbre del arte clásico *in situ* era un galardón que un joven rico y culto consideraba insoslayable; y más un autor como Schopenhauer, que tanta importancia había concedido a la experiencia estética en su libro recién publicado. Cierto es que había visitado en su niñez los grandes museos europeos y que durante cuatro años pudo admirar cuando quiso las colecciones de las galerías de pintura de Dresde, pero sólo ahora podía disfrutar del mismo aire que habían respirado los grandes maestros antiguos, así como de la misma luz que los había iluminado.

Entre los manuscritos que Schopenhauer dejó al morir quedaron algunos apuntes muy breves datados en los primeros meses italianos bajo el título de «Diario de viaje». Son apuntes acerca del arte en general y que nada tienen que ver con un diario narrativo equiparable a los que escribió en su niñez. Schopenhauer consignó bajo este epígrafe apenas un puñado de anotaciones, entre ellas esta que sigue, que nos

[1] «Curriculum vitae», CE 348-349; GB 655.

parece muy reveladora: «En los viajes, donde lo extraordinario de cualquier clase apremia, el exterior proporciona tanto alimento al espíritu que falta tiempo para asimilarlo. Es lamentable que las impresiones que tan raudas se suceden no dejen ninguna huella duradera».[1] Robert Zimmer comenta que quizá Schopenhauer estaba demasiado pendiente de experimentar impresiones estéticas, es decir, que acaso no se enfrentaba a la realidad con inocencia, sino mediatizado por el deber de sentir la belleza y anhelando obtener la experiencia de una revelación viajera parecida a la de Goethe.[2] Sospechamos que así hubo de ser. Buscando experiencias singulares, no experimentó en Italia algo distinto de lo que ya conocía; el viaje sirvió para afianzar los conocimientos y las ideas que ya tenía; en suma, para corroborar lo conocido. Si no, ¿por qué no dejó más anotaciones de sus impresiones estéticas? Así debió de sucederle en cuanto a la estética. Por supuesto que admiró el arte del Renacimiento y de la Antigüedad, visitó multitud de museos y de monumentos llevando como guía el itinerario italiano de Goethe, pero las impresiones de aquellas visitas no merecieron comentarios especiales.

También se entregó al placer de la música. Asistió a la ópera y, entre otros compositores italianos, descubrió a Gioachinno Rossini (1792-1868), personalidad que por aquella época comenzaba a despertar furor en Italia. Por entonces había estrenado algunas de sus óperas más conocidas, como *La urraca ladrona* o la celebérrima *El barbero de Sevilla*. A la música del genio de Pésaro permanecería fiel Schopenhauer durante el resto de su vida, prefiriéndola incluso a la de Mozart y Beethoven, compositores dignos también de su máxima admiración y aprecio.

Hubo otras experiencias de las que Schopenhauer dis-

[1] HN 3, 2, n.º 4.

[2] *Cf.* R. Zimmer, *Arthur Schopenhauer. Ein philosophischer Weltburger*, Múnich, dtv, 2010, p. 136.

frutó en Italia además de las meramente estéticas. En su vejez, comentando aquel primer viaje italiano con su discípulo Frauenstädt, el pícaro filósofo pesimista se jactaría de que en Italia «no sólo había disfrutado de *lo bello*, sino también de *las bellas*».[1] Y a otro de sus interlocutores, Carl Georg Bähr, Schopenhauer le comentó: «¡Imagínese usted, con treinta años, cuando la vida me sonreía! Y en lo que respecta a las mujeres, me sentía muy atraído hacia ellas ¡Cómo no!... ¡Si ellas hubieran sentido la misma atracción por mí!».[2] Quizá en Italia no se interesaron por él todas las mujeres que le gustaban, pero sabemos que sí halló algún consuelo para su vanidad de conquistador.

Schopenhauer había abandonado Dresde dejando atrás una *liaison* sin importancia de las habituales en aquella época entre señoritos bien establecidos, estudiantes con ingresos o caballeros acomodados: una sirvienta iba a dar a luz un hijo de quien el filósofo era el padre. De esto sólo ha quedado constancia por una mención de Adele en una carta a Arthur en la que la hermana se refiere a la «muchacha de la que me hablas, que me da mucha pena»,[3] que al parecer él había dejado allí sola y abandonada. Ese mismo año de 1819 la sirvienta trajo al mundo una débil niña que apenas sobrevivió dos meses. Schopenhauer, manteniendo algo de nobleza y responsabilidad, le encargó a Adele que le mandase dinero a la chica, con lo cual quedaban cumplidas sus obligaciones en aquel enojoso asunto. Nada más se sabe al respecto.

En cuanto a sus aventuras amorosas en Italia, consta que durante su estancia en Venecia tuvo una amante más o menos fija; se desconoce el nombre, pero todo apunta a que fue una tal Teresa Fuga, veneciana, muchacha menesterosa

1 G 133. *Conversaciones*, *op. cit.*, p. 163.

2 G 239. *Conversaciones*, *op. cit.*, p. 235.

3 Adele Schopenhauer a Arthur, Weimar, 5 de febrero de 1819, *Die Schopenhauers*, *op. cit.*, p. 277. CE 305.

de veinticinco años que había copiado para él algunas canciones en italiano. Se conserva una carta de ella en la que se dirigía a Schopenhauer como «Dr. Scharrenhans [*sic*], Florencia»[1] y por todos los indicios puede colegirse que el filósofo y la joven fueron amantes. Es muy probable que fuera esta Teresa la veneciana con la que Schopenhauer paseaba por el Lido cuando sucedió la anécdota relacionada con Lord Byron.

Los lectores recordarán que, en la última misiva de Goethe a Schopenhauer, el 9 de agosto de 1818, el autor de *Werther* le adjuntó una carta de recomendación para Lord Byron, quien por aquel entonces se encontraba en Italia, y se hospedaba en Venecia justo cuando llegó allí Schopenhauer. George Gordon Noel—«Lord Byron»—disfrutaba de enorme fama en Europa, igual que Goethe. Ambos autores mantenían correspondencia; Byron admiraba al alemán y le había dedicado su drama *Sardanápalo*; Goethe le correspondía saludándolo delante de quien quisiera oírle como «la gloria viviente de la joven generación», y «el poeta inglés más importante después de Shakespeare». En la segunda parte de *Fausto*, Goethe rindió homenaje a Byron en el personaje de Euforión, el retoño de Fausto y Helena y el símbolo de la poesía. Tanto Adele Schopenhauer como Arthur admiraban a Byron. El pesimismo y el escepticismo del inglés, devoto también de la filosofía de Hume, casaba muy bien con la actitud vital del autor de *El mundo como representación y voluntad*, que en su obra *Parerga y paralipómena*, reprocharía a los ingleses—debido a su innata mojigatería—no haber reconocido la «suprema grandeza» de este inmenso poeta.

En suma, Schopenhauer tenía en su poder una carta de recomendación de Goethe dirigida a aquel superhéroe admirado. Adele ardía en deseos de saber qué le diría el gran inglés a su hermano, pero su ilusión se vio frustrada: Schopenhauer

[1] CE 307-308.

nunca lo conoció y no le entregó la carta, y ello simplemente porque no quiso.

Algunos meses más tarde, la muchacha escribe al hermano: «En Venecia no has visto a Byron, lo cual me parece muy desdichado e inexplicable: pocos poetas me han impresionado tanto, ¡y muchos menos han despertado en mí un deseo tan inmenso de conocerlos».[1] Schopenhauer no explicó a Adele la verdadera causa de aquella desdichada e inexplicable desatención, pero años más tarde sí que aclaró el asunto a su amigo Von Hornstein: «Fue a causa de los celos», le dijo.

> Tenía pensado ir a verlo con la carta de Goethe, hasta que un día desistí por completo. Iba yo paseando por el Lido con mi amante, cuando mi Dulcinea, presa de gran entusiasmo, gritó: «*Ecco il poeta inglese!*». Byron pasó a caballo junto a nosotros y la *donna* no pudo olvidar la impresión durante todo el día. Entonces decidí que no entregaría la carta de Goethe. Tuve miedo de los cuernos. ¡Cuánto me ha pesado![2]

Schopenhauer sintió celos del gran hombre que parecía ser Byron, tan apuesto y famoso. Él todavía no era nadie en comparación y pensó que su dama podría caer hechizada por el encanto del inglés, quien también tenía fama de donjuán, así que prefirió mantenerse al margen.

El filósofo Anacleto Verrecchia es autor de un estupendo libro dedicado a los viajes italianos de Schopenhauer,[3] en el que comenta largo y tendido las hipótesis de por qué el filósofo evitó a Lord Byron. El inglés tenía una amante tras otra en el palacio Mocenigo donde residía—allí tenía su «harén», como lo denominaban—; la más conocida de ellas sería la

[1] Adele Schopenhauer a Arthur, Weimar, 5 de febrero de 1819, *Die Schopenhauers*, *op. cit.*, p. 278. CE 306.

[2] G 220; *Conversaciones*, *op. cit.*, p. 249.

[3] A. Verrecchia, *Schopenhauer e la vispa Teresa* ('Schopenhauer y la alegre Teresa'), Donzelli, Roma, 2006.

condesa Teresa Guiccioli. Supone Verrecchia que acaso la Teresa de Schopenhauer conociera ya a Byron y que incluso hubiera tenido algún galanteo con él. Son meras hipótesis. Lo cierto es que no conoció a Byron, y lo lamentó.

Muchos años después, Schopenhauer comentó también a Von Hörnstein que lamentaba igualmente no haber conocido al conde Giacomo Leopardi, quien por la época en que el filósofo estuvo en Italia trabajaba en su *Zibaldone*. Nacido en 1798, Leopardi murió muy joven, en 1837, y ha pasado a la historia como otro gran pesimista. Schopenhauer no oyó hablar de él sino en su madurez: «¿Sabe usted que *en un mismo* año los tres pesimistas más grandes de Europa estuvieron en Italia al mismo tiempo? Adam von Doss los ha contado: Byron, Leopardi y yo. Sin embargo, no llegamos a conocernos».[1]

Volviendo a «las bellas», parece ser que en cartas a Adele que no se han conservado su hermano le contó algo acerca de una relación amorosa con una dama florentina, acaudalada y de alta cuna, con la que incluso habría podido llegar a casarse de no ser porque la bella padecía una enfermedad pulmonar. Por lo visto, Schopenhauer no lo lamentó demasiado, y si lo hizo se consoló pensando en que casarse habría influido negativamente en su trabajo filosófico; así lo creyó durante el resto de su vida, pues le aseguró a Frauenstädt que «bajo el yugo del matrimonio le habría sido muy difícil escribir sus obras».[2] Es más, en su vejez, el filósofo se tornó un impertérrito enemigo del sacramento matrimonial; ante Adam von Doß, en mayo de 1850, se presentó a sí mismo como un «enemigo a muerte» del matrimonio, y entre exclamaciones le aconsejó: «¡Joven amigo, no se case! Tómese en serio mi advertencia: ¡no se case! Deje usted que la ciencia sea su única amante y esposa. Se sentirá mil veces mejor

[1] G 222; CE 219.
[2] Véase G 133. También LF 357 y *Conversaciones*, *op. cit.*, p. 163.

con ella que con ninguna otra».[1] A renglón seguido, el gran filósofo pesimista regaló a su amigo un curioso símil misógino debido originariamente a la discreción de santo Tomás Moro: «Casarse es lo mismo que, con los ojos vendados, meter la mano en un saco lleno de culebras con la esperanza de sacar la única anguila».[2]

Aparte de los escarceos amorosos, Schopenhauer, dotado para los idiomas, dominó pronto la lengua de Petrarca, y durante su estancia en Italia comenzó a leer las obras de los grandes autores del país, Alfieri, Tasso, Dante..., en su idioma original. Asimismo, alternó con artistas y literatos, aunque preferiría tratar a los ingleses o a los de otras naciones antes que a los alemanes, con los que terminó llevándose mal. Enseguida conocieron éstos el desabrido carácter de aquel «doctor en Filosofía» recién llegado de la brumosa patria, que se presentaba como un hombre de mundo, vestía como un *dandy* y se las daba de experto en todas las materias del saber humano.

Igual que en Dresde, también en Italia la arrogancia, el sarcasmo y la petulancia de las que Schopenhauer hacía gala allá donde iba cobraron inmediata celebridad. Él mismo se recordaba en retrospectiva como alguien a quien daba gusto contemplar porque se le notaba que debía de haber hecho algo grande. Así, contó que, durante un paseo por Florencia, un italiano completamente desconocido le dijo: «*Signore, lei debe aver fatto qualche grande opera: non so cosa sia, ma lo leggo al suo viso*». Un francés, también en Florencia, se dirigió a él de este modo: «*Je voudrais savoir ce qu'il pense de nous autres, nous devons paraître bien petit à ses yeux*». Y hasta un inglés cambió de sitio en un café para poder mirarle mejor, aduciendo que simplemente quería poder solazarse contemplando «un rostro tan inteligente». En suma, el

[1] *Conversaciones*, *op. cit.*, p. 151; CE 168.
[2] CE 169.

filósofo se las daba de interesante e inteligente y su persona aparentaba su convencimiento.[1]

En el café Greco o en el restaurante Chiappone pronto destacó por su rotundidad—«amor a la verdad», la llamó un amigo benévolo—, pues mantuvo agrias disputas con sus compatriotas, que lo tenían por una especie de Mefistófeles del pensamiento y por un blasfemo. Sobre todo, su inquina se centraba en el grupo de pintores denominado los «nazarenos», dada su estética émula del autorretrato del joven Durero y en la imagen idealizada de Jesucristo: luengas barbas y cabellos a lo nazareno. Schopenhauer les cogió manía nada más verlos—durante toda su vida odiaría la barba, pues la consideraba una rémora del primitivismo humano—; con ellos tuvo acaloradas discusiones, que terminaron radicalmente cuando, en cierta ocasión, después de haber atacado frontalmente las idealizaciones del cristianismo—a los apóstoles los calificó de «los doce filisteos de Jerusalén»—y de sentenciar que Alemania era «la nación más necia de Europa», los demás parroquianos, hartos ya de sus frecuentes altercados, decidieron expulsarlo del café Greco poco menos que a puntapiés. Desde entonces, el filósofo procuró relacionarse con viajeros ingleses, más flemáticos de carácter y, por ello, inmunes a las críticas, incluso a las dirigidas contra su graciosa nación, y rehusó cualquier contacto con los alemanes. Es más, él mismo se jactaba de que hablaba tan bien el inglés que ante los extranjeros pasaba por ser un súbdito de la Gran Bretaña.

El pintor Segismund Ruhl, amigo y retratista de Schopenhauer, como ya mencionamos, acababa de abandonar Roma justo cuando llegó su filosófico compatriota, y es quien nos ha legado algunas estampas curiosas de aquella variopinta sociedad artística; dejó retratos de jóvenes varones vestidos con desaliño, holgura y comodidad, fumando sus largas pi-

[1] Véase A. Verrecchia, *Schopenhauer e la vispa Teresa*, *op. cit.*, pp. 36-37.

pas, entendidos en arte y literatura o simplemente artistas en busca de fama; Schopenhauer, embargado de orgullo patricio dado su origen y su amor por el conocimiento y el trabajo de escritorio, no compartía su vida bohemia ni sus ideales; por ejemplo, él no quería saber nada del nacionalismo que por aquella época comenzaba a hervir en Europa; como Goethe, se sentía un *Weltmann*, un 'hombre de mundo'—el *cosmopolita* moderno—, como autor y filósofo, pertenecía a todos los lugares, y su punto de encuentro y sus miras estaban puestas en la humanidad entera. De ahí que chocara frontalmente con quienes cifraban sus afanes en formar naciones y establecer nuevas fronteras con las que circunscribir a cuantos hablasen una lengua concreta o habitasen un determinado territorio. Aparte de esto, él acababa de publicar su libro, «la obra de su vida», y confiaba en que con ella su nombre adquiriría inaudita notoriedad; ello lo separaba resueltamente de aquellos desarrapados pintores o de los adinerados diletantes, ávidos de aventuras estéticas, que se hacían pasar por artistas bohemios. Era uno de esos autores que confían tanto en su valía que creen en un éxito inmediato de sus obras, pero ignoran que el público es desatento y que, cuando ellos le lanzan su obra como un anzuelo, suele mirar para otro lado o simplemente se entretiene saboreando otros bocados. El filósofo pesimista mantenía por entonces un optimismo expectante: ¿qué reacciones estaría suscitado su obra en Alemania?

Confiaba en recibir noticias frescas de su hermana y de otros conocidos sobre el impacto del libro y el asombro magnífico que debía de haber causado entre los eruditos, pero pasaban los meses y las noticias no llegaban: no había repercusiones de ningún tipo, ni positivas ni negativas, sólo silencio.

La única noticia relacionada con su obra que recibió la contenía una carta de Adele, escrita en febrero, en la cual la muchacha le comunicaba la reacción de Goethe al recibir el ejemplar de *El mundo como voluntad y representación* que, a petición del autor, le había mandado el editor:

Goethe saludó tu obra con gran alborozo; partió en dos el grueso libro[1] y comenzó a leerlo *al instante.* Una hora después me envió la notita que te adjunto y me pidió que te dijera que te lo agradece mucho y que cree que el libro es bueno. Como tiene la virtud de hallar los pasajes más interesantes cuando hojea los libros, leyó las páginas cuya referencia indica y lo complacieron mucho, razón por la cual te las anotó, para que sepas de cuáles se trata. Me dijo que te escribiría pronto para comentarte con más detalle su franca opinión y me pidió que hasta entonces te comunicara esto. Pocos días después Ottilie me contó que el padre[2] se sentaba a leer el libro con gran afán y un interés *nunca* visto. A ella le comentó que tenía placer asegurado para todo un año, pues lo estaba leyendo de comienzo a fin y la lectura le ocuparía un tiempo considerable. Más tarde a mí me comentó que le alegraba mucho que todavía dependieras tanto de él en el terreno intelectual a pesar de que desistierais en la teoría de los colores y hubieras tomado un camino distinto al suyo. Lo que más le gusta de tu libro es la claridad de la exposición y de tu estilo, aunque tu lenguaje difiere un tanto del de los demás y primero hay que acostumbrarse a llamar las cosas como tú exiges. Mas una vez adquirida esa ventaja, cuando el lector aprende que llamas *cavallo* al caballo y *Dio* a Dios, la lectura resulta fácil y fluida. También le gusta la organización de la obra (lo único

[1] Según manifestación de Volker Spierling (experto schopenhaueriano) en conversación privada con el autor del presente libro, que Goethe «partiera en dos» el libro de Schopenhauer debe entenderse literalmente. El volumen era demasiado grueso comparado con lo que se editaba en la época; de cubierta blanda cosida, si nos fiamos del facsímil de aquella primera edición con el que contamos (aunque el destinado a Goethe era un ejemplar de lujo y de mejor papel), le habría parecido demasiado grueso e incómodo de leer; en dos mitades le resultaba más manejable y es probable que la intención de Goethe fuera mandarlo encuadernar asimismo en dos volúmenes.

[2] Ottilie von Goethe, la nuera de Goethe, lo llamaba con familiaridad «*Vater*», 'padre'.

que lo incomoda es el formato y prefiere pensarla dividida en dos partes).[1]

A Schopenhauer le deparó una gran alegría esta carta, pero pasó el tiempo y, a pesar del interés que parecía haberse tomado por la obra, Goethe ni le escribió ni han quedado testimonios de que siquiera terminase de leerla. El filósofo esperó en vano la anunciada opinión del gran hombre, demasiado ocupado con sus propios asuntos; lo malo fue, además, que si Goethe ni leía el libro ni opinaba en extenso sobre él, mal iba a poder promocionarlo en el mundo literario, algo en lo que confiaba Schopenhauer. Sus esperanzas a este respecto se vieron frustradas y el autor de aquella malhadada teoría de los colores volvió a decepcionarlo.

REVÉS DE LA FORTUNA

Después de su estancia en Roma, Schopenhauer viajó a Nápoles y, tras una temporada allí, regresó otra vez a la Ciudad Eterna y desde ésta a Florencia. En ella encontró la mencionada carta de su amiga veneciana invitándolo a regresar a Venecia; que aprovechase la ocasión—le decía—, porque por aquellos días ella estaba libre, no había ningún inglés disponible *per far l'amore*, así que lo esperaba a él, a quien «amaba».[2] Schopenhauer regresó a la ciudad de los canales sólo por volver a ver a la muchacha, y fue allí donde en medio de su dicha con aquella «*vispa Teresa*» recibió una noticia de muy diversa índole, la de un funesto suceso que se abatió sobre su familia: la firma comercial L. A. Muhl, de Dánzig, en la que Johanna había invertido toda su fortuna

[1] Carta de Adele a Arthur Schopenhauer, 5 de febrero de 1819. CE 300-301.

[2] Véase A. Verrecchia, *Schopenhauer e la vispa Teresa*, *op. cit.*, pp. 6 y ss.

junto con la de Adele y parte del capital de Arthur, se declaró en bancarrota y sus accionistas se vieron seriamente perjudicados.

En un primer momento Johanna pensó que ella y su hija estaban completamente arruinadas. También en un primer impulso, Arthur comunicó a Adele que estaba dispuesto a compartir con ellas su fortuna, puesto que él parecía haber sido el menos perjudicado. Pero Johanna rechazó cualquier ayuda de su hijo, así como también una serie de consejos que éste le daba para salvar de la catástrofe lo que se pudiera obteniendo alguna ventaja.

Madre e hija viajaron enseguida a Dánzig a fin de tratar con Muhl en persona la recuperación de parte de su fortuna, desoyendo a Arthur. Después de complicadas negociaciones el banquero se avino a un acuerdo, aunque desventajoso para ambas mujeres—o cedían y recuperaban algo, o no cedían y lo perdían todo—. En Dánzig se demoraron un año entero.

Cuando regresaron a Weimar nada fue igual que antes. El brillo social de Johanna declinó; ya no era rica y tuvo que aprender a vivir con suma modestia—sin sirvientes, por ejemplo—, pues el acuerdo al que había llegado con Muhl apenas les reportaba la cantidad de dinero necesaria para sufragar los gastos mínimos. En su necesidad, Johanna terminaría por recurrir a la dote de su hija Adele, con lo que ésta también se empobreció. La muchacha no era agraciada físicamente, aunque tenía fama de ser muy inteligente; pero sin la cuantiosa dote que pudiera haberla hecho algo atractiva para algún pretendiente poco escrupuloso con el aspecto exterior era casi imposible que pudiera casarse. Ante semejantes circunstancias, la actividad literaria que Johanna había emprendido como diletante terminaría convirtiéndose en fundamental para su sustento y el de su hija. Por estas fechas—1820—el nombre de Johanna Schopenhauer sonaba con fuerza en el mundo literario, y sus libros comenzaban a reportarle dividendos; al final la literatura iba a convertirse para ella prácticamente en el único medio de ganarse el sustento. Como Johanna era ególatra y le encantaba figurar, dicha profesión, aunque trabajosa, le proporcionaba además beneficios psicológicos, por lo que terminó consagrándose a ella con su mejor afán.

La novela *Gabriele*, que Johanna escribió teniendo en mente el reflejo de la vida cortesana en Weimar—cuya primera parte editó Brockhaus casi al mismo tiempo que el libro de Arthur—, había cosechado un gran éxito, gracias en parte al espaldarazo que supuso la ya mencionada reseña de Goethe. El autor de *Fausto*, tan desdeñoso por ejemplo con los libros de un escritor tan singular y radical como Heinrich von Kleist—a quien jamás juzgó como se merecía—, saludó con grandes elogios la novela de Johanna; aparte de la amistad que le unía a ella, el tono convencional y sentimental del que se servía la autora era mucho más cercano a la sensibilidad del gran hombre que el negro desabrimiento para con la condición humana que demostraba el genial Kleist. El éxito de *Gabriele* la animó sin titubeos a ganarse la vida de aquella forma, pero tampoco le quedaba otro remedio si deseaba seguir manteniendo algo de su brillo de antaño. Fue precisamente Johanna Schopenhauer la primera autora alemana que adoptó la escritura como profesión: ni corta ni perezosa, comenzó a colaborar en revistas literarias y artísticas con artículos misceláneos por los que exigía los adecuados honorarios, y pronto adquirió una gran maestría en la composición de relatos y *nouvelles*. Johanna se cuenta también entre las primeras literatas que firmaron sus obras con su propio nombre, rechazando los pseudónimos a los que recurrían otras autoras para hacerse pasar por varones—como Karoline von Günderrode y Therese Hubert—, dado que en la época existían serios prejuicios sociales contra las mujeres «escritoras e intelectuales». Goethe, sin ir más lejos, solía detestarlas. Johanna no se consideraba «una intelectual», y desestimó dichos prejuicios. Solía jactarse de que, aunque escritora, ella continuaba siendo la misma «mujercita sencilla y agradable, una persona normal», puesto que en realidad no profesaba el oficio por el afán pedantesco de reconocimiento intelectual, sino sencillamente por el gusto de entretener a sus lectores y la peregrina necesidad de aumentar su menguada renta mensual. Asimismo, cada obra suya se comentaba con largueza en su salón—que todavía seguía abierto para sus amigos más íntimos—, los presentes la corregían cuando hacía falta y hacían sugerencias. También Gerstenbergk y Adele colaboraban de manera eficaz. Así que, con los años, Johanna promovió toda una firma comercial tras la que se ocultaba una pequeña factoría con empleados propios que se afanaban por crear productos de calidad, aptos para el disfrute de los abundantes lectores de mediana y alta cultura. Obtener aceptación general era sencillo, y ella se esforzaba por ofrecerle al público lo que parecía agradarle: grandes dosis de sentimiento y pasión, todo ello sometido a las veleidades del azar. Sus historias, edulcoradas, románticas y sentimentales, se adaptaban al gusto burgués de la época, anclado todavía en el rococó y en esa corriente literaria denominada *Empfindsamkeit*, que apelaba a lo emocional o sentimental, así como en la vorágine del primer romanticismo. Volveremos con Johanna y su vida literaria más adelante.

En cuanto a Arthur, el revés de la casa Muhl en vez de achantarlo lo encorajinó y de inmediato se propuso luchar contra el banquero para reclamar sus derechos. Se conservan varias cartas en las que Schopenhauer le dejaba bien claro que no pretendía renunciar a nada de lo que era suyo, que no era su culpa la ruina de la firma, y que recurriría a los juzgados para demandarlo por malversación y estafa si era preciso. En una de sus últimas cartas al banquero, fechada el primero de mayo de 1821, le aseguraba: «Soy filósofo, pero de ninguna manera un necio». Y le recordaba el famoso aserto de Kant: «"Deber es poder"; lo cual significa que o paga usted de buena voluntad, o le reclamaré la deuda judicialmente».[1] Las negociaciones entre acreedor y deudor se prolongaron durante meses, hasta que Muhl acabó aviniéndose a las razones de Schopenhauer y acordó restituirle a plazos el importe íntegro del capital inicial puesto en depósito. Quizá hubiera pasado lo mismo con Johanna y Adele si hubieran permitido la intercesión de Arthur.

DOCENTE UNIVERSITARIO

Nada más regresar de Italia, todavía en 1819, Schopenhauer pasó fugazmente por Weimar; allí se encontró con que su madre y su hermana habían partido para Dánzig. Visitó a Goethe, quien lo recibió con suma cortesía, a pesar de que lo había catalogado ya entre los jóvenes autores «incorregibles». Schopenhauer se sintió reconfortado con la atención, pues Goethe trató con él de filosofía y parece ser que finalmente hasta había avanzado en la lectura de su libro. Su elogio lo satisfizo y lo reconcilió con el poeta. Sin embargo, el orgullo innato del filósofo le impidió pedirle que lo ayudara directamente en la promoción de su obra.

El carácter huraño de Schopenhauer y su desdén para cuantas personas no consideraba a su altura, su empeño en tener siempre la razón y su incapacidad para callar delante de cuantos «ya eran algo en el mundo» impidieron que quienes hubieran podido ayudarle lo hicieran. Ni *La cuádruple raíz de razón suficiente* ni *El mundo como voluntad y representación* obtuvieron eco alguno; eran obras que pasaban completamente desapercibidas. En una Alemania literaria hasta la médula y profundamente filosófica, donde los autores se contaban por centenas, era difícil abrirse camino en el mundo de las humanidades y la literatura si no se

[1] Carta de Schopenhauer a Abrahan Ludwig Muhl, 1.º de mayo de 1821. GB 69.

contaba con padrinos relevantes; y Schopenhauer carecía de ellos. Tampoco impartía clases, lo que impedía que su filosofía fuera conocida al menos por sus alumnos. En cuanto a este último recurso, el filósofo se propuso servirse de él. Con su precipitado regreso de Italia había acortado el tiempo de asueto y vacación que al terminar su libro había confiado en poder otorgarse; no habían transcurrido aún los años que había querido dejar pasar a fin de que madurara su pensamiento antes de consagrarse a la docencia, pero dadas las circunstancias ésta era una salida que le convenía.

Ante el revés de la casa Muhl, y mientras se resolvía el litigio con el banquero, Schopenhauer vio en peligro su fortuna; si la perdía, se esfumaba también el sueño de llevar una vida de rentista que le permitiera consagrarse por entero a las musas. De manera que regresó de Italia pensando en aprovechar el derecho que le otorgaba su doctorado universitario y lanzarse a ejercer como profesor de Filosofía en alguna de las numerosas universidades alemanas.

Tras sopesar la posibilidad de acreditarse para impartir clases en las universidades de Heidelberg o Gotinga—opciones finalmente desestimadas—, el 31 de diciembre de 1819, Schopenhauer se dirigió al decano de la Facultad de Filosofía de la Universidad de Berlín, el filólogo August Boeckh—quien había sido profesor suyo—, exponiéndole su deseo de que lo acreditaran para impartir clases en la célebre institución berlinesa. Le adjuntaba un extenso *curriculum vitae* escrito en latín—del que ya hemos extraído numerosas citas—y en un paquete aparte enviaba un ejemplar de cada una de sus obras: la tesis doctoral, el opúsculo sobre los colores y *El mundo como voluntad y representación*. Solicitaba la *venia legendi* para impartir clases de Filosofía como «profesor honorario», esto es, una especie de docente invitado, al que no contrataba ni pagaba la universidad; le pagarían directamente los alumnos que asistieran a sus clases, no el Estado.

La prolija petición concluía así: «Habiendo albergado hasta ahora únicamente deseos de aprender, hoy me domina el anhelo de enseñar; me dirijo a la magna Facultad de Filosofía de la Universidad de Berlín con la esperanza de poder satisfacerlo». A Boeckh lo sorprendió la arrogancia y la vanidad fuera de lo común de Schopenhauer, que osaba enviarle semejante *curriculum,* un ejercicio de autobombo y petulancia; sin embargo, se prestó a tramitar la solicitud.

Schopenhauer recibió el permiso para presentarse a la prueba de acreditación a mediados de enero de 1820, y también se le indicaba la fecha del examen público: el 23 de marzo de ese mismo año, en Berlín. Todavía residía en Dresde, y allí, en apenas dos meses, se entregó con afán a preparar las lecciones—*Vorlesungen*—que pensaba impartir en la universidad durante el semestre de verano,[1] pues estaba convencido de que la universidad berlinesa lo admitiría como profesor. El 13 de marzo, el futuro docente universitario abandonó la ciudad del Elba y se instaló en Berlín, en unas habitaciones alquiladas en una calle cercana a la universidad, y el día 23 se presentó fresco y bien dispuesto para enfrentarse al examen público.

Uno de los miembros del tribunal examinador era el reputado profesor Georg Wilhelm Friedrich Hegel (1770-1831), quien por aquella época pasaba por ser el filósofo más célebre de Alemania tras el fallecimiento de Fichte. Schopenhauer sentía por Hegel una manía especial. Consideraba que el autor de la «pomposa e ininteligible» *Fenomenología del espíritu* encarnaba todo lo «falso y huero» que caracterizaba al pensamiento filosófico alemán del momento. En realidad, Schopenhauer había escrito *El mundo como voluntad*

[1] Todas las «lecciones de Berlín», que se hallaron entre el legado manuscrito que el filósofo dejó al morir, han sido recopiladas por Volker Spierling en una excelente edición: *Philosophische Vorlesungen*, Múnich, Piper, 1984-1985, en cuatro volúmenes. Para las referencias completas, véase el apartado «Bibliografía».

y representación con afán de espetar un elocuente mentís a los demás filósofos contemporáneos, sobre todo a los adalides del denominado idealismo alemán: Schelling, Fichte y Hegel.

Si Schopenhauer había aceptado alguna influencia de Schelling y hasta de Fichte en su juventud, jamás reconoció tener algo en común con Hegel, a quien siempre despreció. No le gustaba antes de aquel examen y mucho menos le gustó después. Tampoco se esforzó lo más mínimo por comprender su pensamiento, al que siempre tacharía de ilegible e ininteligible, un «galimatías». Se han conservado anotaciones marginales de Schopenhauer a la lectura de la célebre *Enciclopedia de las ciencias filosóficas* de Hegel; entre múltiples signos de exclamación adjuntos a determinados párrafos del texto, aparece también dibujada la cabeza de un becerro en referencia a la testa hegeliana; en otras páginas se ve bien clara la cabeza de un asno acompañada de la exclamación: «¡Pero qué bestia!».[1] Asimismo, son muy elocuen-

[1] Contamos con un curioso volumen que recoge algunos de estos dibujos marginales y varias caricaturas que Schopenhauer dejó esbozadas en

tes los epítetos que el filósofo pesimista dedicaría reiteradamente en sus obras de madurez al filósofo del Absoluto; he aquí algunas lindezas con las que lo bautizaba: «extraordinario charlatán», «maestro del absurdo», «filosofastro», «filósofo de pega», «bufón», «soplagaitas», por mencionar tan sólo algunas de ellas.[1]

El aspirante a profesor universitario tenía que elegir un tema del que debía examinarlo el tribunal en discusión pública—*Disputatio pro venia legendi*—. Schopenhauer eligió la exposición de las cuatro clases diferentes de causalidad; a saber: las causas primarias (mecánicas, físicas, químicas), los impulsos, los motivos y las causas finales.[2] Expuso el tema con brillantez. Cuando llegó el turno de las réplicas por parte de los examinadores, Hegel le formuló la siguiente pregunta: «Si un caballo se tiende en la calle, ¿cuál será el motivo?». Schopenhauer mantuvo con él una pequeña discusión que, años más tarde, en el recuerdo, calificaría de «memorable», pero que, en realidad, resultó ser algo ciertamente banal, como sucede con las discusiones que suelen ser comunes incluso actualmente en esa clase de pruebas académicas. Uno de los asistentes anotó para la posteridad parte del diálogo entre los dos filósofos:

RESPUESTA: Los motivos serían dos: por una parte, el suelo que encuentra bajo él; por otra, el cansancio, una característica del estado interior del caballo. Si se diera el caso de que el animal se hallara al borde de un abismo, no se habría tendido.

---

varios de los libros que poseía: *Arthur Schopenhauer Kritzeleien*, ed. y epíl. A. Estermann y K. Riha, Fráncfort del Meno, Insel, 1987. Para el becerro y el asno, véanse las pp. 55 y 57.

[1] Volker Spierling ha recopilado un sonoro catálogo de insultos en su ameno *Schopenhauer* ABC, Leipzig, Reclam, 2003, pp. 194-196.

[2] Véase *Probevorlesung, über die vier verschiedenen Arten der Ursachen* ('Lección de prueba sobre las cuatro clases diferentes de las causas'). A. Schopenhauer, *Philosophische Vorlesungen, op. cit.*, vol. 1, pp. 37-53.

OBJECIÓN: ¿Cuenta usted también las funciones animales entre los motivos? Esto es, los latidos del corazón, la circulación sanguínea, etcétera, ¿son consecuencia de motivos? (*En esto se mostró el señor* Nosabenada).

RESPUESTA: Éstas no se denominan funciones animales. En psicología se denomina así a los movimientos conscientes del cuerpo animal. Y con esto no hago más que remitirme a la *Psicología* de Haller, etcétera.

OBJECIÓN: ¡Ah! ¡Pero si eso no es lo que se entiende bajo la denominación de funciones animales! (*En esto, un profesional de la medicina—el prof. Lichtenstein—se levantó e, interrumpiendo a Hegel, añadió a continuación:* «Señor doctor, excúseme si me entrometo, pero he de darle la razón al señor Schopenhauer en este asunto; nuestra ciencia denomina *animales* a las funciones por él indicadas»).

Con esto se cerró la discusión y Schopenhauer fue admitido en el claustro docente.[1]

Esta pequeña controversia, que para un profano parecerá un diálogo de lunáticos, para Schopenhauer supuso una victoria personal: había puesto en ridículo nada más y nada menos que la sabiduría del «filósofo alemán por excelencia» del momento. Una vez obtenida la *venia legendi*, Schopenhauer se dispuso a enseñar. Enterado de que Hegel impartía sus clases sobre «Lógica y metafísica» entre las cuatro y las cinco de la tarde—tres veces por semana—, el nuevo docente anunció las suyas a esas mismas horas con la esperanza de arrebatarle los alumnos a ese temible «monstruo forjador de sinsentidos». Semejante idea de apropiarse del horario de Hegel no era de nuevo cuño, sino que la había madurado hacía tiempo. Aparece en la carta de presentación que remitió a Boeckh acompañada de su *curriculum vitae*: «En cuanto al horario de mis lecciones, establézcalo usted como mejor le parezca, aunque el más conveniente para mí sería el mismo

[1] G 47-48; *Conversaciones*, *op. cit.*, pp. 101-102.

en que el señor catedrático Hegel imparte su curso principal, y en ningún caso entre la una y las cuatro de la tarde».[1]

A comienzos del semestre de verano de 1820, un Schopenhauer exultante de gozo impartía su lección inaugural: una loa o elogio de la filosofía titulada «Declamatio in laudem philosophiae».[2] A lo largo de su discurso, el nuevo docente mostraba con claridad a los estudiantes y demás colegas presentes en el aula de su primera lección pública sus meditadas ideas sobre la disciplina y revelaba sus intenciones docentes. Sin rebozo arremetía contra aquellos que, «traicionando la voluntad de Minerva», diosa de la sabiduría, habían contribuido a apagar el «fuego divino» encendido por Kant, y que, con sus «palabras vulgares y oscuras», confundían al público culto consiguiendo que terminara desentendiéndose de la filosofía por creerla un «galimatías ininteligible» alejado de los verdaderos problemas que preocupan al ser humano. Seguía a esto una serie de acusaciones de prostitución y descrédito referidas a la mayoría de los docentes y al gremio de los pensadores. A continuación, haciendo una elipsis, Schopenhauer se presentaba a sí mismo ante los profesores y los alumnos de la magna Universidad de Berlín cual justiciero que venía a devolver las aguas a su cauce natural, y que restituiría para la filosofía la dignidad y la claridad que jamás debió haber perdido. Los ataques al hegelianismo y sus secuaces eran evidentes. Los pasos que debían darse para conseguir tan elogioso propósito los expondría aquel nuevo Don Quijote filosófico de forma contundente y tajante en un curso que, días después, aparecía anunciado en los tablones de lecciones de la universidad con el pomposo título de «Filosofía exhaustiva o doctrina de la esencia del mundo y del espíritu humano».[3]

1 Carta de Schopenhauer a August Boeckh, 31 de diciembre de 1819. GB 55.

2 *Philosophische Vorlesungen*, *op. cit.*, vol. 1, pp. 54-60. Véase CE 765-772: «Elogio solemne de la filosofía».

3 «Über die Gesamte Philosophie oder die Lehre vom Wesen der Welt

El curso anunciado por Schopenhauer era en realidad una exposición muy clara de las ideas desarrolladas en *El mundo como voluntad y representación*. Comprendía cuatro partes que correspondían a los cuatro libros en los que se dividía la obra. La primera parte del *macrocurso*—Schopenhauer planeaba impartirlo a lo largo de varios semestres—trataba de la teoría gnoseológica y llevaba por título: «Pensar y conocer». La segunda parte abordaba la «Metafísica de la naturaleza»; la tercera se titulaba «Metafísica de lo bello» y explicaba la teoría estética de Schopenhauer; finalmente, la cuarta parte, «Metafísica de las costumbres»,[1] exponía su teoría ética. Estas lecciones, leídas en la actualidad, constituyen una paráfrasis de la obra capital, acaso incluso más clarificadora que la obra propiamente dicha, ya de por sí diáfana—aunque no por ello tan fácil de comprender como suele suponerse.

Nada más lejos de la intención de Schopenhauer que mostrarse como un docente convencional que sólo iba a enseñar a sus alumnos historia de la filosofía; fiel a Kant, él quería seguirlo también en el empeño de «enseñar a filosofar», recurriendo solamente a la historia de la disciplina cuando fuera necesario ilustrar las ideas propias plasmadas en su nuevo sistema. De manera que se proponía familiarizar a sus oyentes con su propio pensamiento, que él suponía muy original. Su sistema lo había creado él mismo y pensaba que, en definitiva, iba a tornar obsoletos e innecesarios a todos los precedentes; en todo caso, habría de ser la base de cualquier otro sistema futuro, si es que después del suyo hiciera falta alguno más. El engreimiento intelectual de Schopenhauer no conocía límites.

---

und von menschlichen Geist», *Philosophische Vorlesungen*, *op. cit.*, vol. 1, p. 86.

1 En castellano contamos con una excelente edición bilingüe de las lecciones de ética: *Arthur Schopenhauer. Metafísica de las costumbres*, ed. R. Rodríguez Aramayo, Madrid, CSIC/Debate, 1993. Reed. (sólo texto castellano), Madrid, Trotta, 2001.

En la introducción a sus lecciones de filosofía,[1] comunicaba a sus alumnos que para asistir a los cursos que él impartía lo ideal sería que conocieran todos los sistemas de filosofía anteriores; de este modo serían capaces de apreciar mejor los logros que iba a proponerles. Ahora bien—condescendía Schopenhauer—, como suponía que no era el caso, les aconsejaba que no acudieran a sus clases con ideas preconcebidas y que se enfrentasen a sus lecciones con la fe limpia de los neófitos. Lo peor que podría pasarles a ellos como alumnos—y él no se lo deseaba—era que ya tuvieran sorbido el seso por un solo sistema de filosofía (léase Hegel, idealismo de Fichte, tomismo, etcétera), pues entonces les sería difícil abdicar de los dogmas aprendidos y abrazar las ideas que él iba a exponerles. Por ello les proponía que, al comenzar el estudio de la filosofía, vinieran dispuestos a conocer *qué es lo verdadero*, en vez de obsesionarse con la repetición de las ideas y teorías compiladas y expresadas por otros filósofos a lo largo de la historia.

Schopenhauer proseguía con más consejos y advertencias dirigidas a sus alumnos: tampoco habían de pensar, como el vulgo, que la filosofía era una disciplina inútil y que, en comparación con la ciencia, no lograba ningún adelanto ni contribuía al avance del conocimiento humano. Asimismo, debían desechar la funesta idea de que cada nuevo filósofo es como «un nuevo sultán, cuya primera orden al acceder al trono es la decapitación de sus hermanos»; es decir, que cada nuevo filósofo lo primero que hace es declarar nulas las ideas de sus predecesores y comenzar desde el principio como si nada hubiera sucedido antes de él. Los enemigos de la filosofía afirman—continuaba Schopenhauer—que todos los sistemas filosóficos son intercambiables dada su inutilidad;

[1] A continuación, sigue una paráfrasis de algunas ideas de dicha lección introductoria. Véase «Sobre el estudio de la filosofía», en *Philosophische Vorlesungen*, *op. cit.*, vol. 1, pp. 95 y ss. También las dos citas siguientes.

o que la filosofía es un afán que persigue una meta inalcanzable; en suma, que hay que exclamar con Voltaire: «¡Oh, metafísica, estamos tan avanzados como en el tiempo de los druidas!». Ni mucho menos, puesto que:

> Si jamás se hubiese conseguido algo con la filosofía, si en ella no hubiese habido nunca un avance y cada sistema filosófico tuviese idéntico valor que los demás, no sólo serían Platón, Aristóteles y Kant unos necios, sino que, además, sus inútiles ensoñaciones no hubiesen podido influir lo más mínimo en las restantes ciencias. Podemos observar, por otra parte, que a lo largo del tiempo tanto las ciencias como la historia o el espíritu de cada época guardan una estrecha relación con la filosofía. Lo que ésta ha conseguido en una época concreta es también un signo de lo que consiguen las ciencias, el arte y la vida en general; la filosofía es para la vida lo que el bajo fundamental es para la música, pues éste determina el tono y el carácter de la totalidad [...] Todo el saber humano de un determinado período denota la influencia de la filosofía que en él predomina; también las grandes figuras de la literatura manifiestan en sus escritos la influencia del pensamiento filosófico de su época. Cualquier cambio en filosofía repercute en las ciencias, a las que posibilita la adquisición de nuevos matices.[1]

De modo que había que dejar aparte los tópicos—proseguía Schopenhauer—, apreciar el papel primordial que desempeña la filosofía en el cuadro general de los saberes humanos e intentar aprender de los numerosos filósofos anteriores, porque de ellos siempre pueden extraerse valiosas ideas e intuiciones que nos animen a pensar por nuestra cuenta.

Después de un breve recorrido por los sistemas filosóficos precedentes—Schopenhauer proporcionaba una visión somera de los más importantes—, expondría a sus alumnos su propia teoría del conocimiento, considerada por él como «la más creíble y verdadera». Es fácil imaginarse al filósofo sor-

[1] *Ibid.*, p. 98.

prendiendo a los boquiabiertos estudiantes con fragmentos como el que anotamos a continuación, extraído de su lección sobre los conceptos de «objeto» y «sujeto»:

> La existencia de las cosas es idéntica al hecho de que sean conocidas. Que ellas existan significa que son representadas. Ustedes creen que las cosas que hay en el mundo seguirían estando aquí incluso si nadie las viera y se las representara. Pero intenten imaginarse claramente qué clase de existencia de las cosas sería ésta. Mientras lo intentan, representan siempre la percepción del mundo en una cabeza; nunca un mundo fuera de la representación. Así que verán ustedes que el ser de las cosas consiste en su ser representadas. Ustedes dirán: «La estufa seguirá estando donde está aunque yo me vaya y deje de verla»; desde luego, el objeto no depende de un individuo concreto, pero sí del sujeto del conocimiento en general; la existencia de un objeto consiste en su existencia en la representación; ello quiere decir que únicamente existe en relación con aquello que lo representa, que necesita un *sujeto* como portador de su ser. Qué individuo sea éste da lo mismo, pues el *sujeto* no es el individuo, sino que se presenta en los individuos: la estufa seguirá estando ahí aun cuando nadie esté presente; pero este espacio que ella ocupa es una parte necesaria del espacio en general; y el tiempo durante el cual sigue ahí sin que nadie la vea es una parte del tiempo en general, al que está ligado de manera indisoluble; ahora bien, el espacio y el tiempo generales son sólo en la representación; así pues, también lo será lo contenido en el espacio y en el tiempo concretos. Por eso podemos afirmar: «Desde luego, mi cabeza está en el espacio; pero el espacio con todo lo que contiene sólo está en mi cabeza». Y esto no hay que admitirlo como una ingeniosa paradoja, sino como un conocimiento vivo y una convicción íntima; de lo contrario, nos alejaremos de lo que debe ser el ámbito de la reflexión filosófica.[1]

A pesar del rigor y el celo con los que el doctor Schopenhauer preparaba sus clases, a pesar de los profundos conoci-

[1] *Ibid.*, pp. 126-127.

mientos que pretendía transmitir, su fracaso como docente fue rotundo; durante aquel primer semestre de verano tuvo una media de cinco alumnos por sesión. A la misma hora, el aula de Hegel—no lejos de la suya—rebosaba de oyentes, pues a veces acudían a escucharlo más de doscientas personas, entre alumnos matriculados y otros ajenos a la universidad; todos ansiaban empaparse de aquellas ideas hegelianas que Schopenhauer seguía desestimando como «meros filosofemas bombásticos». La decepción del orgulloso autor de *El mundo como voluntad y representación* fue mayúscula. Desde entonces creció su inquina contra Hegel, contra el público en general y contra la «necedad» de los alemanes en particular, acostumbrados a tomar lo ampuloso y vacío, lo inusitadamente irreal y fantástico, por trigo limpio y sustancia alimenticia real, tal y como él no se cansaba de repetir a quien quisiera oírlo.

En una jugosa carta autobiográfica escrita en francés que Schopenhauer envió a su antiguo amigo Anthime Grégoire en diciembre de 1836, tras varios decenios de no haber intercambiado noticias—carta de la que nos ocuparemos más adelante con detalle—, el malogrado docente revisaba su peripecia académica en estos términos:

> En 1820 me habilitaron en la Universidad de Berlín como una especie de profesor honorario al que no le paga el gobierno, sino los estudiantes, condición para llegar a ser catedrático. Pero yo sólo impartí clases durante los primeros seis meses de 1820, y luego conservé mi puesto sólo formalmente. No obstante, permanecí en Berlín desde 1820 hasta 1831, a excepción de tres años de ausencia y viajes. Mis estudios han absorbido siempre mi tiempo, la docencia me quitaba demasiado, y me daba perfecta cuenta de que no soy precisamente lo que necesita el gobierno, porque no estoy dispuesto a convertirme en su instrumento.[1]

[1] Carta de Schopenhauer a Anthime Grégoire de Blésimaire, 10 de diciembre de 1836. GB 156-158 (original en francés) y 669-672 (traducción al alemán). Para la cita, p. 671 y CE 471-472.

Este mismo razonamiento lo esgrimiría el filósofo en varias ocasiones en años posteriores para justificar su fracaso incluso ante sí mismo: «A mí no me han necesitado los ministerios de Educación; y doy gracias al Cielo por no ser alguien a quien pudieran necesitar, ya que sólo les son de provecho cuantos permiten que se aprovechen de ellos»; esto escribía en una anotación íntima de 1842.[1]

Schopenhauer siempre sintió recelo y desprecio por los docentes universitarios de filosofía; argumentaba que eran siervos del Estado, que los compraba con sus sueldos a fin de que difundieran la ideología que a aquél le fuera más beneficiosa; que carecían de libertad para expresar verdades independientes, en el caso de que las tuvieran, lo cual también ponía en duda. En suma, los consideraba meros chapuceros que sólo filosofaban para ganarse el pan, de ahí que su filosofía estuviera amañada para el amo que les daba de comer. Ya hemos mencionado en varias ocasiones el panfleto de batalla incluido en los *Parerga*, «Sobre la filosofía universitaria»: en él Schopenhauer descargó su inquina con duras críticas y sonoras rechiflas.

A pesar de su aversión contra el gremio docente, Schopenhauer continuó anunciando sus lecciones de filosofía en los tablones de la universidad durante casi diez años más—aunque no todos los semestres seguidos—, y hasta que abandonó la capital prusiana, en 1831, continuó proclamándose a sí mismo y ante sus conocidos «profesor de la Universidad de Berlín».

SINSABORES Y DISGUSTOS

Durante el tiempo en que Schopenhauer se estrenaba como docente aparecieron algunas reseñas de *El mundo como vo-*

[1] HN I, 273.

luntad y representación muy tibias e imprecisas, escritas por comentaristas que, aparentemente, poco o nada habían comprendido de la filosofía de la singular obra.[1] En una de ellas, encargada expresamente por el editor Brockhaus, firmada por J. F. Herbart, se elogiaba al filósofo como «extraordinario pensador y escritor», pero se le criticaba que hubiese «sobreestimado a Kant y a Platón» y, en definitiva, que su filosofía fuera una «repetición» de la de Fichte, si bien expresada «de manera novedosa». Otra reseña firmada por Eduard Beneke—profesor de Filosofía recién acreditado en la universidad de Berlín—citaba erróneamente algunos párrafos de la obra, lo que enfureció a Schopenhauer y lo indujo a contestar públicamente al reseñador. Beneke quiso visitar al filósofo para explicarse, pero éste se negó a verlo ordenándole a voces a la casera—para que lo oyera el visitante—que le dijera: «¡Para él no estoy en casa!».

Semejantes reseñas en nada contribuyeron a la venta del libro: en febrero de 1820 ni siquiera se habían vendido cien ejemplares. Esta contrariedad inesperada se clavó como una espina en la sensible epidermis del orgullo de aquel pensador que había soñado con ver pronto rendidos a sus pies a miles de lectores, filósofos y no filósofos. Tan convencido estaba Schopenhauer del valor de su obra que incluso había esperado ganar dinero con un libro de filosofía; creía que, tras agotarse la primera edición, que era propiedad de Brockhaus, como los derechos de las sucesivas ediciones serían suyos, cualquier editor al que le ofreciera un libro tan sorprendente—o el propio Brockhaus de nuevo—estaría dispuesto a pagar la cantidad que el autor estimara oportuna.

Aparte del disgusto que a Schopenhauer le provocaba su

[1] Para una descripción detallada de la publicación de estas recensiones, véase V. Spierling, *Materiellen zu Schopenhauers «Die Welt als Wille und Vorstellung»*, Fráncfort del Meno, Suhrkamp, pp. 105 y ss. También la biografía de Gwinner les dedica varias páginas en el capítulo VIII.

mala suerte filosófica, el desagrado que sentía por la ciudad de Berlín acentuaba su descontento vital. Ni la sociedad, ni el clima, ni los alrededores de la urbe le gustaban; consideraba la capital de Prusia, «física y moralmente, un maldito nido», así se lo comentaría a Frauenstädt años después.[1] El filósofo se mantuvo alejado de los colegas de la universidad. Sus amistades las buscó fuera de los ambientes académicos.

Apenas llegado a la metrópoli, conoció a una joven de diecinueve años llamada Caroline Richter (1802-1882), cuyo nombre artístico era Caroline Medon, ya que era corista en el teatro de la ópera. «Tenía unos grandes ojos muy expresivos, el cabello oscuro y una boca sensual», afirma Hübscher[2] al comentar uno de los retratos que ha quedado de ella. Schopenhauer se prendó de ella, la hizo su amante y hasta es posible que quisiera desposarla; semejante extravagancia en aquella alma de solitario responde a que en esa época llegó a creer que el matrimonio contribuiría a afianzar su prestigio y respetabilidad sociales una vez que tuviera éxito como profesor; convicción, por cierto, mucho más propia de un «filisteo» que del filósofo libre que siempre se jactó de ser. Sin ir más lejos, su odiado Hegel era quien había proclamado que un hombre que consigue «una mujercita y un buen puesto oficial» ya tiene todo resuelto en la vida.

El anhelado éxito docente no llegaba—ni llegaría, como sabemos—, y los escasos testimonios que tenemos sobre la Medon—conocida también por el apelativo cariñoso de Ida—tampoco la pintan precisamente como la esposa ideal para un académico.[3] El filósofo no gozaba plenamente del favor de la muchacha y él, a su vez, dudaba de la fidelidad de ella. Baste decir que diez meses después de que Schopen-

[1] Carta de Schopenhauer a Julius Frauenstädt, Fráncfort del Meno, 9 de abril de 1854. GB 338.

[2] A. Hübscher, «Ein Lebensbild», SW I, 91.

[3] Véase W. Schneider, *Schopenhauer. Eine Biographie*, Hanau, Werner Dausien; Viena, Bermann-Fischer, 1937, p. 220.

hauer iniciase su segundo viaje a Italia, Caroline dio a luz un hijo ilegítimo cuyo padre no podía ser el filósofo—debido a la irrefutable prueba temporal—, sino un nuevo protector—de sobrada solvencia económica—que se prendó de ella en cuanto el amante partió. Este hijo recibió el nombre de Gustav y, con los años, llegaría a ser profesor de baile, empleado asimismo en el teatro de la ópera berlinesa.

La historia con Caroline no concluyó con aquella flagrante infidelidad. Schopenhauer volvería a tratarla entre los años 1825 y 1831, hasta la separación completa una vez que el filósofo dejó definitivamente Berlín para trasladarse a Fráncfort. Años después, cuando el viejo Schopenhauer era ya un filósofo famoso, mantuvo una breve relación epistolar con su antigua amante, y hasta le legó una pequeña pensión en su testamento, aunque sujeta al cumplimiento estricto de una cláusula: que su vástago, el ilegítimo Gustav, no recibiese ni un céntimo de lo que estrictamente se destinaba a «la persona» de la madre. Este hecho disipó definitivamente entre los eruditos las dudas de una encubierta paternidad de Schopenhauer.

Al desagrado que sentía por la ciudad, a la falta de alumnos, al nulo éxito de su libro y a las querencias y divergencias con la amante infiel, vino a añadirse un molesto suceso que contribuyó a incomodar aún más la estancia de Schopenhauer en Berlín. Éste había alquilado dos habitaciones en una casa de la Riederlagstrasse 4 con la condición de que una especie de antesala que las franqueaba y a la que también tenían acceso los demás inquilinos se reservase sólo para él. Un infausto y caluroso día, el 12 de agosto de 1821, al llegar de la calle, nervioso y sofocado porque esperaba la visita de su Ida, Schopenhauer halló a tres vecinas sentadas en la fresca antesala, charlando mientras cosían. El filósofo enamorado mandó llamar a la casera para quejarse de aquella evidente violación de su derecho, pero la casera se hallaba ausente. Entonces fue él mismo quien conminó a las mujeres a abandonar aquel lugar cuyo derecho de disfrute le pertenecía. Dos de ellas, jóvenes ambas, se disculparon e hicieron ademán de irse, pero una tercera, Caroline Louise Marquet, «de cuarenta y siete años y costurera de profesión», rehusó marcharse, al menos de momento, aduciendo que ella era una «persona honesta» y que no tenía por qué marcharse si no estaba haciendo nada malo. Sea como fuere, Schopenhauer entró en sus habitaciones, al poco regresó a la sala, y otra vez se encontró con la costurera—hay versiones que afirman que ésta se había ido pero que regresó para recoger algo que había olvidado—. Esta vez, el filósofo le ordenó con brusquedad que abandonara la sala. La mujer se resistió con vehemencia, pero él la expulsó sin contemplaciones, aferrándola y empujándola hacia las escaleras que conducían al entresuelo. La mala suerte quiso que la mujer perdiera pie y rodara escaleras abajo dando con sus huesos en la calle. Aparentemente no se fracturó ningún miembro, pero armó un gran alboroto y, a voces, aseguró a quien quiso oírla que demandaría a su agresor. Al día siguiente, en efecto, la costurera interpuso una demanda por injurias y lesiones físicas; acusaba a Schopenhauer de «haberle propinado una paliza con su bastón después de arrastrarla y arrojarla por las escaleras, rasgándole la cofia; igualmente la había pateado y golpeado con los puños».[1]

La vista que prosiguió a la denuncia concluyó con un fallo favorable a Schopenhauer: se le exculpaba de lesiones y malos tratos y se condenaba a la demandante a pagar las costas del juicio (primero de marzo de 1822). Pero la Marquet no se dio por vencida, obstinada en sacar de Schopenhauer una indemnización, buscó un abogado y apeló. A otro fallo subsiguiente siguió otra apelación y así sucesivamente hasta 1826, cuando, tras haberse enrevesado el asunto de manera extraordinaria («los pleitos se sabe cómo empiezan,

[1] *Ibid.*, p. 221.

pero nunca cómo terminarán», reza el dicho), la costurera y su abogado consiguieron que finalmente Schopenhauer fuera condenado—quizá injustamente—a pagarle a la agredida una pequeña pensión vitalicia: fueron quince táleros trimestrales durante veinte años.

Es célebre la jubilosa anotación que Schopenhauer trazó sobre el papel que le anunció la muerte de la costurera, justo esos veinte años después de la conclusión del fallo y del monstruoso proceso: «*Obit anus, abit onus*», 'Muerta la burra, se acabó la carga'. Los tres años que duró aquel tira y afloja con la ley—Schopenhauer se defendía a sí mismo frente a los jueces—le causaron un enorme desgaste anímico del que se dolió el resto de sus días, y más cuando se consideraba inocente de aquellos cargos abominables que se le imputaron.

SEGUNDO VIAJE A ITALIA

El semestre de verano de 1821 tocaba a su fin y las clases en la universidad seguían siendo un fracaso: no acudían alumnos, mientras que las de Hegel rebosaban de oyentes. Existían serias desavenencias con Caroline y, por si fuera poco, el proceso con la Marquet puso a Schopenhauer de pésimo humor. Harto de disgustos y desilusiones, decidió que, con la llegada del buen tiempo, le convenía abandonar la «árida Berlín» durante un largo período. El lugar idóneo para airearse sería otra vez Italia. Esperaba en secreto que, alejado de Berlín, se solucionasen sus problemas; y, sobre todo, que durante su ausencia terminara por reconocerse de una vez por todas el inmenso valor de su filosofía, un hecho que no podía hacerse esperar más tiempo. Aun así, la decisión de alejarse se postpuso algunos meses, pasó el otoño de 1821 y el invierno de 1822 y el filósofo aún no había partido, siempre a la espera de algún cambio que lo sacara de su pesadumbre.

La relación de Schopenhauer con su madre se mantenía sin alteraciones, pues no se trataba con ella, mientras que con Adele era cada vez más tirante, pues la suponía de parte de Johanna y no creía en sus ocasionales manifestaciones de cariño hacia él. Así, en respuesta a una carta en la que su hermana le decía que contara con su amistad, se mostró sumamente escéptico y desconsiderado:

> En lo que respecta a tus *sentimientos* por mí, tal vez sean el disfraz que se usa en el mundo elegante en el que has crecido, donde se finge considerarlos reales sólo por cortesía, pero en el mundo de la seriedad y la verdad en el que yo he vivido se los considera tan sólo disfraces. Tus sentimientos reales por mí los he experimentado, examinado y sopesado, así que nada puede confundirme: cuando traduzco tus cartas al lenguaje de tales sentimientos suenan de manera distinta, puesto que los motivos se vuelven claros. *Adieu!*[1]

En esta misma carta, algunas líneas antes del jarro de agua fría de la despedida, le transmitía a Adele otra idea firmemente arraigada en su espíritu: «La única cosa que deseaba de veras en el mundo la he conseguido: escribir mi libro», le aseguraba. A partir de ahí—continuaba—abandonaría Berlín y volvería a Dresde y, una vez allí, su única aspiración sería seguir viviendo con modestia durante el resto de sus días mientras esperaba a que lo llamaran para ofrecerle un puesto de catedrático.

La idea de haber cumplido su «mayor tarea en el mundo» con la conclusión de su libro la reiteraba Schopenhauer en otra carta dirigida a su amigo Ossan—quien entonces se encontraba en Dresde—, fechada apenas unos días antes de partir hacia Italia: «He vivido para escribir mi libro,

[1] Carta de Arthur Schopenhauer a Adele, Berlín, 15 de enero de 1822. *Die Schopenhauers*, *op. cit.*, p. 316. CE 368.

y con él he realizado el noventa y nueve por ciento de lo que quería y debía hacer en el mundo: todo lo demás es secundario y, en consecuencia, también lo son mi persona y su destino». Y añadía:

> Sé muy bien el poco caso que se le ha hecho a mi libro, pero también que no será así siempre: el metal del que estamos hechos mi obra y yo no abunda en este planeta, y finalmente terminará siendo apreciado y conservado. Esto lo veo muy claro desde hace demasiado tiempo como para saber que no me engaño al respecto, y ni siquiera diez años más de silencio podrían perturbarme. Ahora bien, estar informado y saber en todo momento si alguien dice algo sobre mi libro y qué se dice de él me interesa muchísimo, pues es lo que más profundamente me afecta.[1]

En esta significativa misiva, Schopenhauer también explicaba a Ossan su plan de vida una vez que abandonara Berlín; «¿Qué pinto yo aquí?—le decía—. Ni siquiera cuento con un mínimo de oyentes por los que merezca la pena quedarse. La vida en Berlín es cara y mala, en general, ¡no me gusta este poblachón!». A renglón seguido, exponía unos hipotéticos planes de futuro: «¿Qué me impide vivir en Milán o Génova; viajar por la costa hasta Pisa y Livorno, donde puedo pasar el invierno; llevar una vida magnífica con poco dinero sin que me falte de nada, disfrutar de Italia y de mi soledad sin molestia ninguna?». «En Italia no se me conoce», continuaba Schopenhauer; eso era algo del todo normal, añadía; pero que no se le conociera en Alemania clamaba al cielo. A continuación, ponía un ejemplo de lo que realmente pensaba del reconocimiento que se hacía en Alemania de los hombres valerosos, a saber: un tal profesor Schatz, hombre de mérito, nunca reconocido en Alemania «por envidia o por apatía»,

[1] Carta de Schopenhauer a Friedrich Ossan, Berlín, 20 de abril de 1822. GB 83; CE 372.

había abandonado la patria y al partir dejó escrito en la ventana de una taberna: «*Lambe, ingrata, mihi nudas, Germania, nates!*» ('¡Lámeme el trasero, ingrata Alemania!').[1] «Era un tipo tosco», aclaraba Schopenhauer, pero su ejemplo expresaba de manera muy clara lo que él mismo pensaba de aquella *ingrata Germania*.

El filósofo pedía asimismo a Ossan que hiciera el favor de revisar las publicaciones periódicas por si veía reseñas de su obra y también para ver si alguien lo mencionaba. Además, debía mandarle noticias de cómo transcurrían las cosas en la Alemania literaria y filosófica, sin olvidarse del ámbito académico. «Así, usted podría avisarme cuando apareciera algún libro realmente importante en la disciplina de filosofía, cosa harto improbable, o cuando se nombrara catedrático de Filosofía a algún borrico, cosa bastante más común».[2] A cambio de tal información, Schopenhauer se comprometía a serle útil a su amigo en tareas de investigación erudita: acopio de manuscritos u otros testimonios, etcétera, que pudieran ayudarle en sus investigaciones humanísticas. También pedía a Ossan que le recomendara algunos bibliotecarios florentinos y milaneses para que le llevaran libros a su hogar, «pues lo único que me pesa abandonar en este viaje son las bibliotecas, tanto las públicas como la mía privada». Schopenhauer aducía que, sin libros en el mundo, ya haría mucho tiempo que estaría desesperado—Nietzsche habría de decir lo mismo de la música—. Esta vez su estancia en Italia no consisti-

[1] El origen de este simbólico gesto del desconocido erudito al que se refiere Schopenhauer se encuentra en Lutero, quien contó cómo el legado papal Campani, habiendo acudido a Alemania para pedir ayuda a los príncipes alemanes contra los infieles turcos, tuvo que marcharse sin haberla conseguido. Cruzando los Alpes, en un elevado puerto, se bajó los calzones y, de espaldas a la región que abandonaba, gritó: «*Aspice nudatas, barbara terra, nates!*» ('¡Lámeme el trasero, tierra bárbara!').

[2] Carta de Schopenhauer a Friedrich Ossan, Berlín, 20 de abril de 1822. GB 83; CE 372.

ría en viajar de una ciudad a otra como la primera vez; ni siquiera regresaría a Roma, y no tenía planes de volver a Venecia ni tampoco de reencontrarse con su Teresa Fuga. El plan era instalarse cómodamente en Florencia y dedicarse a estudios de literatura clásica que alternaría con el estudio de los «físicos franceses e italianos».

A comienzos de mayo de 1822, Schopenhauer dejó su fortuna al cuidado de los banqueros Mendelssohn & Frankel e hizo que le concediesen un crédito indefinido; obtuvo también un pasaporte internacional válido por varios años, se compró unas pesadas botas de montañero y, después de emprender un periplo por el sur de Alemania, Zúrich, Lucerna, Berna y Chamonix (los queridos lugares que había visitado en la infancia), llegó a Milán el 17 de agosto de 1822. Desde allí se trasladó enseguida a Florencia, donde permaneció durante el otoño y el invierno siguientes, y hasta comienzos de mayo de 1823, mes en el que, para su desdicha, tuvo que regresar a Alemania antes de lo previsto, pues el proceso Marquet cobró un cariz muy desfavorable para él.

Los meses que pasó en Florencia fueron de pacífica exaltación y felicidad; comprenden uno de los escasos períodos verdaderamente dichosos de su vida. De nuevo en carta a Ossan—fechada el 29 de octubre de 1822 en Florencia—Schopenhauer le daba cumplida cuenta de aquel permanente estado de satisfacción. «El Dorado existe en la tierra—escribía—: ¡Italia!».

A pesar de todas las incomodidades que tenía que soportar en «el país donde florece el limonero», menos civilizado que esa Alemania de «empleadillos manchados de tinta y mercachifles», Schopenhauer se encontraba a sus anchas; en Florencia podía gozar de la existencia con más desenvoltura que de costumbre y lo embargaba una mayor sensación de libertad. «En Italia se vive como con una amante, un día querríamos abandonarla y al día siguiente la adoramos, mientras que en Alemania se vive como con una esposa, sin grandes disgustos ni demasiado amor», escribía a Ossan.[1] Él prefería aquella intensidad sentimental y aquella adoración desatada a la tibia mansedumbre de la mediocridad.

El cielo, la luz, los cipreses, los limoneros y olivos; el esplendor de la naturaleza, unido a las magníficas obras de arte que lo rodeaban por todas partes…, pero también la espontaneidad y hasta el asilvestramiento de las gentes italianas lo seducían enormemente: «Aquí abundan los rostros bellos que, a menudo, esconden muy mal carácter; la gente ríe y grita sin parar y habla alocadamente para ocultar el vacío y la veleidad interiores…, enmascaradas de falsa bondad y lealtad». A los italianos los observaba con curiosidad, aunque para sus relaciones sociales buscó el trato de los turistas ingleses, con quienes de ninguna manera se comportó con la arrogancia de la que hiciera gala en su primer viaje italiano de 1819, sino con suma afabilidad: «Desde hacía mucho tiempo no me había mostrado tan cordial y amigable». Estas palabras las escribía el huraño Schopenhauer en otra misiva asimismo dirigida a Ossan—pero fechada ya en 1824 y en Múnich—, en la que recordaba con nostalgia su estancia italiana como si hubiera perdido el Paraíso:

> Hacía mucho tiempo que no era tan sociable, hasta entré en el gran mundo y, de vez en cuando, también en los círculos más elegantes. Poco a poco fui notando tal incremento de mi experiencia y mi conocimiento de las personas que doy ese tiempo por muy bien aprovechado: ver y experimentar son tan útiles como ver y aprender.[2]

Algo de ese tiempo también lo dedicó al cortejo de una dama inglesa de noble cuna «que se aburría a pesar de sus ri-

[1] Carta de Schopenhauer a Friedrich Ossan, 29 de octubre de 1822. GB 88; CE 379.

[2] Carta de Schopenhauer a Friedrich Ossan, 21 de mayo de 1824. GB 91; CE 392.

quezas». No sabemos más del asunto. Pero sobre todo—contaba a Ossan—, antes que de cualquier otro divertimento, gozó de una perpetua dedicación «al estudio de las magníficas obras del arte florentino». Esto, como decimos, sucedió en Italia, el maravilloso Edén perdido que hubo de abandonar para no volver a verlo nunca.

ENFERMEDADES, CONVALECENCIA Y RESIGNACIÓN

En mayo de 1823, mucho antes de lo previsto, Schopenhauer se vio obligado a regresar a Alemania. En Múnich cayó enfermo; una infausta «cadena de enfermedades» lo retuvo en la capital bávara durante todo el invierno: hemorroides con fístula, gota y achaques nerviosos de todo tipo lo obligaron a recluirse en su habitación durante los gélidos meses que tuvo que pasar en aquella luminosa y fría ciudad, en la que hubo de soportar a solas sus dolores y padecimientos.

Por las fechas en que Schopenhauer regresó a Múnich nació el hijo ilegítimo de Caroline, vástago cuyo padre era un alto funcionario. Al niño lo bautizaron con el nombre de Carl Ludwig Gustav Medon y, desde ese momento, Caroline se haría llamar «señora viuda de Medon».

Al llegar la primavera de 1824, debilitado en extremo y completamente sordo del oído derecho, el filósofo se trasladó al balneario austríaco de Bad Gastein para recuperarse del todo. Tras permanecer allí cuatro semanas, completó su cura en Mannheim, donde estuvo hasta el 29 de agosto. Finalmente, el 13 de septiembre de 1824 llegó a Dresde completamente recuperado; en esta ciudad pasaría otros ocho meses.

El aislamiento y los sufrimientos padecidos en Múnich, así como la «melancolía» subsiguiente, terminaron de agriar el carácter de Schopenhauer: «Todo el mundo me encontró muy cambiado, más huraño, pues paulatinamente había ido adquiriendo un agudo sentido para vivir en soledad, un ojo que sólo reflejaba soledad», así lo anotó en su cuaderno íntimo «Eis heautón», consignando la quiebra de la ya escasa sociabilidad que demostrara en su juventud. Y añadía:

Con el paso a la edad adulta me volví sistemáticamente insociable y me propuse pasar el resto de esta efímera existencia consagrada por entero a mí mismo, así como desperdiciarla lo menos posible con esas criaturas a las que solamente la circunstancia de que caminan con dos piernas les da el derecho de creerse mis iguales.[1]

Tal actitud de absoluto desprecio a sus semejantes marcaría su comportamiento durante sus años de madurez. Creía de verdad que estaba destinado a codearse únicamente con los genios: léase Kant (muerto) o Goethe (con el que no había podido entenderse bien, precisamente debido a las aristas del carácter «genial» de ambos); el resto de los seres humanos eran indignos de él; cuando no eran pura y simple *canaille*, demostraban ser tan sólo «productos fabricados en serie por la naturaleza»,[2] por eso no merecía la pena relacionarse con ellos. En este mismo cuaderno escribiría en 1829:

En un mundo en el que al menos cinco sextas partes de los hombres son villanos, lunáticos o necios, cada uno de los individuos que compone esa sexta parte restante, y mucho más cuanto más se distinga de los otros, deberá tener como base de su sistema vital el alejamiento de los otros, y cuanto más lejos, mejor. La convicción de

[1] «Eis heautón», 12, HN 4, II, 111.

[2] Schopenhauer acuñó esta denominación—muy adecuada a los tiempos de la Revolución industrial—para referirse con desprecio a las personas «comunes» (*der gewöhnliche Mensch*): «mercancía fabricada en serie por la naturaleza» (*Fabrikwaare der Natur*). Lo fabricado en cadena o en serie tendría menor calidad que lo hecho artesanalmente o de manera artística: el hombre genial, o la obra de arte natural, única y singular por antonomasia. Véase, por ejemplo: MVR II, libro III, p. 220.

que el mundo es un desierto en el que no hay que contar con ningún tipo de compañía social debe llegar a ser un sentimiento y un hábito.

En un mundo como el nuestro, lleno de vulgaridad—proseguía el filósofo—, el hombre singular tendrá que aislarse necesariamente si es que desea seguir viviendo, y cuanto más se aleje de la sociedad, mejor se sentirá consigo mismo. «Así como el hambriento se abstiene de comer una planta incomestible o venenosa, también quien sienta deseos de sociedad debe abstenerse de ella, tal como son los seres humanos». Lo venturoso será, pues, tener en uno mismo el mejor capital: lo necesario para no caer presa ni de la hartura de sí ni del tedio, de manera que pueda prescindir de buscar compañía.[1]

Tal era el consuelo al que el filósofo se aferraba. Su método para superar las crisis y gozar de su soledad—cifrado en la férrea creencia de su insuperable valía personal—lo revela otra elocuente anotación entre los años 1822 y 1823:

Cuando a veces me sentía desdichado, fue más bien a causa de una *méprise*, de un error personal; fue por haberme creído otro hombre distinto de aquel que soy, de cuyas desgracias me lamentaba; por ejemplo, un profesor que nunca llegará a catedrático y que no tiene alumnos; o un hombre del que habla mal un filisteo o del que chismorrea una comadre; o el acusado en un proceso por injurias; o el amante de quien nada quiere saber la muchacha de la que se ha encaprichado; o el paciente al que su enfermedad recluye en casa; u otra persona cualquiera, atormentada por miserias similares. Pues bien, yo no he sido ninguno de éstos; conforman un tejido que me es ajeno y que, como mucho, sirvió para que se confeccionase un frac que sólo me he puesto unos momentos y que enseguida cambié por otro. Entonces, ¿quién soy yo de verdad? Pues ese que ha escrito *El mundo como voluntad y representación*, el que ha dado tal solución al gran problema de la existencia que deja obsoletas a

[1] Para todas las citas y paráfrasis, véase «Eis heautón», 18, en HN 4, II, 113-114.

las precedentes y que en cualquier caso habrá de ocupar a los pensadores futuros durante los siglos venideros. Éste soy yo, ¿quién podrá disputarme este mérito?[1]

La estrategia psicológica utilizada por aquel gran filósofo para superar las desilusiones y los sinsabores de la negra existencia consistía en reconocer que su esencia personal más íntima poco tenía que ver con el sujeto circunstancial que sufría; confiaba en que su gran valía personal superaría cualquier prueba del destino, pues, en definitiva, estaba llamado a permanecer eternamente como un ser singular y único que, al cabo, habría de ser reconocido como el titánico autor de una solución más que aceptable del gran problema de la existencia: tamaña gloria no se alcanzaba sin sufrimiento. Schopenhauer pertenecía a esa clase de seres—férreamente mentales e intelectuales—que creen que merece la pena padecer en esta vida presente, volcarse enteramente en los libros y la erudición, aun aislándose de sus semejantes y privándose de toda clase de asuetos, para alcanzar con sufrimiento la gloria futura; se relamen pensando que su nombre vivirá y permanecerá para siempre, incluso cuando los siglos hayan convertido sus mortales huesos en polvo. Es una convicción que ilusiona a seres escasamente dotados para disfrutar de los goces vitales, a tantos humillados y ofendidos, o a centenares de genios que se creen incomprendidos; una convicción semejante, en cambio, dejará insatisfecho al hombre de acción e incluso al trágico enamorado de la vida, éstos no se dejan seducir por la gloria futura, prefieren el aquí y ahora, por muy efímero que sea.

A partir de septiembre de 1824, una vez repuesto de sus enfermedades tras el período de convalecencia en la ciudad del Isar, Schopenhauer volvió a establecerse en Dresde por una breve temporada. Enseguida pensó que sería buena idea

1 «Eis heautón», 8, en HN 4, II,109.

intentar un nuevo oficio con el que ganar algo de dinero y fama: por ejemplo, la traducción al alemán de obras célebres que no estuvieran vertidas a este idioma. Por eso se planteó traducir al alemán grandes obras de la literatura inglesa e italiana, entre ellas, el *Tristram Shandy*, de Laurence Sterne, que lo entusiasmaba—«una de las obras que releo a menudo»,[1] aseguraba—. También, como pensaba que la filosofía en Alemania pasaba por un período «miserable», se propuso reavivar el gusto de los lectores por esta materia traduciendo obras de Hume; en concreto, la *Historia natural de la religión* y sus *Diálogos sobre la religión natural*. «Creo que la frialdad con la que suele reaccionar el público frente a los escritos filosóficos actuales no habrá de aplicarse a estas obras»,[2] afirmaba el filósofo. En la misma carta donde ofrecía las traducciones de Hume, se expresaba así sobre sus dotes como traductor de inglés:

En cuanto a mi oficio de traductor, aprendí el inglés a fondo en mi niñez con un predicador rural, cuando residí en las cercanías de Londres, y desde entonces ese idioma me ha sido familiar, hasta el punto de que los ingleses con quienes he convivido recientemente en Italia confesaron no haber oído nunca a un extranjero hablar su idioma tan correctamente. En dos ocasiones incluso han llegado a tomarme por inglés en un primer momento. En cuanto a mi estilo en alemán puede comprobarlo usted por mis escritos. Incluso quienes son contrarios a mis ideas no han tenido más remedio que reconocer que la fuerza de mi estilo y la viveza de mi discurso son excelentes. Por todo ello me siento más que capacitado para ofrecer una traducción del inglés irreprochable, si bien absolutamente distinta del trabajo mecánico que suele realizarse con la ayuda del diccionario. Comúnmente las traducciones buscan conservar el

[1] Carta a la editorial F. A. Brockhaus del 26 de enero de 1825. GB 97; CE 400.

[2] Carta de Schopenhauer a un editor cuyo nombre se desconoce («El encabezamiento está tachado», según Hübscher), Dresde, 25 de noviembre de 1824. GB 96.

sentido, aunque a menudo ni siquiera lo consiguen, pero nunca consiguen transmitir el espíritu del original.

Aparte de su intención de verter a los ingleses al alemán, el aspirante a traductor soñó con editar en alemán y latín a su admirado Giordano Bruno, el tratado *De la causa, principio et uno*. La pena es que estas ideas y ofrecimientos de Schopenhauer no las secundó ningún editor, ni siquiera Friedrich Arnold Brockhaus (sucesor del anterior Brockhaus), que se mostró indiferente a sus propuestas.

Por aquel entonces, 1824, residía en Dresde el gran Ludwig Tieck, autor cuya novela *William Lowell* y relato «Lo superfluo» había admirado Schopenhauer en su juventud. Si Tieck destacaba por haber traducido al alemán el *Quijote* con inmenso éxito, contaba también como el traductor por excelencia de Shakespeare. El filósofo fue a visitarlo para ver si con su influencia conseguía algún encargo. El admirado autor contaba entonces cincuenta y un años, mientras que Schopenhauer tenía treinta y seis; aquél era conocido y apreciado en Alemania y también empezaba a serlo en el extranjero, mientras que el segundo era todavía un don nadie. El filósofo pesimista, arrogante y engreído, ávido lector del bardo de Stratford desde la adolescencia en su inglés original, en lugar de elogiar las traducciones al alemán de Tieck sin más, quiso demostrarle su propia competencia en la materia y osó criticarlas. Ni corto ni perezoso, le dijo a Tieck, por ejemplo, que no había traducido correctamente el título *A Midsummer Night's Dream* al verterlo como *Sommernachtstraum* ('Sueño de una noche de verano'), puesto que en inglés el título de la comedia se refiere a la noche de San Juan, el solsticio de verano, de modo que la traducción correcta sería «Sueño de la noche de San Juan». No contento con esto, Schopenhauer se empeñó en hablar en inglés con Tieck, quien tuvo que admitir que entendía perfectamente el inglés escrito, pero que el hablado no era su fuerte. Pasaron a tratar de otros asuntos, pero cuando circunstancialmente Tieck pronunció la palabra «Dios», el ateo Schopenhauer saltó como un resorte y le espetó: «Pero ¿cómo? ¿Todavía necesita usted a Dios?».[1] Evidentemente, Tieck no movió ni un músculo por ayudar a Schopenhauer.

Tanto Adele como Heinrich Floris habían observado que muy a menudo Arthur carecía de la sabiduría emocional suficiente para comportarse como es debido delante de personas a las que se debe respeto. «Mi hijo no sabe gustar», parecían proclamar las cartas que Heinrich Floris le escribió a Arthur en su adolescencia, y tenía razón.[2]

Entre tanto naufragio, llegó por fin una noticia agradable: a comienzos de 1825, Schopenhauer se llevó una grata sorpresa al leer en el primer número de la revista literaria *Kleine Bücherschau*, recién fundada por el célebre Jean Paul[3]—autor del famoso *Siebenkäs*, entre otras muchas obras—, unas palabras harto elogiosas de éste sobre su obra capital; la breve reseña decía así:

> *El mundo como representación y voluntad* [*sic*], de Schopenhauer, es una obra filosófica genial, audaz, polifacética, llena de perspicacia y profundidad; pero con una profundidad a menudo insondable y desconsoladora, equiparable al melancólico lago en Noruega, rodeado por tenebrosas murallas de escarpados acantilados, desde el que nunca se divisa el sol, sino tan sólo el cielo diurno estrellado reflejado en sus profundidades, y sobre el que no vuela ningún pájaro ni pasa ninguna ola. Por suerte, sólo puedo elogiar el libro, no suscribirlo.[4]

1 Schopenhauer en conversación con Carl Hebler, GB 209. *Conversaciones*, *op. cit.*, p. 103.

2 Véase *Die Schopenhauers*, *op. cit.*, pp. 61 y ss.

3 Pseudónimo literario de Johann Paul Richter (1763-1835).

4 Amplia información sobre la reseña de Jean Paul en V. Spierling, *Materiellen zu Schopenhauers «Die Welt als Wille und Vorstellung»*, *op. cit.*, pp. 117-118.

Jean Paul afirmaba también que el símil de la quietud del mencionado lago les parecería muy acertado a los lectores del libro, pues sus resultados terminaban desembocando en una especie de «*foísmo o quietismo*».

Con estas últimas palabras Jean Paul hacía un guiño a la cada vez menos rara inclusión de filosofías orientales en Alemania. El *foísmo* era la denominación china del budismo; otros autores de la época, como por ejemplo Joseph Görres, Hieronymus Windischmann o Friedrich Schlegel y hasta el propio Hegel—en sus *Lecciones sobre la filosofía de la historia*—, aludieron a estas creencias de manera muy somera en escritos de mediano carácter, pero sólo Schopenhauer había dedicado un capítulo tan amplio a la renuncia y la resignación generalizadas en su libro capital, y esto era una absoluta novedad para la época, como en efecto reconocía Jean Paul.

Schopenhauer se mostró exultante con aquella reseña; si su filosofía no atraía a los lectores ni a más alumnos, sí se vio entonces fortalecida por el juicio del gran Jean Paul, quien con su parecer añadió a *El mundo como voluntad y representación* una aureola de excentricidad, muy acorde con el elitismo de Schopenhauer; éste nunca se cansó de repetir—igual que algunos años más tarde haría su admirador y discípulo más célebre, Friedrich Nietzsche—que su libro y su filosofía iban destinados sólo a «unos cuantos elegidos». Si los *elegidos* eran como Jean Paul, un hombre con tamaña capacidad de convocatoria, pronto habría de crecer cuando menos el número de los *llamados*, pensaba Schopenhauer.

EL DESENGAÑO EN BERLÍN: BALTASAR GRACIÁN

Hacia mediados de 1825, después de tres años de ausencia y como consecuencia del cariz que tomaba el proceso Marquet, Schopenhauer tuvo que regresar a Berlín. Una vez allí, se enteró de la infidelidad de Caroline, ya autodenominada

94 *Oraculo Manual,*

de enfado, conjurarſe ha contra èl la cordura; bien puede ſer ingenioſo el dificultar en todo, pero no ſe eſcapa de necio lo porfiado, hazen eſtos guerrilla de la dulce converſacion, y aſſi ſon enemigos mas de los familiares, que de los que no les tratan; en el mas ſabroſo bocado ſe ſiente mas la eſpina que ſe atravieſa, y eſſo la contradicion de los buenos ratos; ſon necios, pernicioſos, que añaden lo fiera, a lo beſtia.

Ponerſe bien en las materias, tomar el pulſo luego a los negocios; vanſe muchos, ò por las ramas de un inutil diſcurrir, ò por las hojas de una canſada verboſidad, ſin topar con la ſuſtancia del caſo, dan cien bueltas rodeando un punto, canſandoſe, y canſando, y nunca llegan al centro de la importancia, procede de entendimientos confuſos, que no ſe ſaben deſembarazar, gaſtan el tiempo, y la paciencia en lo que avian de dexar, y deſpues no la ay para lo que dexaron.

Baſteſe à ſi miſmo el ſabio. El ſe era

y Arte de Prudencia. 95

era todas ſus coſas, y llevandoſe a ſi, lo llevava todo. Si un amigo univerſal baſta hazer Roma, y todo lo reſtante del univerſo: ſeaſe uno eſſe amigo de ſi propio, y podra vivirſe à ſolas: quien le podra hazer falta ſi no ay, ni mayor concepto, ni mejor guſto que el ſuyo? dependerà de ſi ſolo, que es felicidad ſuma ſemejar a la entidad ſuma. El que puede paſſar aſſi a ſolas, nada tendra de bruto, ſino mucho de ſabio, y todo de Dios.

Arte de dexar eſtar. Y mas quando mas rebuelta la comun mar, ò la familiar. Ay torbellinos en el humano trato, tempeſtades de voluntad, entonces es cordura retirarſe al ſeguro puerto del dar vado: muchas vezes empeoran los males con los remedios, dexar hazer a la naturaleza alli, y aqui a la moralidad: tanto ha de ſaber el ſabio Medico para recetar, como para no recetar, y a vezes conſiſte el arte mas en el no aplicar remedios; ſea modo de ſoſſegar vulgares torbellinos el alçar mano, y

«viuda de Medon», pero de manera sorprendente reanudó su relación con ella. Al año siguiente, la amante trajo al mundo un niño muerto, esta vez hijo de Schopenhauer; al poco tiempo, Caroline dejó su trabajo en la ópera y, a partir de entonces, el filósofo corrió con los gastos de su manutención; continuó siendo su amante hasta 1831, año en que Schopenhauer abandonó para siempre la capital prusiana.

El recién llegado anunció de nuevo sus clases en la universidad, pero obtuvo el mismo resultado que cinco años atrás, esto es, ningún éxito, pues continuó empeñado en que sus lecciones coincidieran con la hora en la que Hegel impartía las suyas. Tampoco en esta ocasión consiguió el número de matrículas que necesitaba para que le resultase rentable impartirlas y, aunque volvió a anunciarlas para los siguientes semestres, continuó sin alumnos y no las dio. Parece ser que hasta el bedel de la facultad acabó perdiéndole el respeto a aquel hombre orgulloso y engallado que se presentaba con ínfulas en la facultad y que continuaba siendo un docente fracasado. Así se deduce de una carta del filósofo al rector de la Universidad de Berlín en la que se quejaba del comportamiento del subalterno, quien «al pedirle yo que colgara las lecciones en el tablón de anuncios, se comportó con tamaña insolencia que llegué a sospechar que estaba ebrio pese a ser tan temprano».[1]

Schopenhauer también se ofreció como profesor a las universidades de Wurzburgo y Heidelberg, pero sin éxito. Según especifican informes académicos fidedignos que se han conservado, se mencionaba su «extraordinaria arrogancia» como principal motivo de rechazo; asimismo, se le tachaba de «completo desconocido, del que nadie ha leído nada», y se comentaba que sus clases en Berlín eran un «completo fracaso».[2] Por su parte, el solicitante se lamentaba siempre que se le brindaba la ocasión de la injusticia que suponía que alguno de esos «borricos» profesionales fuera a obtener la plaza que a él se le negaba.[3]

En 1829, Schopenhauer llegó a un acuerdo con Justus Radius, editor de la serie *Scriptores opthalmologici minores*, para publicar una versión latina del tratado sobre los colores. Tradujo su propio texto al latín, y la nueva versión vio la luz en 1830 bajo el título de *Theoria colorum physiologica*, en el tercer tomo de dicha colección. Esto alegró mucho al autor porque lo entendió como un indicio de que al menos comenzaba a valorarse aquel trabajo, en el que había depositado tantas esperanzas en su juventud.

1 Carta de Schopenhauer a Ernst Heinrich Tölken, Berlín, 31 de mayo de 1826. GB 102; CE 401.

2 A. Hübscher da cuenta en GB 506 de algunos de los informes que figuraban en los archivos de las universidades a las que Schopenhauer se ofreció como profesor.

3 A. Hübscher, «Ein lebensbild», SW I, 90.

Ese mismo año, habiendo leído en una revista inglesa que hacía falta una buena traducción al inglés de la *Crítica de la razón pura* de Kant, Schopenhauer intentó nuevamente dedicarse a este menester y enseguida se ofreció como el traductor «más idóneo que existe en Alemania» para firmar la versión de una obra que él tan bien conocía. La carta de presentación que escribió en perfecto inglés a la editorial Young & Young es memorable. El filósofo comenzaba elogiando a la nación inglesa como «la más inteligente de Europa»; a continuación, observaba que Kant y Goethe eran «los mayores genios de Alemania» y que, a cambio, los alemanes eran «el pueblo más obtuso de la tierra», puesto que se mostraban incapaces de reconocer la genialidad de estos dos hombres extraordinarios; de manera que sólo en Inglaterra habría de encontrar Kant la fama que se merecía.

Schopenhauer se presentaba al editor como un hombre de cuarenta y dos años que había dedicado toda su vida al estudio de la filosofía y que, en la actualidad, era «profesor de Lógica y Metafísica en Berlín». Le aseguraba que ningún inglés, por mucho que se esforzara, podría entender tan bien como él a Kant, pero tampoco ningún alemán sabía tanto inglés como para traducir con propiedad al filósofo de Königsberg; y es que, casualmente—continuaba Schopenhauer—, él albergaba una singular conjunción: «Diría que se trata incluso de una oportunidad muy rara y que no debería desperdiciarse, porque puede transcurrir un siglo entero hasta que vuelvan a coincidir en una misma cabeza tanto conocimiento de la filosofía kantiana y tanto del idioma inglés como sucede en la mía».[1]

Lamentablemente el editor inglés rehusó la propuesta de

[1] «*... for all I know, a century may pass ere there shall again meet in the same head so much Kantian philosophy with so much English as happen to dwell together in this grey one of mine*», «To the Author of Damiron's Analysis», carta fechada el 21 de diciembre de 1829. GB 120 (en inglés) y 662 (en alemán); CE 415.

Schopenhauer aduciendo que ya tenía otro traductor—inglés de nacimiento—consagrado a esta tarea. El disgusto del filósofo fue mayúsculo. Poco después se ofreció para traducir alguna obra de Goethe al francés, pero tampoco tuvo suerte con los editores, lo cual impidió que realizara tal empresa.

Schopenhauer tenía talento para los idiomas, como sabemos. En Italia hablaba italiano con soltura; es muy probable que fuera la cercanía a este idioma una de las razones que lo animara a aprender español. Desde 1825 se había dedicado a estudiar la lengua de Cervantes con entusiasmo y por su cuenta. Al poco tiempo pudo leer *Don Quijote de la Mancha* en su versión original; consideraba esta grandísima novela, una de sus favoritas, una obra «plenamente alegórica»,[1] según escribió. También disfrutó de *Las novelas ejemplares* cervantinas, muy populares en Alemania en la época de los jóvenes escritores románticos, que las veneraban.

Aparte de Cervantes, al filósofo le gustaba mucho el teatro de Calderón y Lope de Vega; a la vez admiraba las obras de Mateo Alemán y el singular libro de Juan Huarte de San Juan *Examen de ingenios para las ciencias*; y, ya al final de su vida, hasta llegó a leer algo de Mariano José de Larra, concretamente ese libro caricaturesco que es *El doncel de don Enrique el doliente.*[2] En definitiva, que merecía la pena apren-

[1] Véase MVR I, § 50, p. 284: «*Don Quijote* alegoriza la vida de cualquier hombre que, al contrario que los demás, no quiere perseguir únicamente su propio provecho personal, sino que persigue un fin objetivo e ideal que se ha adueñado por completo de su pensamiento y de su voluntad; con lo cual, resulta ser alguien sumamente excepcional en este mundo».

[2] Schopenhauer cita *El doncel...* en PP I, «Fragmentos sobre la historia de la filosofía», § 12, p. 78. «El que no ha tenido un perro no sabe lo que es querer y ser querido». En español en el original. No tenemos noticia de que el filósofo leyera los estupendos *Artículos* satíricos de Larra; tampoco aparecen obras de este autor en el catálogo de libros que Schopenhauer poseía en su biblioteca. El volumen de *El doncel* se lo prestó Georg Römer, autor teatral que sabía español, a quien Schopenhauer le recomendó

der español para conocer las obras de todos estos autores extraordinarios en sus versiones originales.

Aparte de los nombres citados, en esta época de Berlín, cuando Schopenhauer ya estaba entrado en años para aquellos tiempos, desengañado de hacer carrera universitaria y bastante herido en su orgullo por la predominancia de los mediocres que gozaban del favor público, el autor español que más iba a satisfacerle fue el jesuita aragonés Baltasar Gracián (1601-1658). Parece ser que lo descubrió de manera definitiva por la época que nos ocupa, al implicarse con gran intensidad en el estudio del español. Gracián era un autor apenas conocido en la Alemania de entonces.[1] Sí lo era en Francia, donde existían traducciones más o menos fiables de sus libros. En el país galo se situaba a Gracián casi a la misma altura que Montaigne y sus obras influyeron ostensiblemente en moralistas franceses como La Bruyère, La Rochefoucauld o Chamfort, que también gustaban mucho a Schopenhauer. Éste había descubierto a Montaigne en 1820 y enseguida a Chamfort y La Rochefoucauld, iniciando una nueva etapa de su evolución filosófica: la teoría y práctica del denominado «arte de vivir», esa *Lebensweisheit* o 'sabiduría de la vida' que tanto iba a condicionar el planteamiento de su obra futura, en cierto modo ensayística: es decir, los dos gruesos tomos de *Parerga y paralipómena.*

El escritor español fue una revelación para Schopenhauer, que en 1832 consideraba al «filosófico Gracián» su «autor predilecto». De su obra magna, *El Criticón*, afirmaba que era uno de los libros más maravillosos del mundo.[2] Y también

---

que tradujera el libro al alemán. Römer emprendió la traducción, pero no la terminó. Véanse G 69; *Conversaciones*, *op. cit.*, p. 112.

[1] Es posible que Schopenhauer hubiera oído hablar de él a Goethe en sus tiempos de Weimar, pero no consta que leyese ninguna de sus obras antes de 1825.

[2] Carta de Schopenhauer a Johann Georg Keil, 16 de abril de 1832. GB 131; CE 449.

sentía gran admiración por otro libro del jesuita, el célebre *Oráculo manual o arte de prudencia*.

El padre Baltasar Gracián fue un acerado pesimista y un descreído de la bondad humana. De estilo lacónico y sentencioso, paradójico y oscuro, sus escritos proclamaban el negro concepto que tenía del ser humano y de la sociedad. La nula confianza de Gracián en la bondad del hombre fue la razón más evidente de su pesimismo, que no era de corte metafísico, como el de Schopenhauer, sino realista, terrenal y práctico al alimentarse de la observación de cómo actúan los seres humanos y de cómo es en general la sociedad. No es Dios el quebrantador de las ilusiones humanas, sostenía el jesuita, ni el sempiterno proveedor de sus desgracias, sino los mismos hombres; ellos son los principales causantes de que la vida sea un mal.

Como creyente católico, Gracián sostenía que la felicidad sólo se obtiene tras la muerte, en el Cielo; para la vida terrenal quedan los pesares. Redundando en la metáfora cristiana del mundo como «valle de lágrimas», sostenía que la vida humana es un verdadero «despeñadero» y que en el mundo tan sólo encontramos «una monstruosidad tras otra».[1] Los seres humanos son como frágiles esquifes entre tormentas, arrojados a unos abismos para los que no están preparados. Son criaturas débiles que, además de sufrir el constante zarandeo de los elementos, las enfermedades y otras desgracias, por si fuera poco, tienen que desempeñarse entre sus congéneres, seres hostiles, escasamente inclinados a la compasión y la solidaridad. He aquí por qué Gracián elaboró en sus obras más mundanas (*El Héroe, El Discreto*, *Oráculo manual*) una ética de la supervivencia o una ética bélica, pues el hombre, sólo ante el peligro y las amenazas de sus semejantes, deberá centrar sus afanes en defenderse y reforzar su precaria condición

[1] Baltasar Gracián, *El Criticón*, ed. S. Alonso, Madrid, Cátedra, 1984, p. 152.

natural. La vida necesita de estrategias y de fintas para poder ser vivida con decoro y sin mucho daño. Gracián escribió en el aforismo 251 del *Oráculo manual*: «Hanse de procurar los medios humanos como si no hubiese divinos, y los divinos como si no hubiese humanos». Schopenhauer acabaría por pensar su filosofía práctica (o mundana) en la estela de lo propuesto por Gracián en su aforismo. Aunque su sistema de metafísica terminaba proponiendo la negación de la voluntad de vivir, la inmersión en la nada—el nirvana, en definitiva—como la vía más idónea para liberarnos del sufrimiento, dicho recurso cifrado en la negación absoluta y la renuncia resulta ser vano en la práctica, sirve de poco en el vivir cotidiano, pues a él sólo acceden «los santos». De manera que para el común de los mortales será necesario actuar en paralelo, seguir unas normas y reglas que les sirvan para mejor regir sus conductas en este mundo que no es precisamente un lugar para santos. Schopenhauer hallaba en Gracián un punto de vista similar, pues desde éste había escrito el jesuita su *Oráculo manual y arte de prudencia*, un libro que sería de suma importancia para él.

La primera edición del *Oráculo manual* se publicó en Huesca en 1647 bajo el pseudónimo «Lorenzo Gracián». El libro había nacido de la experiencia mundana de quien lo escribía y se dirigía al mundo. Baltasar Gracián lo terminó cuando contaba cuarenta y seis años. Su pensar seco y sin corazón—fruto del sentir de un hombre desengañado, frío como el hielo—alcanza cimas extraordinarias en este arte de prudencia que dejó maravillado al solitario filósofo de Berlín.

La última sentencia del *Oráculo manual*—el aforismo número 300—reza: «En una palabra, santo, que es dezirlo todo de una vez».[1] Así es como debería ser el hombre perfecto, el poseedor de todas las virtudes, discreto, héroe..., mas a esto

[1] Baltasar Gracián, *Oráculo manual y arte de prudencia*, ed. E. Blanco, Madrid, Cátedra, 1995, p. 260.

llegan bien pocos; pero siempre pueden observarse ciertas reglas que, aunque no nos conduzcan a la santidad, contribuirán a que parezcamos buenas personas, prudentes y discretas. Esto casaba bien con lo que enseñaría Schopenhauer, y la influencia de Gracián fue determinante: su arte de prudencia adelantó el del futuro autor de los *Aforismos sobre el arte de saber vivir*.

El arte de la prudencia de Gracián—su *Oráculo manual*—comprende un extenso manual de buenas maneras, pero también el artificio para comportarse en la vida como es debido—entendiendo este «como es debido» en el sentido de «como requiere la ocasión»—. En cuanto «arte», prescribe reglas y preceptos según los cuales hay que actuar y comportarse a fin de adaptar la propia persona y actitud al uso que sea más común en la sociedad y así no despertar recelos en nadie. En suma, Gracián planteó esta obra como una guía para vivir sin demasiados tropiezos, para saber conducirse con buen pie y no sufrir desengaños ni atraer la mala suerte, algo que fácilmente pueden arrostrar las acciones inadecuadas o falsas—los malentendidos—, ocasionadas por la falta de tacto y de experiencia en ocasiones decisivas, sobre todo, en lo que se refiere al trato con otras personas. El *Oráculo manual*, además de dirigirse a la educación de los príncipes y de los cortesanos, como venía siendo ya tradicional desde la Edad Media en este tipo de obras, interpelaba también a gentes de muy diferente estado y condición. Bajo una crítica sutil, mostraba las características más negras del mundo en que dichas gentes tenían que desenvolverse: un mundo lleno de veleidades, en el que poco caso se hacía a la virtud o la verdad en sí mismas, y mucho más a la apariencia de éstas. El *Oráculo manual* contenía un anticipo de lo que más adelante un Gracián aún más desengañado habría de exponer con todo lujo de detalles y de soflamas en su obra cumbre: *El Criticón*, libro que entusiasmó a Schopenhauer.

Publicado en tres partes entre 1651 y 1657, con pseudónimo (García de Marlones), la obra destila un negro pesimismo; en ella el protagonista real es el propio mundo, que es sólo engaño y desengaño, vana ilusión, astucia y monstruosidad. Nada es lo que parece, nada tiene sustancia, la esencia de las cosas es únicamente reflejo de su vacío, variopinto y nulo espectáculo y representación. Critilo y Andrenio son los dos personajes principales de la novela: ante ellos se desarrollará el espectáculo del mundo. Van en busca de la felicidad personificada en Felisinda, una especie de Dulcinea etérea e insustancial. Critilo, mayor que Andrenio, representa al hombre curtido en sociedad, experto en el arte «de andar por el mundo», mientras que Andrenio es el muchacho inocente y natural que tendrá que aprender a «ver» la realidad en su ser verdadero, es decir, en su banalidad. El sabio Critilo—quien luego resultará ser el padre de Andrenio—enseñará a su hijo que el hombre natural, inocente y apasionado, sincero y, en definitiva, bueno, poco tiene que hacer en una sociedad humana cuyos malvados miembros en poco se le parecen: o aprende estrategias para defenderse de sus aviesas maquinaciones y se vuelve tan taimado como ellos, o perecerá sin remedio. Si no se hace ducho en el «arte de vivir», será pasto de la ferocidad humana; puesto que «si los hombres no son fieras es porque son más fieros, que de su crueldad aprendieron muchas vezes ellas»,[1] Gracián *dixit*. Schopenhauer, por cierto, no le irá a la zaga en este asunto: «El ser humano, en el fondo, es un animal salvaje y espantoso»; «es un animal depredador que, en cuanto se da cuenta de que tiene a alguien más débil a su lado, cae sobre él de manera inefable»; «en el fondo de todos nosotros anida un animal salvaje que sólo espera la oportunidad para desmandarse», etcétera.[2]

Es obvio que Schopenhauer encontró en Gracián un es-

[1] *El Criticón*, *op. cit.*, p. 100.

[2] Veáse PP II, cap. VIII, «Sobre ética».

píritu afín y en *El Criticón* una especie de contrapeso moral paralelo a *El mundo como voluntad y representación.* Lo que Schopenhauer había visto de manera teórica y filosófica—el mundo como representación, pero también el valle de lágrimas y el dolor en él reinante—Gracián lo explicaba de manera alegórica y con ejemplos prácticos extraídos de la sociedad de su época. Schopenhauer había pretendido con su filosofía el desciframiento del mundo, su decodificación; quería expresar en conceptos qué es la realidad, qué el mundo, qué los seres humanos y cuál es la esencia y la verdad de la existencia. Y lo había conseguido con el desarrollo de un único pensamiento: «El mundo es por una parte voluntad y por otra representación». Sin salir del propio mundo, a través del pasaje secreto de la voluntad que constituye a cada uno de los individuos, había dado con la certeza de la voluntad general—«cosa en sí» o «substancia única»—como esencia verdadera y unívoca de los seres y las cosas... Gracián aportaba con su obra principal y su pensamiento el desengaño, el velo rasgado de la realidad, la quiebra de la ilusión. La banalidad de las acciones y las gestas humanas comparadas con la eternidad, con la muerte que a todos une... y, si acaso, luego vendrá el Cielo; pero ¿qué es ese Cielo sino otra especie de nirvana?

En suma, el filósofo pesimista germano y el sacerdote español, lacónico y ácido, se entendieron de maravilla; ambos despreciaban el mundo, pero querían seguir viviendo en él hasta que la muerte se los llevara (los dos autores condenaban el suicidio); para ello, era necesario parapetarse y aprender a soportar los males con una bien estudiada estrategia; de ahí la necesidad de las normas de conducta, que, extraídas de la experiencia particular de los hombres sabios, enseñan a vivir mejor. Gracián era uno de esos sabios, y Schopenhauer, admirador del jesuita, de ningún modo se sentía inferior.

Después de Gracián, a Schopenhauer no podía bastarle haber reconocido la esencia del mundo y haber teorizado sobre ella, pues la metafísica no enseñaba a vivir protegido de la sociedad; los desengaños berlineses lo habían convencido de que ahora debía aprender a vivir en el mundo, y para ello necesitaba estrategias de supervivencia.

Corría el año 1829 cuando un Schopenhauer harto de la sociedad, melancólico, desengañado y solitario—también Carolina le daba sus quebraderos de cabeza—tradujo al alemán las primeras cincuenta reglas de las trescientas que contiene el *Oráculo manual*.[1] Fue un excelente bálsamo para su soledad. Pensando que al director de la editorial F. A. Brockhaus podría seducirle la idea de publicar el libro entero en una nueva traducción alemana si le gustaba aquella muestra, se la envió junto con una carta[2] en la que le comentaba que de «aquel libro magnífico» sólo existían un par de traducciones pésimas que estaban basadas en dudosas versiones francesas; sus autores no sabían español y tampoco demasiado francés. Otra traducción alemana que decía haber sido hecha desde el original español y pasaba por ser la mejor—A. F. Müller, Leipzig, 1715—era también deleznable, pues su autor sólo había entendido en parte lo que traducía; en cuanto a una versión más reciente que llevaba por título *Das klei-*

[1] La edición original del *Oráculo manual* de la que se sirvió Schopenhauer para realizar su traducción consta en el volumen 5 de HN: *Oráculo Manual, y Arte de Prudencia. Sacada de los aforismos que se discurren en las obras de* [*Lorenço Gracián*]. *Publícala D. Vicencio Juan de Lastanosa*, Ámsterdam, Juan Blaeu 1659, 220 páginas, 12°. La relación de las obras de Gracián que poseía Schopenhauer es sorprendente: dos tomos con las obras completas publicadas en Amberes por Juan Bautista Verdusen en 1702 y varias ediciones sueltas de *El Político*, *El Héroe* y *El Discreto*, así como varias ediciones más del *Oráculo manual* en sus versiones francesas y en otra mutilada traducción al alemán. Véase HN 5, 492-496. Asimismo, en el libro de J. L. Losada Palenzuela, *Schopenhauer traductor de Gracián*, *op. cit.*, pueden verse reproducidas algunas páginas de esta obra anotadas por el filósofo (pp. 284-285), así como útiles informaciones adicionales.

[2] Carta de Schopenhauer a la editorial F. A. Brockhaus, Berlín, 15 de mayo de 1829, en *Das Buch als Wille und Vorstellung*, *op. cit.*, pp. 45-47. CE 402 y ss. Las citas siguientes son de esta misma carta.

ne schwarze Taschenbuch: Gracian's Ideen über Lebensweisheit ('El pequeño libro negro de bolsillo, o las ideas de Gracián sobre la sabiduría de la vida')—Leipzig, 1826—, era tan sólo un «mísero producto del mercado libresco» que parecía «chorrear de la pluma de cualquier ayuda de cámara jubilado». De las trescientas reglas apenas recopilaba un puñado, y el traductor no había visto el español ni por asomo, pues las había traducido del francés. En definitiva:

> De las trescientas reglas de vida de Gracián he traducido las primeras cincuenta, según el orden en que aparecen en el original, la mayor parte de las veces literalmente e intentando atenerme al texto español cuanto me ha sido posible, aunque siempre procurando no dificultar la comprensión. El señor Keil o cualquier otro que entienda español podrá confirmarle que he hecho todo lo posible, pues no solamente he sido fiel al sentido, sino también al tono y al estilo del original. Además, a fuerza de mucho corregir y pulir, he logrado redondearlo y hacerlo tan fluido que cualquier lector atento, incluso si es mujer, lo entenderá de inmediato, estoy plenamente convencido. Esto es mucho más difícil de lo que parece, porque estamos hablando de una pequeña obra de arte, pero sólo de tal modo este libro avalado por más de siglo y medio de reconocimiento aparecerá por primera vez en Alemania en su forma auténtica, puesto que las traducciones precedentes, por una u otra razón, son lamentables.[1]

El esmerado y orgulloso traductor enviaba asimismo un ejemplar de la deficiente traducción mencionada con el propósito de que algún experto—alguien ducho en el idioma español, como el hispanista Keil, por ejemplo—pudiera comprobar la veracidad de sus afirmaciones. Una cortesía que debía convencer al editor de la fidelidad y el brío de la nueva traducción, al tiempo que debía convencerlo

[1] *Das Buch als Wille und Vorstellung*, *op. cit.*, pp. 46-47. CE 405.

de la idoneidad del producto para el mercado literario alemán de la época; al fin y al cabo, los editores desean vender y las bondades de una obra se ven más claras si se promete beneficiosa para su negocio. De manera que Schopenhauer se lanzaba con sumo optimismo a describirle a Brockhaus lo que pensaba sobre el acierto de publicar aquel libro. El *Oráculo manual* sería atractivo para los jóvenes que quisieran abrirse paso con éxito en el gran mundo—afirmaba—, y como era un manual de «sabiduría mundana»—el arte de saber vivir que todos los hombres profesan de mejor o peor manera—, pocas personas habría que se contentaran simplemente con hojearlo en una librería, puesto que querrían leerlo entero; y no sólo una vez, sino recurrir a él cuantas veces fuera necesario, de manera que finalmente querrían poseerlo para poder consultarlo como a un buen consejero: «Por ello cabe esperar que el libro tenga una excelente y segura acogida», le auguraba a Brockhaus.

El traductor imponía sus propias condiciones al editor: «Sólo le permito que haga usted una tirada de 1000 ejemplares; en dozavo e impreso con elegancia. Unos 150 ejemplares estarían pensados para la alta sociedad, entre la que este libro goza de gran fama, así que tendrían que ir impresos en vitela». Pedía ciento veinte táleros—cantidad considerable para la época—por la primera edición y la misma cantidad por la segunda (nada de prometedores porcentajes sobre las ventas, que pocas veces llegan a entregarse después). Sus condiciones eran inamovibles—añadía el filósofo—, pues las consideraba proporcionales tanto a su trabajo personal como a la segura ganancia del editor.

Nuevo desengaño para Schopenhauer: de manera brusca y desairada, en apenas dos líneas, la dirección de la editorial F. A. Brockhaus desestimó la empresa; es de suponer que el preclaro editor no estaba tan seguro como el sincero traductor de que los jóvenes de la época fueran a necesitar aquel maravilloso libro para instruirse en el difícil arte de bregar con el mundo. Y es posible, también, que los honorarios exigidos le parecieron elevados.

Aunque desilusionado por la negativa de la famosa editorial a comprarle y editarle la traducción, Schopenhauer continuó creyendo en la fuerza, la verdad y el atractivo del útil breviario del jesuita español y prosiguió con la tarea de verter el libro al alemán por su cuenta y riesgo.

Al cabo de casi tres años, en 1832, y hallándose Schopenhauer ya en Fráncfort—una vez abandonado Berlín—, le envió la traducción completa del *Oráculo manual* al antes mencionado y entonces célebre hispanista Johann Georg Keil (1781-1857). El erudito profesor, especializado en la literatura española del Siglo de Oro, era responsable de la edición alemana de las obras de Calderón; el filósofo confiaba en su sabiduría y por eso le pedía que se tomase la molestia de repasar su traducción al alemán del libro de Gracián y que le recomendase algún editor para publicarla. Schopenhauer quería que la traducción se la presentasen al editor que estuviera dispuesto a recibirla bajo pseudónimo: Félix Treumund, algo así como 'Félix, el de la boca fiel'; de esta manera no podría saber el nombre verdadero del autor hasta que no la hubiese leído y aceptado.

He aquí un extracto de la carta de presentación a Keil:

Se sorprenderá usted de verme tan *españolizado*, pero lo cierto es que desde 1825 me he dedicado al estudio del español y actualmente leo sin problema su extraordinaria edición de Calderón, de la que tengo un ejemplar a mi lado. Lo único que echo de menos en ella es que hubiera incluido usted los cambios de escenario y los lugares donde transcurren las acciones de cada caso. Mi escritor predilecto es el filosófico *Gracián*: he leído todas sus obras, y su *Criticón* me parece uno de los libros más maravillosos del mundo. Me encantaría traducirlo si encontrara un editor. En cuanto al *Oráculo prudencial* [*sic*], quería traducirlo hace un par de años e hice una pequeña prueba que mandé a Brockhaus, mas él no tuvo interés en el proyecto, en parte porque la traducción no me quedó tan bien como la actual, y en parte porque era tan sólo un extracto (con lo cual atenté contra la regla 231 del *Oráculo*)[1] y también porque los honorarios que exigí eran bastante considerables. Aquí, en Fráncfort del Meno, donde llegué en otoño huyendo del cólera, me consagré con toda comodidad a la tarea de volver a traducirlo desde el principio, correctamente y *con amore*.[2]

Keil se portó bien con Schopenhauer: elogió su traducción de Gracián y encontró un editor interesado en Leipzig. Por desgracia, tampoco esta vez llegaron a un acuerdo monetario; el traductor no quería vender su trabajo por menos de lo que él consideraba que valía, y el editor quería comprarlo por un precio ínfimo—como es habitual en la actualidad tratándose de estos negocios—; de manera que la traducción del *Oráculo manual* permanecería inédita hasta 1862. Tras la muerte de Schopenhauer, su amigo y curador de la obra inédita del filósofo, Julius Frauenstädt, tuvo la excelente idea de publicarla en un volumen independiente anunciándola como otra más de las aportaciones literarias inéditas del filósofo pesimista.[3]

[1] «*Nunca permitir a medio hazer las cosas.* Gózense en su perfección. Todos los principios son informes, y queda después la imaginación de aquella deformidad, la memoria de avello visto imperfecto no lo dexa lograr acabado. Gozar de un golpe el objeto grande, aunque embaraça el juizio de las partes, de por sí adequa el gusto. Antes de ser todo es nada, y en el començar a ser se está aun mui dentro de su nada. El ver guisar el manjar más regalado sirve antes de asco que de apetito. Recátese, pues, todo gran maestro de que le vean sus obras en embrión. Aprenda de la naturaleza a no exponerlas hasta que puedan perecer», B. Gracián, *Oráculo manual y arte de prudencia*, *op. cit.*, p. 229.

[2] Carta de Schopenhauer a Johann Georg Keil, 16 de abril de 1832. GB 131; CE 448-449.

[3] La traducción del *Oráculo manual* que realizó Schopenhauer se reedita en la actualidad constantemente en alemán, y en muy variadas ediciones. La referencia exacta de la primera edición (publicada póstumamente por Frauenstädt, dos años después de la muerte del filósofo) es: *Balthazar*

Tal y como Schopenhauer había supuesto, el *Oráculo manual* traducido por él al alemán fue un éxito; en realidad, la popularidad de la que desde entonces ha gozado Baltasar Gracián en Alemania se debe a esta traducción de Schopenhauer, que ha sido muy aclamada, por ejemplo, por el célebre romanista Karl Vossler—en la década de 1930—, quien la elevó definitivamente a la fama. Algunos lectores de Schopenhauer llegaron a creer que era «otro libro más» del autor de *Parerga y paralipómena*.

En su excelente versión, Schopenhauer se esforzó por traducir frase por frase, aunque no palabra por palabra, «porque una traducción literal sería ininteligible», afirmó; de este modo, Gracián ganó una sorprendente claridad en alemán, hasta tal punto que para el lector actual es más comprensible en esta versión que en el español original.

Cuando Schopenhauer tradujo a Gracián tenía cuarenta y dos años y llevaba consigo una copiosa carga de experiencia «mundana» acumulada a lo largo de su vida; en esta época, hacía algo más de dos lustros que su filosofía especulativa había quedado terminada y no daba más de sí en cuanto a sus fundamentos, estructura general y conclusiones. Sin embargo, aun cabía matizarla de mil maneras, de ahí que por estas mismas fechas el filósofo estuviera incubando en sus cuadernos de anotaciones—denominados «Manuscritos berlineses» póstumamente—el embrión de lo que habría de

---

Gracian's Hand-Orakel und Kunst der Weltklugheit. Aus dessen Werken gezogen von Don Vicencio Juan de Lastanosa, und aus dem spanischen Original treu und sorgfältig übersetzt von Arthur Schopenhauer (Nachgelassenes Manuskript), F. A. Brockhaus, Leipzig, 1862. Hübscher ha incluido el texto completo de la traducción en HN 4, II, 131-267; asimismo, incluye la traducción de las cincuenta primeras reglas enviadas por Schopenhauer al editor de la casa Brockhaus, HN 4, II, 268-283. En la edición de las obras completas de Paul Deussen en cederrón, se incluye la versión alemana del *Oráculo manual* y el texto español de forma paralela. Véase la referencia en el apartado «Bibliografía».

constituir el segundo volumen de *El mundo como voluntad y representación* (los «Complementos»), un tomo repleto de ampliaciones y comentarios de las ideas expuestas en el libro publicado. También, como hemos mencionado, fue por esa época cuando poco a poco se fue afianzando la otra cara de la filosofía metafísica y teórica de Schopenhauer: la filosofía práctica o «sabiduría de la vida», ese arte de saber vivir para pesimistas que a finales del siglo XIX trajo la fama al filósofo de la mano de su última y sonora obra: *Parerga y paralipómena*, publicada en 1851.

Schopenhauer sintió desde su juventud una fuerte inclinación a juzgar, sentenciar, censurar y, en definitiva, a moralizar sobre el mundo, la vida y las acciones ajenas. Matthias Claudius, con sus sencillas admoniciones para vivir mejor, fue su compañero moral prácticamente desde la infancia; más tarde, aprendería de Shakespeare, así como de los autores clásicos griegos y romanos, y más tarde de los moralistas franceses y de Gracián. Todos ellos lo ayudaron a reflexionar sobre su propia experiencia vital, sobre la naturaleza de los avatares del mundo cotidiano y de las acciones de los seres humanos; a fuerza de ver constantemente lo negro, vacío y mutable de la realidad, Schopenhauer terminó por convertirse en un severo e intransigente moralista. Los cuadernos de notas inéditos que dejó al morir dan fe de esta metamorfosis: el metafísico y sistemático filósofo se convirtió en el sabio número uno de la moral, las costumbres y el arte de saber vivir.

En los cuadernos, carpetas u hojas sueltas de los que constaba su legado póstumo se descubrieron, en notas dispersas, multitud de aforismos y sentencias—propias o de otros autores—que indican lo pronto que lo sedujo la idea de ir compilando un catálogo particular de reglas para enseñar a vivir mejor, a desenvolverse en la vida con sabiduría y maña con el objetivo de sufrir lo menos posible, usando en mayor grado la cabeza que el corazón. Schopenhauer, al igual que Gracián, será un pensador literal: nada de dejarse llevar por los sentimientos al pensar, solamente el frío cálculo y la férrea aplicación de las leyes y las sentencias asumidas «por experiencia» afianzan la frágil seguridad personal. Sabemos que comenzó a recopilar sus reglas de sabiduría de la vida, *eudemonología* o arte de saber vivir, desde poco antes de iniciar la traducción de la obra de Gracián y que fueron en aumento con el descubrimiento del acerado «conceptista» barroco.

Debemos al inestimable filósofo italiano Franco Volpi (1952-2009) un soberbio trabajo de recuperación textual de supuestos o posibles «tratados» morales y eudemonológicos de Schopenhauer. Volpi entresacó pieza a pieza cientos de notas de los escritos póstumos del pesimista y las agrupó por temas que podían ubicarse bajo títulos genéricos como «El arte de ser feliz» o el «Arte de tener razón», los más plausibles; pero también es verdad que, en su furor arqueológico, se dejó llevar más por su imaginación que por las evidencias al publicar asimismo «El arte de tratar con las mujeres» o «El arte de insultar», donde recopila y organiza a su modo fragmentos de textos schopenhauerianos extraídos de las obras publicadas.

Sea como fuere lo cierto es que en el legado manuscrito hubo material suficiente para que Volpi reconstruyera un supuesto tratado eudemonológico, una suerte de «arte de ser feliz», sintetizado en cincuenta reglas de conducta.[1] El erudito de Vicenza las entresacó de los misceláneos apuntes privados de Schopenhauer y llegó a la conclusión de que éste comenzó a elaborar su catálogo de máximas sobre el arte de ser feliz hacia 1822, de manera muy aleatoria y con grandes interrupciones. En realidad, dicho tratado, junto con otro que Volpi tituló «El arte de hacerse respetar», son embriones

[1] Volpi editó en Alemania el texto reconstruido y establecido por él bajo el título de *Die Kunst, glücklich zu sein* (Múnich, C.H. Beck, 1999). Existe traducción en español: *El arte de ser feliz. Explicado en cincuenta reglas para la vida*, ed. Franco Volpi, trad. Á. Ackermann Pilári, Barcelona, Herder, 2000.

del capítulo más extenso y célebre de *Pararga y paralipómena*: «Aforismos sobre la sabiduría de la vida». En éste condensó Schopenhauer el conjunto de sus reflexiones sobre el arte de saber vivir, y en esta forma definitiva lo legó a la posteridad.

Entre los escritos póstumos se encontró también un esbozo bien estructurado de otro breve opúsculo o tratado, rubricado por el propio Schopenhauer como *Dialéctica erística*.[1] Contiene 38 «estratagemas» dialécticas y erísticas, y pretende ser un breve catálogo de las argucias discursivas más comunes de las que suelen servirse dos contrincantes enzarzados en una discusión para defender sus opiniones y argumentos. Schopenhauer sostenía que los contrincantes no acuden a estas tretas con la única intención de probar que les avala la verdad o para buscarla juntos, sino con el único y avieso objeto de tener a toda costa la razón frente al contrario y quedar por encima de él salvaguardando el orgullo, que, en definitiva y dada la malsana naturaleza humana, es lo único que importa cuando se discute.

El filósofo enumeró los trucos uno a uno con la intención de obtener así un breviario de dialéctica; quería que fuera un manual de combate—o *erístico*—, una especie de ejercicio de «esgrima espiritual» aprendido de la experiencia de la vida, el cual venía a demostrar que los hombres, en cuanto comienzan a discutir, terminan olvidándose de buscar la verdad cuando advierten que peligran sus propios intereses, los de su partido o camarilla, o el propio orgullo y la propia vanidad.

El filósofo perseguía con su tratado, además del desenmascaramiento del maquiavelismo discursivo dialéctico, re-

[1] Hübscher reproduce el texto titulado *Eristische Dialektik* en HN 3, 666-700. Volpi lo publicó en Alemania y luego en Italia, inaugurando así el resto de las publicaciones de fragmentos de Schopenhauer agrupados bajo el epígrafe «Artes». Véase en Acantilado este texto de la *Dialéctica erística* bajo el título de *El arte de tener razón. Expuesto en 38 estratagemas*, introd., trad. y notas Luis Fernando Moreno Claros, Barcelona, Acantilado, 2023.

velar las bajezas del ser humano que se esconden tras aquél (mezquindad, pedantería, vanidad, maldad en general); a este respecto, bien podía sentenciar al unísono con su admirado Gracián el aforismo 114 del *Oráculo manual*: «Son pocos los que hacen buena guerra». En resumidas cuentas, las reglas recopiladas por Schopenhauer para sus supuestas «artes de vivir» se dirigían a evidenciar lo mismo: que quien quiera vivir sin complicaciones en esta vida debe andar con pies de plomo y estar alerta para cuidarse de lo más evidente: la maldad innata del género humano.

ADIÓS A BERLÍN, SALUDOS A FRÁNCFORT

En Berlín, Schopenhauer llevaba una vida retirada y sedentaria. Todavía era relativamente joven, pero se comportaba como un erudito caballero sepultado entre libros y cómodos placeres cotidianos que lo embriagaban de seguridad. Cambió un par de veces de vivienda (Dorotheenstraße, 30, y cuatro años después Behrenstraße, 70), siempre en el centro de la ciudad. Al mediodía solía comer en el elegante hotel Russischer Hof, situado en la Schinkelplatz o en otros hoteles de idéntica categoría. Daba inaplazables paseos diarios de al menos dos horas de duración por las afueras de la ciudad y consagraba la mayor parte de su tiempo a la lectura, la escritura y el estudio; esto cuando no visitaba a su amante o asistía al teatro y los conciertos.

Entre los escasos amigos que Schopenhauer tuvo en Berlín destaca el barón Heinrich von Lowtzow. Por las noticias que se tienen de él, sabemos que era un noble venido a menos, excelente conversador, bebedor y desarraigado; hombre fantasioso, siempre andaba maquinando empresas milagrosas. Sorprendentemente, logró convencer al dubitativo y temeroso Schopenhauer de que invirtiera una parte considerable de la fortuna que aún le quedaba—lo que salvó de la ruina de la casa Muhl—en unas acciones de minas mexicanas: el negocio prometía cuantiosas ganancias. El filósofo invirtió gran parte de su dinero y tuvo que lamentarlo, pues lo perdió todo. Esto no lo arruinó, aunque dejó bastante maltrecha su economía; tampoco fue causa de ruptura con el barón; su amistad debía de ser muy estrecha cuando Schopenhauer llegó incluso a confiarle durante un año entero todos sus manuscritos y cartas una vez que abandonó Berlín y mientras decidía si establecerse definitivamente en Fráncfort o en alguna otra ciudad.

Veinte años después de aquellos sucesos, en 1856, en una carta a Ernst Otto Lindner, Schopenhauer se condolía de la muerte de su antiguo amigo:

> Su noticia de la muerte del barón me ha conmocionado. Fue el amigo más fiel y sincero, el mejor que jamás he tenido, y sobre todo fue una buena persona. Es cierto que fue el causante—aunque con buena intención—de grandes desgracias para mí cuando en 1826 me convenció de que invirtiera mi capital en un negocio que resultó nefasto y me privó de casi la mitad de mi fortuna, lo cual todavía hoy me causa pesar y me provoca disgustos y contrariedades periódicamente, puesto que el mal se ha vuelto crónico [...] no me extraña que finalmente haya acabado tan mal como usted me cuenta. Su defecto fundamental era su incorregible pereza. Pese a no tener fortuna propia, jamás ejerció una profesión, aunque había estudiado Leyes y poseía muchos conocimientos e inteligencia. La heredad de Schöneberg se la dejó una tía suya de Schwerin, aunque con una hipoteca muy alta; pero en vez de explotarla, la vendió muy por debajo de su precio y derrochó el dinero que obtuvo. Pronto estuvo completamente endeudado y, a pesar de mis admoniciones, siguió derrochando a la ligera [...] Pero me da mucha pena y nunca lo olvidaré.[1]

[1] Carta de Schopenhauer a Ernst Otto Lindner, Fráncfort del Meno, 11 de febrero de 1856. GB 383; CE 704.

Nada más se sabe de esta amistad. Es de suponer que el barón, de buen talante y paciente, era capaz de soportar las rabietas de Schopenhauer sin inmutarse; lo dejaría despotricar contra todo y jactarse de lo que quisiera, y así es como habría podido mantener viva la llama del aprecio que por él sentía el empedernido solitario.

Schopenhauer se relacionó cordialmente con dos catedráticos de la Universidad de Berlín: el filólogo y estudioso de la Antigüedad clásica Philipp August Boeckh y el profesor Martin Heinrich Carl Lichtenstein; este último ocupaba la cátedra de Zoología y era también director del museo berlinés de historia natural. También trabó cierta amistad con el gran naturalista Alexander von Humboldt, a quien admiraba. Schopenhauer sentía gran inclinación por las ciencias naturales, la biología y la botánica, de lo cual dará muestras evidentes en su obra de madurez. Jamás se relacionó, en cambio, con otros profesores de filosofía; en lo que a esta disciplina se refiere, sólo admiraba a los filósofos del pasado, mientras que despreciaba a sus contemporáneos. No mantenía amistad con filósofos. En cambio, sí hay constancia de que trabara amistad con el singular escritor Adalbert von Chamisso, el autor del célebre *La maravillosa historia de Peter Schlemihl: o el hombre que perdió su sombra*. Ha quedado un testimonio al respecto: se cuenta que Chamisso, mucho más irónico y tolerante que Schopenhauer en lo que se refiere a la visión pesimista del mundo, le aconsejó «que no pintase tan negro al diablo; un buen gris bastaría».[1] Así es como él mismo lo había retratado en su libro de sombras: luciendo una casaca de color gris.

El filósofo solitario se relacionó asimismo con un médico especialista en mesmerismo e hipnotismo y volcado en el estudio de sucesos paranormales: el doctor Wolfahrt; su influencia fue decisiva para que Schopenhauer se interesa-

[1] G 60; *Conversaciones*, *op. cit.*, p. 106.

ra también por semejantes asuntos, en los que llegó a poseer considerable experiencia, tal y como demuestra otro extenso capítulo de los más celebrados de *Parerga y paralipómena*: «Ensayo sobre las visiones de fantasmas»,[1] dedicado a examinar experiencias paranormales. El especialista lo invitó en varias ocasiones a presenciar sus consultas con alienados y a sesiones de hipnotismo.

En otro orden de cosas, también ha quedado constancia de un amor de Schopenhauer en estos tiempos de Berlín; o, si no era «amor», al menos sí que fue un galanteo y un intento fallido de enlace matrimonial. Las fechas del suceso son imprecisas, aunque con gran probabilidad podría datarse en cualquiera de los dos últimos años de su estancia en Berlín: 1828 y 1829. El proyecto de casarse con su amante había fracasado y, aunque gran censor del matrimonio, sabemos que Schopenhauer contemplaba esta posibilidad sólo con el propósito de acrecentar su respetabilidad social.

La elegida del filósofo como futura esposa se llamaba Flora Weiß, tenía diecisiete años y era la hija de un acreditado comerciante berlinés de ascendencia italiana: el señor Johann Weiß, cuyo nombre verdadero era Batisto Bianco.

Nada se sabe de cómo trabó amistad Schopenhauer con la joven. El testimonio que se nos ha transmitido se refiere a una anécdota sobre la impresión que el sabio asceta causó en la chica. En cierta ocasión, Schopenhauer invitó a Flora y a una amiga a una excursión en barca por uno de los canales berlineses. Durante la travesía, el anfitrión sacó un racimo de excelentes uvas y, tomando una de ellas, se la dio a la compañera de Flora. Ésta pidió otra para ella; el filósofo se de-

[1] Entre las numerosas versiones castellanas con las que contamos de este ensayo, que suele publicarse como libro independiente, destaca: A. Schopenhauer, *Ensayo sobre las visiones de fantasmas*, prol. y trad. A. Izquierdo, Madrid, Valdemar, 1988.

moró ostentosamente para escogerle la más hermosa de todas. Sin embargo, a la muchacha le pareció que la uva que le daba «había sido lamida por un zorro» y, disimuladamente, se las ingenió para tirarla al agua, pues «me daba asco que la hubiera manoseado tanto el viejo Schopenhauer», comentó. Poco después, otra barca rebasó la suya; en ella navegaban unos jóvenes que, con ganas de jolgorio, sonrieron a las chicas, lo que disgustó al filósofo; picado y celoso, se acomodó de manera que las dos mujeres no pudieran ver a los muchachos: «¡No tenéis por qué mirar a esos necios mozalbetes!», espetó a sus invitadas.

El desenlace de la relación entre el ceñudo galán y la desabrida Flora aconteció de la siguiente manera. Cuando Schopenhauer fue a pedir al comerciante italiano la mano de su hija, *il signore* Bianco llevó al pretendiente hasta una ventana desde la que se divisaba el jardín. Flora estaba jugando con sus hermanas; lucía un sombrero florentino de paja con el que «estaba encantadora», según relata el comentarista: su padre, mirándola arrebatado, le dijo al enamorado: «¡Pero si todavía es una chiquilla!», a lo que Schopenhauer le contestó que precisamente eso era lo que más le gustaba de ella. El filósofo prosiguió con la petición de mano asegurándole que disponía de sólidos ingresos y que aseguraría el futuro económico de la muchacha. Pero Johann Weiß dejó la decisión a la discreción de la propia Flora. Al preguntarle a la chica qué le parecía la petición de Schopenhauer, ella la desestimó de inmediato aduciendo que las atenciones que le dedicaba «el viejo Schopenhauer» le resultaban «repulsivas».[1]

A finales de 1830 se declaró una epidemia de cólera en Berlín. Justo la última noche de ese año, Schopenhauer tuvo un curioso sueño que consideró premonitorio:

[1] G 58 y ss.; *Conversaciones*, *op. cit.*, pp. 104-105.

A fin de servir a la verdad en todas sus formas y hasta la muerte, constato por escrito que en la noche de Año Nuevo de 1830 a 1831 tuve el *sueño* que referiré, el cual anunciaba mi muerte para el año entrante. Desde mis seis a mis diez años tuve un amigo del alma y perpetuo camarada de juegos que tenía mi misma edad; se llamaba Gottfried Jänisch y murió cuando yo tenía diez años y me hallaba en Francia. En los últimos treinta años he pensado raramente en él. Pero en la noche a la que me refiero, soñé que llegaba yo a una tierra que desconocía; un grupo de hombres se hallaba en el campo y, entre ellos, un hombre adulto, alto y delgado, que salió a mi encuentro; sin saber por qué, me pareció reconocer a aquel Jänisch, que me daba la bienvenida.

El filósofo lo interpretó como una advertencia: si permanecía en Berlín, caería víctima del cólera.[1] Abandonó la ciudad poco tiempo después. La epidemia continuó y segó la vida de cientos de personas, entre ellas la del célebre profesor Hegel, fallecido el 14 de noviembre de 1831.

Al abandonar Berlín, Schopenhauer tuvo que despedirse para siempre de su amante. En un principio Caroline manifestó la intención de seguirlo allá a donde fuera, pero la condición ineludible que le impuso era que se llevaran al hijo bastardo de ella. El filósofo se negó en redondo. Andando el tiempo, manifestó que esta decisión le causó un gran dolor. Mas dada su gélida dependencia del pensamiento y la razón, al cabo terminaría por aceptar el hecho: pues él pensaba que era mejor mantenerse independiente y sin las cargas—pecuniarias y de todo tipo—que suponen el mantenimiento de una mujer y de los hijos; esto es lo que enseñaría al respecto en su inefable «arte de saber vivir» para pesimistas y demás personas avisadas.

Desde un primer momento pensó en establecerse en otra gran ciudad. Como buen cosmopolita que era, no entraba

[1] HN 4, I, 46.

en sus planes acomodarse en pequeñas localidades provincianas o en el campo; aunque adoraba la naturaleza, la tenía como un marco bello y de goce estético, así que le bastaba con que la ciudad en la que residiera tuviera unos alrededores amenos y bien acondicionados para practicar su deporte favorito, que consistía en dar largos paseos. Tales condiciones las reunía Fráncfort; las plácidas orillas del Meno estaban dotadas de caminos y senderos por los que ejercitar las piernas y airear la cabeza; también había lugares acondicionados para el baño, y, naturalmente, quedaban orillas silvestres y frescas. Fráncfort despedía confort y cierto lujo también: teatros, ópera y buenos hoteles. Contaba con bibliotecas y museos de ciencias naturales. Schopenhauer ya había desistido de colocarse en la universidad, y por eso no buscaba una ciudad en la que esta institución descollase. De ahí que la ciudad del Meno fuese una candidata idónea para establecerse.

Apenas llegado a Fráncfort, la noche del 7 al 8 de septiembre de 1832, tuvo una verdadera «visión de fantasmas». Él mismo lo refirió así: «Se trataba, como creo, de mis padres; y me revelaba que yo habría de sobrevivir a mi madre, la cual vivía aún entonces; el padre, que ya había muerto, portaba una luz en la mano».[1] El mensaje animó a Schopenhauer, siempre temeroso de enfermedades y complicaciones físicas. Pero no lo libró de caer enfermo de nuevo ni del acoso del aislamiento y la depresión. Tal estado lo disuadió de quedarse de momento en Fráncfort y entonces se trasladó a Mannheim, localidad de la que guardaba grato recuerdo desde su anterior estancia en 1825. Creyó que allí hallaría las condiciones más adecuadas para continuar con su vida de erudición privada, parecidas a las que le ofrecía Fráncfort. Pero tampoco se sintió a gusto en esta nueva ciudad. Se cuenta que alguna noche regresó a su casa entre la una y las dos de la madrugada, fu-

[1] *Id.*

rioso e iracundo después de dejar a sus conocidos que se reunían en el club La Armonía. En estas ocasiones se aliviaba propinando bastonazos a los muebles de sus habitaciones alquiladas, en casa del zapatero Reuß. Cuando su casero inquirió por la razón de semejante comportamiento, el escandaloso trasnochador, en vez de disculparse, respondió: «Es mi manera de invocar a mis espíritus de la noche».[1] En su fuero interno, el filósofo se sentía cada vez más harto de tanta soledad, hastiado de su aislamiento y, sobre todo, de la falta de aprecio que sufría por parte de una sociedad que se negaba a reconocer su talento.

Entre tanto aislamiento retomó las relaciones con su hermana y, a través de ella, superficialmente, con su madre; aunque no fue su soledad lo que le impulsó a ello, sino otra vez las finanzas familiares. Hacía casi una década que hermano y hermana habían dejado de comunicarse del todo, pero en Dánzig habían quedado algunos asuntos pendientes y Adele pidió consejo a Arthur; de modo que éste se avino a tratar con ella, aunque con reticencia. Schopenhauer no perdonaba a su hermana que hubiera sido tan condescendiente con su madre, ni que le hubiera brindado tan fácilmente su herencia cuando Johanna se vio arruinada por la bancarrota de Mühl. Por descontado, tampoco le disculpaba que hubiera sentido simpatía por Gerstenbergk.

Las relaciones familiares se reanudaron, aunque con cierto formalismo y rigidez. Adele pidió a Arthur que volvieran a verse; él nunca mostró intención de hacerlo. Finalmente, gracias a la perseverancia de Adele, el filósofo accedió a recibirla en Fráncfort en una ocasión en que ella se iba a detener en la ciudad brevemente. A pesar de que ambos se sorprendieron al hallarse mutuamente muy cambiados y distantes, la entrevista debió de ir bien. Poco después Adele le agradecía en una carta al hermano el trato recibido por él en la

[1] G 64; *Conversaciones*, *op. cit.*, p. 110.

ciudad del Meno. Desde entonces y hasta el final de la vida de Adele, los hermanos intercambiaron algunas cartas más cordiales. El filósofo enviaba a su hermana ejemplares de sus obras y ésta se lo agradecía con comentarios elogiosos. Leía sus libros y, en sus comentarios, se mostraba perspicaz y atinada, demostrando su gran valía intelectual.

Adele Schopenhauer ha suscitado recientemente el interés biográfico en Alemania.[1] Aunque figura menor, a su manera fue una persona singular que participó activamente en la esfera del Weimar de Goethe; era locuaz y amistosa y tenía intereses artísticos; llevó un diario, escribió algunos cuentos de hadas y una novela, y hasta dejó inédita una guía turística de Florencia,[2] puesto que en sus últimos años también viajó a Italia. De nula belleza física y de gran sensibilidad, en su madurez fue desgraciada; en principio, debido a su perpetuo sometimiento a Johanna—quien tenía un humor variable y podía tornarse despótica cuando le faltaban distracciones sociales y se aburría—, pero también a causa de la mengua de su fortuna (sacrificada casi entera a su madre), a un compromiso de matrimonio frustrado y a la desdicha de varios amores ilusorios y sin esperanza.

A través de las cartas de Adele puede reconstruirse la historia de las dos mujeres—Johanna y ella—hasta la época en que volvieron a trabar contacto con el filósofo. Al regresar a Weimar, entre 1819 y 1820, las damas Schopenhauer se encontraron con la escasez de su fortuna y con que no po-

[1] G. Büch, *Alles Leben ist Traum. Adele Schopenhauer, eine Biographie* ('Toda vida es sueño. Biografía de Adele Schopenhauer'), Berlín, Aufbau, 2002. Se han publicado los diarios de Adele bajo el título *Tagebuch einer Einsamen* ('Diario de una solitaria'), Múnich, Matthes & Seitz, 1985.

[2] Adele Schopenhauer, *Florenz, Ein Reiseführer mit Anekdoten und Erzählungen (1847/48)*, ed. W. Maierhofer, Weimar, VDG, 2007. Contamos, asimismo, con una edición de sus cuentos de hadas: *Haus-, Wald- und Feldmärchen*, ed. K. W. Becker, Hanau, Werner Dausien, 1987.

dían vivir como hasta entonces lo habían hecho. Johanna publicó su primera novela extensa, *Gabriele*, con cincuenta años; a partir de entonces se dedicó con empeño a escribir a tiempo completo: el dinero que cobraba por sus escritos le era cada vez más necesario para asegurar su subsistencia. Como poseía un temperamento nervioso y activo, a menudo la acometían crisis de agotamiento y ansiedad; puesto que ya no era joven, pronto comenzó a sentir los achaques de la inminente vejez. En 1823 sufrió un ataque de apoplejía que estuvo a punto de dejarla paralítica y cuya secuela fue una cojera crónica. A la precariedad de su salud se añadió, además, el vacío que poco a poco fue invadiendo su entorno: los buenos amigos iban muriendo o abandonaban Weimar, mientras que su antaño celebrado salón se mantenía a duras penas y sin su antiguo esplendor. Madre e hija terminaron mudándose a otra casa menos amplia y costosa, puesto que la vida en Weimar se encarecía; a la vez, la alegre «comunidad de almas» que fuera el ornato social de la «ciudad de las musas» en los buenos tiempos de esplendor iba desintegrándose de manera espectacular. Con la celebración del Congreso de Viena retornó el absolutismo, y tradicionalismo y nacionalismo se pusieron de moda en Alemania: los nobles volvían a enorgullecerse de sus privilegios de cuna, de ahí que las distintas clases sociales tornaran a medir las distancias con severidad. Johanna, como burguesa que era y, además, en bancarrota, se vio apartada de aquellas clases sociales cuyas reuniones no se celebraban como antes en salones abiertos a los artistas e intelectuales provenientes de cualquier estamento, sino que se circunscribían a personas relacionadas con la corte, con entrada exclusiva para los miembros de la nobleza.

El archiduque Carlos Augusto murió en 1828. Su hijo Carlos Federico, quien le sucedió, sentía escasa inclinación por la cultura y no fomentaba precisamente el ambiente social que dominó en tiempos de su padre. Goethe, destrozado por la muerte del archiduque, su fiel amigo y protector, se retiró al palacio de Dornburg por una larga temporada y, más adelante, se acostumbró a pasar poco tiempo en Weimar. Convertido en un venerable anciano al que se rendía pleitesía en todas partes por su fama internacional, pero que se mantenía apartado de la sociedad, adquirió la costumbre de recibir en su casa a sus íntimos cuando no salía de viaje a tomar los baños y apenas veía ya a Johanna; sólo Adele, muy amiga de Ottilie von Pogwisch—nuera del poeta al haberse casado con su hijo August—, podía visitarlo con frecuencia, y el gran hombre hasta le permitía que mantuviera correspondencia con él cuando estaba de viaje, puesto que siempre sintió cariño por ella. Johanna había desheredado definitivamente a Arthur para aumentar así la fortuna de Adele, pero ni con ello reunía su hija lo suficiente como para parecer un partido apetecible. La chica permanecía soltera. Vivía entre perpetuas ensoñaciones, siempre en constante enamoramiento de varones que no le correspondían, como el químico Gottfried Ossan. A la manera de un desdichado Werther femenino, pasaba la vida entre penas y desvelos, o corroída por los celos que le producían los amoríos de Ottilie, desafortunada en su matrimonio, pero de cierta fortuna con los hombres en general, que la veían atractiva y tentadora.

Las circunstancias descritas terminaron por obligar a madre e hija a buscar otra residencia fuera de Weimar, en un lugar que les permitiera vivir con modestia y obtener la paz que requería el laborioso oficio de Johanna. Como el Cándido volteriano, también ella solía exclamar ante quien quisiera oírla que lo único que deseaba era llevar una vida apacible y tranquila rodeada de un puñado de buenos amigos y disfrutar de la hermosura de la naturaleza; en suma, «cuidar de su jardín». El lugar idóneo para vivir semejante idilio lo hallaron en la hacienda de verano de la acaudalada Sybille Mertens-Schaaffshausen, en una aldea llamada Unkel del

Rin, adonde se trasladaron para pasar el invierno de 1829. Desde allí partieron las primeras cartas a Arthur. Poco después, Johanna y Adele se establecieron en la cercana ciudad de Bonn, siempre bajo los auspicios de la amistad con la familia de la señora Mertens, un personaje curioso que veló por ellas con inquebrantable abnegación.

Después de casi una década sin saber nada el uno del otro, como decíamos, Adele se alegró de reanudar su relación con Arthur; en 1831 y 1832 cruzaron varias cartas en las que ella trató de ganarse su confianza y le habló sin ambages del pasado y del presente. En una de las primeras misivas le confesaba al hermano:

> Creo que pocas personas han sido tan felices como yo lo era entonces, en Weimar, pero el súbito revés de la fortuna y el desprecio hacia mis queridos semejantes al que éste me abocó estuvieron a punto de volverme loca o matarme. Busqué remedio y supe encontrar formas de soportar la vida, sin alegría, pero al menos sin quejarme, y mi cuerpo estuvo enfermo más tiempo que mi alma.

Luego Adele refería que habían tenido que abandonar Weimar por las deudas y la precariedad económica, y añadía:

> Vivo a regañadientes, temo la *vejez*, temo la *soledad* a la que sin duda estoy destinada, no deseo casarme, pues será muy difícil que encuentre un marido con quien congenie. Sólo conozco a un hombre con el que podría casarme sin reparo, pero *ya está casado*. Soy lo suficientemente fuerte para soportar esta desolación, aunque le habría agradecido al cólera que me hubiese liberado de mi suerte sin demasiado sufrimiento.[1]

[1] Carta de Adele a Arthur, en Bonn el 27 de octubre de 1831. *Die Schopenhauers*, *op. cit.*, p. 319. CE 435.

Pese a ello, Adele se mostraba algo más optimista que su filosófico hermano con respecto a su relación con él, pues era más capaz de obviar las diferencias:

> Estoy convencida de que nuestros caracteres, en lo bueno y en lo malo, tienen mucho en común. Deberíamos intentar ver, creo, en qué podríamos entendernos. A ti no te gusta el trato con las personas, y yo aprecio a poquísimas y prefiero vivir sola o en compañía de muy pocos, pero no me aíslo. Tú crees conocer la naturaleza humana, yo a veces también, pero más a menudo soy humilde y, a lo sumo, creo estar empezando a *conocerme a mí misma.* Deja que también te conozca a ti; si hay alguien a quien de veras *quiero conocer* eres tú, hermano.[1]

En un principio, Adele recomendó a Arthur que mantuvieran su correspondencia en secreto, a fin de que la madre no viera que intimaban; mas, tras un corto período de tiempo, también Johanna participaba de su renovada relación: había asuntos financieros que zanjar y ello precipitó la apertura del secreto. Johanna volvió a escribir a su hijo, aunque sin dar excesivas muestras de cariño. Sólo en contadas ocasiones aludió a la salud y estado anímico de Arthur:

> Tu enfermedad me preocupa, te ruego que te cuides todo lo que puedas, pero ¿en qué consiste exactamente? ¡¿Que tienes el cabello gris y una larga barba?! Me resulta imposible imaginarlo, pero en cualquier caso lo primero no es tan grave y lo segundo es fácil de remediar. Dos meses en tu cuarto, sin ver a un alma, no es bueno, hijo mío, y me apena. Ningún ser humano debe ni puede aislarse de tal manera sin desmoronarse física y psíquicamente.

O también le decía: «Lo que me escribes de tu salud, de tu misantropía, de tu estado de ánimo sombrío, me acon-

[1] *Die Schopenhauers*, *op. cit.*, pp. 320 y 436.

goja más de lo que soy capaz y puedo decirte, ya sabes por qué...».[1] ¿Sería una soterrada alusión a la excesiva melancolía patológica paterna? Pero aquí se agota la preocupación de Johanna, la cual tampoco intentó ni entonces ni más adelante un reencuentro personal con el hijo.

En 1830, Johanna recibió con alegría la suculenta idea de la editorial F.A. Brockhaus de publicar una edición económica de sus obras completas. Serían unos veinticuatro tomos en octavo. La escritora pensó que con esto daría el gran golpe definitivo que la liberaría de una vez por todas de apuros económicos y que podría dejarle a Adele una herencia que le permitiera vivir con holgura cuando ella falleciera. Con los trabajos de revisión de las obras, no tenía tiempo para ocuparse de Arthur y el tímido acercamiento entre madre e hijo terminó por malograrse de nuevo.

Lo cierto es que Schopenhauer sufría de soledad y aislamiento. En sus cuadernos privados, el orgulloso filósofo anotó lo siguiente:

> Durante toda mi vida me he sentido terriblemente solo, y siempre suspiré en lo más hondo de mi corazón: «¡Ahora dadme a un ser humano!» (Schiller, *Don Carlos*, III, 5, v. 2808). En vano. He continuado solo. Pero con sinceridad puedo decir que no ha dependido de mí; a nadie aparté de mí, a nadie que en espíritu y corazón fuese un ser humano alejé de mí. Sólo he encontrado gnomos miserables, limitados de cerebro, de mal corazón y viles sentimientos; a excepción de Goethe, Fernow, F. A. Wolf y pocos más, todos ellos veinticinco a cuarenta años mayores que yo. De modo que, poco a poco, el disgusto provocado por individuos concretos ha ido dando lugar a un tranquilo desprecio por el conjunto. Muy pronto fui consciente de la diferencia que existía entre los demás hombres y yo; pero pensé: «Primero aprende a conocer a cien y después hallarás el tuyo», y más adelante: «Seguro que entre mil

[1] Cartas de Johanna a Arthur fechadas en Bonn el 10 de marzo y el 20 de marzo de 1832, respectivamente. En *ibid.*, pp. 337-339. CE 446-447.

acabarás hallándolo», y después: «Pues tendrá que aparecer, aunque sea entre muchos miles». Finalmente, llegué a la conclusión de que la naturaleza es infinitamente avara y que debo soportar la «*solitude of Kings*» (Byron) con dignidad y paciencia.[1]

Después de un año entero en Mannheim—no han quedado testimonios para saber en qué circunstancias lo pasó—, en 1833 el filósofo decidió instalarse definitivamente en Fráncfort. En la ciudad del Meno habría de pasar el resto de su vida: veinticinco años más.

El cosmopolitismo y el ansia errante de Schopenhauer quedaron atrás definitivamente dando paso a la placidez de una vida sedentaria y las dulzuras de la costumbre. Había renunciado al matrimonio y el desprecio que sentía por los seres humanos, al menos por los que él consideraba que no estaban a su altura, se había acrecentado hasta cimas extraordinarias. De manera que estos últimos años de su vida los pasaría solo, mejor dicho, en relativa soledad, como veremos.

En 1833 su actitud para con las relaciones humanas quedaba bien patente en la siguiente anécdota. A comienzos de este año, Schopenhauer encontró en Fráncfort a la célebre actriz de Weimar Caroline Jagemann, convertida ya en «señora Von Heigendorf». Era la misma Caroline de la que estuvo enamorado en su juventud y que ni siquiera se había dignado mirarlo. En esta ocasión, se saludaron y trabaron conversación. La anécdota que nos ha quedado refiere que Schopenhauer le contó la «fábula de los puercoespines» que tan famosa se haría años después a través de los *Parerga* y que, en definitiva, resume bien la idea que sostendría en adelante el filósofo pesimista sobre el trato social; «La dama se regocijó mucho con aquella historia», comentó exultante Schopenhauer.[2]

La fábula dice así:

[1] «Eis heautón», 22, en HN 4, II, 116-117.

[2] Véase G 65.

Unos puercoespines quisieron acercarse mucho unos a otros en un gélido día de invierno para no helarse de frío y darse mutuo calor. Pero sintiendo enseguida los pinchazos recíprocos de sus respectivas púas tuvieron que separarse. Pronto el deseo de calor los empujó a acercarse de nuevo, pero entonces se repitió este segundo mal; de manera que fueron pasando de un sufrimiento a otro hasta que lograron encontrar una distancia adecuada desde la que pudieron soportarse mejor. De la misma manera el deseo de compañía, surgido del vacío y la monotonía del propio interior, impulsa a los seres humanos a buscarse los unos a los otros, pero sus múltiples características repugnantes y sus insoportables errores los separan otra vez. La distancia media que finalmente encuentran, gracias a la cual es posible soportar la compañía, la proporcionan la cortesía y las finas costumbres. A aquel que no guarda esta distancia prudencial se le grita en Inglaterra: *Keep your distance!* ('¡mantente a distancia!'). Así sólo se satisfará de manera imperfecta la necesidad de calor, pero a cambio no se notarán los pinchazos de las púas. Ahora bien, quien tiene mucho calor propio en su interior prefiere apartarse de la sociedad para no provocar ni recibir molestias.[1]

Schopenhauer no se abrasaría en Fráncfort a causa del calor propio: más bien resplandecería en su soledad.

[1] PP II, § 396.

V
EL SOLITARIO DE FRÁNCFORT

UNA CARTA AL AMIGO DE LA INFANCIA

«¡Que te vaya bien en tu ermita con ese horrible perrito de lanas tuyo que, como todos los de su especie, olerá a queso rancio!».[1] Así bromeaba Johanna Schopenhauer con su hijo, el «ermitaño», en una de sus últimas cartas, en la que se mostraba más afectuosa que de costumbre; tal vez porque le regocijaba hacer rabiar al gruñón del vástago, perpetuamente encerrado en su apatía y su insatisfacción. Corría el año 1835 y Schopenhauer residía en Fráncfort desde 1833. Estaba envejeciendo—aunque contaba cuarenta y siete años, era ya una edad considerable para la época—; vivía sin apenas trato humano y volcado exclusivamente en cultivar sus capacidades intelectuales, consagrado en cuerpo y alma a leer y escribir, así como a rumiar sobre lo mal que lo estaba tratando la vida.

Cultivaba con afán la lectura de los grandes autores de la Antigüedad, y también se mantenía al día de los avances del presente siguiendo con suma atención los acontecimientos del ámbito científico; la lectura de revistas especializadas y algunos diarios internacionales mantenía viva su innata curiosidad por cuanto ocurría en el mundo. Schopenhauer sentía un gran afán por comprobar si los avances científicos y mundanos terminaban por dar la razón a sus reflexiones filosóficas y sus descubrimientos metafísicos. Su aislamiento era acusado a escala personal, pero no lo era en absoluto en el plano de las ideas ni en el de los acontecimientos de la época. En este aspecto continuaba siendo un filósofo con voca-

[1] Carta de Johanna a Arthur, Bonn, 29 de abril de 1835. *Die Schopenhauers*, *op. cit.*, p. 349.

ción universal y cosmopolita, de intereses tan globalizadores como su pensamiento.

Tampoco dejaba de asistir con asiduidad al teatro y la ópera. Lo único que le parecía insoportable era el trato con los humanos en general. Una mente tan excepcional como la suya no encontraba compañía adecuada entre sus contemporáneos ni acomodo entre iguales vivos; sólo consideraba de su talla y valía a los grandes autores de tiempos pasados, con los que se permitía dialogar a través de la lectura; entre sus compañeros favoritos podía contarse a Hobbes y Helvetius, Montaigne y Gracián; los moralistas franceses, también Cervantes y Sterne, además de todos los clásicos griegos y romanos. Acompañado de tan culta legión, observaba cuanto acontecía y le rodeaba a fin de reflexionar sobre ello. Cuántas veces hubo de advertir—volviendo sobre uno de sus pensamientos favoritos—que, en el fondo, la vida que transcurría frente a él o soslayándolo era únicamente un espectáculo en el que los mismos personajes—el odio, la avaricia, el egoísmo, la inocencia—cambiaban de disfraz y de escenario mientras interpretaban hasta la saciedad el mismo drama. Tal era, *grosso modo*, la base de su concepción estática de la historia universal. Según Schopenhauer, en el fondo nunca pasa nada, pues lo que acontece a lo largo de los siglos es siempre sólo «más de lo mismo»; se suceden y pasan reyes y reinos, señores y vasallos, víctimas y verdugos, pero en verdad nada cambia; siempre suceden las mismas transmutaciones del mismo poder omnívoro, del mismo dolor, de las escasas virtudes o de la sonora carencia de ellas. Su privilegio como ser humano lúcido, pensaba él, consistía en mantenerse estático como observador descreído de la historia, lo que le permitía vivir tranquilo y dedicarse a cultivar su jardín con la ilusión de que terminaría por florecer.

En 1835 escribió a la dirección de la editorial F. A. Brockhaus solicitando amablemente «el envío de un ejemplar de *El mundo como voluntad y representación* para entregárselo a un amigo que puede hacer mucho por la publicidad de la obra». El filósofo solicitaba además que le informaran de cómo habían ido las ventas en los últimos años, es decir: desde su publicación en enero de 1819. Concluía la carta asegurando que sólo el «tartufismo» imperante en Alemania era el causante de que su obra no hubiera recibido el aprecio que merecía, pero que él estaba convencido de que el tiempo de su florecimiento como autor y filósofo aún no había llegado y sostenía, muy optimista, que «lo puro y verdadero por excelencia no puede permanecer desconocido para siempre».[1]

La dirección de la editorial le respondió con unas escuetas líneas en las que con tono áspero le comunicaba que, por desgracia, durante los últimos años no había recibido ningún pedido del libro y que, a fin de obtener algún beneficio de él, había destinado la mayor parte de los ejemplares a maculatura, reservándose tan sólo una pequeña cantidad en depósito. Añadía que le remitiría el ejemplar que le solicitaba únicamente si se lo pagaba;[2] a todas luces, se trataba de una soberana descortesía por parte del escamado y rácano director editorial de la célebre casa.

Schopenhauer se disgustó con este asunto, pero no por ello decreció la confianza en sí mismo que lo mantenía vivo, y en 1836 publicó otra obra; mas en esta ocasión la pagó él mismo de su bolsillo y se olvidó de la editorial Brockhaus. Sin derecho a percibir ningún honorario por las ventas, envió un pulcro manuscrito a la modesta imprenta de Siegmund Schmerber, ubicada en el mismo Fráncfort. El nuevo libro, de ciento cuarenta y dos páginas en octavo, se titulaba *Sobre la voluntad en la naturaleza*. Este breve e inten-

[1] Carta de Schopenhauer a la editorial F. A. Brockhaus, Fráncfort del Meno, 30 de abril de 1835. *Das Buch als Wille und Vorstellung*, ed. L. Lüdtkehaus, Múnich, Beck, 1996, p. 49. CE 464.

[2] Carta de la editorial F. A. Brockhaus a Schopenhauer, Leipzig, 9 de mayo de 1835. CE 464.

so opúsculo nacía de los copiosos estudios de su autor en el ámbito de diversas ciencias. Pretendía ofrecer una perspectiva «actualizada» de la verdad y vigencia de la metafísica expuesta en *El mundo como voluntad y representación* en dichos ámbitos: concretamente de la certidumbre con que la teoría de la pervivencia de una voluntad ciega como único y verdadero *en sí* de los fenómenos—única «cosa en sí»—quedaba demostrada por los más recientes estudios en la esfera de las ciencias naturales y empíricas; a dichas ciencias Schopenhauer añadía otras disciplinas circunscritas a ámbitos tan dispares como la lingüística, el magnetismo animal o las religiones asiáticas. La obra profundizaba y complementaba lo que el filósofo había expuesto en el libro segundo de su obra principal, que trata de «La objetivación de la voluntad» en el mundo fenoménico.

En el prefacio del libro, Schopenhauer arremetía contra Hegel y su «filosofía del sinsentido absoluto». Se explayaba a gusto observando que parecía mentira que en Alemania se continuara encumbrando semejantes absurdos sin ponerles como lema aquellas palabras de *Cimbelino*, de Shakespeare: «Materia es esta que los locos hablan pero no la piensan». Una culta jerga universitaria en la que se podía hablar días enteros sin decir cosa alguna… ¡A eso llamaban «filosofía del presente»!, exclamaba Schopenhauer. En cambio, su filosofía, aseguraba, de ningún modo pretendía ser «del presente», palabras con las que los «divertidos adeptos de las mixtificaciones hegelianas denominan la de su maestro», sino *del futuro*. Y sentenciaba el filósofo: «La verdad no tiene prisa y puede esperar, pues tarde o temprano sale a la luz».[1]

En el capítulo titulado «Fisiología y patología», Schopenhauer aportaba una síntesis de las ideas fundamentales de su sistema que merece la pena transcribir:

[1] *Ueber den Willen in der Natur* ('Sobre la voluntad en la naturaleza'), SW IV, 6-7.

El rasgo fundamental de mi doctrina, lo que la coloca en contraposición con todas las que han existido, es la total separación que establece entre la voluntad y la inteligencia [conocimiento], entidades que han considerado los filósofos, todos mis predecesores, como inseparables y hasta como condicionada la voluntad por el conocimiento, que es para ellos el fondo de nuestro ser espiritual, y cual una mera función, por lo tanto, la voluntad del conocimiento. Esta separación, esta disociación del yo o del alma, tanto tiempo indivisible, en dos elementos heterogéneos, es para la filosofía lo que el análisis del agua ha sido para la química, si bien este análisis fue reconocido al cabo. En mi doctrina, lo eterno e indestructible en el hombre, lo que forma en él el principio de vida, no es el alma, sino que es, sirviéndonos de una expresión química, el radical del alma, la *voluntad*. La llamada alma es ya compuesta; es la combinación de la voluntad con el *nous*, el intelecto. Este intelecto es lo secundario, el *posterius* del organismo, por éste condicionado, como función que es del cerebro. La voluntad, por el contrario, es lo primario, el *prius* del organismo, aquello por lo que éste se condiciona. Puesto que la voluntad es aquella esencia en sí, que se manifiesta primeramente en la representación (mera función cerebral esta), cual un cuerpo orgánico, resulta que tan sólo en la representación se le da a cada uno el cuerpo como algo extenso, articulado, orgánico, no fuera ni inmediatamente en la propia conciencia. Así como las acciones del cuerpo no son más que los actos de la voluntad que se pintan en la representación, así su sustrato, la figura de este cuerpo es su imagen en conjunto; y de aquí que sea la voluntad el *agens* en todas las funciones orgánicas del cuerpo, así como en sus acciones extrínsecas. La verdadera fisiología, cuando se eleva, muéstranos lo espiritual del hombre (el conocimiento), como producto de lo físico de él, lo que ha demostrado cual ningún otro Cabanis; pero la verdadera metafísica nos enseña que eso mismo físico no es más que producto o más bien manifestación de algo espiritual (la voluntad) y que la materia misma está condicionada por la representación, en la cual tan sólo existe. La percepción y el pensamiento se explicarán siempre, y cada vez mejor, por el organismo; pero jamás será explicada así la voluntad, sino que, a la inversa, es por ésta por lo que el pensamiento se explica [...]

Establezco, pues, primeramente, la *voluntad* como *cosa en sí*, toda originaria; en segundo lugar su mera sensibilización u objetivación, el cuerpo; y en tercer término, el conocimiento, como mera función de una parte del cuerpo. Mas esta función condiciona, a su vez, el mundo todo, como representación y con éste el cuerpo mismo, en cuanto objeto perceptible y hasta a la materia en general, como existente no más que en la representación. Porque, en efecto, un mundo objetivo sin cuya conciencia existe, es, bien considerado, algo enteramente inconcebible. El conocimiento y la materia (sujeto y objeto) no son, pues, más que relativos el uno respecto al otro, formando el *fenómeno*. Así como queda la cuestión, como no había estado hasta hoy, merced a mi alteración fundamental.[1]

A pesar de su claridad expositiva y su novedad filosófica, el opúsculo sobre la voluntad en la naturaleza pasó prácticamente inadvertido. Para Schopenhauer fue una obra esencial, pues la consideraba un verdadero *nervus probandi*, el meollo de su filosofía:[2] la prueba científica que la demostraba y avalaba como verdadera. La publicación del opúsculo, aunque nada exitosa, insufló nuevos ánimos en el solitario de Fráncfort: pensaba que, aunque su doctrina principal hubiera sido creada hacía muchos años, mientras le quedase un átomo de vida seguiría pugnando por que fuera reconocida; y un modo seguro de reivindicarla consistía en continuar publicando comentarios o extractos, paráfrasis si fuera necesario, para hacerla más asequible al público lector de la época. Confiaba en que dicho público acabaría siendo permeable y no tendría más remedio que aceptar la verdad de sus teorías en cuanto pudiera comprenderlas.

[1] *Sobre la voluntad en la naturaleza*, cap. 1, «Fisiología y patología», en *Schopenhauer* II, trad. Miguel de Unamuno, Madrid, Gredos, 2010, pp. 731-732; SW IV, 19-20.

[2] Carta de Schopenhauer a Johann Eduard Erdmann, Fráncfort, 9 de abril de 1851. GB 261; CE 593.

De comienzos de diciembre de 1836 data una jugosa carta de Schopenhauer dirigida al amigo de la infancia Anthime Grégoire, escrita en francés, y en la que el filósofo, después de no haberse comunicado con él desde hacía varios años, le ofrecía una panorámica explícita de lo que había sido su vida hasta la fecha, así como de sus anhelos y situación general.[1]

Es un documento clave para conocer las andanzas de aquel sabio sedentario durante sus primeros años en Fráncfort, en el que se ve al hombre enteramente resignado a su soledad y «ninguneo» pero al que todavía le quedaba el convencimiento de que un buen día su suerte literaria iba a terminar cambiando; esa seguridad—mucho más que una anhelante esperanza—envolvía de optimismo su desdicha. La carta al amigo Anthime comenzaba así:

Quizá todavía recuerdes que, en nuestra primera visita a Trittau, una hermosa mañana, mientras descansábamos bajo un robledal, te dije que la vida es tan corta, frágil y pasajera que no merecía la pena emprender nada ni hacer grandes esfuerzos, y tú respondiste: «Sí, sí, ya lo sé. De hecho, cuando pienso que me convertiré en comerciante, me parece absurdo e inútil». Pues bien, lo que entonces era nuestro futuro ya lo hemos dejado atrás, y lo que sospechábamos, ahora sabemos que era una gran verdad, pues tú has cumplido ya cincuenta años y yo estoy a punto. A esta edad la vida tiene que haber dado sus principales frutos. ¡Menuda impresión nos produciría nuestro aspecto si nos encontráramos! Este verano vi a un joven francés que se te parecía (cuando eras jovencito): ¿y si por casualidad era tu hijo? Pero no vayas a pensar que yo estoy hecho un vejestorio, al contrario. Aunque tengo el cabello y las patillas casi blancos a consecuencia del estudio y las penas, sigo pareciendo joven, porque no tengo arrugas, mi rostro es sonrosado y fresco y, según suelen decirme, tengo unos ojos muy bonitos,

[1] Carta de Schopenhauer a Anthime Grégoire de Blésimaire, 10 de diciembre de 1836. GB 156-159 (en francés) y 669-672 (traducción al alemán); CE 467-473 (las citas siguientes se extraen de esta carta).

luminosos, con un brillo del que carecían cuando era joven. Mi porte es firme y mi paso, ligero, sigo caminando más deprisa que los demás ¡y también mantengo una de esas relaciones tan necesarias con una amiguita! ¡En definitiva, tengo salud para llegar hasta los setenta u ochenta años! ¡Pero ahí está el cólera que se acerca!

Schopenhauer continuaba confesándole al amigo de la infancia cuál era su mayor pesar:

Aunque tú no seas un hombre de letras, sabrás sin duda que en las ciencias han existido hombres de gran mérito que nunca fueron reconocidos como tales en vida, sino sólo póstumamente o, en el mejor de los casos, en su vejez. Ésta es la suerte de muchos sabios en todos los tiempos y en todas las naciones. Yo soy uno de ellos.

Y añadía: «He tenido el disgusto de ver cómo mis obras pasan desapercibidas mientras se aprecian falsos méritos». ¿Las razones? El filósofo las aducía a continuación. Afirmaba que la culpa era de los intereses evidentes de los gobiernos de Alemania, que se servían de sus «míseros catedráticos de filosofía» como apoyo moral, que se aferraban a ellos para sostenerse a sí mismos y al vacilante «cristianismo». En vano hallarían dichos gobiernos algo parecido en su filosofía, añadía. Y, además, también «la envidia, la mezquindad espiritual, el odio natural de los mediocres hacia lo que no es mediocre» explicaban por qué una filosofía como la suya permanecía ignota para el común de los mortales: «Se han propuesto ignorarme e intentan asfixiarme unánimemente»; esto era así en lo referente a «la inmensa mediocridad». Ahora bien, había habido alguna persona verdaderamente grande que había hecho caso a esta filosofía postergada, a saber: «Jean Paul ha cantado las alabanzas de mi filosofía en su última obra, Goethe ha hablado muy bien de mí en sus recuerdos; algunos desconocidos elogian mi obra...». Con todo—proseguía Schopenhauer—la confianza en un resplandeciente futuro permanecía incólume, puesto que «el tiempo terminará por hacer prevalecer la verdad», sentenciaba.

A continuación, el filósofo rememoraba para Anthime los logros de su vida.

Mi sistema filosófico, publicado en 1819, y mi teoría de los colores, publicada en alemán en 1816, y luego en latín en 1830; he aquí la mitad de mi vida. Mi único objetivo: quiero verme reconocido y, sobre todo, quiero ver publicada la segunda edición de mi filosofía para poder incorporarle los resultados de las reflexiones que he venido anotando durante dieciocho años; hecho esto, estaré dispuesto a partir... Después de dieciocho años de silencio, acabo de publicar este año una pequeña obra en confirmación de mi filosofía [*Sobre la voluntad en la naturaleza*]. ¡Ay, qué largo y difícil es el camino del verdadero mérito!

Mientras que los músicos y los poetas tienen que vérselas con el gran público, el filósofo debe vérselas con un puñado de eruditos especialistas, los cuales están siempre sujetos a extorsión o amenaza, persiguen intereses particulares, etcétera; y abundaba:

La injusticia que se está cometiendo conmigo se citará algún día como una de las más flagrantes de todos los tiempos. Por lo demás, soy más afortunado que el resto de mis pares, que tienen que combatir la miseria. Como dispongo de lo necesario y soy austero y ahorrador, he podido andar con la cabeza bien alta y jamás me he visto obligado a competir con los «mediocres y rastreros» para obtener una plaza.

También confesó Schopenhauer al amigo la metedura de pata con los fondos mexicanos:

Mi familia no sabe nada al respecto de esta desgracia. Podríamos incluso llegar a recuperar el dinero si no fuera por ese infame asunto de Texas, una obra digna de los americanos, esa nación de bribones y estafadores, a la que los franceses deberían moler a palos en vez de dejarse robar por semejante chusma.

Pero, a pesar de la malograda inversión mexicana, complicada por la independencia texana que se fraguaba por aquel entonces, el filósofo anunciaba al amigo:

Mis menguadas rentas me bastan todavía para llevar una vida de soltero, en apartamento amueblado, comiendo en *table d'hôte*; todo ello sin lujos, pero con decencia; tengo lo necesario y nada más, y agradezco al destino no tener ni mujer ni hijos; dos hijos ilegítimos que tuve murieron siendo muy pequeños [...] Si me hubiese dedicado a acumular riquezas no me habrían protegido del tedio de la vejez, pero he acumulado conocimientos y ganado el interés por las grandes verdades, por la filosofía, por mi obra, todo lo cual ha llegado a constituir la esencia de mi ser. Esto me protegerá hasta el final frente al hastío de la vejez: desconozco el aburrimiento y soy independiente de los demás en todos los sentidos.

Asimismo, Schopenhauer le descubría a Anthime algo más de lo que ya sabemos sobre su vida sentimental en Berlín:

En 1831 el cólera me expulsó de Berlín. Me refugié aquí. Yo mantenía desde hacía diez años una relación secreta con una muchacha a la que quería mucho: desde hacía años, ella me había prometido que me seguiría en caso de que yo tuviera que abandonar Berlín, intención que siempre tuve; el momento se presentó de repente y no mantuvo su promesa. Es indudable que ella estaba sometida a ciertas obligaciones familiares, pero no tenía por qué haberme prometido nada. Me hizo mucho daño; pero, al final, poco a poco el tiempo ha ido obrando su efecto. Por lo demás, ella ha sido la única persona a la que de verdad me he sentido vinculado.

Y con respecto a la ciudad de Fráncfort, el lugar elegido como residencia definitiva, informaba:

> La estancia aquí me gusta: el clima es el más hermoso y saludable de Alemania, casi tan templado como el de París; los alrededores son deliciosos y yo soy un gran caminante; aquí se vive mucho mejor y más barato que en Berlín, sobre todo, los hoteles y sus comidas son los mejores de Europa; los habitantes de clase baja y media son de una rara honestidad; hay un buen teatro; en definitiva, en lo que atañe a las comodidades físicas, es el mejor lugar de Alemania; pero en lo referente a las personas, a la sociedad, creo que aquí es todavía más necia que en ninguna otra parte.

Y, a continuación, se refería a su amada soledad y su misantropía:

> Yo no dejo que me molesten, puesto que desde hace mucho tiempo me repugna el trato con los demás y sé que no merecen que pierda mi tiempo con ellos; contemplados desde fuera, forman en todas partes un gabinete de caricaturas; contemplados desde el espíritu, un hospital de locos y, desde su carácter moral, un cabaret de bribones. Las excepciones son muy raras y cada cual se recluye en una esquinita de su refugio. Así que vivo solo, con la única compañía de un caniche de lanas blanco, un animal bueno y muy inteligente, y de mi biblioteca, que hice traer aquí: no me aburro en absoluto, ¡se me pasa el tiempo volando! Sigo tocando la flauta, hablando el francés con la misma fluidez y el mismo acento que antaño (aunque ahora comprendo y hablo siete idiomas, que tienden a mezclarse), pero me falta práctica al escribirlo, sólo el alemán y el latín los escribo correctamente.

La extensa misiva a Anthime proporciona una visión exacta de lo que fue la vida de Schopenhauer desde que dejó Berlín y, en lo tocante al período de su sedentarismo francfortés, revela también cómo continuaría siendo hasta el final de sus días: ni más ni menos que la cómoda existencia de un solitario que sabe llenar su tiempo con sus lamentos por una parte, pero que, por otra, también lo colma con sus seguridades, con la confianza en sí mismo y con el disfrute de sus aficiones, en las que cree con pasión (la lectura, la reflexión, la música); y, finalmente, también con el deseo de continuar viviendo durante muchos años sin demasiados sobresaltos.

El amigo Anthime cruzó algunas cartas más con el amigo Schopenhauer, y en el verano de 1845, con ocasión de una visita a Alemania en compañía de su hija Marie, tuvo la oportunidad de encontrarse con el filósofo después de tantos años de no verse. Almorzaron juntos en el hotel Englischer Hoff—en el que Schopenhauer les había reservado previamente habitaciones—y pasaron el día en mutua compañía, mas la impresión que se llevó el francés del amigo de la infancia fue un tanto negativa, tal y como consignó en su diario:

> Ya estábamos sentados a la mesa cuando vinieron a anunciarme que por fin llegaba mi amigo. Es un hombre pequeño, con el pelo blanco, y que realmente parece muy envejecido... Pasamos todo el día con este original amigo. Tal y como preveíamos, ni a mí ni a Marie nos gustó. Es un tipo tan desagradable que incluso llegamos a discutir seriamente. Él profesa la religión de los hindúes, dice; esto es sólo una de sus muchas extravagancias. Pasa por loco, y seguro que realmente lo está.[1]

A pesar de ello, Anthime añadió: «Pero nuestras diferencias no acabarán con nuestra amistad, *pues soy extremadamente tolerante*». Si volvieron a cruzarse alguna otra carta más después de aquel encuentro, no se ha conservado.

[1] Extracto del diario de Anthime, 19 y 20 de julio de 1845. *Ein Lebensbild in Briefen*, Fráncfort del Meno, Insel, 1987, p. 123.

En agosto de 1837, Karl Rosenkranz y Wilhelm Schubert, catedráticos de Filosofía de la Universidad de Königsberg, iniciaron la publicación de la primera edición de las *Obras completas* de Kant. Schopenhauer se dirigió a ellos en una elocuente misiva pidiéndoles que tuvieran a bien incluir en la que prometía ser una monumental empresa editorial la primera edición de la *Crítica de la razón pura*—«el libro más importante de Europa», añadía el filósofo—y no sólo la segunda. La razón que esgrimía era que aquella primera versión era la única que contenía la genuina y verdadera doctrina metafísica de Kant, «mutilada y embrollada en la segunda edición por el propio autor debido al miedo que tenía a que lo tachasen de "berkeleyano e idealista"», aseguraba. Publicar sólo la segunda edición de la *Crítica* sería como «ponerle a un hombre una pata de palo en lugar de la original», concluía el filósofo pesimista.[1] Los profesores respondieron mostrándose escépticos ante la propuesta de aquel erudito desconocido. Sin cejar en su empeño de convencerlos, Schopenhauer les envió una segunda misiva consignando de forma exhaustiva todas las diferencias existentes entre las dos ediciones de la *Crítica*. Al cabo, los dos editores de las *Obras completas* aceptaron la sugerencia y, en definitiva, a tan decidida intervención se debió que la célebre primera edición de la *Crítica de la razón pura* no quedase relegada al olvido, e incluso que a partir de entonces se tenga por costumbre arraigada e insoslayable editar la magna obra de Kant contemplando las diferencias entre ambas versiones. Este gran acierto, así como los elogios de los que lo hizo objeto el catedrático Rosenkranz—discípulo de Hegel, por cierto—llenaron de orgullo y satisfacción a Schopenhauer; y lo notable es que fue

[1] Carta de Schopenhauer a los profesores Rosenkranz y Schubert, Fráncfort del Meno, 27 de agosto de 1837. GB 166; CE 485-490.

gracias a esta feliz circunstancia que comenzó a entrever que su suerte filosófica adquiría visos de cambio.

En 1837, la Real Sociedad Noruega de las Ciencias convocó un premio filosófico; se trataba de responder a la pregunta: «¿Es posible fundamentar desde la conciencia la libertad de la voluntad humana?». Schopenhauer leyó por casualidad la convocatoria y escribió un opúsculo titulado «Sobre la libertad de la voluntad humana» con el que se presentó al concurso y ganó el primer premio (fallado el 26 de enero de 1839, en Drontheim). Se le concedió una medalla de oro y lo nombraron miembro de la Real Sociedad Noruega; además, se le otorgó el permiso para publicar el opúsculo premiado en Alemania.

Ese mismo año, la Real Sociedad Danesa de las Ciencias convocó otro premio semejante al noruego para un ensayo filosófico que respondiera a la cuestión de «El fundamento de la moral». Schopenhauer escribió otro opúsculo algo más extenso que el anterior, titulado simplemente «El fundamento de la moral», y lo presentó a este segundo concurso con amplias esperanzas de ganarlo.

A pesar de que fue el único participante, los académicos daneses decidieron no otorgarle el premio—fallado en Copenhague el 30 de enero de 1840—. Las razones que adujeron se centraban en el argumento de que el autor del opúsculo se excedía en la respuesta a la pregunta del concurso y terminaba soslayándola. Por añadidura, llamaban la atención sobre la arrogancia del firmante y sus «indecorosas» faltas al respeto de los «sumos filósofos» del presente, refiriéndose, sin nombrarlos, a Fichte y Hegel. La decisión y las observaciones de los académicos enfurecieron a Schopenhauer, quien de inmediato calificó de «ineptos» a los miembros del jurado, en primer lugar, por no saber exactamente qué querían recibir a la formulación de su pregunta y, en segundo lugar, por ser incapaces de distinguir el pensamiento verdadero de la vana y huera palabrería.

La negativa de la sociedad científica danesa trajo una consecuencia positiva para Schopenhauer, pues tuvo la brillante idea de publicar los dos opúsculos en un único volumen bajo el título unitario de *Los dos problemas fundamentales de la ética*. El libro apareció en 1841 en el sello editorial «F. E. Suchsland, de Fráncfort», sin honorarios de ventas para el autor, y contenía «El premiado por la Sociedad Noruega de las Ciencias: "Sobre la voluntad del entendimiento humano"» y el «No premiado por la Sociedad Danesa de las Ciencias: "Sobre el fundamento de la moral"», como rezaba el subtítulo de portada.

En el prólogo a esta primera edición—que se perpetuó en las posteriores—el airado autor se despachaba a gusto contra los académicos daneses que rehusaron premiarlo y, sin ningún empacho, llenaba de improperios y burlas a los *sumos filósofos* a los que se referían: Fichte y Hegel. Schopenhauer decía que a Fichte incluso lo había tratado «bien» al concederle al menos «cierto talento», a pesar de sus fárragos filosóficos; Hegel, en cambio, merecía todo su desprecio, lo mismo que los señores académicos daneses, que osaban rechazar su trabajo y se tomaban la libertad de abrazar a Hegel—«ese filosofastro»—como a un «*summus philosophus*».

Hegel carece de todo mérito en filosofía [...] su influencia en la filosofía y, con ello, hasta en la literatura alemana, ha sido perniciosa, embrutecedora, podría decirse que pestilencial. De ahí que sea deber de toda persona capaz de pensar y juzgar por sí misma contrarrestar esta influencia con energía allá donde la encuentre.

Y algunos párrafos después proseguía el irritado Schopenhauer:

La denominada filosofía de este Hegel es una mistificación colosal que suministrará a la posteridad materia inagotable para burlarse de nuestra época; una pseudofilosofía paralizadora de todas las fuerzas espirituales, que ahoga todo pensamiento real y que, gracias al abuso más insolente del lenguaje, coloca en su lugar el vocabulario más huero, absurdo, irreflexivo y, como confirma su éxito, el más entontecedor de todos [...] Este *summus philosophus* de la Academia Danesa ha dicho más absurdos que ningún mortal antes que él; de manera que quien intente leer su obra más famosa, la denominada *Fenomenología del espíritu*, creerá encontrarse en un manicomio.[1]

Las acometidas no terminaban ahí. Schopenhauer aducía varios ejemplos extraídos de otra obra de Hegel *Enciclopedia de las ciencias filosóficas* para demostrar con datos concretos los sinsentidos del «bombástico» catedrático de Berlín—ya fallecido, por cierto—. Concluía con ello que Hegel fue un mistificador y un falsario. Y, como remate del prólogo, acudía al ácido ingenio de Gracián. Al final del texto, Schopenhauer insertó unas seis páginas[2] de *El Criticón* (Tercera parte, Crisi IV) traducidas por él con el arte que lo caracterizó. Se trata de un largo pasaje—«rapsodia española», lo llama el filósofo—en el que un charlatán vendía prodigios que no eran tales; gigantes por enanos y pigmeos por gigantes. En suma, un mistificador y un «Sinón moderno»—tal y como lo llama Gracián aludiendo al personaje célebre por sus embustes de la *Odisea*—. Con esta burla final quedaba completo el retrato de Hegel, y ni más ni menos que avalado por el juicio del gran pesimista del Siglo de Oro español, con quien Schopenhauer tan bien se avenía.

Preguntémonos ahora: ¿qué había más allá de aquel suculento prólogo en la nueva obra publicada? De manera somera, bastará decir que el opúsculo titulado «Sobre la libertad de la voluntad» expone la tesis de que sólo la voluntad en sí—el carácter inteligible del ser humano—es enteramente libre, mientras que los individuos concretos no lo son, pues

[1] Para ésta y las citas anteriores, véase SW IV, xvii-xix.
[2] SW IV, xxxi-xxxvii. En *El Criticón*, *op. cit.*, pp. 625-630.

su carácter individual o empírico está sometido a los dictados del inteligible. Los caracteres individuales sólo son determinaciones temporales de aquel otro carácter perenne y atemporal de la voluntad. Se oyen ecos kantianos claros en estas tesis. Toda acción es producto del carácter y de los motivos, por eso se produce necesariamente de acuerdo con la ley de la motivación, la cuarta modalidad del principio de razón suficiente. El hombre no tiene la libertad de querer lo que quiere, puesto que su querer está determinado de manera oculta e incognoscible por la voluntad. El individuo cree actuar movido por su razón o por otras causas, cree poder elegir, pero es su carácter inteligible lo que elige por él. En el mundo de la representación el ser humano obra y actúa y es responsable de sus actos, mas desde el punto de vista metafísico, el ser que actúa experimenta lo que él verdaderamente es, de una vez por todas y de acuerdo con su voluntad como *en sí*. En definitiva, los hombres actúan por motivos dispares, pero es su carácter intrínseco el que los conduce a comportarse de una forma y no de otra. Así que, ante los mismos motivos y circunstancias, el carácter actúa siempre de la misma manera... Determinación absoluta del carácter, por tanto.

En el opúsculo «Sobre el fundamento de la moral», Schopenhauer se atreve con una resuelta crítica a la moral práctica kantiana y el imperativo categórico, basados en unas «apriorísticas pompas de jabón»; son meros encubridores de residuos teológicos. Kant no fundamentó bien su ética, pues sus cimientos hay que buscarlos en el mundo empírico y no en el «Cielo trascendental». El egoísmo es lo que impera en este mundo, puesto que es lo intrínseco a cada ser viviente, determinado por la voluntad de vivir, que es la que lo impele a luchar por los demás, por mantenerse vivo y acaparar más vida (más de cualquier cosa que le asegure su supervivencia). Contra este egoísmo innato sólo puede oponerse una virtud bien distinta, a saber: la compasión por los seres que sufren. El hombre consciente del dolor ajeno, el individuo más sensible y con alto grado de pureza comprende la gran verdad que dice que todos participamos de la misma esencia y del dolor universal, se apiada de sus semejantes y procura no infligirles dolor. Desde el punto de vista metafísico, Schopenhauer concluía su sistema exhortando a los seres humanos a comportarse como santos al negar la voluntad de vivir; desde el punto de vista ético, este negador de la voluntad es un negador práctico del dolor, se solidariza con sus semejantes y procura hacer el bien y rechazar el mal. Así pues, es la compasión, en cuanto virtud práctica y empírica, la que se opone al egoísmo universal y metafísico: he aquí el fundamento de la moral verdadera, argumentaba el filósofo.

Aunque en apariencia los dos trabajos parecen independientes, en el fondo son complementarios; Schopenhauer exponía en ellos ideas previamente publicadas en su obra, aunque expresadas con independencia de las tesis esenciales de la filosofía allí presentada, puesto que estaban destinadas a un público que no tenía por qué conocerla. Además, aquí lo desarrollaba de manera más sistemática. En una edición posterior de los dos opúsculos, que apareció revisada y ampliada en 1860, añadió la siguiente apostilla: «Mi filosofía es como la Tebas de las cien puertas: desde todas partes puede entrarse en ella y, caminando en línea recta, llegar al centro».[1] Con este símil quería explicar que, aunque los dos opúsculos se publicaban de manera independiente, constituían un vehículo idóneo para alcanzar el núcleo de su filosofía, ese «único pensamiento» que, contemplado desde distintos puntos de vista, se revela como metafísica, ética, arte..., como una totalidad, en suma. También argumentó que había que considerarlos complementos y ampliaciones del libro cuarto de *El mundo como voluntad y representación*.

El nuevo libro de ética schopenhaueriana vio la luz en 1841, en Fráncfort. Corrió la misma suerte que el opúsculo

[1] SW IV, vi.

sobre metafísica de la naturaleza, es decir, pasó inadvertido para el gran público, pero, mal que bien, Schopenhauer iba saliendo poco a poco de su aislamiento literario e iba granjeándose el favor de un pequeño círculo de lectores, muy reducido al principio, pero «lectores» al fin y al cabo. Por lo demás, sus dos últimas obras publicadas bebían del inmenso caudal de sus reflexiones y anotaciones manuscritas, elaboradas pacientemente durante los años de ostracismo; poco a poco sus nuevos pensamientos habían ido adquiriendo una unidad orgánica, y de ninguna manera estaba dispuesto a dejar que todo aquel tesoro de sabiduría se marchitase en los cajones de su escritorio.

Volviendo a la vida de Schopenhauer, diremos que mientras él se encerraba manteniéndose ocupado en sus menesteres intelectuales, enfrascado en la composición final de sus obras de ética, murió Johanna en Jena. Adele y su madre habían residido en Bonn durante una buena temporada—como ya explicamos—sufriendo verdaderas apreturas económicas. La edición de obras completas de los escritos de Johanna que la editorial F. A. Brockhaus le había contratado en 1830 apareció a finales de 1831 nada menos que en los 24 tomos en octavo proyectados; dichos tomos eran de agradable factura y «económicos», a fin de hacerlos atractivos para el público en general. Varios volúmenes contenían sus novelas de mayor extensión: *Die Tante* ('La tía'), de 1823, y *Sidonia*, de 1827; otros tres recogían los relatos y *nouvelles*, y varios volúmenes más, sus libros de viajes por Francia, Suiza, Inglaterra, Alemania y Bélgica. A la biografía de Ludwig Fernow se añadía una obra sobre pintura, *Johann van Eyck und seine Nachfolger* ('Johann van Eyck y sus sucesores'), así como otros tomos más que incluían las reseñas de libros y variadas prosas misceláneas.

A pesar de su atractivo precio, estos *Sämtliche Schriften* no se vendieron tan bien como la autora y el editor esperaban. Aparecieron cuando la estrella de Johanna comenzaba a declinar. En un postrero esfuerzo por recuperar su popularidad, la despechada escritora publicó aún otra novela de gran extensión, *Richard Wood*, un folletón a la manera de Walter Scott, con un protagonista masculino que salía bien parado de numerosas aventuras. Apareció en 1837, pero tampoco le deparó excesiva satisfacción. Entonces Johanna cifró sus ilusiones en una autobiografía a la que quería darle el pomposo y goetheano título de «Verdad sin poesía». A su redacción se consagró en Jena hasta que la muerte la sorprendió cuando apenas había llegado al capítulo del nacimiento de Arthur: un «colapso múltiple» se la llevó el 17 de abril de 1838. Poco después, Adele publicó el fragmento autobiográfico, de unas doscientas páginas, bajo el título de *Juventud y cuadros de viaje*. A pesar de los esfuerzos de ésta y del editor por continuar distribuyendo las obras de la señora Schopenhauer, sus relatos y novelones no sobrevivieron a la segunda mitad del siglo XIX. Su fama se evaporó con el tiempo. En la actualidad solamente las mencionadas memorias, algunos libros de viaje, el relato *La nieve* y la novela *Gabriele* se han reeditado en contadas ocasiones, pues lo cierto es que la escritora Schopenhauer ha quedado como una anécdota en la historia de la literatura alemana y únicamente se la rememora con ocasión de alguna tesis doctoral muy especializada o de soslayo, y esto por la sola razón de que fue «la madre del filósofo Arthur Schopenhauer».

Adele le anunció a Arthur la muerte de Johanna en una carta el 17 de abril de 1838:

Querido Arthur, esta noche, hacia las once, nuestra madre ha expirado plácidamente... Ha ocurrido de forma inesperada: yo estaba en Weimar, han venido a buscarme y he conseguido llegar dos horas después. Había tomado el té todavía levantada, y a las ocho y media se había acostado; luego sintió que se ahogaba, lanzó un profundo suspiro, pero muy dulcemente, y con los ojos cerrados murió sin sufrir. Sé que estaba muy bien atendida, pero jamás olvidaré ni podré superar que vinieran a buscarme demasiado tarde. ¡Que te vaya bien, de veras que no puedo escribir más![1]

Arthur le envió una carta de condolencias que no se ha conservado. El día 23 Adele le dio cuentas al hermano del testamento de la fallecida. Vajilla, algo de dinero, participación en los derechos de autor de las obras de la madre—incluidas las memorias inacabadas—y la deuda pendiente de cobrar: setecientos táleros prestados por Johanna a Gerstenbergk que éste había ido rehusando devolver a lo largo de varios años con diversas argucias. «Es probable que este engorroso asunto haya acelerado su muerte—escribía Adele—. Es mejor olvidarse de ello y darlos por perdidos».[2]

No se ha encontrado ninguna noticia de Schopenhauer, ni tampoco se conocen comentarios suyos en referencia a la muerte de Johanna. Ha quedado una carta de Von Lowtzow, amigo del filósofo, que menciona el fallecimiento en estos términos:

La noticia de la muerte de su madre debe de haber provocado en usted un sentimiento extraordinario. Igual que esas personas a las que le amputan un miembro y que luego continúan sintiendo una sensación de dolor en él como si todavía lo conservaran. Yo me lo había imaginado todo mucho más bonito: que la madre de usted hubiera vivido lo suficiente como para conocer el comienzo de la fama de su hijo y que de esa manera hubieran vuelto a anudarse las antiguas relaciones. No ha podido ser así.[3]

1 Carta de Adele a Arthur, 17 de abril de 1838. CE 499.

2 Carta de Adele a Arthur, 23 de abril de 1838. *Die Schopenhauers*, *op. cit.*, pp. 393-394.

3 Carta de Heinrich von Lowtzow a Schopenhauer, 29 de junio de 1838, en E. Grisebach, *Schopenhauer. Geschichte seines Lebens*, Berlín, Ernst Hofmann, 1897, p. 186.

El amigo Lowtzow atribuía a Schopenhauer sentimientos hacia Johanna de los que quizá éste carecía. Ella lo había desheredado definitivamente, como ya referimos, a fin de salvar algo de la menguada fortuna de Adele. Y Arthur no se lo perdonó, la fugaz reconciliación que pareció darse entre ambos nunca fue sincera.

En cuanto a la relación de Arthur con Adele que siguió a la muerte de Johanna, principalmente trató de finanzas. Había asuntos que arreglar en Dánzig: restos de herencias de familiares que a ambos les tocaba resolver. Los hermanos intercambiaron cartas, pero sólo con la frecuencia que requerían las cuestiones concretas. Las de Adele se han conservado, las de Arthur han desaparecido casi todas. Sabemos que cuando apareció la segunda edición de *El mundo como voluntad y representación* Arthur se la envió de regalo a su hermana, y que también le mandó *Parerga y paralipómena*. Ella le respondía con suma cortesía y alegrándose de corazón de los escritos del hermano. «Tu libro, tan lleno de ingenio, me ha gustado mucho por su estilo, la manera en que está escrito y por cómo explicas las cosas. Tu sistema ya lo conozco, porque he leído los libros anteriores». Se permitía alguna ironía: «Compartiría quizá tu creencia en la transmigración de las almas si desde pequeña no hubiera estado rodeada de personas que la profesaban». Y tampoco le ahorraba alguna crítica, pues Adele no se quedaba atrás en lo referente a dotes intelectuales. Así, por ejemplo, al comentarle a Arthur la lectura de *Parerga*, le dice en lo que concierne al amor sexual: «Has olvidado la simpatía entre las personas, y también las amistades». En lo tocante a las cualidades intelectuales heredadas, le comentaba que ella misma podría haberle ayudado con más ejemplos y observaciones. Adele escribe esta carta desde la casa familiar de los Goethe en Weimar, en la que los veranos solía ser invitada por los descendientes del gran poeta. Le comenta también que hablar de sexualidad en los tiempos que corren ya no resulta tan raro, sobre todo si se hace de manera científica, como él lo expone en el libro, y que la obra ha obtenido el beneplácito entre las personas que la rodean.[1]

Adele contaba cuarenta y seis años a la muerte de Johanna, en 1838. Carecía de bienes, de fortuna, de casa propia o de cualquier otro capital, pero gracias a la amistad que le brindó su amiga y protectora Sybille Mertens-Schaaffhausen pudo vivir con cierto desahogo y consagrarse a estudios literarios y artísticos e incluso ocuparse de mantener vivas las obras de su madre. Adele se encargó de algunas reediciones de los libros de Johanna y de recopilar las memorias inconclusas y otros escritos menores que ésta dejó al fallecer. A su vez, también ella emprendió sus propias incursiones en el mundo de la literatura: ya mencionamos que escribió varios cuentos de hadas; a esto hay que añadir una novela que alcanzó cierto éxito, *Anna*, cuya protagonista estaba inspirada en su gran amiga Ottilie von Goethe, la fría y desdichada nuera del gran poeta. Adele murió de cáncer de útero el 25 de agosto de 1849. Del día 23 de ese mismo mes data una última carta que le escribió el hermano y que la enferma ya no pudo leer. En ella, Arthur le aseguraba que seguiría al pie de la letra sus disposiciones *terrenales*—sus últimas voluntades que previamente le había comunicado—«para el caso de que, como decimos los budistas, partas para empezar otra vida [...] Sin embargo, espero que todavía no vaya a ocurrir esto; que el cielo te conceda fuerzas y te guarde es el más vivo deseo de tu hermano».[2]

Arthur heredó de ella algunas pocas pertenencias; a raíz de este hecho el filósofo dirigió varias cartas a Sybille Mertens-Schaaffhausen interesándose por el final de Adele, lo

[1] Carta de Adele a Arthur del 16 de agosto de 1844. *Die Schopenhauers*, *op. cit.*, pp. 465-466.

[2] Carta de Arthur a Adele del 23 de agosto de 1849. GB 236; CE 566-567.

cual propició una relación de amistad meramente epistolar entre esta dama aristócrata y el filósofo.

EL MUNDO RENOVADO

Después de que sus opúsculos morales vieran la luz, Schopenhauer concibió un nuevo proyecto: reeditar *El mundo como voluntad y representación*, añadiéndole otro tomo, casi de la misma extensión que el primero, que incluiría novedosas reflexiones sobre los temas tratados en el anterior. Sería más que una reedición de la obra, una segunda edición de las ideas de juventud del autor, aunque aumentadas y sazonadas con cuanto había ido aprendiendo en sus años de madurez. En definitiva, lo que buscaba Schopenhauer era renovar su libro más querido, su obra capital, con nuevas aportaciones; reorganizando el conjunto y actualizándolo esperaba encontrar ahora los lectores que antaño nunca tuvo.

Ilusionado, Schopenhauer se consagró por entero durante tres años a su prometedor proyecto. El tomo primero sufrió un lavado de cara, y salvo algunos cortes, quedó prácticamente igual que antes. El nuevo volumen de añadidos, en cambio, tenía casi setecientas páginas, tantas como el anterior; se dividía en cincuenta capítulos, cada uno de los cuales era «complementario» de alguna de las cuatro grandes partes del primer tomo.

En esencia, y también en apariencia, el segundo volumen de *El mundo como voluntad y representación* era más de lo mismo, aunque su autor lo exponía con mayor reposo, enriquecido, además, con la experiencia adquirida en una vida de sinsabores y estudio; las ideas del primer tomo aparecían en el segundo matizadas y ampliadas, de modo que había que leerlo bien para seguir con provecho las nuevas exposiciones; por lo demás, estas variaciones adoptaban un aire más ensayístico y ameno, más a tono con la amable exposición que pocos años más tarde caracterizará a los ensayos de *Parerga y paralipómena* que con la juvenil y primera exposición del sistema filosófico publicada en 1819.

Finalizada tan novedosa revisión—que en realidad podía ser tenida por una nueva obra—, Schopenhauer escribió a Friedrich Brockhaus proponiéndole su publicación de varias maneras y ofreciéndole toda clase de facilidades para que aceptara el cometido.

El filósofo recomendaba su nueva criatura con los términos más elogiosos:

> Se maravillará usted de que después de veinticuatro años de la aparición del primer tomo de *El mundo como voluntad y representación* le envíe ahora el segundo. Pues bien, le diré que la razón es que no podría haberlo concluido antes, a pesar de que prácticamente desde la terminación del anterior he empleado todo ese tiempo en constantes trabajos relacionados con él y que me han servido de preparación. Pero mire, lo que ha de durar mucho tiempo crece con lentitud. La redacción definitiva me ha costado cuatro años, y decidí acabarlo porque he superado los cincuenta y cinco años y a partir de ahora la duración de la vida comienza a ser muy incierta.[1]

Y continuaba:

> Este segundo volumen posee ventajas significativas con respecto al primero, y se relaciona con aquél lo mismo que el cuadro terminado con el simple esbozo. Y es que lo supera en esa profundidad y riqueza de pensamiento y conocimientos que sólo puede ser fruto de toda una vida consagrada al estudio y la reflexión. En cualquier caso, es lo mejor que he escrito.

[1] Carta de Schopenhauer a la editorial F. A. Brockhaus, Fráncfort del Meno, 7 de mayo de 1843, en *Das Buch als Wille und Vorstellung*, *op. cit.*, pp. 51-53, y CE 517-520. Las citas que siguen pertenecen a esta misma misiva.

Sólo ahora el primer tomo cobraría mayor importancia y claridad al aparecer iluminado por este segundo, añadía Schopenhauer, y además afirmaba que él mismo había ganado mucho al no tener ningún vínculo con el mundo universitario, pues esa circunstancia le permitía afianzarse en sus ideas sin temor a recusaciones y con absoluta libertad. Proseguía observando que su obra no podía aparecer en mejor época, ya que en Alemania comenzaba a desenmascararse a los «héroes de la cátedra» de antaño (Hegel, Fichte, Schelling) cual «charlatanes y embaucadores». Asimismo, afirmaba:

> La fe religiosa se ha hundido y la necesidad de una filosofía que la supla es ahora más fuerte que nunca [...] Tampoco a mí seguirán tratándome con tanta injusticia. Usted que conoce la historia de la literatura sabrá que todas las obras verdaderas, esas que luego han disfrutado de la mayor fama, en un principio pasaron desapercibidas—igual que mi obra—, mientras que lo falso y lo malo era aclamado con estrépito. También mi tiempo habrá de llegar algún día, y cuanto más tarde, más luminoso será después.

Schopenhauer quería que Brockhaus publicara la segunda edición de *El mundo como voluntad y representación* en dos volúmenes que debían leerse seguidos (y «dos veces» cada uno mejor que una sola, añadía), puesto que los consideraba «inseparables y complementarios».

En un primer momento, Brockhaus casi se desentendió del asunto al pretender que Schopenhauer corriera con todos los gastos de la impresión y negarle cualquier dividendo sobre las ventas. Esto no convino al filósofo, que quedó desolado. Con todo, apenas diez días después de que Schopenhauer hubiera recibido una negativa a su proyecto, un cambio generacional en la dirección de la célebre editorial contribuyó a dar un giro favorable a la suerte de su obra: Heinrich Brockhaus escribía que publicaría la anunciada obra tal y como quería su autor; el editor correría con los gastos, pero no le abonaría ningún honorario por las ventas de la primera edición. Schopenhauer se mostró conforme porque lo único que deseaba a esas alturas era que su obra viera la luz en la forma en que él la imaginaba: cuidadosa y pulcramente editada en dos flamantes y gruesos tomos, plenos de sabiduría y genialidad.

En mayo de 1844 se publicaron los anhelados volúmenes. El primero contaba 599 páginas y el segundo, 640; del tomo primero se imprimieron 500 ejemplares y 750 del segundo. Schopenhauer había conseguido satisfacer su sueño: por fin ampliaba y culminaba su obra de juventud con dignidad, «marinada por el paso de los años»; con ello, el sistema filosófico que desentrañaba y descifraba «el enigma del mundo» quedaba completo. El filósofo estaba convencido de que esta vez *El mundo como voluntad y representación* despertaría un enorme interés y su éxito sería clamoroso; al editor le escribía eufórico: «Llegará un día en que usted se parta de risa recordando que dudó entre si aceptar o no cargar con los costes de impresión de la obra».[1]

Pero la realidad fue distinta del sueño. Dos años después Brockhaus le escribiría a Schopenhauer lo mismo que antaño le escribiera su antecesor en la editorial: que había hecho «un mal negocio» con la publicación de esta obra. Y que de ninguna manera aceptaría publicar ninguna otra que volviera a proponerle.[2] La decepción de Schopenhauer, ya curado de ilusiones y más escéptico que en su juventud, cuando por primera vez ofreció *El mundo como voluntad y representación*, no fue tan enorme como en ocasiones anteriores, pues

[1] Carta de Schopenhauer a la editorial F. A. Brockhaus, Fráncfort del Meno, 14 de junio de 1843, en *Das Buch als Wille und Vorstellung*, *op. cit.*, p. 57, y CE 525-529.

[2] Carta de la editorial F. A. Brockhaus a Schopenhauer, Leipzig, 14 de agosto de 1846, en *Das Buch als Wille und Vorstellung*, *op. cit.*, p. 78, y CE 548.

ahora estaba seguro de que su libro en dos tomos, con aquella nueva apariencia, tendría que ir entrando paso a paso en los corazones y las cabezas del «público culto», ¡tenía que entrar costase lo que costase! Y a él lo que le sobraba era paciencia. Confiaba en que la inusitada claridad de su estilo (algo que él mismo nunca se cansaba de reiterar), tan alejado de la «jerigonza universitaria», unida a lo atrevido y novedoso de sus ideas, tarde o temprano le ayudarían a triunfar. A este respecto, a Brockhaus también le había dicho en la carta de presentación sobre su obra renovada: «A fin de que usted se dé cuenta de la originalidad de mis ideas bastará con que lea mi "Metafísica del amor sexual", en la cual, por primera vez, reduzco la pasión amorosa a sus verdaderos fundamentos».[1] En efecto, capítulos como el mencionado sobre el sexo y el amor serían los que, andando el tiempo, otorgarían larga fama a Schopenhauer; éste pensaba que el segundo tomo de la obra añadía al primero ideas tan novedosas que a la larga no podían pasar desapercibidas: el público sólo tenía que descubrirlas.

Especialistas en el pensamiento de Schopenhauer han comentado que el tomo de «complementos» con sus cincuenta capítulos no se limita a ser una aclaración del contenido del volumen precedente,[2] sino que más bien lo enriquece con sumarias complejidades; a la vez, suscita serias dudas sobre la completa y supuesta unidad de una filosofía que su autor se esfuerza por presentar como una obra de arte monolítica y perfectamente trabada. Sin ir más lejos, al leer ciertos capítulos del segundo volumen cabe dudar del idealismo de Schopenhauer, puesto que algunas de sus reflexiones acusan una clara influencia del materialismo e incluso del mecani-

[1] Carta de Schopenhauer a la editorial F. A. Brockhaus, Fráncfort del Meno, 17 de mayo de 1843, en *Das Buch als Wille und Vorstellung*, *op. cit.*, p. 55, y CE 520-523.

[2] Véase, por ejemplo, V. Spierling, *Arthur Schopenhauer zur Einführung*, Hamburgo, Junius, 2002, pp. 41 y ss.

cismo fisiológico. El materialista francés Cabanis, antes que el idealista Kant, parece inspirar este segundo volumen, la fisiología más que la metafísica. Pero se trata de disquisiciones para especialistas que no vamos a abordar. Siempre cabe pensar que tal materialismo es también producto de esa caja mágica que para Schopenhauer es el cerebro humano; la voluntad queda más allá de semejante caja de las maravillas y de toda consideración «materialista».

Lo cierto es que el segundo volumen consta de novedosos capítulos, impagables por su jugosidad e interés incluso hoy día. Destacamos el mencionado capítulo 44—más bien todo un ensayo—sobre la metafísica del amor sexual—reeditado muy a menudo en la actualidad como libro independiente—, cuyas tesis acerca de los fundamentos del enamoramiento y las relaciones sexuales pugnan por destruir el romanticismo amoroso con implacable lógica materialista. La voluntad de vivir es la causante de la atracción entre los sexos: los seres más idóneos para procrear y perpetuar la especie se buscan y se encuentran instintivamente; que el enamorado y la enamorada encubran sus deseos sexuales con ilusiones idealistas e ideas románticas sobre la fidelidad y la hermosura sólo sirve para llevar a mejor término el dictado secreto aunque evidente de la voluntad de vivir: el apareamiento. Semejante idea era novedosa, heterodoxa y revolucionaria en la época de Schopenhauer; de pronto, aquel filósofo trataba la sexualidad y el matrimonio con un escalpelo de frialdad y pura fisiología—teñida de metafísica, eso sí—que dejaba perplejos a los lectores. Algo parecido sucede con el capítulo 41, «Sobre la muerte y su relación con el carácter indestructible de nuestro ser en sí». En este capítulo el filósofo propone una explicación absolutamente metafísica y consoladora de la muerte y de la pervivencia tras el deceso humano. Tal interpretación era revolucionaria en la época, puesto que ningún Dios ni ninguna religión la amparaban. Era una visión netamente filosófica y laica de un hecho que para Schopenhauer resultaba innegable: la eternidad de la voluntad, la eternidad, también, de sus hijos, la indestructibilidad de la conciencia, la imposibilidad de destruir la esencia única y común de todo lo que existe. Otro capítulo novedoso e insoslayable es el 46, titulado «De la nulidad y el sufrimiento de la vida», en la línea del anterior, acerca de la pervivencia de la esencia íntima de los seres. Y también resultaban nuevos los estupendos capítulos dedicados al genio y las artes, en los que el autor ahonda en sus ideas sobre la genialidad artística y propone su teoría estética, vinculada a la voluntad moderada por el conocimiento; éste es un arma ligada al cerebro y que eleva al ser humano a una escala muy superior a la de cualquier otro ser animado. Y tampoco debe olvidarse un breve capítulo que es decisivo en el conjunto del sistema del filósofo y que, sin exagerar, proporciona una clave fundamental de éste, nos referimos al 50 y último del tomo, titulado «Epifilosofía». Un Schopenhauer mucho más escéptico que el fogoso joven de 1818 concluía su obra afirmando que su saber sobre la esencia de la voluntad es escaso. Que su sistema filosófico sólo expone «hechos del mundo» y que, en lo relacionado con el más allá de lo meramente percibido y experimentado, nos es imposible saber algo con absoluta certeza. El ámbito donde el objeto y el sujeto, el principio de individuación, el espacio y el tiempo no tienen cabida no es el nuestro, pues nosotros somos prisioneros en la cárcel del cerebro, estamos limitados a un aquí y un ahora. Nuestro propio conocimiento es sólo un fenómeno cerebral y nos posibilita únicamente el conocimiento del mundo en cuanto fenómeno; si abandonamos el mundo fenoménico, nos adentramos en un «suelo inestable y un agua sobre la que no se puede caminar». La esencia de las cosas, la esencia de la voluntad queda cerrada a nuestro examen. Al descubrimiento, al atisbo de la voluntad se llega mediante la experiencia del propio cuerpo, mas esa voluntad individual descubierta en cada uno de nosotros es también limitada y únicamente por aproximación puede aportarnos algo acerca del concepto de la voluntad en general, el cual es en sí mismo incognoscible en su extensión y en sus capacidades. En resumen, Schopenhauer afirmaba que no podemos conocer la voluntad más allá de lo conocido en nosotros mismos: al final se quedaba con el aquí y ahora o con la *nada*, con ese contundente «*Nichts*» que ponía punto final al primer tomo. Lo que queda tras haber negado el mundo es nada, pero qué es esta nada no lo sabemos; semejante denominación se le adjudica al ámbito de lo desconocido, de la voluntad de vivir: semioculta e inabordable para el individuo.

En realidad, todos los capítulos del segundo tomo descuellan por su intensidad y son muy instructivos, elocuentes y, en general, de los más atractivos que haya escrito un filósofo de cualquier época. Por eso *El mundo como voluntad y representación* continúa siendo una de las obras filosóficas más leídas y valoradas en la actualidad—junto con las de Montaigne, Pascal, Voltaire, Hume o Nietzsche—; mientras que otros filósofos menos claros—Hegel y sus contemporáneos Fichte y Schelling, por ejemplo—han dejado de leerse, al menos por placer—han quedado como pasto para plúmbeos eruditos—, puesto que suelen aburrir al lector ocasional con su ininteligible oscuridad.

LOS PRIMEROS «EVANGELISTAS»

El año que apareció la segunda edición aumentada de *El mundo como voluntad y representación*, 1844, Schopenhauer recibió una sorprendente misiva firmada por un raro lector de sus obras: el jurista Johann August Becker (1785-1871), residente en Maguncia. El remitente confesaba al destinatario que había leído todo lo publicado por él y le rogaba que le resolviera algunas dudas relacionadas con su filosofía. Schopenhauer procedió a responderle de inmediato y así iniciaron una correspondencia antológica—comparada por este último con la que Spinoza mantuvo con Oldenburg—, que leída hoy resulta harto significativa para perfilar el conocimiento de la obra del gran pesimista.[1] El abogado se convirtió a partir de entonces en uno de los amigos más fieles y apreciados del filósofo solitario. Schopenhauer lo tuvo siempre en gran estima y varias veces recurrió a él para que le explicara cuestiones jurídicas. Incluso llegó a preguntarle dónde quedaban los límites legales hasta los que podía llegar con los insultos contra los profesores de filosofía a fin de evitar que se considerasen injurias por las que pudieran procesarle. En una carta del 31 de marzo de 1854, el filósofo constataba al jurista: «Usted es el único que me ha comprendido plenamente».

Becker no era el único admirador de Schopenhauer. Otro jurista, consejero privado del Ministerio de Justicia de Magdeburgo, llamado Friedrich Ludwig Andreas Dorguth (1776-1854), le escribió también por la misma época con el único objeto de agradecerle su filosofía. Dorguth era aficionado al pensamiento filosófico en sus horas de ocio y se convirtió en un admirador entusiasta de la metafísica y la ética de Schopenhauer. Este pensador diletante publicó el primer escrito exegético de la filosofía schopenhaueriana, *Schopenhauer in seiner Wahrheit* ('Schopenhauer en su verdad'; 1845) y escribió un «credo» en verso titulado *Die Welt als Einheit, ein philosophisches Lehrgedicht* ('El mundo como unidad: un poema didáctico-filosófico'), que sintetizaba las ideas principales de *El mundo como voluntad y representación*. Schopenhauer estaba conmovido por tanta dedicación; tanto, que a Dorguth lo denominaría su «protoevangelista».

Otro acólito, fiel entre los más fieles evangelistas del filó-

[1] Esta correspondencia se publicó de manera independiente: *Briefwechsel zwischen Arthur Schopenhauer und Johann August Becker*, comp. de Johann Karl Becker, Leipzig, 1883.

sofo (le encantaba denominar de este modo a su círculo de admiradores) fue el periodista y escritor independiente Julius Christian Martin Frauenstädter (1813-1879), quien había germanizado su apellido judío por el de Frauenstädt. Schopenhauer sabía de él por algunos de sus artículos periodísticos en los que había hecho referencia a su filosofía, que el periodista conocía desde joven. Andando el tiempo, Frauenstädt se convirtió en el más estrecho colaborador de Schopenhauer—ayudaba a divulgar sus obras con sumo afán—y en el más ferviente defensor de su filosofía, la cual no siempre comprendió correctamente. Algunos errores de interpretación le granjearon sonoras reprimendas del maestro, aunque ello no quitaba que éste lo denominase su «archievangelista» en premio a su fervorosa entrega. Frauenstädt visitó al filósofo en Fráncfort por primera vez en 1846 y continuaría haciéndolo a lo largo de diferentes períodos. Quizá fue el acólito que mejor lo conoció personalmente junto con Wilhelm Gwinner. Cuando Schopenhauer murió, Frauenstädt quedó a cargo de la «edición definitiva» de sus obras completas; asimismo, pasaron a su poder los derechos de edición, por decisión expresa de Schopenhauer, lo que da una idea de la gran estima en que lo tuvo.

La correspondencia de Schopenhauer con Frauenstädt es de las más interesantes, y puesto que, como hemos apuntado, el «archievangelista» cometía algún error ocasional a la hora de interpretar y exponer[1] las doctrinas de su Mesías particular, éste tenía que aclararle cuestiones concretas o refrescarle las ideas de modo explícito. Un ejemplo esencial es el reproche y la explicación de Schopenhauer a raíz de la mala interpretación que Frauenstädt había he-

[1] Julius Frauenstädt expuso las doctrinas de su maestro en su libro *Briefe über die Schopenhauer'sche Philosophie*, F. A. Brockhaus, Leipzig, 1854. Más adelante lo hizo en numerosos artículos apologéticos publicados en varias revistas.

cho de la «cosa en sí» en cuanto concepto clave de la filosofía schopenhaueriana como «voluntad». El maestro escribía así al discípulo:

Debo, mi caro amigo, tener presentes sus numerosos y grandes servicios en la difusión de mi filosofía, para no perder los estribos y la paciencia con su última carta [...] En vano le escribí, por ejemplo, que no debe usted buscar la *cosa en sí* en la ciudad de los cucos y las nubes [*Wolkenkukuksheim*] (es decir, donde se encuentra el dios judío), sino en las cosas de este mundo; es decir, en la mesa en la que usted escribe, en la silla bajo sus posaderas. Pero usted insiste en que hay «una contradicción» en lo que yo dije de la cosa en sí «que no cuadra con el concepto de cosa en sí». *¡Exactamente!* Lo que yo digo es eternamente irreconciliable con *su* concepto de la cosa en sí, concepto que usted aclara con la vaga definición que sigue: la cosa en sí es «el ser primordial, eterno, increado e inmutable» ¡¡¡¿Eso sería la cosa en sí?!!! ¡¡¡¿Y por qué no el diablo, ya puestos?!!! Le diré a qué se refiere usted: al célebre *absoluto*, es decir, a la prueba cosmológica enmascarada sobre la que cabalga el Dios de los judíos. Y usted va delante de él como el rey David delante del arca de la Alianza [...] Así pues, llame sencillamente a la cosa en sí como otros colegas que filosofan a la manera de usted, por ejemplo, «lo suprasensible», «la *divinidad*», «lo indeterminado», «lo impensable» o, mejor aún, como Hegel: «*die Uedäh*».[1] A fin de cuentas, todos sabemos qué se oculta detrás: el Señor del Absoluto, el cual, cuando uno lo pilla y le pregunta «Pero ¿de dónde sales tú, amigo?», responde: «Menuda pregunta impertinente. Yo soy el Señor del Absoluto y no tengo por qué dar cuentas a nadie: ello se deduce "analíticamente de mi nombre"» [...]

Mi filosofía no habla nunca de las nubes en las que anidan los cucos, sino *de este mundo*, es decir, es *inmanente*, no trascendente; descifra el mundo presente como si se tratara de un jeroglífico (cuya clave he encontrado yo en la voluntad) y muestra su interconexión general. Enseña qué es la representación y qué la *cosa en*

[1] Schopenhauer se mofa de Hegel, quien en dialecto suabo pronunciaba de manera deformada la palabra alemana *Idee* ('idea').

sí. Pero esta última sólo es *cosa en sí relativamente*, es decir, en relación con la representación; y ésta es representación sólo en relación con la *cosa en sí.* Aparte de esto, *la representación* es un fenómeno cerebral. Qué puede ser la *cosa en sí fuera* de dicha relación no lo he dicho nunca, porque no lo sé; pero *en* ella es *voluntad de vivir.*[1]

Más adelante surgieron otros admiradores muy apreciados igualmente por Schopenhauer. Al jurista Adam Ludwig von Doss (1820-1873), por ejemplo, el maestro lo apodaba «Apóstol Juan». En 1846, Von Doss trabó conocimiento con la obra capital de Schopenhauer y desde entonces se convirtió en ferviente divulgador de su filosofía. Escribía cartas a personas que no conocía sólo para recomendarles que leyeran a Schopenhauer, convencido de que éste había dado con la solución al enigma de la existencia y con la mejor de las éticas posibles. Informaba al «maestro» de cualquier alusión a su obra aparecida en artículos o donde quiera que se la mencionara. Otro gran propagandista schopenhaueriano fue el británico David Asher (1818-1890), quien en 1859 publicó un ensayo sobre una posible interpretación schopenhaueriana del *Fausto* de Goethe. Y hacia el final de la vida de Schopenhauer entró en escena el joven admirador mencionado, Wilhelm Gwinner, quien se convertiría en su primer biógrafo. La biografía de Gwinner—titulada *Schopenhauers Leben* ('Vida de Schopenhauer') en sus dos ediciones posteriores—es la fuente más fiable de cuantas se han publicado hasta la fecha, incluyendo las más actuales.[2]

[1] Carta de Schopenhauer a Frauenstädt, Fráncfort del Meno, 21 de agosto de 1852. GB 290-292; CE 623-625.

[2] En castellano contamos con una edición de la primera versión de la biografía de Schopenhauer que publicó Gwinner, cuyo título era distinto al de las dos versiones posteriores: *Arthur Schopenhauer presentado desde el trato personal*, trad. y notas Luis Fernando Moreno Claros, Madrid, Hermida, 2017.

De los mencionados «evangelistas» han quedado numerosas cartas que dan fe de los pequeños acontecimientos de los últimos años de la vida de Schopenhauer. En su acomodado sedentarismo, lo único que hizo «el maestro» fue consagrarse al cuidado de la difusión de su filosofía. Las pequeñas rencillas entre los acólitos, las disquisiciones intelectuales surgidas a raíz de la interpretación de sus ideas o los comentarios de sucesos cotidianos y demás comidillas en el mundillo erudito alemán poseen cierto interés, y merecerían sin duda un estudio exhaustivo que sobrepasa las intenciones y los límites del presente libro.

En suma, la aparición de estos personajes, admiradores incondicionales de las ideas del extravagante solitario, contribuyó mucho a ampliar el horizonte de la influencia de su filosofía. El entusiasmo (a veces rayando en fanatismo) y la entrega de estos seguidores contagió a muchos más lectores, que formaron una piña de acólitos y correligionarios ansiosos de convertir a otros elegidos a la nueva religión sin Dios o, mejor dicho, con uno nuevo: el propio Schopenhauer. A éste no le disgustaba que lo tratasen de «maestro» ni que lo denominasen «Mesías». Pronto empezaría a ser conocido en toda Alemania como «el Buda de Fráncfort».

LA DULZURA DE LA COSTUMBRE

Ernst Otto Lindner y Julius Frauenstädt nos han dejado una descripción fidedigna de la vida cotidiana y el horario diario del Schopenhauer maduro.[1] Retratan las costumbres del filósofo solitario que se había trasladado a Fráncfort para consagrarse por entero al cuidado de su obra; aunque «solitario» terminó siendo un adjetivo que podía atribuírsele sólo hasta

[1] LF 18 y ss. El relato que sigue es una paráfrasis del texto de Lindner y Frauenstädt.

cierto punto, puesto que poco a poco comenzaba a disfrutar de cierto reconocimiento al ser idolatrado por un grupo cada vez más nutrido de lectores y admiradores. Schopenhauer llegó a Fráncfort como un sabio apartado, mas con el tiempo terminó hinchándose de orgullo como un pavo real, en una gran ciudad que terminó venerándolo y a la que llegó a adaptarse por entero.

El majestuoso erudito otorgaba un enorme valor a conducirse en la vida con orden, quería vivir con moderación, acunado en la seguridad de la dulce costumbre, y nada debía turbar el ritmo diario de sus pensamientos; ninguna molestia tenía que empañar el embelesado transcurrir de las horas que iban acercándole a la fama. La plácida existencia que Schopenhauer llevó casi a diario durante los veinticuatro años de su estancia definitiva en Fráncfort transcurrió más o menos como describimos a continuación, según el relato que nos dejaron Lindner y Frauenstädt.

Fuera invierno o verano, aquel portento de la filosofía se levantaba entre las siete y las ocho de la mañana y con una esponja «colosal» y agua fría se frotaba toda la parte superior del cuerpo. «A los ojos, como órgano más valioso de los sentidos, les dedicaba un cuidado especial: los bañaba sumergiéndolos abiertos varias veces, pues creía que de esta forma fortalecía extraordinariamente el nervio óptico». Después, se sentaba para tomar el café, que él mismo se preparaba, pues su ama de llaves, Margarethe Schnepp, tenía orden de no dejarse ver en aquellas primeras horas, porque Schopenhauer daba gran importancia a su concentración matutina. A esas horas tempranas era «cuando el cerebro se asemejaba a un instrumento recién templado», solía argumentar el filósofo. Fresco y bien dispuesto por hallarse concentrado en sus pensamientos, pasaba el resto de la mañana trabajando. Esta costumbre varió ligeramente en sus años postreros, cuando había terminado de escribir sus libros y le sonreía la fama; entonces solía recibir a las visitas a media mañana. «Era fácil que, dejándose llevar por el calor de la conversación, se olvidase de la hora que era, así que, al mediodía, aparecía la criada y daba la señal de terminar las entrevistas».

Antes de vestirse para salir a comer, Schopenhauer acostumbraba a tocar la flauta durante media hora. Solía interpretar piezas de Rossini, cuya música amaba especialmente; a esta hora y a lo largo de todo el año llegaba a interpretar todas las óperas de este compositor completas y arregladas para flauta; *El barbero de Sevilla* era su predilecta. Este ritual filarmónico lo repitió durante el resto de su vida como ameno divertimento.

A la una de la tarde salía a comer. Siempre se sintió orgulloso de tener buen apetito. «Nunca quiso saber nada de la célebre macrobiótica de Cornaro,[1] a quien llamaba "italiano muerto de hambre"». Sostenía que Kant y Goethe, sus perennes y venerados modelos humanos, también comían mucho, y que aun así habían sido longevos. Su máxima dietética fundamental consistía en limitarse a mantener equilibrados el gasto de fuerzas y su restitución, por eso jamás dejaba de hacer ejercicio: dos horas diarias como mínimo al aire libre, caminando con presteza, hiciera buen tiempo o diluviara.

Durante las comidas, generalmente en un buen hotel del centro de la ciudad, hablaba y departía con gusto, aunque debido a la escasez de compañía adecuada a menudo se veía condenado a permanecer en silencio y tenía que contentarse con observar a la gente con el ceño fruncido. Se cuenta que hubo un tiempo en que plantaba diariamente una moneda de oro delante de su plato sin que los comensales de las mesas vecinas supieran qué significaba aquello. Al terminar la comida, la recogía y se la guardaba. Finalmente, inducido a revelar el significado de semejante gesto, aclaró que la moneda se la daría a los niños pobres del orfanato cuando los

[1] El veneciano Alvise «Luigi» Cornaro (1467-1566), pionero del vegetarianismo y la dietética con su tratado *Discorsi della vita sobria*.

oficiales sentados en el comedor conversaran «aunque fuera tan sólo una vez, de otra cosa más sustanciosa que sus perros, caballos o mujeres».

Después de comer se marchaba a casa enseguida; tomaba café y dormía una hora de siesta. La primera mitad de la tarde la empleaba en lecturas ligeras. Al atardecer salía a tomar el fresco. Por lo general elegía caminos solitarios y sólo cuando el tiempo era inclemente permanecía en los paseos que rodeaban la ciudad. Hasta el último año de su vida su paso mantuvo una elasticidad y una firmeza juveniles. Mientras caminaba acostumbraba a golpear de cuando en cuando y con violencia el suelo con su corto y grueso bastón de bambú. A las afueras de la ciudad encendía un cigarro, que fumaba hasta la mitad, pues sostenía que la parte humedecida por la saliva era perjudicial. A veces se paraba, miraba a su alrededor y volvía a apretar el paso profiriendo algunos sonidos inarticulados. Durante estos paseos le gustaba estar especialmente a solas (Frauenstädt lo acompañaría alguna vez y ello le parecería un signo de gran estima y confianza por parte de Schopenhauer), principalmente porque, siguiendo el ejemplo de Kant, respiraba con la boca cerrada; pero también porque sentía un profundo anhelo de disfrutar en solitario de su trato con la naturaleza, cuya «sublime verdad y consecuencia» le hacían recordar, por oposición, los intrincados recovecos característicos de la sociedad humana, a la que en tan baja estima tenía. La naturaleza es sublime, comentaba, los seres humanos, despreciables.

Concluido el paseo vespertino, visitaba el club de lectura. Por lo común acostumbraba a leer *The Times* y otras publicaciones inglesas y francesas. «A los periódicos alemanes, sólo desde que se habían ocupado de él, les dedicaba enorme atención»; antes nunca les había concedido ninguna importancia. Durante la merienda leía las últimas noticias en el *Frankfurter Postzeitung*. Hubo un tiempo, durante sus primeros años en Fráncfort, en el que solía pasar las veladas invernales en conciertos o en el teatro; «pero como su incipiente sordera le agriaba poco a poco esos placeres, se limitó a escuchar algunas sinfonías, oratorios u óperas clásicas que ya conocía bien».

Entre las ocho y las nueve de la tarde tomaba la cena, que consistía en algo de fiambre y media botella de vino suave. Por lo general, se sentaba a solas; difícilmente entablaba conversación con comensales extraños y consideraba una falta de decoro que un desconocido se sentara a su lado mientras hubiera sitio suficiente en el resto de la mesa. Desde que únicamente oía bien por el oído izquierdo le molestaba que dos personas se dirigieran a él a la vez. En circunstancias normales, esto es, cuando conocía a los comensales o estaba de buen humor, le complacía la conversación en la mesa, y cuando el tema giraba conforme a su gusto era capaz de permanecer varias horas disertando, hasta bien entrada la noche incluso, sin dar la más mínima muestra de cansancio. Cuando carecía de interlocutores, que era lo normal, se marchaba pronto a casa, encendía una pipa y leía todavía durante una hora. Antes de irse a dormir no era raro que abriese el libro que él llamaba «su biblia privada», el *Oupnek'hat*, a fin de rezar sus oraciones. «Sobre gustos no hay nada escrito, pero yo no conozco ninguna oración más bella que la de los antiguos hindúes: "Que todos los seres vivos se vean libres de sufrimiento"»,[1] afirmaba. Fuera invierno o verano solía dormir poco arropado, cubierto sólo con una manta ligera. Su sueño era profundo y sin interrupciones, igual que el de las personas satisfechas y con la conciencia tranquila.

La buena marcha de su economía era su mayor fuente de inquietud: si preveía que podía quedarse sin dinero a fin de mes—debido a algún retraso en el pago de su renta—, lo acometía un pánico atroz e irracional que no lo dejaba vivir hasta que comprobaba que el dinero había llegado a su po-

[1] *Die beiden Grundprobleme der Ethik* ('Los dos problemas fundamentales de la ética'), SW IV, § 19, p. 236.

der. Era comedido en sus gastos sin ser tacaño, y jamás escatimaba dinero cuando se trataba de adquirir libros o partituras. Era miedoso en extremo: de noche tenía siempre a mano dos pistolas cargadas y un sable a fin de defenderse de los ladrones o de alguien que quisiera asesinarlo. Guardaba en lugares inusitados numerosas monedas de oro para servirse de ellas por si llegaba el caso de una inflación y se esfumaba el valor del papel moneda; además, todos los documentos relativos a sus finanzas los escribía en caracteres griegos para evitar que alguien pudiera curiosear en ellos, y esto, pese a que en su hogar de soltero su única compañía fueran su fiel cocinera entrada en años, Margarethe—quien tenía órdenes de dejarse ver lo menos posible durante toda la jornada—, y su inseparable perrito faldero, *Atma*.

La apacible vida que Schopenhauer llevaba en Fráncfort sólo se vio interrumpida por algunas semanas de revueltas políticas durante la malograda revolución liberal alemana que estalló en marzo de 1848. Él era conservador a ultranza tanto en sus hábitos cotidianos como en sus tendencias políticas, por eso tomó partido por el gobierno legítimo y por el orden establecido; temía que pudieran imponerse las ideas del «populacho» y sufrir la pérdida de toda su fortuna. A Frauenstädt le contó en una carta cómo hallándose en su casa el 18 de septiembre de aquel año, cómodamente instalado y a salvo entre sus libros, lo sorprendió el estruendo de los disparos de fusilería que los revolucionarios dirigían contra las tropas represoras desde una barricada que habían levantado en mitad del puente situado justo enfrente de su casa. De pronto oyó jaleo en la antesala y pensó: «¡Es la *souveraine canaille* que nos asalta!», así que se apresuró a echar la tranca a la puerta; pero la criada lo tranquilizó asegurándole que se trataba de soldados austríacos. Al advertir que no era el «populacho revolucionario» que irrumpía en su casa para saquear sus bienes, el filósofo franqueó de inmediato la entrada a aquellos «valerosos amigos» que se disponían a disparar a las barricadas. Como desde el balcón de su vivienda no alcanzaban a ver bien, los soldados decidieron trasladarse al inmueble vecino. Schopenhauer observó desde su balcón cómo un oficial se esforzaba por divisar a «la chusma», demasiado alejada aún de su atalaya; de inmediato, le envió con la criada sus grandes prismáticos dobles de ópera a fin de que pudiera observar mejor al enemigo y afinase la puntería.[1]

Tanto le apasionó la actuación de los militares durante aquellos días de desmanes revolucionarios que en su testamento legó una parte de su fortuna al fondo de ayuda a las familias de los soldados que habían muerto o quedado inválidos como consecuencia de aquellas escaramuzas.

LA «COMEDIA DE LA FAMA»

La afortunada circunstancia de que aquí y allá, poco a poco pero sin cesar, fueran surgiendo amigos y «evangelistas», y las noticias de que los lectores de su obra quedaban gratamente pasmados y querían saber más de él y de sus ideas, convencieron a Schopenhauer de que su tarea filosófica y literaria no había concluido del todo con aquel voluminoso *Mundo como voluntad y representación* en dos gruesos tomos; aún podía dar más de sí con sus ideas e incluso llegar a un mayor número de lectores. En torno a 1850 tenía terminado algo nuevo: un conjunto de ensayos misceláneos de variada extensión para el que había escogido un extraño título: *Parerga y paralipómena* (términos griegos que significan, más o menos, 'fragmentos y añadidos misceláneos'). Esta nueva obra era el producto de otros seis años de trabajo consagrados a desarrollar y completar una amplísima serie de reflexiones que no habían tenido cabida en sus anteriores publicaciones sis-

[1] Carta de Schopenhauer a J. Frauenstädt, fechada en Fráncfort del Meno el 2 de marzo de 1849. GB 234; CE 565-566.

temáticas. A los editores de la casa F. A. Brockhaus les ofreció su nueva producción el 26 de julio de 1850 anunciándoles que sería mucho más popular que todo cuanto hasta entonces había publicado; también, que sería lo último que escribiera, pues no deseaba traer al mundo «hijos debilitados por lo avanzado de la edad del engendrador». Les pedía honorarios, un luis de oro por pliego, pues sostenía que el libro habría de venderse y que, al menos esta vez, le parecía justo ganar algo con su trabajo. La dirección de la editorial, después de su tajante negativa a publicarle cualquier otro libro que le ofreciera, rechazó la propuesta sin contemplaciones. Pero Schopenhauer no se desanimó y volvió a ofrecerle la obra al editor, esta vez *gratis*:

> Puede usted pensar de mí lo que quiera: yo le digo que mis escritos son lo mejor que ha dado este siglo y no soy el único que lo dice. En cuanto la resistencia pasiva del gremio de los profesores de filosofía ceda, mis obras se reimprimirán a menudo. Además de que esta obra de la que hablamos es con mucho la más popular, en cierta medida es mi «filosofía mundanal».[1]

No hubo nada que hacer con los Brockhaus. Pero ahora Schopenhauer no estaba solo, esta vez acudió en su ayuda su «archievangelista» Frauenstädt. Por mediación suya, la editorial berlinesa A. W. Hayn aceptó publicar la obra *Parerga y paralipómena*, que consistía en otros dos gruesos tomos similares en extensión a los de *El mundo como voluntad y representación*. La aventurada editorial corría con los costes de edición y el autor no percibía ningún honorario por las ven-

[1] Carta de Schopenhauer a la editorial F. A. Brockhaus, Fráncfort del Meno, 3 de septiembre de 1850, en *Das Buch als Wille und Vorstellung*, *op. cit.*, p. 83, y GB 244, CE 579. Con «mundanal» Schopenhauer hacía referencia a una obra muy conocida del filósofo popular Johann Jakob Engel: *Der Philosoph für die Welt*, el 'filósofo para el mundo' o el 'filósofo mundanal'. También podría hablarse de «filosofía mundana».

tas de la primera tirada; para posteriores ediciones los derechos de autor quedaban a favor de Schopenhauer, aunque éste se reservaba el derecho de pactar su cesión con el editor que más le conviniera. A estas alturas, el filósofo sólo quería que el libro viera la luz, el resto (el éxito, naturalmente, y alguna posible ganancia) vendría después.

Los *Parerga* contenían la «filosofía mundana» de Schopenhauer. Los ensayos allí incluidos trataban de diversos temas relacionados con su pensamiento, pero también con otros afines a los intereses generales de cualquier persona culta: temas de ética, estética, metafísica, el amor y las mujeres, la muerte y un largo etcétera. Con todo ello, su autor quería acercarse y llegar a un público mayoritario, lo asistía la esperanza de que cuantos gustaran de los sabrosos pensamientos que ahí exponía habrían de interesarse, más temprano que tarde, por su obra principal, algo menos fácil de entender.

El primer volumen de los *Parerga* contenía ensayos que se han hecho célebres individualmente, puesto que en nuestros días suelen editarse por separado cual libros u opúsculos autónomos. Entre ellos destaca el que Schopenhauer denominaba su «panfleto de batalla», titulado «Sobre la filosofía universitaria», una cruda arremetida contra los catedráticos que durante tantos años lo habían ninguneado haciéndole el vacío: «¡Ah!, mi tratado sobre la filosofía académica es como un corcel de batalla que relincha encerrado en un establo: "¡quiere salir!". Los profesores de filosofía se lo pasarán en grande leyéndolo, ¡les lloverán las bofetadas!».[1] El mismo tomo contenía a la vez una visión muy sui géneris de la historia de la filosofía, «Fragmentos sobre la historia de la filosofía», en la que Schopenhauer repasaba las doctrinas de sus antecesores filosóficos sazonándolas de elogios y de comen-

[1] Carta de Schopenhauer a Frauenstädt, Fráncfort del Meno, 16 de octubre de 1850. GB 250; CE 588.

tarios críticos. Asimismo, el tomo incluía el opúsculo acerca de la visión de los fantasmas al que nos hemos referido anteriormente—en el que se trata por extenso el mundo de los sueños y los fenómenos paranormales—, y otro ensayo esencial, el que más éxito habría de cosechar de cuanto escribiera su autor: «Aforismos sobre el arte de saber vivir», un tratado de eudemonología que ya hemos mencionado y que expone el «arte de la prudencia» de Schopenhauer, inspirado en los grandes clásicos del pensamiento que acuñaron teorías sobre la felicidad, como Epicuro, Aristóteles, Séneca, Montaigne, Gracián y hasta Voltaire. En los «Aforismos» Schopenhauer condensaba su «filosofía práctica», en la que abandonaba el pesimismo metafísico para ahondar en el pesimismo social, tornándose un escéptico y realista «burgués» de lo más consecuente al luchar en defensa del individualismo amenazado por la masificación y la vulgaridad generalizadas. ¿Cómo podrá el individuo culto y solitario mantener su independencia en una sociedad que pretende dominarlo y robarle su ocio y su personalidad? ¿Cómo resguardarse de las inclemencias sociales? En suma, ¿cómo podrán los hombres ser menos desgraciados en medio de un mundo y una sociedad que acumulan desgracias sin fin sobre ellos? ¿Cómo acorazarse contra los males de la existencia, generalmente provocados por otros hombres (y mujeres)? Gracián, el jesuita de negros hábitos y férrea moral, planeaba sobre todas estas páginas; también algo del espíritu del bueno de Montaigne, pues Schopenhauer, lo mismo que hiciera el autor de los *Ensayos*, se retrataba a sí mismo al ponerse no tanto como ejemplo de humilde ser humano, sino de sabio: él mismo se creía ejemplar, en el sentido de que sabía vivir sin incomodo, de manera que podía ejercer de espejo para otros hombres cuyo objetivo fuera vivir tranquilos. Había prescindido de mujer e hijos para evitarse cargas inútiles, hacía ejercicio y comía con apetito, practicaba un sano budismo al entender los avatares del mundo como algo que quizá ocupara a su persona, pero que nada tenía que ver con su *en sí* esencial ni con su mente. Mediante el ejercicio mental era capaz de distanciarse del mundo y observarlo como si de una gran representación se tratara: el gran teatro del mundo que sólo le afectaba de soslayo, desde lejos, como espectador. Guardaba su dinero a buen recaudo, bien invertido para que le proporcionase dividendos regulares; por lo demás, vivía para el pensamiento y la reflexión y, por si fuera poco, merecía servir de maestro a sus congéneres, siempre más necios que él, aun cuando también se creyeran sabios siendo sólo tarugos redomados. El Estado no lo molestaba—garantizaba su seguridad—y él tampoco incordiaba al Estado—cumplía con la ley pagando impuestos—. En fin, la suya era una vida feliz desde el punto de vista práctico: centrado en su mundo, pensaba que era señor del universo entero merced a la filosofía, las artes, las ciencias y los avances de un siglo siempre en pos del bienestar material—electricidad, ferrocarriles, globos aerostáticos, inventos que también le interesaban—. En suma, el gran pesimista se mostraba ante sus contemporáneos como un hombre feliz, encantado de sí mismo por su tino y sabiduría. En ningún otro se observaba su psicología y su carácter—frío y cortante, férreo y pétreo—como en este escrito eudemonológico acuñado con las amargas píldoras de sabiduría que la negra y rácana vida le había ido administrando a lo largo de los años cual estricta y sanadora taumaturga.

El segundo tomo de *Parerga* lo componían 31 capítulos misceláneos divididos en más de 396 parágrafos que trataban sobre multitud de temas interesantes, por ejemplo: sobre lógica y dialéctica, la teoría de los colores y las ciencias de la naturaleza; el suicidio, las religiones, la negación y la afirmación de la voluntad de vivir, el panteísmo, los dolores del mundo, consideraciones mitológicas, arqueológicas o la metafísica de lo bello; también, acerca de la lectura y los libros, el estilo en la escritura, el lenguaje y las palabras; o sobre las mujeres, la educación, los estudios de fisonomía; sobre el arte de pensar por uno mismo o acerca de lo molestos que son los ruidos para el trabajo intelectual. En suma, eran tantos asuntos los que Schopenhauer acometía con elegancia, sobre los que hablaba con tanto sentido, talento y convicción, que esta vez logró por fin cautivar a un gran sector del público culto; sobre todo, porque dicho público acusaba el hastío que desde hacía años le provocaba un ambiente filosófico que, elevándose a estratosferas lingüísticas y filosofías absolutas, se había olvidado de llegar a él con palabras comprensibles. Schopenhauer devolvió a la filosofía la claridad perdida y, con ella, la posibilidad de ser entendida y compartida hasta en las conversaciones cotidianas. Él no escribía para los profesores en su *jerga* académica, sino para personas ávidas de comprender un lenguaje sencillo que transmitía pensamientos con sentido. La claridad era su divisa. Con esta cortesía estilística para con sus lectores atrapó a su público.

Los dos tomos de título tan singular cosecharon un gran éxito. De la noche a la mañana, Schopenhauer se convirtió en un autor «popular», en un filósofo de moda que nada tenía que ver con los encopetados y abstrusos profesores de filosofía, pedantescos y estirados, practicantes de un lenguaje esotérico que, embrollándolo todo, nada explicaba y lo tornaba ininteligible para el común de los mortales. En suma, debido en gran medida a su inteligibilidad, los *Parerga* terminaron convirtiéndose en lo que hoy se denomina en el negocio de la literatura un *éxito de ventas*.

Los tiempos cambiaban para Schopenhauer, el trabajo serio y apasionado y la paciencia habían obtenido su premio. Pero aunque el filósofo contó con numerosos acólitos conocidos suyos y un número cada vez más importante de lectores anónimos, le hacía falta un espaldarazo de mayor envergadura: tenían que hablar de él y de sus obras por extenso en alguna publicación importante, a ser posible de alcance internacional. También en lo que a esto se refiere terminó sonriéndole la fortuna, y por todo lo alto.

El aldabonazo definitivo que despertó de golpe al adormilado público alemán, avisándolo de la llegada de las obras de un filósofo como sensación literaria, no partió de Alemania ni de la pluma de ningún reseñador conocido, sino precisamente del país que tanto encantó a Schopenhauer en sus años mozos y en el cual le ilusionaba imaginarse que lo habían engendrado sus padres: la flemática, racional y preclara Inglaterra.

Allí se dio la feliz circunstancia de que la inteligente periodista—y más adelante novelista—George Eliot (pseudónimo de Mary Anne Evans, 1819-1880), interesada en la filosofía en general (leía con asiduidad a Spinoza) y en el pensamiento alemán en particular, ostentaba el cargo de subdirectora de la prestigiosa revista cultural *Westminster and Foreign Quarterly Review*. De Mary Evans partió la idea de encargar un perfil general o una extensa reseña de la filosofía de Schopenhauer a un especialista que reunía inmejorables condiciones para escribirla: John Oxenford (1812-1877). Éste era crítico teatral del prestigioso *The Times*, además de traductor y excelente lector, interesado en el ensayo y el pensamiento. Oxenford había traducido al inglés a Goethe, nada menos que *Poesía y verdad* y las *Conversaciones con Eckermann*, con lo cual se hallaba en una situación privilegiada para comentar los libros de Schopenhauer. En 1852, un año antes de que apareciera el artículo de Oxenford, que vio la luz en 1853, la misma revista había comentado elogiosamente en sus páginas la aparición de *Parerga y paralipómena* como «una de las publicaciones más interesantes en el ámbito de la filosofía».[1] Así que la dirección de la *Westminster Review* conocía de sobra los méritos del filósofo al que se prestaba a promocionar.

El extenso artículo sobre Schopenhauer llevaba el atractivo título de «Iconoclasm in German Philosophy» ('Iconocla-

[1] G 349.

sia en la filosofía alemana').[1] El reseñista británico se explayaba sobre las virtudes literarias de Schopenhauer, así como sobre la claridad con la que exponía y desarrollaba sus pensamientos; diagnosticaba la situación de la filosofía alemana después de Hegel y sus acólitos y contraponía el buen estilo y la inteligibilidad de los escritos de Schopenhauer a la farragosidad típica de la filosofía germana, profesada y divulgada por los «profesores de filosofía», es decir—añadía Oxenford—, por «los seguidores e imitadores del autor de la *Fenomenología del espíritu*».

El crítico inglés presentaba a Schopenhauer como una *rara avis* genial de la filosofía alemana, un autor singular que rompía barreras y devolvía a la filosofía su antigua dignidad:

> Muy pocos de nuestros lectores conocerán el nombre de Arthur Schopenhauer. Pero todavía menos sabrán que el oscuro ser al que pertenece este nombre lleva cuarenta años trabajando por el derrumbamiento de todo el sistema de la filosofía alemana construido por los profesionales universitarios de esta disciplina desde la caída de Kant. Y es precisamente ahora cuando comienza a oírsele—una prueba notable de esa ley acústica según la cual sólo después de un tiempo de haber sido disparado el cañón se oye la detonación del disparo—. Y quizá ya no habrá ningún lector más que sepa que Arthur Schopenhauer es uno de los escritores más geniales y dignos de ser leídos del mundo; gran teórico, de cultura universal, de inagotable fortaleza en la clarificación de los problemas, de lógica estremecedora y consecuencia inexorable. Por ende, posee una característica sumamente divertida para todo el mundo—menos, claro está, para el afectado—y es la de acertar de forma terrible con sus puyas allí en donde más les duele a sus enemigos.[2]

[1] J. Oxenford, «Iconoclasm in German Philosophy», *The Westminster Review* (n. s.) III, 1853, pp. 388-407. Existe traducción en español: J. Oxenford, *Schopenhauer o la iconoclasia en la filosofía alemana*, introd., trad. y notas R. Gutiérrez Aguilar, Madrid, Encuentro, 2009.

[2] G 349-350.

Añadía el reseñista que esperaba que sus lectores se sintieran interesados por las obras de este escritor «genial, excéntrico, valiente y a la vez terrible», pues en el panorama de la filosofía alemana del momento no era posible hallar otro autor de su talla, nadie que igualase a este «sabio misántropo de Fráncfort» en profundidad y fuerza creadora, ni en claridad y erudición; nadie, en definitiva, que supiera despertar tan bien el interés de los lectores hablándoles de cosas que realmente les interesan. Ahora bien, Oxenford recalcaba que la filosofía de Schopenhauer, aunque estaba muy bien escrita y era de accesible comprensión, era a la vez una filosofía poco agradable, pesimista a ultranza, descorazonadora; un pensamiento que conduciría a quien lo siguiera al abandono del mundo y a la renuncia a cualquier tipo de progreso o ficción de autonomía política. «Es muy comprensible su sistema—añadía—, pero duro de suscribir»; en definitiva, el comentarista británico extraía una conclusión parecida a la que firmase Jean Paul en su célebre reseña de *El mundo como voluntad y representación* veinticinco años atrás, a saber: filosofía bien escrita, clara y contundente, pero triste y desesperanzadora; aliviaba más pensar que no era cierto todo lo que nos contaba.

El «evangelista» Ernst Otto Lindner—denominado con ironía por Schopenhauer «Doctor indefatigabilis»—tradujo al alemán para el *Vossisches Zeitung* el extenso artículo del inglés, y éste fue el pistoletazo definitivo que lanzó a la fama de manera irrevocable las obras del gran pesimista en Alemania. Cuando el extenso artículo vio la luz en alemán, Schopenhauer comentó lacónico: «Por fin el Nilo ha llegado a El Cairo».

Durante los últimos diez años de su vida, más o menos (concretamente, desde 1853 hasta su muerte, en 1860), Schopenhauer gozó por fin de la estima y el reconocimiento públicos que tanto había añorado desde su juventud. Escéptico, pero exultante y contento, el filósofo solitario se refirió a esta anhelada explosión de entusiasmo denominándola su particular y paradójica «comedia de la fama». A su parecer, esta popularidad tardía se asemejaba a una representación que comenzaba cuando él estaba a punto de partir y apenas tenía tiempo para asistir a ella como espectador. Así se lo explicó con otro ejemplo al dramaturgo Friedrich Hebbel:

> Usted habrá visto alguna vez cómo antes de una representación, cuando el teatro se oscurece y está a punto de alzarse el telón, uno de los empleados que encienden las lámparas y que aún permanece ocupado en el proscenio, se apresura a esconderse entre bastidores justo en el momento en que se alza el telón. Así es como me siento, como ese que va con retraso, como ese que queda por ahí descolgado mientras comienza la comedia de mi fama.[1]

Sea como fuere, el viejo «Caspar Hauser de la filosofía, privado de la luz y el aire», tal y como él mismo se había denominado en sus *Parerga* (1, 137), se vio repentinamente colmado de atenciones; y, aureolado por el éxito literario y su traza de misántropo, terminó adquiriendo fama de sabio. Entre sus vecinos y conciudadanos cuajó un inusitado respeto por Schopenhauer, e inesperadamente también en las universidades comenzó a tenerse en cuenta su filosofía, que ascendió a las cátedras; y hasta la Universidad de Leipzig convocó un premio para quien mejor respondiera a la pregunta sobre cuáles eran los puntos básicos de «la filosofía schopenhaueriana».

En poco tiempo, las obras que antaño cosecharan tan escasos lectores fueron reeditadas y las tiradas se agotaban apenas aparecían en las librerías (en 1854 vieron la luz de nuevo *Sobre la visión y los colores* y *Sobre la voluntad en la naturaleza*). Pronto Schopenhauer comenzó a ser conocido y elo-

[1] G 308.

giado también en el extranjero, sobre todo en Inglaterra y Francia. En 1859, el filósofo recibió con alborozo una tercera edición de *El mundo como voluntad y representación*, pero esta vez percibiendo por ella cuantiosos honorarios por parte de los editores de la casa Brockhaus, quienes pasaron a tratarlo con sumo respeto y cordialidad; y en 1860 vio la luz en edición revisada la obra *Los dos problemas fundamentales de la ética*.

Durante sus últimos cinco años de vida aquel solitario y misántropo—conocido entonces por algunos con el sobrenombre de «el Buda de Fráncfort», como ya apuntamos—se convirtió en un personaje cuya fama atraía hasta la ciudad del Meno a numerosos visitantes, peregrinos devotos de sus obras que acudían a verlo con explícita veneración. A veces sólo se contentaban con estrechar su mano, aunque lo más normal era que pasaran un buen rato en su compañía. Por fin también Schopenhauer se asemejaba en este aspecto al anciano Goethe, a cuya casa arribaban admiradores llegados de todas partes del mundo con el único propósito de saludarlo. Algo parecido le sucedió a Kant en Königsberg y, ya en el siglo XX, a Heidegger en Friburgo de Brisgovia. Con sumo acierto premonitorio, Schopenhauer escribía en 1858:

> Mis obras están pegando fuerte. Europa entera las conoce. Desde *Moscú* y *Upsala* me llegan visitas. Y aún vendrán tiempos mejores: mi fama irá creciendo cada vez más conforme pasen los años según dictan las leyes de un gran incendio. Mis obras habrán de ver innumerables reediciones. De ello no me cabe la menor duda.[1]

Tal y como sucediera tras las visitas a Goethe o Kant, después de ver a Schopenhauer, numerosos peregrinos publicaban o referían luego las impresiones suscitadas por sus en-

[1] Carta de Schopenhauer a la editorial F. A. Brockhaus, Fráncfort del Meno, 22 de septiembre de 1858. GB 436.

cuentros. Gracias a dichos testimonios sabemos que el filósofo «recibía» por las mañanas sentado en su canapé. Invariablemente, esperaba a quien previamente lo había solicitado con algún libro en la mano, bien suyo o de alguno de sus autores favoritos; de esta manera tenía un motivo para comentar su propia obra o la de otro autor afín a ella. Schopenhauer solía hablarle al visitante con gran alborozo y detalle de sus duros comienzos, pero también de su inquebrantable fe en que algún día habría de «ser leído» y pasaría a la posteridad. Al visitante le sorprendía gratamente la amabilidad del correcto y anciano caballero, siempre vestido con absoluta pulcritud y atildamiento. En el salón, el célebre autor comparecía rodeado de sus iconos y bibelots: el favorito era una estatua dorada de Buda sentado. Esculpida en puro bronce, Schopenhauer la hizo bañar en oro posteriormente y la situó sobre una bella consola, en una esquina del recibidor, «a fin de que quien entrara viese enseguida quién dominaba en aquella sala sagrada».[1] El visitante podía ver también un busto en yeso de Kant (comprado por el propio Schopenhauer en Fráncfort), otro de Wieland, así como retratos de Goethe y de Mathias Claudius. Había, además, un retrato al pastel de Johanna, heredado de Adele—ahora, en su vejez, al filósofo le gustaba alardear de ser hijo de la antaño famosa escritora—. Salpicaba las paredes del recibidor una colección de 16 estampas de perros, animales a los que Schopenhauer amaba con pasión: «Si no existieran los perros preferiría no vivir», había comentado en varias ocasiones.[2] En los *Parerga* elogió a estos animales aduciendo que su amistad sentaba muy bien a los hombres como antídoto y refugio con la que solazarse y curarse del mundo de máscaras y engaños típico de los humanos. Los

[1] Véase A. Hübscher, *Arthur Schopenhauer, Leben und Werk in Texten und Bilder*, *op. cit.*, p. 291.

[2] Por ejemplo, LF 170.

16 grabados de perros que lo rodeaban se transformaron, merced a los rumores populares, en el cuento de que el filósofo vivía con al menos dieciséis canes, cuando en realidad sólo era uno.

Desde su juventud, Schopenhauer tuvo varios falderos. El último fue su caniche *Atma*, al que presentaba a sus visitantes como si se tratara de un miembro de su familia. El perrito lo acompañaba siempre en sus paseos campestres y periplos urbanos, por lo que los francfortenses estaban acostumbrados a ver la figura del pequeño y majestuoso caballero—que caminaba raudo y siempre con la cabeza muy erguida—seguido del caniche, que saltaba y correteaba a su alrededor. De esta guisa, el viejo filósofo llegó a convertirse en una curiosidad más de la ciudad del Meno; los viandantes lo saludaban, aunque él no solía devolver el saludo; en esto se comportaba igual que algunos genios antipáticos y otros seres orgullosos de todos los tiempos (lo mismo se cuenta del excepcional trompetista de jazz Miles Davis o del incomparable virtuoso del piano Glenn Gould).

Schopenhauer, orgulloso siempre de su sólida apariencia, un tanto demodé pero imponente—vestía con trajes impecables, aunque cortados según la moda de hacía cuarenta años—, lo mismo que de su magnífica cabeza aureolada de blanco, se hizo varios daguerrotipos y multitud de retratos al óleo simplemente por el puro placer de perpetuarse aún más al dejar constancia de su imagen para la posteridad. Algunos de estos daguerrotipos se exponían también en la habitación donde recibía a los visitantes, pues gustaba de comentar con ellos el parecido. Asimismo, solía regalar alguna copia a sus más allegados admiradores—entre ellos, Frauenstädt o Sybille Mertens-Schaaffhausen—. La complacencia de Schopenhauer con sus fotos recibía de vez en cuando su merecido con sátiras jocosas; por ejemplo, un conocido suyo observó con sorna: «¡Schopenhauer! Una gran cabeza sobre un troncho. Él creyó que todas las mujeres habían de amar aquella cabeza, pero las mujeres no daban nada por ella y por eso se volvió pesimista».[1]

En efecto, lo que más elogiaban sus admiradores de la apariencia física del personaje Schopenhauer era su voluminosa cabeza, que había adquirido fama de ser «hermosa», con su blanca cabellera—calificada de «leonina»—aureolándola. Los pintores Lutenschütz, Hamel y Göbel lo retrataron al óleo con resultados diversos; en cualquier caso, más idealizado que como aparece en los daguerrotipos que con tanto gusto dejó que le hicieran (en torno a 1850 la fotografía era un invento revolucionario y moderno), pero que lo muestran en verdad pavoroso; y, al igual que los grandes hombres de todos los tiempos, y especialmente los pensadores y filósofos clásicos, Schopenhauer también quedó inmortalizado en mármol.

La joven escultora Elisabeth Ney, una pariente del célebre mariscal galo Michel Ney, visitó al filósofo en noviembre de 1859. La fiel cancerbera de Schopenhauer, la doméstica Margarethe, le puso algún impedimento para entrar a ver al señor, puesto que la muchacha no había anunciado su visita con anterioridad—además, al filósofo misógino rara vez lo visitaban mujeres—; pero ella se desentendió de la criada y con decisión penetró sin permiso en la «guarida del león». A pesar de que Schopenhauer se mostró grosero preguntándole que quién diablos era la intrusa del género femenino que osaba presentarse allí sin anunciarse, la escultora le comunicó de inmediato con mucha amabilidad y encanto que estaba allí porque quería modelar un busto en mármol de él. El filósofo respondió con aspereza que eso era imposible, que no quería ningún busto, y menos hecho por una desconocida, aunque se tratara, en efecto, de una «valiente muchacha», parece ser que terminó añadiendo. La chica, sin embargo, no cejó en su insistencia, máxime cuando

[1] G 308.

notó que Schopenhauer, henchido de orgullo en el fondo, iba mudando su dura actitud; finalmente, consiguió convencerlo. Pronto comenzaron las sesiones de pose, que se desarrollaban en la biblioteca de Schopenhauer, y enseguida creció la confianza entre el modelo y la artista. El viejo gruñón se mostraba con la escultora manso como un cordero, y hasta llegó a confesarle que su odio a las mujeres únicamente provenía de que había tenido una madre «horrible». En cierta ocasión, hallándose la escultora trabajando en el modelado y Schopenhauer sumido en sus lecturas, éste dejó de leer repentinamente y se puso a contemplar con intensidad a la muchacha. Ella le preguntó cuál era la razón de que la mirase de esa forma, y él repuso: «Me esforzaba en hallar en usted algún pequeño indicio de que le estuviera saliendo barba y bigote. De día en día va pareciéndome más increíble que en realidad sea usted una mujer».[1]

Sobre Elisabet Ney, Schopenhauer comentó a Von Hornstein: «Trabaja todo el día en mi casa. Cuando regreso de comer, tomamos café sentados los dos juntos en el sofá, de manera que me parece que estamos casados». El amigo observó que al comentarle esto «Schopenhauer se frotaba las manos de contento».[2]

Finalmente, el busto de Schopenhauer quedó terminado, bien pulido y lustroso; al filósofo le dio pena separarse de la muchacha, aunque ambos continuaron manteniendo una buena amistad; por desgracia, Schopenhauer no vivió mucho más para disfrutarla. Elisabeth Ney emigró a América, donde continuó con su carrera, y se llevó con ella el original del busto de Schopenhauer, del que previamente se hicieron varias copias para su venta. También había sacado muestras

[1] Véanse diversos testimonios al respecto recogidos en G 350-351 y en *Conversaciones*, *op. cit.*, pp. 297 y ss. Véanse dos cartas de Elisabeth Ney en CE 750 y 757.

[2] Conversaciones con Robert von Hornstein; G 224-225. *Conversaciones*, *op. cit.*, p. 225.

en barro de las huellas del perrito de compañía *Atma* y se las había regalado a su amo.[1]

Con todo, la satisfacción que a aquel viejo misántropo le provocaba la presencia de la joven escultora en su casa fue sólo una ilusión pasajera, pues de puertas afuera el «viejo zorro» filosófico continuaba mostrando frente a su público una inveterada aversión al matrimonio. Hasta el final de su vida, cuando alguien le anunciaba que se iba a casar, en vez de felicitarlo le daba el pésame. A Von Hornstein se lo desaconsejó reiteradamente cuando éste le anunció su compromiso matrimonial: «¡Váyase al diablo! Casarse significa que sus deberes se redoblan y sus derechos disminuyen a la mitad. La sabiduría popular bien dice "fulano ha cambiado para peor" para decir "se ha casado"».[2]

El placer más grande del solitario Schopenhauer, aparte del de la lectura (a solas, naturalmente), era el de la conversación con cualquiera que quisiera oírlo. Casi nunca se trataba de conversaciones de igual a igual (pues ¿quiénes eran sus iguales?), sino de elocuentes exhibiciones monologadas de sus numerosos talentos. Le encantaba sentirse rodeado de público frente al que, a menudo, podía pasarse horas disertando sobre los temas que a él le gustaban: la filosofía hindú, los dolores del mundo o la ridiculez y mendacidad de los profesores de filosofía. Éstos habían ganado sus cátedras meramente por el favor de sus relaciones o merced a su servilismo para con los poderosos. La mediocridad campaba por sus fueros en los departamentos de filosofía, más parecidos a burdeles intelectuales que a lugares puros en los que se trabajaba en pro de la verdad.

Él mismo se hallaba a salvo de cualquier reproche de fa-

[1] El conocido filósofo español Fernando Savater ha recreado la relación de Schopenhauer con la escultora Elisabeth Ney en una divertida comedia, *El traspié*, Barcelona, Anagrama, 2013.

[2] *Conversaciones*, *op. cit.*, p. 226.

voritismo o vagancia, no en vano había trabajado y sufrido lo suyo para conseguir su acomodada estabilidad y su fama. Los seres humanos lo habían dejado a solas con sus cuitas y pesares, nadie lo había ayudado a llegar a ser el que era.

En una anotación muy significativa de su «Eis heautón», el sabio de Fráncfort dejó consignada la siguiente reflexión sobre sí mismo y su relación con los demás: «Los misioneros de la verdad para el género humano, como yo, se dan cuenta de que, aparte de su misión, tienen tan poco en común con esos hombres y confraternizan tan poco con ellos como los misioneros católicos en China con los chinos».[1] La nota data de 1822, pero en los años finales de su vida, el «misionero de la verdad» continuaba pensando lo mismo, que el género humano en general le era cercano y le merecía compasión; en cambio, los hombres y mujeres concretos, casi todos mediocres y atarugados, le traían sin cuidado.

En realidad, Schopenhauer fue un consumado egoísta, atento tan sólo a sus humores y a sus asuntos; la contemplación y la mística que tanto le gustaban no casaban enteramente con su verdadera personalidad por ser actitudes contrarias a su naturaleza violenta y orgullosa: bien podría haber dicho de él alguien como Nietzsche—en flagrante oxímoron—que Schopenhauer se asemejaba a un Cesare Borgia predicando la compasión (o, en expresión más española, el célebre: «¡aquel trueno!, vestido de nazareno», de Antonio Machado). Era atento con los demás cuando le hacían caso y lo dejaban hablar: su vicio favorito junto con el paseo cotidiano a solas; y si no tenía más remedio que permanecer callado, adoptaba una actitud de recatado orgullo rayano en el enfado.

A pesar de todo lo anterior, los visitantes que iban a ver al viejo filósofo en peregrinación a Fráncfort, tras haber sido recibidos por él en su ambiente cotidiano, después de es-

[1] «Eís heautón», 5, HEN 4, II, 108.

cucharlo despotricar contra una cosa u otra, elogiar esto o aquello (sus elogios siempre revertían sobre sí mismo, se dirigían a sus amigos o a las obras de sus autores favoritos), salían encantados de aquella morada en la que residía tamaña eminencia francfortesa; y más de uno, recordando la entrevista, se repetiría para sí con deleite las palabras del *Götz von Berlichingen* de Goethe—como cuenta G. Beck—: «¡Es un placer haber podido ver a un gran hombre!».[1]

El «gran hombre» que sin duda fue Schopenhauer, quien todavía a sus setenta años se jactaba entre otras cosas de disfrutar de una salud de hierro y pretendía vivir hasta los noventa y uno («¡por lo menos!»), sólo llegó a cumplir setenta y dos.

LA MUERTE DEL FILÓSOFO

Arthur Schopenhauer murió de repente el día 21 de septiembre de 1860, a causa de una neumonía, sin haber padecido ninguna enfermedad grave anteriormente. Al biógrafo Gwinner debemos el testimonio más fiable de sus últimos días y de su postrer suspiro.

El viejo Schopenhauer se jactaba a sus sesenta años de tener una salud portentosa; no había sido tal la norma de sus años anteriores, como sabemos; sin embargo, desde su mudanza a Fráncfort habían desaparecido sus recurrentes achaques junto a los trastornos intestinales, las hemorroides o los dolores de muelas que lo acosaban con frecuencia; e incluso la sordera que lo aquejaba desde temprana edad se mantuvo estacionaria, lo cual no impedía que la doméstica adoptase la costumbre de dirigirse a su señor a voces. Con la vida pacífica de Fráncfort y, sobre todo, con la satisfacción que le producía saberse admirado y famoso, se había afianzado su sa-

[1] G 303; *Conversaciones*, *op. cit.*, p. 254.

lud, llegó incluso a sentirse más joven y vigoroso que antaño, con menos edad. Confiaba en vivir muchos años más, sobre todo, una vez que había comenzado a disfrutar de la fama.

Un desmayo sufrido en 1851, que lo hizo caer al suelo mientras trabajaba sentado en el escritorio, no trajo ninguna consecuencia. A comienzos de abril de 1860, al regresar a casa después de comer caminando con el paso que le era característico, elástico y raudo, sintió unas fuertes palpitaciones en el pecho y una gran dificultad para respirar. Estos síntomas desaparecieron al llegar a su vivienda, por lo que no llamó al médico. Durante la primavera y el verano siguientes se vio obligado a reducir el tiempo de paseo, pues solía sentir los mismos síntomas poco después de comenzar a caminar a la velocidad que acostumbraba; era algo que lo molestaba, porque difícilmente se plegaba a caminar despacio: el gusto que sentía por la caminata diaria, su único deporte—suficiente ejercicio para aquellos tiempos en que nadie lo practicaba por gusto—, se lo impedía. Uno de sus más férreos principios era el de hacer «dos horas como mínimo de ejercicio intenso al aire libre», todos los días sin excepción, y con ello se refería a su paseo de andar raudo y decidido.

Hacia mediados de agosto de ese mismo año de 1860, nada más levantarse una mañana, lo acometió un ataque con síntomas más serios que los anteriores: palideció repentinamente y estuvo a punto de ahogarse por una súbita dificultad de respirar. Se llamó al médico y éste constató que no observaba alteraciones importantes en ningún órgano. Le recomendó que comiese menos e hiciera dieta. No le recetó ningún fármaco, puesto que Schopenhauer rechazaba las medicinas—según afirma Gwinner—, «con esa prevención de los hombres que desde su juventud han estado sanos [*sic*] y considera necios a cuantos pretenden recuperar la salud perdida comprándola en las farmacias».[1]

[1] GW 390.

El propio Gwinner, quien por entonces visitaba mucho a Schopenhauer, le recomendó que renunciara a los baños matinales en las frías aguas del Meno (por lo visto, el filósofo se bañaba en el río durante las mañanas de verano; así lo cuenta también Griesebach), y que se acostumbrara a tomar el desayuno en la cama. Pero Schopenhauer era inamovible en este asunto del ejercicio.

La mañana del 9 de septiembre llamaron a Gwinner para que se presentase en casa del filósofo (quizá por asuntos relacionados con su testamento; como jurista de Fráncfort, Gwinner fue el albacea). Schopenhauer había sufrido un ataque y escupía sangre. Consta que el filósofo aseguró al amigo: «Esto es mi muerte». Sin embargo, se recuperó, y a los pocos días ya estaba otra vez en disposición de recibir visitas. El día 18 del mismo mes, por la mañana, le sobrevino otro ataque parecido al anterior y entonces Schopenhauer pensó seriamente que esta vez se acercaba su insoslayable final. Por la tarde, Gwinner visitó a su amigo y le pareció bastante repuesto; nada le hizo presagiar entonces que aquella visita sería la última. Estaba sentado en el sofá y de vez en cuando se quejaba de palpitaciones en el corazón con la voz potente que lo caracterizaba. Hojeaba el libro del escritor británico Isaac D'Israeli *Curiosities of literature* (1834), que tenía abierto justo por el pasaje en que el autor se refería a lo mal que lo habían pasado algunos escritores con sus editores, por lo que Schopenhauer llamó la atención de Gwinner sobre este particular asegurándole que también él había sufrido lo indecible con los suyos: «Estuvieron a punto de acabar conmigo», manifestó.

Aquella tarde—prosigue Gwinner—, Schopenhauer también le dijo que el pensamiento de que los gusanos pronto se cebarían en su cadáver no lo asustaba tanto como saber que su memoria iba a ser pasto de los profesores y catedráticos de Filosofía. El gran pesimista continuó aferrándose hasta el final a su odio a la filosofía como profesión y hacia todos aquellos mojigatos que la enseñaban en las universidades para ganarse el pan, y ello a pesar de que por aquel entonces sus propias ideas asomaban por las cátedras y eran publicitadas por profesores entusiastas.

El viejo filósofo se interesó asimismo por las noticias políticas del momento: Italia y su unificación estaban aquellos días en el candelero, y comentó que deseaba de todo corazón la unificación de aquel gran país que le era tan querido.

Después hablaron de un nuevo tomo de las obras del filósofo Franz von Baader, que Gwinner había llevado consigo. Schopenhauer lo hojeó y leyó un párrafo en el que Baader contradecía la teoría schopenhaueriana del querer y de la voluntad inconscientes. Enseguida exclamó: «Fíjese, hay varias clases de filósofos: abstractos y concretos, teóricos y prácticos, pero este Baader es insoportable».[1] Gwinner le recordó que aquel Baader al que tanto detestaba había recomendado a sus alumnos en 1838 que leyeran *El mundo como voluntad y representación* cuando nadie lo hacía. «Es cierto—dijo Schopenhauer—, él habló de mí con indulgencia, pero yo no puedo hacer nada por él».

Poco a poco fue cayendo la tarde y hubo que encender las velas; la doméstica lo hizo en silencio. Gwinner se congratuló de volver a percibir la refulgente mirada de Júpiter en los ojos de su amigo, pues aquella luminosidad prometía salud y quizá la prolongación de la vida. «En sus ojos no había huella ni de la vejez ni de la enfermedad», observó.

«Sería lamentable que tuviera que morirme ahora—comentó el filósofo—, pues todavía tengo que incluir en los *Parerga* importantes añadidos». Se refería a incluirlos en próximas ediciones de esta obra, que se prometían jugosas. También *El mundo como voluntad y representación*, su obra capital, iba camino de su tercera edición, otro gran éxito de ventas. Así que, con su portentosa salud y su lucidez descomunal,

[1] GW 391. La siguiente cita, GW 392. Véanse los recuerdos de Wilhelm von Gwinner en *Conversaciones*, *op. cit.*, pp. 147 y ss.

Schopenhauer esperaba vivir mucho tiempo. A sus setenta años podía incluso pensar y escribir con mayor claridad que cuarenta años atrás, afirmaba. El período más peligroso de la vida—sostenía—era el de los setenta años; una vez superada felizmente esta cifra, la década siguiente se completaría sin tropiezos. Antaño—continuaba diciendo aquel sabio de grande y blanca cabeza—había deseado vivir mucho tiempo para darles en las narices a sus enemigos, pero ahora vivía con gusto disfrutando de la fama que tanto había anhelado: estaba muy satisfecho de que todo el mundo leyese sus libros, e incluso que ciertos diletantes y aficionados vieran en su pensamiento una nueva religión más pura que suplía el vacío que dejaba el cristianismo, yermo y aterido por sus formalismos sin alma. Le encantaba percibir tanto entusiasmo y tanta devoción a su alrededor, por eso no quería morirse: el anciano pesimista gozaba de su fama como un niño de un juguete nuevo.

Gwinner confesó que mientras Schopenhauer se expresaba de aquella manera:

> Me pareció más sereno y tierno que nunca. Me costaba despedirme de él. Cuando me iba, el filósofo repitió que deseaba alcanzar ese estado de «nada absoluta» del que hablaba en sus obras, refiriéndose a él como el colofón de la beatitud, pero que no le ilusionaba pensar que justo tuviera que ser la muerte la que le abriera dicha posibilidad.

Debemos anotar que el biógrafo Grisebach, competidor de Gwinner en conocer la vida del sabio francfortés, ante estas palabras del maestro dudó de que Schopenhauer hubiera dicho precisamente «nada absoluta» al despedir a Gwinner, cuando en su filosofía queda claro que él sólo contempla la nada «como relativa».[1] Rencillas de biógrafos

[1] Vease E. Grisebach, *Schopenhauer…*, *op. cit.*, p. 327, n. 339. Hübscher dice lo mismo en G 396.

aparte, lo que con probabilidad sea cierto es que Schopenhauer prefería seguir viviendo algunos años antes que acceder pronto a cualquier tipo de «nada»—relativa o absoluta—, de *nunc stans* o 'eternidad estática' cualquiera, de la mano de la Parca: mejor alcanzar semejantes estados a través de la contemplación estética, a pesar de que el placer de hallarse en ese estado de *nihilidad* o de vacío durara poco y quedara tan sólo en un simulacro de nirvana. «En cualquier caso—parece ser que aseguró Schopenhauer, siempre según Gwinner—, por lo menos tengo una *conciencia intelectual* bien limpia». ¿Alguna alusión aquí a las célebres palabras de autocrítica que un día le dijera a Frauenstädt?: «Es bien cierto que he enseñado qué es un santo, pero yo no lo soy».[1]

Gwinner no pudo visitar a Schopenhauer ni el 19 ni el 20 de septiembre; en la mañana de este último día, el filósofo sufrió fuertes convulsiones en el pecho que incluso hicieron que se cayera al suelo y se lastimase la cabeza. Durante el resto del día permaneció en cama y por la noche volvió a recuperarse.

La mañana del día 21, Schopenhauer se levantó, se lavó con agua fría la parte superior del cuerpo con su colosal esponja y, con excelente apetito, se sentó a desayunar. La doméstica abrió las ventanas para airear la vivienda y luego se alejó para ocuparse de sus quehaceres cotidianos. Poco después llegó su médico de siempre—el consejero áulico Stiebel—y encontró al filósofo sentado en el sofá; tenía la cabeza recostada sobre el respaldo: no respiraba, estaba muerto.

Un ataque pulmonar había segado su vida de manera fulminante. La muerte fue compasiva con él y actuó como él quería, pues también el autor de *El mundo como voluntad y representación*—a la par que ilustres personajes, como Julio Cesar y Don Quijote—había sostenido siempre que no hay mejor muerte que la impensada, la que viene de repente y es

1 E. Grisebach, *Schopenhauer…*, *op. cit.*, p. 270.

imprevista. Von Doss recordó que, cierta vez, al leer Schopenhauer en un diario la noticia de un anciano viticultor que había caído fulminado por un síncope una soleada mañana de otoño, justo cuando se disponía a coger un hermoso racimo de uvas, pesado y maduro, que pendía sobre él, el filósofo tildó a aquel hombre de dichoso «por haber tenido una muerte tan envidiable».[1]

El 23 de septiembre de 1860, el cadáver de Schopenhauer, que reposaba dentro de un macizo ataúd de madera de haya, la cabeza adornada con una corona de laurel, fue depositado en la morgue del cementerio de Fráncfort. Él mismo había prohibido expresamente en su testamento que se le hiciera la autopsia: «Lo que los médicos no supieron antes que tampoco lo sepan después», sentenció. Tres días más tarde, el 26, se celebró el sepelio entre grandes muestras de reconocimiento público y devoción privada. Llovía sin cesar, como si el mundo llorase la pérdida del pesaroso personaje que lo dejaba. En la lápida de granito negro de Bélgica debía inscribirse «sólo el nombre, sin fechas, ni una sílaba más, ningún símbolo»; tal fue el deseo de Schopenhauer y se respetó. Y, ante la pregunta de en dónde le gustaría descansar, respondió: «Me es indiferente, pues donde quiera que sea se me encontrará».[2] En la actualidad su tumba es de las más visitadas del cementerio antiguo de Fráncfort del Meno.

Hacía sólo cinco meses, el 27 de abril, que el viejo pesimista le había escrito a Ottilie von Goethe, con alborozo teñido de nostalgia, que por fin había llegado a ser lo que siempre deseó ardientemente desde que era muy joven, empujado por una especie de ansia e instinto demoníaco que no lo había dejado en paz hasta que lo consiguió: «un gran filósofo». En 1860 a Schopenhauer se lo conocía ya como «el filósofo del siglo XIX», y así lo sigue denominando hoy la posteridad.

[1] G 157; *Conversaciones*, *op. cit.*, p. 172.

[2] GW 396.

CRONOLOGÍA

1788 Arthur Schopenhauer nace el 22 de febrero en la «ciudad libre» de Dánzig (hoy Gdańsk, Polonia); hijo del acaudalado comerciante Heinrich Floris Schopenhauer y de Johanna Henriette, de soltera Trosiener.

1793 Prusia se anexiona Dánzig. Heinrich Floris Schopenhauer, en desacuerdo con la nueva situación política, se traslada con su familia a Hamburgo, donde establecerá de nuevo su negocio.

1797 Nace Louise Lavinia Adelaide (Adele) Schopenhauer. El pequeño Arthur viaja a El Havre (Francia) para aprender francés. Allí pasará dos años.

1799 Arthur regresa a Hamburgo, ingresa en el Instituto Runge, donde inicia estudios para prepararse como futuro comerciante.

1800 Viaje en compañía de sus padres a Carlsbad y Praga. Arthur relata los pormenores de este viaje en un diario.

1803 Viaje con sus padres por los Países Bajos, Inglaterra, Francia, Suiza, Austria, Silesia y Prusia. Anota en varios cuadernos las aventuras del periplo, que se prolongó hasta el año siguiente.

1805 Regreso a Hamburgo. Arthur entra como aprendiz de comercio en la casa Jenish. El 20 de abril, Heinrich Floris muere en oscuras circunstancias, quizá un suicidio.

1806 Johanna Schopenhauer y Adele abandonan Hamburgo y se trasladan a Weimar. Arthur permanece en la ciudad a fin de proseguir con su aprendizaje comercial.

1807 Arthur abandona el comercio y comienza una dura preparación para ingresar en un instituto de secundaria y más tarde poder inscribirse en la universidad. En diciembre se traslada a Weimar, donde recibe clases particulares de latín y griego. Su madre le entrega la parte de la herencia paterna que le corresponde, gracias a ello podrá vivir con independencia. En 1809 se matricula en la Universidad de Gotinga como estudiante de Medicina.

1809 Abandona los estudios de Medicina y se decide por los de Filosofía pura. Se traslada a la Universidad de Berlín.

1811 Realiza estudios en la Universidad de Berlín: asiste a las clases de Fichte y de Schleiermacher. En sus diarios de trabajo toma «apuntes filosóficos» y allí aparece por primera vez el concepto de «la conciencia mejor», primer atisbo de una filosofía propia. En la primavera de 1813 abandona Berlín.

1813 Breve estancia en Weimar. Serias desavenencias con su madre. Schopenhauer se retira a Rudolstadt para escribir su tesis doctoral: *De la cuádruple raíz del principio de razón suficiente*. Obtiene el título de doctor en Filosofía por la Universidad de Jena.

1814 En mayo se traslada a Dresde. En 1815 redacta un tratado científico, *Sobre la visión y los colores*, que se publica en 1816. A finales de 1818 concluye su obra principal, *El mundo como voluntad y representación*, que aparece en diciembre de este mismo año, pero con fecha de 1819.

1819 Primer viaje a Italia, iniciado a finales de 1818: Venecia, Roma, Nápoles y Milán. Durante su estancia allí recibe la noticia de la quiebra de la firma bancaria en la que tenía invertida una parte considerable de su fortuna. Regresa a Berlín y, ante la posibilidad de quedarse sin recursos económicos, se habilita como docente para impartir clases de Filosofía en la Universidad de Berlín. Escribe su «Currículum vitae».

1820 Anuncia sus lecciones en la Universidad de Berlín bajo el título de «Filosofía exhaustiva o doctrina del ser del mundo y del espíritu humano». Inicia una relación amorosa con la actriz Caroline Medon.

1821 *Affaire Marquet*: a consecuencia de un súbito ataque de ira, Schopenhauer golpea a una vecina, la costurera Louise Marquet. Se inicia un proceso judicial que durará hasta 1826, fecha en que se condena a Schopenhauer a compensar a la víctima con el pago de una pequeña pensión vitalicia.

1822 Segundo viaje a Italia. Temporadas en Milán, Florencia y Venecia.

1823 En mayo regresa a Alemania. A causa de una prolongada convalecencia debida a diferentes enfermedades, Schopenhauer debe permanecer durante un año en Múnich.

1824 Estancia de reposo en el balneario de Bad Gasteien; más tarde se traslada a Mannheim y, finalmente, a Dresde.

1825 En abril regresa a Berlín. En la *Kleinen Bücherschau* aparece una breve reseña muy positiva de *El mundo como voluntad y representación* firmada por el poeta y literato Jean Paul. Planes de matrimonio frustrados. En agosto de 1831 abandona Berlín y pasa el invierno en Fráncfort del Meno.

1832 Breve estancia en Mannheim. Durante el año siguiente termina la traducción al alemán de la obra *Oráculo manual y arte de prudencia*, de Baltasar Gracián. Decide establecerse definitivamente en Fráncfort, ciudad en la que residirá durante el resto de su vida.

1835 Dedica este y el siguiente año a la redacción y publicación de *Sobre la voluntad en la naturaleza*.

1838 Muere Johanna Schopenhauer. En 1839 escribe «Sobre la libertad de la voluntad humana» y en 1840 «Sobre el fundamento de la moral». En 1841 aparecen publicados estos dos trabajos bajo el título común de *Los dos problemas fundamentales de la ética*. Comienza la amistad de Schopenhauer con Julius Frauenstädt.

1844 Se publica la segunda edición corregida y aumentada de *El mundo como voluntad y representación*.

1847 Segunda edición corregida y aumentada de *Sobre la cuádruple raíz del principio de razón suficiente*.

1849 Muere Adele Schopenhauer.

1851 Se publican los dos tomos de *Parerga y paralipómena*; el primero contiene los «Aforismos sobre el arte de saber vivir». Por estas fechas comienza, imparable, la tardía fama de Schopenhauer como filósofo.

1854 Segunda edición de *Sobre la voluntad en la naturaleza*. Amistad de Schopenhauer con Wilhelm von Gwinner. Nueva edición del tratado *Sobre la visión y los colores*.

1855 Principio de la serie de retratos de Schopenhauer en edad madura, por Lunteschütz y otros artistas (óleos, daguerrotipos y litografías). Se convoca un concurso universitario para premiar el mejor trabajo expositivo de la filosofía schopenhaueriana.

1859 Tercera edición de *El mundo como voluntad y representación*, obra convertida por entonces en éxito de ventas filosófico. Elisabeth Ney esculpe un busto en mármol de Schopenhauer.

1860 Schopenhauer muere súbitamente en su casa de Fráncfort del Meno el 21 de septiembre de un ataque de neumonía.

ABREVIATURAS

CE	*Correspondencia escogida*
G	Diálogos y conversaciones (*Gespräche*)
GB	Correspondencia completa (*Gesammelte Briefe*)
GW	Vida de Schopenhauer (*Schopenhauers Leben*), de Wilhelm von Gwinner.
HN 1, 2, 3, 4, 5	Escritos póstumos de Schopenhauer (*Handschriftliche Nachlass*)
JE	Recuerdos de juventud de Johanna Schopenhauer (*Jugenderinnerungen*)
LF	Recuerdos de Otto Lindner y Julius Frauenstädt
MVR I, MVR II	*El mundo como voluntad y representación*, primer y segundo volumen
PP I, PP II	*Parerga y paralipómena*, primer y segundo volumen
RT / DV	*Reisetagebücher / Diarios de viaje*
SW	Obras completas de Schopenhauer, edición de Arthur Hübscher (*Sämtliche Werke*)

BIBLIOGRAFÍA

OBRAS DE ARTHUR SCHOPENHAUER EN ALEMÁN

Sämtliche Werke ('Obras completas'), edición establecida por Arthur Hübscher según la primera edición de Julius Frauenstädt, Mannheim, F.H. Brockhaus, 4.ª ed., rev. Angelika Hübscher, 7 vols., 1988:

Vol. I: *Schriften zur Erkenntnislehre* ('Escritos sobre teoría del conocimiento o «Escritos menores»'):

Ueber die vierfache Wurzel des Satzes von zureichenden Grunde ('Sobre la cuádruple raíz del principio de razón suficiente').

Ueber das Sehen und die Farben ('Sobre la visión y los colores').

Theoriam colorum physiologicam ('Teoría fisiológica de los colores').

Vol. II: *Die Welt als Wille und Vorstellung…* I ('El mundo como voluntad y representación').

Vol. III: *Die Welt als Wille und Vorstellung…* II

Vol. IV: *Schriften zur Naturphilosophie und Ethik* ('Escritos de filosofía natural y ética').

Über den Willen in der Natur ('Sobre la voluntad en la naturaleza').

Die beiden Grundprobleme der Ethik ('Los dos problemas fundamentales de la ética').

Vol. V: *Parerga und Paralipomena…* I ('Parerga y paralipómena').

Vol. VI: *Parerga und Paralipomena…* II.

Vol. VII: *Dissertation, Gestrichenes, Zitate, Register* ('Tesis doctoral (versión en latín), correcciones, citas y registro de nombres').

Arthur Schopenhauers Werke in fünf Bände ('Obras completas en cinco volúmenes'), edición a cargo de Ludger Lütkehaus basada en las «ediciones de última mano» de las obras de Schopen-

hauer, Zúrich, Haffmans, 1988. (Edición en formato de bolsillo, 1991):
Vol. I: *Die Welt als Wille und Vorstellung* I.
Vol. II: *Die Welt als Wille und Vorstellung* II.
Vol. III: *Kleinere Schriften* ('Escritos menores': «Sobre la voluntad en la naturaleza», «Los dos problemas fundamentales de la ética», «Sobre la visión y los colores»).
Vol. IV: *Parerga und Paralipomena* I.
Vol. V: *Parerga und Paralipomena* II.
Beibuch Register, Zitate (volumen extra que contiene el registro de nombres y la traducción alemana de las citas en otros idiomas).

Arthur Schopenhauers sämtliche Werke, ed. Paul Deussen, 6 vols. (los volúmenes VII, VIII y XII no se publicaron nunca), Múnich, Piper, 1911-1942. Existe una versión en soporte CD-ROM que contiene los volúmenes I-V y algunos escritos del volumen VI: Berlín, Karsten Worm Info Soft Ware, 2001.

Die Welt als Wille und Vorstellung (Faksimiledruck der ersten Auflage von 1819) ('El mundo como voluntad y representación', ed. facsímil de la primera edición de 1819), Fráncfort del Meno, Insel, 1987.

ESCRITOS PÓSTUMOS

Der Handschriftliche Nachlass ('El legado manuscrito'), ed. Arthur Hübscher, 5 vols. en 6 tomos, Múnich, dtv, 1985:
Vol. 1: *Frühe Manuskripte* ('Primeros manuscritos', anotaciones preparatorias para la obra capital, 1804-1818).
Vol. 2: *Kritische Auseinandersetzungen* ('Anotaciones críticas sobre lecturas filosóficas y apuntes de estudiante en la universidad', 1809-1818).
Vol. 3: *Berliner Manuskripte* ('Manuscritos berlineses', incluyen la «Dialéctica erística», 1818-1830).
Vol. 4: 1. *Die Manuskriptbücher der Jahre 1830-1852* (apuntes preparatorios a los «complementos» y a *Parerga y paralipómena*).
Vol. 4: 2. *Letzte Manuskripte / Gracians Handorakel* ('Últimos manuscritos / Traducción al alemán de *El oráculo manual* de Baltasar Gracián').
Vol. 5: *Randschriften zu Büchern* (Catálogo de los libros de la bi-

blioteca de Schopenhauer y reproducción de las anotaciones marginales del filósofo que contienen algunos libros).

Philosophische Vorlesungen ('Lecciones de filosofía'), ed. Volker Spierling, Múnich, Piper, 4 vols., 1984-1985:

Vol. I: *Theorie des gesammten Vorstellens, Denkens und Erkennens* ('Teoría exhaustiva de la representación, del pensamiento y del conocimiento').

Vol. II: *Metaphysik der Natur* ('Metafísica de la naturaleza').

Vol. III: *Metaphysik des Schönen* ('Metafísica de lo bello').

Vol. IV: *Metaphysik der Sitten* ('Metafísica de las costumbres').

Spicilegia. Philosophische Notizen aus dem Nachlass ('Spicilegia. Anotaciones filosóficas extraídas del legado póstumo'), ed. Ernst Ziegler, Múnich, C.H. Beck, 2015.

Pandectae. Philosophische Notizen aus dem Nachlass ('Pandectae. Anotaciones filosóficas extraídas del legado póstumo'), ed. Ernst Ziegler, Múnich, C.H. Beck, 2016.

Cholerabuch. Philosophische Notizen aus dem Nachlass ('Libro del cólera. Anotaciones filosóficas extraídas del legado póstumo'), ed. Ernst Ziegler, Würzburg, Königshausen & Neumann, 2017.

CORRESPONDENCIA, CONVERSACIONES, DIARIOS DE VIAJE (OBRAS EN ALEMÁN)

Gesammelte Briefe ('Correspondencia completa'. Incluye sólo las cartas de Schopenhauer), ed. Arthur Hübscher, Bonn, Bouvier, 1974. (2.ª ed. aumentada y mejorada, 1987).

Arthur Schopenhauer. Ein Lebensbild in Briefen (retrato de su vida a través de las cartas), ed. Angelika Hübscher, Fráncfort del Meno, Insel, 1987.

Arthur Schopenhauer. Philosophie in Briefen (su filosofía a través de las cartas), ed. Angelika Hübscher y Michael Fleiter, Fráncfort del Meno, Insel, 1989.

Die Schopenhauers. Der Familien-Briefwechsel von Adele, Arthur, Heinrich Floris und Johanna Schopenhauer ('Cartas de la familia Schopenhauer', la mayor parte de ellas de Johanna y Adele a Arthur), ed. Ludger Lütkehaus, Zúrich, Haffmans, 1991.

Der Briefwechsel mit Goethe ('Correspondencia con Goethe'), ed. Ludger Lütkehaus, Zúrich, Haffmans, 1992.

Das Buch als Wille und Vorstellung: Arthur Schopenhauers Briefwechsel mit Friedrich Arnold Brockhaus ('El libro como voluntad y representación. Correspondencia de Schopenhauer con los editores de la casa Brockhaus'), ed. Ludger Lütkehaus, Múnich, C. H. Beck, 1996.

Gespräche ('Conversaciones', recopilación de anécdotas atribuidas a Schopenhauer, comentarios y breves diálogos con diversos interlocutores], ed. Arthur Hübscher, Stuttgart, Friedrich Fromman, 1971.

Reisetagebücher: Journal einer Reise: von Hamburg nach Carlsbad, und von dort nach Prag; Rückreise nach Hamburgo. Anno 1800. Und Reisetagebücher aus den Jahren 1803-1804 ('Diarios de los viajes que realizó el joven Arthur Schopenhauer por Europa en 1800 y en 1803-1804'), Zúrich, Haffmans, 1988.

APROXIMACIONES BIOGRÁFICAS Y RECUERDOS

ABENDROTH, Walter, *Schopenhauer in Selbstzeugnissen und Bilddokumenten* ('Schopenhauer según sus propios testimonios y en imágenes'), Hamburgo, Rowohlt, 1967 (última edición, 1988).

BÖHMER, Otto A., *Vom jungen und vom ganz jungen Schopenhauer* ('Sobre el joven y el pequeño Schopenhauer'), Zúrich, Werner Klassen, 1987.

FRANZ, Lucia, *Erinnerungen an das Schopenhauerhaus Schöne Aussicht Nr. 16 in Frankfurt am Main* ('Recuerdos de la casa de Schopenhauer en la calle Schöne Aussicht n.° 16'), Fráncfort del Meno, Waldemar Kramer, 1959.

GRISEBACH, Eduard, *Shopenhauer. Geschichte seines Lebens* ('Schopenhauer. Historia de su vida'), Berlín, Ernst Hoffmann & Co., 1897.

—, *Neue Beiträge zur Geschichte seines Lebens* ('Nuevas aportaciones a la historia de su vida'), Berlín, Ernst Hoffmann & Co., 1905.

GWINNER, Wilhelm, *Schopenhauers Leben* ('Vida de Schopenhauer'), Leipzig, F. A. Brockhaus, 3.ª ed., 1910.

—, *Arthur Schopenhauer, aus persönlichem Umgang dargestellt* ('Schopenhauer presentado desde el trato personal'), Fráncfort del Meno, Waldemar Kramer, 2.ª ed., 1987. (Existe traducción en español: *Arthur Schopenhauer presentado desde el trato per-*

sonal, ed. y trad. Luis Fernando Moreno Claros, Madrid, Hermida, 2017).

HÜBSCHER, Angelika, *Arthur Schopenhauer: Leben und Werk in Texten und Bildern* ('Vida y obra en textos e imágenes'), Fráncfort del Meno, Insel, 1989.

HÜBSCHER, Arthur, «Ein Lebensbild» ('Retrato biográfico'), en: *Sämtliche Werke* ('Obras completas'), vol. 1, pp. 30-147.

LINDNER, Ernst Otto, y Julius Frauenstädt, *Arthur Schopenhauer. Von Ihm. Ueber Ihm: Ein Wort der Vertheidigung von Ernst Otto Lindner und Memorabilien, Briefe und Nachlaßstücke von Julius Frauenstädt* ('De y sobre Schopenhauer: una palabra en su defensa', de E. O. Lindner, y 'Remembranzas, cartas y fragmentos póstumos', de J. Frauenstädt), Berlín, A. W. Hayn, 1863.

SAFRANSKI, Rüdiger, *Schopenhauer und die wilden Jahre der Philosophie. Eine Biographie*, Múnich-Viena, Carl Hanser, 1987; Hamburgo, Rowohlt, 1990. (Existe traducción en español: *Schopenhauer y los años salvajes de la filosofía*, trad. José Planells Puchades, Barcelona, Tusquets, 2008).

SCHNEIDER, Walter, *Schopenhauer. Eine Biographie*, Hanau, Werner Dausien, s. f. (1.ª ed.: Viena, Berman-Fischer, 1937).

SIEGLER, Hans Georg, *Der heimatlose Arthur Schopenhauer. Jugendjahre zwischen Danzig, Hamburg, Weimar* ('El apátrida Arthur Schopenhauer. Años de juventud entre Dánzig, Hamburgo y Weimar'), Düsseldorf, Droste, 1994.

WALLACE, William, *Arthur Schopenhauer*, trad. Joaquín Bochaca, Barcelona, Nuevo Arte Thor, 1988.

INTRODUCCIONES Y COMENTARIOS GENERALES A LA OBRA DE SCHOPENHAUER

FOUCHER DE CAREIL, A., *Hegel y Schopenhauer*, trad. Eduardo Ovejero y Maury, Madrid, La España Moderna, s. f.

GARDINER, Patrick, *Schopenhauer*, Londres, Penguin Books, 1963. (Existe traducción en español: *Schopenhauer*, trad. Ángela Sainz Sáez, México D.F., Fondo de Cultura Económica, 1975).

GRÜN, Klaus-Jürgen, *Arthur Schopenhauer*, Múnich, C.H. Beck, 2000.

HAFFMANS, Gerd (ed.), *Über Arthur Schopenhauer* ('Sobre Arthur Schopenhauer'), Zúrich, Diogenes, 3.ª ed., 1981. (Además de multitud de comentarios sobre Schopenhauer de numerosos autores, el volumen contiene los ensayos: «Schopenhauer como educador», de Nietzsche; «Schopenhauer», de Thomas Mann; «El diálogo sin Schopenhauer», de Ludwig Marcuse; «La actualidad de Schopenhauer», de Max Horkheimer, y «Para Schopenhauer como educador», de Jean Améry).

HÜBSCHER, Arthur, *Denker gegen den Strom. Schopenhauer: Gestern-Heute-Morgen* ('Pensador a contracorriente: ayer, hoy y mañana'), Bonn, Bouvier, 1973.

KORFMACHER, Wolfgang, *Schopenhauer zur Einführung* ('Introducción a Schopenhauer'), Hamburgo, Junius, 1994.

MAGGE, Bryan, *The Philosophy of Schopenhauer*, Oxford-Nueva York, Clarendon Press, 1983. (Existe traducción en español: *Schopenhauer*, trad. Amaia Bárcena, Madrid, Cátedra, 1991).

MALTER, Rudolf, *Der eine Gedanke Hinführung zur Philosophie Arthur Schopenhauers* ('El único pensamiento, introducción a la filosofía de Arthur Schopenhauer'), Darmstadt, Wissenschaftliche Buchgesellschaft, 1988.

MANN, Thomas, *Schopenhauer, Nietzsche, Freud*, trad. Andrés Sánchez Pascual, Barcelona, Bruguera, 1984 (nueva ed.: Madrid, Alianza, 2001).

MÖBUSS, Susanne, *Schopenhauer für Anfänger. Die Welt als Wille und Vorstellung.* ('Schopenhauer para principiantes. El MVR'), Múnich, dtv, 1998.

MORENO CLAROS, Luis Fernando, *Platonismo en la filosofía del joven Arthur Schopenhauer*, tesis doctoral inédita, Universidad de Salamanca, 1996.

—, *Introducción a Schopenhauer*, Barcelona, Gredos, 2023.

PHILONENKO, Alexis, *Schopenhauer: una filosofía de la tragedia*, trad. Gemma Muñoz Alonso, rev. Inmaculada Córdoba, Barcelona, Anthropos, 1989.

RÁBADE OBRADÓ, Ana Isabel, *Conciencia y dolor, Schopenhauer y la crisis de la modernidad*, Madrid, Trotta, 1995.

RIBOT, T.H., *La filosofía de Schopenhauer (Escuela pesimista)*, trad. Mariano Ares, Salamanca, Imprenta de Don Sebastián Cerezo, 1870.

RODRÍGUEZ ARAMAYO, Roberto, *Para leer a Schopenhauer*, Madrid, Alianza, 2001.

SCHUBBE, Daniel, y Matthias Koßler (ed.), *Schopenhauer Han-*

dbuch. Leben-Werk-Wirkung ('Manual Schopenhauer. Vida, obra, influencia'), Stuttgart-Weimar, J. B. Metzler, 2014.

SPIERLING, Volker, *Materiellen zu Schopenhauers Die Welt and Wille und Vorstellung* ('Materiales sobre el MVR'), Fráncfort del Meno, Suhrkamp, 1984.

—, *Arthur Schopenhauer. Philosophie als Kunst und Erkenntnis* ('Arthur Schopenhauer, filosofía como arte y conocimiento'), Zúrich, Haffmans, 1994 (y Reclam, 1998).

—, *Arthur Schopenhauer zur Einführung* ('Introducción a Arthur Schopenhauer'), Hamburgo, Junius, 2002. (Existe traducción en español: *Arthur Schopenhauer*, trad. José Antonio Molina Gómez, Barcelona, Herder, 2010).

—, *Schopenhauer ABC* ('El ABC de Schopenhauer'), Leipzig, Reclam, 2003.

—, *«Nada es más asombroso que el hombre». Una historia de la ética desde Sócrates hasta Adorno*, trad. Luis Fernando Moreno Claros, Barcelona, Acantilado, 2024.

PRINCIPALES OBRAS DE SCHOPENHAUER EN ESPAÑOL

El mundo como voluntad y representación, trad. Eduardo Ovejero y Maury, 2. vols., Madrid, Aguilar, 1928.

El mundo como voluntad y representación, vols. I y II, ed. y trad. Roberto Rodríguez Aramayo, Barcelona-Madrid, Círculo de Lectores-Fondo de Cultura Económica de España, 2003.

El mundo como voluntad y representación (Complementos), ed. y trad. Pilar López de Santamaría, Madrid, Trotta, 2003; *El mundo como voluntad y representación*, vol. I, ed. y trad. Pilar López de Santamaría, Madrid, Trotta, 2004. También: *Crítica de la filosofía kantiana (Apéndice a «El mundo como voluntad y representación»)*, ed. y trad. Pilar López de Santamaría, Madrid, Trotta, 2000.

El mundo como voluntad y representación, vols. I y II, trad. Rafael José Díaz Fernández y M.ª Montserrat Arias Concepción, rev. Joaquín Chamorro Mielke, estudio introductorio Luis Fernando Moreno Claros, en: *Obras*, tomos I y II, Madrid, Gredos, 2010. El tomo I contiene *El mundo como voluntad y representación*, vol. I, y *De la cuádruple raíz del principio de razón suficiente*, trad. Leopoldo Eulogio Palacios. El tomo II contiene *El mundo como voluntad y representación*, vol. II, y *Sobre la voluntad en la naturaleza*, trad. Miguel de Unamuno.

OTRAS OBRAS DE SCHOPENHAUER EN ESPAÑOL

De la cuádruple raíz del principio de razón suficiente, trad. y pról. Leopoldo Eulogio Palacios, Madrid, Gredos, 1981.

Sobre la voluntad en la naturaleza, trad. Miguel de Unamuno. Publicada por primera vez en 1900. Alianza Editorial reeditó la versión en 1970, de la que se han hecho varias reimpresiones.

Los dos problemas fundamentales de la ética, ed. y trad. Pilar López de Santa María, Madrid, Siglo XXI, 1993 (incluye los dos escritos «Sobre la libertad de la voluntad» y «Sobre el fundamento de la moral»).

Sobre la visión y los colores. Seguido de la correspondencia con Johann Wolfgang Goethe, ed. y trad. Pilar López de Santa María, Madrid, Trotta, 2013.

Parerga y Paralipómena

Parerga y Paralipómena: escritos filosóficos menores, ed. Manuel Crespillo y Marco Parmeggiani (sobre las versiones de Edmundo González Blanco y Antonio Zozaya, revisadas y actualizadas), Málaga, Ágora, 1997, 3 vols. Contiene: vol. 1: «Bosquejo de una historia de la teoría de lo ideal y de lo real» y «Fragmentos para la historia de la filosofía»; vol. 2: «Sobre la filosofía universitaria», «Especulación trascendental sobre la aparente intencionalidad en el destino del individuo» y «Ensayo sobre la nigromancia y lo que con ella se relaciona»; vol. 3: «Aforismos sobre la sabiduría de la vida».

Parerga y paralipómena I, ed. y trad. Pilar López de Santa María, Madrid, Trotta, 2.ª ed., 2009.

Parerga y paralipómena II, ed. y trad. Pilar López de Santa María, Madrid, Trotta, 2009.

Parerga y paralipómena (Escritos filosóficos sobre diversos temas), pról. José Rafael Hernández Arias, trad. José Rafael Hernández Arias y Luis Fernando Moreno Claros (*Aforismos sobre el arte de saber vivir*), y Agustín Izquierdo (*Ensayo sobre las visiones de fantasmas*), Madrid, Valdemar, 2009.

Existen varias ediciones de capítulos sueltos de *Parerga y paralipómena*, destacamos algunas de ellas:

Sobre la filosofía universitaria, ed. y trad. Francesc Jesús Hernández i Dobón, Valencia, Natán, 1989. También: *Sobre la filosofía de universidad*, ed. y trad. Mariano Rodríguez, Madrid, Tecnos, 1991.
Los designios del destino, ed. y trad. Roberto Rodríguez Aramayo, Madrid, Tecnos, 1994 (incluye los opúsculos «Especulación transcendente sobre los visos de intencionalidad en el destino del individuo» y «A propósito de la ética»).
Ensayo sobre las visiones de fantasmas, trad. Agustín Izquierdo, Madrid, Valdemar, 1988.
Aforismos sobre el arte de saber vivir, ed. y trad. Luis Fernando Moreno Claros, Madrid, Valdemar, 1998.
El dolor del mundo y el consuelo de la religión (Paralipómena, 134-182), ed. y trad. Diego Sánchez Meca, Madrid, Alderabán, 1998.
Sobre el dolor del mundo, el suicidio y la voluntad de vivir, pról. Rafael Argullol, trad. Carmen García Trevijano, Madrid, Tecnos, 1999.
Pensamiento, palabras y música, ed. y trad. Dionisio Garzón, Madrid, Edaf, 1999.

Selecciones de textos

Schopenhauer, ed. y trad. Ana Isabel Rábade, Barcelona, Península, 1989 (selección de textos de MVR).
Schopenhauer en sus páginas, ed. y trad. Pedro Stepanenko, México D.F., Fondo de Cultura Económica, 1991.
Arthur Schopenhauer, parábolas, aforismos y comparaciones, ed. y trad. Andrés Sánchez Pascual, Barcelona, Edhasa, 1995.
El arte de insultar, ed. y trad. Javier Fernández Retenaga y José Mardomingo, Madrid, Edaf, 2000 (selección de invectivas, dardos y críticas de Schopenhauer, extraídas de diversos pasajes de sus obras).
El arte de sobrevivir, ed. Ernst Ziegler, trad. José Antonio Molina Gómez, Barcelona, Herder, 2013.

Escritos póstumos, extraídos del legado manuscrito

Escritos inéditos de juventud. 1808-1818, ed. y trad. Roberto Rodríguez Aramayo, Valencia, Pre-Textos, 1999.

Manuscritos berlineses. Sentencias y aforismos (Antología), ed. y trad. Roberto Rodríguez Aramayo, Valencia, Pre-Textos, 1996.

El arte de tener razón, expuesto en 38 estratagemas, ed. y trad. Luis Fernando Moreno Claros, Barcelona, Acantilado, 2023.

El arte de ser feliz. Explicado en cincuenta reglas para la vida, ed. Franco Volpi, trad. Ángela Ackermann Pilári, Barcelona, Herder, 2000.

El arte de hacerse respetar. Expuesto en 14 máximas, ed. Franco Volpi, trad. Fabio Morales, Madrid, Alianza, 2004.

Arthur Schopenhauer: Metafísica de las costumbres, ed. y trad. Roberto Rodríguez Aramayo, Madrid, Debate-CSIC, 1993 (lecciones de ética que Schopenhauer se propuso impartir como profesor de Filosofía en la Universidad de Berlín).

Diarios de viaje, conversaciones, correspondencia

Diarios de viaje, ed. y trad. Luis Fernando Moreno Claros, Madrid, Trotta, 2012.

Epistolario de Weimar (1806-1819). Selección de cartas de Johanna Schopenhauer, Arthur Schopenhauer y Goethe, ed. y trad. Luis Fernando Moreno Claros, Madrid, Valdemar, 1999.

Correspondencia escogida (1799-1860), ed. y trad. Luis Fernando Moreno Claros, Barcelona, Acantilado, 2022.

Conversaciones con Arthur Schopenhauer. Testimonios sobre la vida y la obra del filósofo pesimista, ed. y trad. Luis Fernando Moreno Claros, Barcelona, Acantilado, 2016.

JOHANNA Y ADELE SCHOPENHAUER

DWORETZKI, Gertrud, *Johanna Schopenhauer. Ein Charakterbild aus Goethes Zeiten* ('J. S. Retrato de un carácter de la época de Goethe'), Düsseldorf, Droste, 1987.

SCHOPENHAUER, Johanna, *Ihr glücklichen Augen. Jugenderinnerungen, Tagebücher, Briefe* ('Recuerdos de juventud, diarios, cartas'), Berlín, Verlag der Nation, 2.ª ed., 1979.

—, *Reise durch England und Schottland* ('Viaje por Inglaterra y Escocia'), Fráncfort del Meno, Wolfgang Krüger, s. f.

—, *La nieve*, ed. y trad. Luis Fernando Moreno Claros, Cáceres, Periférica, 2007.

STERN, Carola, *Alles, was ich in der Welt verlange. Das Leben der Johanna Schopenhauer* ('La vida de Johanna Schopenhauer'), Colonia, Kiepenheuer & Witsch, 2003.

BÜCH, Gabriele, *Alles Leben ist Traum. Adele Schopenhauer, eine Biographie* ('Toda vida es sueño. Biografía de Adele Schopenhauer'), Berlín, Aufbau Taschenbuch, 2002.

SCHOPENHAUER, Adele, *Tagebuch einer Einsamen* ('Diario de una solitaria'), Múnich, Matthes & Seitz, 1985.

—, *Haus, Wald und Feldmärchen* ('Cuentos de hadas'), Hanau, Werner Dausien, 1987.

ESTA EDICIÓN, PRIMERA, DE
«ARTHUR SCHOPENHAUER», DE LUIS
FERNANDO MORENO CLAROS, SE
TERMINÓ DE IMPRIMIR EN
CAPELLADES EN EL MES
DE NOVIEMBRE
DEL AÑO
2024